胡　序

　　早期的國共關係，是中國現代史上極其重要的課題，其時間範疇為 1922 年至 1927 年。中國大陸的學者多以「第一次國共合作」稱之，台灣的學者則往往稱之為「聯俄容共」。這段歷史，雖僅有五年左右，對於國共兩黨後來的發展，卻極具關鍵作用，甚且關係到這兩個「在野黨」之先後取得中國的政權，主導中國現代史的走向。

　　最早關注國共關係而撰編有這方面的專書的，厥為日本人和日本在華機構，如金井清的《国民党と共産派の離合》（1927 年出版）、滿鐵上海事務所編印的《国共両党の提携より分裂まで──国民革命の現勢其一》（上海：1927 年）、安倍源基的《国民党と支那革命：共産党との関係》（東京：人格社，1930 年），其內容所及，當然都是「早期」的國共關係。其後至今的七十餘年中，與國共兩黨相關的中外文專書、資料集，陸續地出版，益以相繼發表的大小論文，為數已相當可觀，其中有不少是屬於早期國共關係範疇的。以 1949 年以來的台灣史學界為例，

從事此一範疇研究的學者，便頗不乏人，其研究成果，如蔣永敬的《鮑羅廷與武漢政權》（台北：中國學術著作獎助委員會，1963 年）、李雲漢的《從容共到清黨》（同前，1966 年）、王聿均的《中蘇外交的序幕──從優林到越飛》（台北：中央研究院近代史研究所，1963 年），都屬皇皇鉅著，普獲推崇。其他夠水準的相關論著，亦間或有之，今年，則又有克思明教授的《早期國共關係新論──從俄聯、聯共到三大政策的辯證》一書的出版。

　　前已述及，關於早期國共關係此一範疇的論著已有不少，但由於撰者的立場、用意不同，益以時代背景的更迭轉變，其所陳述的歷史「事實」和闡釋的歷史「意涵」亦多所歧異，流於各說各話、莫衷一是。克教授的這本新書（以下簡稱本書）最大的貢獻，即為廣事蒐集相關的重要論著，將早期國共關係中諸多錯綜複雜、各自表述的史事，以及別有用心、似是而非的解釋，作有系統的臚列介紹，加以比對，逐一探討分析，甚至以新近刊行的原始文件為佐證，作出自己認為合理、公正的「新論」，使不少混淆的史事和懸而未決的爭議，得到進一步的釐清。此外，就本書本身而言，其篇幅極具份量，凡三十萬言，內容豐富，章節繁多，其大小標題的名稱，均甚妥切。全書除「導論」外，共有十章，第十章為「結論」，其他第一至第九章每章之後，皆有結語，就每章的主題作終結論

述，是為本書的一大特色。再者，由書中的一些分析論斷觀之，可知作者的思辯能力不錯，文筆也很流暢，在在都使本書生色不少。本書在諸多的國共關係史研究成果中，稱得上是一本頗具代表性的重要著作，於此，我樂意向世人推薦它。

最後要附帶一提的，是與克教授相識，是在二十八年前，那時他正在輔仁大學歷史系就讀。近二十餘年來，他致力於中共黨史的研究，有著不錯的成績，除了撰成其碩、博士學位論文外，還不時在學術期刊、學術研討會上發表相關的論文。本書是他集二十餘年的學養心得更上層樓之作，舊說新論，本不易為，本書卻能克服困難，成功地推陳出新，今其修訂本行將出版，特為之序。

胡平生

2005 年 9 月 30 日

修訂版自序

　　本書初版（輔仁大學出版社，2004 年 11 月）刊行後不久，即發現幾處本可避免的錯誤，於是著手改正。在與此同時的近半年多期間，學界先進與師友同儕的批評建議和前已搜羅訂購的若干相關資料亦陸續到來，加以學期授課將告一段落，遂決意利用暑假全盤檢視再出修訂版。

　　修訂重點除了少數人名和時間的校準、史證的補強以及全書文字的潤飾暢達外，還增加了索引（Index），俾便讀者查考。在修訂過程中，也再一次的細思推敲審酌，並因而調整了一些原先認為尚可但實際未必適當的論述。

　　誠然，置早期國共關係於大時代的歷史脈絡中反省探究可知，國民黨、共產黨和俄國人的革命運動，都是對當時帝國主義、民族主義和階級鬥爭等三大課題的回應。在那個複雜和極端的年代裡，思想路線的確是清晰又旗幟鮮明。而國、共、俄之間的交叉互動，或可說既是現實利益與國家利益之爭，也是理想和信念之爭。後人追撫緬懷往事，固嘆之、哀之且以鑑之；唯其敬之亦油然而生。

　　本書之修訂，承蒙並感謝台灣大學歷史學系（所）教授、前系主任胡平生先生，中央研究院近代史研究所陳永發先生，前政大歷史系教授林能士先生，在史事背景、史料運用和論證觀點切入等方面的不吝指正；他們治學的一貫嚴謹與紮實，給我極深刻的啟發和莫大助益。也感謝文化大學的歐陽新宜教授、中國國民黨黨史館主任邵銘煌先生、東華大學楊開煌教授、政治大學東亞研究所李英明教授與關向光教授，靜宜大學王振輝教授，以及輔仁大學和歷史學系所的師長與同事，他們長期的熱忱關懷與不時提供的寶貴意見，在在鞭策督促我奮力以赴並更求精進。

　　對於台灣學生書局總經理鮑邦瑞先生之慨然應允出版本書，編輯部陳蕙文小姐、吳若蘭小姐不厭其煩的協助排版校對，黃仕光先生專業的設計封面，亦在此一併致謝。

　　最後，要再次衷心地感謝胡平生先生對我的指導和鼓勵；沒有他提攜後進不遺餘力的前輩風範和全心推介，本書的修訂恐怕很難於短期內完成並出版。當然，書中尚有不足的責任自應由我承擔，敬請讀者方家惠予賜正。

克思明

中華民國 94 年 9 月 18 日（中秋節）

於輔仁大學文研樓

（原）自序
——歷史與現實的脫鉤和連結

　　歷史——固以存真求真為首要，但有時候好像虛擬實境，只存在於研究者的筆下、在保管單位的檔案室和研究機關的圍牆裡，或者是在學院派的象牙塔中。歷史何用？經典上說是鑑往、勵今、知來；以史為鑑，其可知興替，一如照鏡之能正衣冠和觀人之能明得失；但實際上，又似乎從來就沒有發生過什麼影響。否則，為什麼世人老是一再重蹈覆轍？難道，這就是歷史與現實的脫鉤或斷裂？

　　歷史——包含史實、史料和史學。誠如歷來學者所詮釋的，是史家與事實間不斷互動的過程，是「現在」與「過去」永無休止的對話。或謂，所有的歷史都是當代史。又或者，沒有史料，就沒有歷史。雖然先哲以為，吾人唯一能從歷史中學到的，就是什麼也學不到；但也恰恰正因為對「什麼也學不到」的凜然有感，故其成為珍貴的醒世警語，適足以令吾人戰戰兢兢、臨深履薄；自知有

限、遜退謙下。從而能總結經驗、記取教訓、有所受益。於是，歷史與現實遂又再度連結，並重獲新生。

本書是最近五、六年持續專注探索的心得累積；也是在一貫研究方向與多年教學反思以及相關涉獵基礎上的追根究底。

在中國現代史的研究領域中，「早期國共關係」的時空範疇與內容指涉，以及「聯俄」、「容共」和「三大政策」等概念，已約定俗成，或都是專有名詞；不論在當時或後來的報章雜誌、專著通論或研究文獻中，都有明確特定的意涵。此即「通說」或曰「史法」，自應遵守。但研究者出於諸多不同但可以理解的原因，而各有大相逕庭的詮釋。例如，有論者主張，對孫中山晚年與俄國人的來往，與其說「聯俄」，不如說是「俄聯」；也有人堅持說，孫中山當年實施的不是「容共」，而應當是「聯共」。至於「三大政策」以及與之密切相關的「新三民主義」，則更是爭議不斷。一方認為，孫中山在 1924 年國民黨第一次全國代表大會通過的宣言中，重新解釋了三民主義，使「舊三民主義」發展為「新三民主義」；新三民主義的基礎和主要內容是三大政策，而三大政策又以聯共為核心。另一方則相反，說三大政策根本是子虛烏有，是越俎代庖，新三民主義更是捏造其詞，荒謬至極。因此，所謂的「聯共」云云，當然也就不能成立。

　　從研究者的立場看，凡此言人人殊、莫衷一是，既取決於歷史事實，又牽涉到歷史解釋；兩者皆屬至要。故本書以「早期國共關係新論──從俄聯、聯共到三大政策的辯證」為題，嘗試還原歷史真相，並兼論史義。

　　在史學界，與本書相關的中外文研究所在多有；冷飯要熱炒，吃力不討好。但是，在細讀既有的力作之後，在敬佩嘆服之餘，總還覺得有些或是未盡其意，或言過其實；有些又或者是移花接木、似有疑義，故而萌生追溯其本源和「何以如是說」的動機。

　　初始，也不存在什麼要有新意或創見的想法，只是針對研究過程中發現的個別問題，盡可能根據一手史料和已有的研究成果，按部就班、一腳一印地逐項探討。時而縈繞腦際、念茲在茲的，是用望遠鏡、放大鏡或顯微鏡，遠景、近景或特寫的交相變換；或宏觀遠眺、或扒梳細辨；或從全局高度，垂直鳥瞰；或放寬視野，水平掃瞄；或運用視覺上的暫留作用與停格效果；神入去看看，再退出來想想；或以同步繫年考察，或作相對辯證比較；又或者是理論上的抽象思辨、實踐上的具象檢驗⋯⋯等等，不一而足。繼之，在往返奔波各處搜羅消化資料，在不斷的持續探究、反覆斟酌、推敲省思之際，間或在輾轉反側難以成寐，或在竟夜緊盯電腦而不知東方之既白時；每有偶得，即行存錄，遂略見點滴累積。如此循環往復，漸生源源不

絕之動力。

　　但到後來，教學、服務、行政工作愈見沉重；在研究上亟思突破的壓力亦日增，甚至變得扭曲，或竟成為揮之不去的夢魘。尤其是面對瓶頸關節處，雖然不甘棄置繞過；而苦苦醞釀構思卻又一無所獲，在深感挫敗之餘，只能坐困愁城，為之沮喪懊惱不已。直到再堅持三、五天甚或一週半月，才似乎又柳暗花明，隱然有悟。有時候，想到「精神到處文章老」，因此覺得既然有根有據，何需多言，扼要為宜；但有時——當然不敢說、更絕不是「學問深時意氣平」，故而難免胸中翻湧，覺得言未盡意，應予深論。如此曲折起伏、增刪修改，好不容易才得到些許寸進，其頭緒脈絡乃稍見井然，而論證之軸線亦隨之慢慢清晰有序，終能逐步完成。

　　最後，在心懷感念尊敬的師長和前輩們殷殷教誨提攜，在深幸有同儕經常切磋砥礪，有知己鞭策鼓舞，有家人體諒包容的此刻，本書作為階段性的研究心得，自應坦然面對讀者的檢驗，虛心接受先進方家的指正；並據以再出發，進行下一程的學術探索之路。

克思明

中華民國 93 年 9 月 28 日

（教師節／中秋節）

早期國共關係新論
——從俄聯、聯共到三大政策的辯證

目　錄

導　論

　　歷來史家對中國現代史上的早期國共關係（1922-1927）多有探討，其或者是追溯史源重建史實，或各本史觀論斷史義，皆不乏精闢宏富之作。唯今，以時移世異，牽動了客觀環境和主觀意願產生變化，導致過去種種成果的侷限性，亦無庸諱言地逐漸顯現，從而提供了研究者重新反省及再求突破的條件與機會。

　　本書是在辨正相關史事基礎上的整體性與連貫性研究；著重比較各種不同的歷史解釋，兼及分析其理論根據。全書約 30 萬字，除導論外，概分 10 章，各若干節；每章依其主要內容，均有前言和結語；每節起始亦有說明，用以提示該節所要處理和回答的問題是什麼。

　　全書首尾相銜，連成一氣；大致以敘事導向、議題導向、文獻導向與理論導向四者交相舖陳，針對早期國共關係中尚待釐清的史實，或猶可商榷進而推定的史義，從「俄聯說」相對於「聯俄說」之能否成立，「聯共說」與「容共說」的爭議，到「三大政策」的溯源發微乃至「新三民主義」的深層意涵，作全面扒梳及系統的論證。

　　讀者如有興趣了解這段歷史的來龍去脈，可以從頭開始依序翻閱，或能見其形貌梗概與因果關係；若想探求個別史事的真相與影

響，則分章鑑別亦能知其緣由及前後呼應的史義所在。

第一節　史料條件、研究氛圍和理論反省

　　過去，學界對早期國共關係中的聯俄、容共和三大政策，不乏個別的專題研究，或者置其於通論中一併言及。❶但是，長久以來，一直存在於歷史解釋中的分歧或爭議，如「聯俄」還是「俄聯」？「容共」還是「聯共」？孫中山有沒有訂定執行「三大政策」？以及國共雙方何以對「新三民主義」各說各話等課題，都還有不少的探討空間和斟酌餘地。

　　近年來，由於客觀環境的改變，新史料陸續出現；加上研究氛圍的相對寬鬆和學者們不斷努力等因素，使得進一步充實甚或開發上述研究領域的願望成為可能而且實現。

壹、史料條件較前優越

　　對許多歷史研究者而言，不管是學派主張還是親歷經驗，「無史料即無歷史」（No documents, no history.），可說是共有的感受。早年以胡適、傅斯年等為代表的學者，即強調「歷史學」就是「史料學」，故而有「上窮碧落下黃泉，動手動腳找材料」的說法。以本書所論主題為例，如郭恆鈺就認為，1920 年代的國共兩黨關係，

---

❶　詳參蔣永敬，〈早期國共關係的研究〉；60 年來的中國近代史研究編輯委員會編，《60 年來的中國近代史研究》，上冊（台北：中央研究院近代史研究所，民 77 年 6 月），頁 367-400。

是中國現代史上一段具有重大意義和影響深遠的歷史；是一筆糊塗老帳。大陸與台灣所發表的檔案與專著，對於探討諸多重大歷史事件的真相，並無多大補益。❷上述觀點不但可以參考，而且其言之所出亦非無據。

1958 年，胡秋原有這樣的認識：

> 我們知道，中共病毒，是俄國帶來的。他始於民國 9 年優林來華下卵，翌年孵化而出。至民國 13 年國民黨聯俄容共後，寄生於國民黨內而發育，直接毒化國民黨，間接毒化全中國。自此以後，中國以衰病之軀，復為中毒之人了。以後雖經清共剿共，毒已上身。加以治療培補之不得法，及外傷外感之頻來，其病毒時輕時重，復經抗戰而大為蔓延，終將中國巨人毒倒了。此一病毒之詳歷，即中共歷史的全部真相，恐怕要等到將來打開莫斯科的檔案室才能全部明瞭。❸

34 年後──1992 年，莫斯科的檔案室終於打開了；胡秋原此說的先見之明，果然得到印證。（按：胡秋原所主張的「中共病毒始於優林來華下卵說」，本書──第三章第二節之貳──另有深論。）

1990 年代初，蘇聯體制發生了巨大的變化。

---

❷ 郭恆鈺，《俄共中國革命祕檔（1920-1925）》（台北：東大圖書公司，民 85），〈前記〉，頁 1。

❸ 胡秋原，〈《中國共產黨之來源》序──論研究中共歷史之必要及其基本原則〉，民 47.12.15.；見沈雲龍，《中國共產黨之來源》（台北：文海出版社，民 67），頁 6。

　　1992 年，俄羅斯科學院遠東研究所、前蘇共（社會主義理論和歷史研究院）中央（黨務）檔案館（現已改稱「俄羅斯現代史文獻保存及研究中心」），同德國柏林自由大學東亞研究所（中國研究）合作，整理發表俄共（布）與中國革命有關的未刊祕密檔案。俄方的基達連克教授和德方的郭恆鈺教授，共同主持此一名為「俄共中國革命祕檔」的研究計劃。❹

　　這項計劃是在俄羅斯國家檔案管理機構和管理辦法有所調整，並從 1993 年開始實行「關於俄羅斯聯邦檔案館館藏及檔案館庫管理基本法」的背景下啟動的。隨後，大量罕見的檔案資料首次開放並陸續出版。❺

　　1994 年 12 月，上述研究計劃成果———《俄共（布）、共產國際與中國民族革命運動》第一卷（1920-1925）的俄文版———在莫斯科刊行；德文版則於 1995 年 3、4 月間付印；兩者內容相同。除第一卷外，尚有第二卷（1926-1927）。這兩卷收錄的文件，是以迄今尚未發表的、涉及蘇俄在華推行民族革命運動過程中，俄共與國共兩黨關係的秘密檔案為主。包括俄共中央政治局、共產國際執行委員會對其駐華代表及中共發出的指示文件；這些代表、顧問自中國

---

❹　郭恆鈺，《俄共中國革命祕檔（1920-1925）》（台北：東大圖書公司，民 85），〈前記〉，頁 1-2。另可參閱楊奎松，〈關於共產國際與中共關係史研究的進展問題〉；見楊奎松個人主頁http://yangkuisong.vip.sina.com，2003/10/5，頁 2。

❺　詳請參閱中共中央黨史研究室第一研究部編，《共產國際、聯共（布）與中國革命檔案資料叢書》，第一卷———聯共（布）、共產國際與中國國民革命運動（1920-1925）》（北京：圖書館出版社，1997），〈叢書前言〉，頁 1-2。

寄至莫斯科有關中國革命、政治軍事情勢發展的報告與電文；以及他們與國共兩黨人物的來往函件等等。這批秘密檔案的公佈及整理刊行，除了對某些歷史懸案提供新史料，對某些理所當然的推論或誤解推出新證據以外，還有助於透視蘇俄對華政策的形成、背景以及如何在中國具體推展民族革命運動。❻郭恆鈺強調，這批檔案證明，俄共中央政治局才是「世界革命的指揮總部」❼。

　　俄共中央政治局的主導性角色，一如俄國學者所指出的：蘇維埃外交機關活動的特點在於，其戰略和策略，都是循著兩條不同的渠道進行，一個是蘇俄政府的外交人民委員部（The People's Commissariat of Foreign Affairs of Soviet Russia-Narkomindel ❽）；另一個是共產國際。表面上，共產國際是一個獨立的國際共產黨人的集體組織；事實上，它處於聯共（布）中央委員會政治局嚴密的思想、政治、組織和財政的控制之下。共產國際所有最重大的政治舉措和幹部任用，都預先在政治局討論過並經批准；而政治局還要協調共產國際和外交人民委員部的活動。❾因此，關於中國之決議，並非取決於共產國際，而是取決於俄國共產黨之政治局，所有命令、金

<hr />

❻　郭恆鈺，《俄共中國革命祕檔（1920-1925）》（台北：東大圖書公司，民85），〈前記〉，頁2。

❼　郭恆鈺，同上書，〈前記〉，頁2-3。

❽　Dov Bing, "Sneevliet and the Early Years of the CCP." *The China Quarterly*, No.48, October/December, 1971, p.679.

❾　詳參李玉貞譯，《聯共、共產國際與中國（1920-1925）》，第一卷（台北：東大圖書公司，民86），〈俄文版編者前言〉，頁1。

錢、顧問以及代表均自其出；共產國際僅予蓋章而已。❿周佛海早在 1928 年就說過的：「第三國際和蘇俄，在觀念上，雖然是兩種東西，而在事實上，卻是一件東西」⓫；亦由而得到印證。因此，這批祕密檔案的公開刊行，為研究者進一步理解共產國際決策的形成，創造了有利的條件。

1995 年初，李玉貞開始運用這套收錄有 205 項一手史料大型檔案文件集的俄文版第一卷（她稱之為現成的「飯菜」），進行了相關課題的研究。⓬

1996 年 1 月，郭恆鈺根據上述檔案的研究成果──《俄共中國革命祕檔（1920～1925）》在台灣出版。同年 10 月，李玉貞完成了《孫中山與共產國際》一書，亦在台由中央研究院近代史研究所出版。⓭

1997 年 1 月，中共中央黨史研究室第一研究部將這套根據早先同俄方簽訂的協議，組織學者獨家翻譯成中文的大型檔案文件集，連同歷年在中國報刊、雜誌、圖書上發表的其他重要中文文獻資料，彙編組成《共產國際、聯共（布）與中國革命檔案資料叢

---

❿　戴林（David J. Dallin）著，周肇譯，《俄國侵略遠東史》（台北：國立編譯館，民 65），頁 219、226。

⓫　周佛海，《三民主義之理論的體系》（上海：新生命書局，1928），頁 96。

⓬　李玉貞，《孫中山與共產國際》（台北：中央研究院近代史研究所，民 85），〈序言〉，頁 6。

⓭　詳參李玉貞，同上書，〈序言〉，頁 5-7。

書》，開始在中國大陸出版；迄今已先後出版了十餘卷。⓮

　　1997 年 5 月，李玉貞亦將上述祕檔由俄文譯成中文在台出版。譯者在〈中文版序言〉裡指出，這套檔案文件集像「一部寬銀幕全景電影片、一個多稜鏡、一部 X 光機」，兼具有全方位的立體透視功能，而且，確實如其俄方主編基塔連科博士所云，係由「一流的」學者編譯的「一流的」檔案文獻。⓯

　　對史學界特別有意義的是，這套大型檔案文件集不但可以和台灣方面保存的相關檔案，如中國國民黨中央黨史委員會早年編輯出版的《革命文獻》，以及和大陸方面中國社會科學院近代史研究所翻譯室在 1980 年編譯出版的《共產國際有關中國革命的文獻資料》第一輯（1919-1928）⓰等史料相互交叉對比驗證，而且還為不諳俄文的研究者提供了重要的憑藉。

⓮　中共中央黨史研究室第一研究部編，《共產國際、聯共（布）與中國革命檔案資料叢書》，第一卷——聯共（布）、共產國際與中國國民革命運動（1920-1925）》（北京：圖書館出版社，1997），〈叢書前言〉，頁 1-2。（按：台北中央研究院近代史研究所郭廷以圖書館藏有該叢書。）

⓯　詳參李玉貞譯，《聯共、共產國際與中國（1920-1925）》，第一卷（台北：東大圖書公司，民 86），〈中文版序言〉，頁 2-4。

⓰　李玉貞當時也參加了搜集資料、選材、翻譯和校訂譯稿的工作。該資料依照年代順序排列，收錄了共產國際歷次代表大會、執行委員會、主席團會議對於中國問題的發言、決議、報告及函電等。共產國際對中國革命所產生的影響，有積極的，有消極的；其經驗有成功的，也有失敗的。但從研究和總結中國革命歷史經驗的角度來看，這些文獻資料都是有益的。見中國社會科學院近代史研究所翻譯室編譯，《共產國際有關中國革命的文獻資料》，第一輯（1919-1928）（北京：中國社會科學出版社，1980），〈前言〉，頁 1-2。

又論者嘗謂，俄國人對於中國革命形勢的分析與判斷，乃至發給中共的指示，前後矛盾、內容不一。如果靜態的翻查檔案文件，其固有差異；但若將文件連結到當時的史事背景並置其於相關脈絡中，以動態的辯證觀點考察，則可知客觀環境與歷史條件，常決定了以文字形式表達的理念或策略；情況一旦變化，因應之道，自然不同。

誠如陳永發所指出的：「莫斯科指揮萬里之外的中國革命，有其扞格不入的地方，而難免貽人以胡亂指揮之譏。但是若無共產國際的指揮，中共能否發展如此之快，也殊令人懷疑」**⑰**。故此不必諱言，俄國方面的見解也自有其道理；亦可對照參考並據以反思。

貳、研究環境與氛圍的改善

除了史料條件較前優越備便以外，客觀形勢的變化，也逐漸導致研究環境與氛圍的百無禁忌；學者不再有過往類如「稱謂有制，忤時罹罪」的顧慮。

1988 年起，台海兩岸日益頻繁密切的互動，開啟了雙方對彼此再認識的契機；這是從 1950 年代以降，國共兩黨之間充滿敵意、隔空交火約 40 年後的重大歷史轉折。

共產黨人從文革十年浩劫中痛定思痛，領悟到必須放棄「以階級鬥爭為綱」，要「解放思想、實事求是」；以致主張對台灣實行「和平統一、一國兩制」的政策。而國民黨對共產黨，則是從過去

---

⑰ 陳永發，《中國共產革命七十年》，上（台北：聯經出版公司，2001），頁 124。

「對敵鬥爭」的「爭天下」，調整到「對等政治實體」的「分天下」；乃至後來出現的政黨輪替。

在這個基礎上──對歷史研究者而言，一方面是台海兩岸各自的發展與進步，另一方面是國際上冷戰終止、蘇聯解體和東歐社會主義國家的變天，特別是意識型態的淡化以及價值標準的多元，使研究環境和氛圍空前開放寬鬆。

換言之，政治正確和學術正確，終於歷經了夾雜糾纏、難以釐清的艱難歲月，到了畢竟可以而且分開的時候。

於是，官方和私人檔案的解密和公布，許多當事人的回憶錄和口述歷史資料的出版刊行，相關主題的學術研討會經常舉辦等等，都有助於對歷史真相的深入了解；尤其是早先或者受到政治環境制約、或者反應時代立場的不同觀點，均得以作全面的對比檢視和辯證探討。

但與此同時，新的挑戰亦接踵而至。

根據張緒心（Sidney H. Chang）等學者的觀察，1976 年毛澤東逝世後，共產黨方面對孫中山的重視有明顯增加的趨勢。

1978 年在北京出版的《孫中山傳》宣稱：毛澤東、周恩來等國家領導人，都高度讚揚孫中山的偉大歷史功績；而只有中國共產黨人和國民黨少數左派，繼承孫的革命事業，發展孫的革命精神，並對孫中山做出了正確的評價。**⓲**

1981 年 10 月，《人民日報》發表社論指出：半個多世紀的歷史，證明中國共產黨是孫中山革命事業的真正繼承者；而「中華人

⓲　尚明軒，《孫中山傳》（北京：中華書局，1978），頁 317。

民共和國」則是 1911 年「辛亥發展的碩果」。**⑲**

　　1984 年是中國國民黨第一次全國代表大會 60 週年；張緒心引述了鄧小平當時對中共中央顧問委員會的講話，說他「重申中共已經且正在繼承孫中山的意識型態理論」。（按：張緒心此處對引據的理解似有誤差。**⑳**）

　　1986 年是孫中山誕生 120 週年，中國大陸掀起了相關紀念活動的高潮。《人民日報》宣稱，孫中山認為應當「以俄為師」；他歡迎共產國際和中國共產黨對他的幫助，主張與中國共產黨合作；並重新提到 1956 年毛澤東對孫中山的讚美**㉑**，說孫中山在決心改

---

⑲　社論——〈統一祖國振興中華紀念辛亥革命 70 週年〉；《人民日報》，
　　1981.10.9.。

⑳　張緒心（Sidney H. Chang）、高理寧（Leonard H. D. Gordon）合著，卜大
　　中譯，《孫中山：未完成的革命（*All Under Heaven: Sun Yat-sen and His
　　Revolution*）》（台北：時報文化公司，1993），頁 273-275。按：鄧小平
　　當時對中顧委講的是：「用『一國兩制』的方式解決台灣問題，美國應該
　　是能夠接受的，台灣也應該是能夠接受的。蔣經國提出用『三民主義』統
　　一中國，這現實嗎？你那個『三民主義』在中國搞了 22 年，1927 年到
　　1949 年，中國搞成了什麼樣子？『中國人民站起來了』，是什麼時候站
　　起來的？是 1949 年。使中國人民站起來的，不是蔣介石，而是共產黨，
　　是社會主義。」見鄧小平，〈在中央顧問委員會第三次全體會議上的講
　　話〉，1984 年 10 月 22 日；載中共中央文獻編輯委員會編，《鄧小平文
　　選》，第三卷（北京：人民出版社，1993），頁 86。鄧的講話是通過對
　　三民主義的批評，對照強調社會主義的優越性和一國兩制的可行性，但看
　　不出張緒心所指的鄧小平重申「中共已經且正在繼承孫中山的意識型態理
　　論」。

㉑　詳見〈紀念孫中山先生〉，1956.11.12.（毛澤東為紀念孫中山誕辰 90 年
　　寫的文章）；載《毛澤東選集》，第五卷（北京：人民出版社，1977），
　　頁 311-312。

組國民黨時，採行了「聯俄、聯共、扶助工農」的「三大政策」，也就是組成了「第一次國共合作的統一戰線」❷。所有這些都強調共產黨人與孫中山在思想上和情感上的關聯；對孫中山的愈見重視，其實是中共用來加強和平統一中國的步調。❷

　　上述現象說明，研究環境和氛圍雖然寬鬆，但歷史解釋在分歧中卻又另見寓意。因此，這就牽涉到不同的史觀及其理論根據的問題。

參、歷史解釋及其理論根據的探討

　　歷史研究基本包含史實敘述和史義推定兩個部分；前者講究的是憑證據說話，後者依據的是理論或史觀。

　　當然，過去對早期國共關係的許多重要研究，大體上都能兼顧探討史實和論證史義；但對史義中涉及的理論基礎或史觀，則較少深入分析。其原因或由於研究者本身的學術訓練和背景，或受限於文獻不足，又或者是受到意識形態、特別是政治環境的制約；故而各方的歷史解釋不但有所落差，其相互之間除了抨擊指責、批判駁斥以外，似乎鮮能進一步就各自的理論基礎，闡明其解釋分歧的所以然。

　　例如，中國共產黨人根據歷史唯物主義或馬列毛史觀，主張在其二大時，就已通過了關於革命進程的「最低綱領」和「最高綱

❷　〈回答台灣愛國同胞的問題〉：《人民日報》，1986.5.25.。

❷　張緒心（Sidney H. Chang）、高理寧（Leonard H. D. Gordon）合著，卜大中譯，《孫中山：未完成的革命（*All Under Heaven: Sun Yat-sen and His Revolution*）》（台北：時報文化公司，1993），頁275。

領」；並且說，當時因為孫中山的革命訴求和共產黨人的最低綱領相同，故成為雙方建立統一戰線的政治基礎，從而解釋了共產黨人何以要加入國民黨，也就是第一次國共合作的理由。

但實際上，即便是從共產革命的理論出發——如同本書第六章第三節之壹所分析的，也得不出 1922 年中共二大時，就已經有了最低綱領和最高綱領的結論。上述歷史解釋，首先在前提上就存在著理論混淆和時空錯置的疑義，故其後之種種推論和評述，自亦有待商榷。

再比如說，國民黨方面的研究認為，1923 年發表的「孫越宣言」是孫中山聯俄政策的基本精神所在。一位極具代表性的學者分析其內容指出：

> 第一段，中山先生鄭重的要越飛同意共產主義與蘇維埃制度均不能行之於中國，並聲明中國革命的目的是國家的統一與獨立，乃是對於蘇俄赤化中國陰謀的防制，並否定了共黨組織在中國境內存在的必要。第二段，中山先生要越飛明白宣佈蘇俄前次放棄對華一切特權之聲明仍然有效，乃是對越飛翻雲覆雨態度的約束。因為越飛於十一年十一月六日回復北京政府的節略中，曾狡稱蘇俄以前的聲明並非永遠有效。中山先生因再令其重申其諾言於中國人民之前，以防止其以後變卦。第三段關於中東鐵路問題的諒解。第四段關於外蒙問題的協議，中山先生雖也遷就了當時的政治環境，但卻堅決維持了國家領土完整與主權獨立的最高原則。以政略觀點看

此宣言，中山先生完全成功。**❷❹**

如將上述歷史解釋中強調的——防制蘇俄赤化中國的陰謀；否定共黨組織在中國境內存在的必要；孫中山因再令越飛重申諾言以防其變卦……等等，對比於當時和其後的內外部史事（詳見本書第四章第二、三、四節），則可發現其評斷尚有探討空間。而特別耐人玩味的是「中山先生也遷就了當時的政治環境」一語，似言猶未盡；故仍可深論。

因此，基於以上的認識，本書依重返歷史現場、還原歷史真相的旨趣，盡可能運用一手史料和根據既有的研究成果，按照同步繫年考察的順序，以相對辯證探討的方式，針對存在已久、素有爭議，但並未徹底解決的三個關鍵性問題——「聯俄」還是「俄聯」？「容共」還是「聯共」？「三大政策」的真相和「新三民主義」的歷史解釋，通過史源辨正的途徑，並從史義推定、兼及深入檢視其理論基礎或史觀的角度，就內部史事的本質和必要的外部史事背景，作系統的論證。

第二節　以問題為基礎的研究架構

本書的架構安排，主要想體現「以問題為基礎的研究」。

第一個要回答的問題是：孫中山晚年和俄國人的互動，相對於

---

❷❹　李雲漢，《從容共到清黨》（台北：中國學術著作獎助委員會，民55），頁147。

一般研究所說的「聯俄」，可否稱之為「俄聯」？假設，「俄聯說」可以成立；則其史實支撐何在？

就國民黨的立場而言，以「聯俄容共」一語解釋早期的國共關係，如果先前是象徵中國現代歷史主流和革命正統❷⑤的一項資產，到後來卻變成了負債。於是，國民黨方面為了彰顯其遷台以後「反共抗俄」基本國策的正當性和政治上的一貫正確，就在歷史解釋中淡化孫中山當年聯俄的決定，從而主張是俄國人首先對華示好，主動來聯孫中山。因此，有所謂「如其說是聯俄，毋寧謂之俄聯」的命題出現。

在相關的歷史解釋中，最能代表上述題的研究，是李雲漢的大作——《從容共到清黨》。他開宗明義的就揭示了「吾人研究聯俄容共問題所必須確認的基本觀念」：

> 聯俄容共，是一種政策，而非政綱或主義。……它具備兩種
> 特性：其一、政策只是為實現政治目的所採行的一種手段，
> 它雖以主義與政綱為依據，但其效力既不能超過主義與政綱
> 的規範，其地位也不能與主義政綱相提並論。……其二、政
> 策有其一定的適用範圍與時限，既非四海皆準，更非一成不
> 變。中山先生認為在當時的革命環境之下，於一定範圍內實
> 行聯俄容共為有利，因而決定聯俄容共；倘如情勢改變，發

---

❷⑤ 此處的「革命正統」不是指「政權的正統性」；中國共產黨人並未否認清
祚終結後，從北洋政府到國民政府的這一段歷史傳承，但認為國府政權到
1949 年已經滅亡，故而編修「中華民國史」。

　　現俄不須聯，共不可容時，中山先生的繼承者自然可以宣佈
　　這一政策的終止。**㉖**

這個基本觀念說明，政策是依變項，隨著自變項——當時的客觀環
境和階段性目標——而調整；但不影響其上位性的主義與政綱。因
此，就聯俄言，如其說是聯俄，毋寧謂之俄聯；故聯俄所以防俄，
中山先生的用心極為深遠。**㉗**

　　長期以來，「俄聯說」這個在歷史解釋中獨樹一幟的命題，並
未引起特別的注意或廣泛討論，似乎也理所當然的繼續存在下去。
但是，如果將「俄聯說」聯繫到其前提——俄國人之主動對華表示
親善和先來聯絡孫中山是有陰謀的，再證之以後來的國共殊途且誓
不兩立，而說孫中山早有預見並採取了「防俄」的反制措施，故此
主張並非孫中山主動去聯俄，而是俄國人先來聯孫。是則，「俄聯
說」必須有堅強的史證基礎才能成立。

　　第一章首先探討「俄聯說」與「陰謀論」的關係；繼而分析當
時孫中山和新俄政權在民族主義的立場上，都有著同樣的矛盾處境
而又微妙的情結。但由於俄國人先一步化解其矛盾，莫斯科遂得以
從反對帝國主義這一點切入，不斷對華釋放善意，使孫中山在對西
方失望之際，不能不深有感悟。他初以謹慎小心、穩紮穩打、步步
為營的態度回應，但最終，畢竟作出了接受俄援的決定；人之將

㉖　李雲漢，《從容共到清黨》（台北：中國學術著作獎助委員會，民
　　　55），〈導論〉，頁 2-3。
㉗　李雲漢，同上書，〈導論〉，頁 3、5。

溺，一根稻草總比什麼都沒有好。而在雙方都有策略考慮的曲折互動過程中，到底是孫中山欲交好蘇俄而先往「聯俄」？還是俄國人別有居心？或者是看準孫中山的革命發展潛力而先來聯孫？誰先誰後？有何差別？如果說真的是俄國人主動在先，那又為什麼？根據何在？

第二章從新俄政權在艱難中的奮進追溯起，探索俄國人有無先來聯絡孫中山的原因或動機。當時正值歐戰，初立的俄共政權，外遭列強干預威逼，內有白軍負隅頑抗，為了在風雨飄搖中掙扎求生，從簽訂「布列斯特－里托夫斯克條約」（the Treaty of Brest-Litovsk）起，到實施「戰時共產主義」❷（War Communism）再到改採「新經濟政策（New Economic Policy），可說是歷經煎熬，才逐漸突破困境站穩了腳跟。

與此同時，俄國人的注意力從西方轉向東方，開始著重於推動落後國家反帝的民族獨立革命運動；莫斯科在中國尋求盟友的意向，則先後分別反映在契切林（G. V. Chicherin）的對華政策報告、斯大林（J. Stalin）的文章和加拉罕（Leo Karahkam）的兩次對華宣言中。而其所以派遣使者陸續赴華，探訪合作對象和聯絡孫中山的嘗

---

❷　或稱「戰鬥共產主義」；見李邁先，《西洋現代史》（台北：三民書局，民 67），頁 136。另可參 Stewart C. Easton 著，李邁先譯，《西洋近世史（*The Western Heritage*）》，（三）（台北：幼獅書店，民 63），頁 69-71。又稱「軍事共產主義」（Military Communism）；詳參王曾才，《西洋現代史》（台北：東華書局，民 65），頁 152；陳永發，《中國共產革命七十年》，上（台北：聯經出版公司，2001 修訂版），頁 138。另可參閱黃丘隆、結構出版群主編，《社會主義辭典》（台北：學問出版社，民 78），頁 488-489。

試，也正是在這樣的背景中開展的。

　　因此，第三章著重分析蘇俄赴華使者的任務與影響。莫斯科從 1920 年春天起，開始直接或間接的派遣了魏金斯基（Gregory Voitinsky）、優林（Ignatius L. Yurin）、馬林（Maring；本名 Hendrius Sneevliet；荷蘭人，馬林是其所使用的諸多化名之一），還有巴意開斯（Alexander K. Paikes）、達林（S. A. Dalin）、越飛（Adolf A. Joffe）、鮑羅廷（Michael Borodin）等使者到達中國，分別積極聯繫當時的北京政府和各種力量，或者指導共產革命，或者擔任孫中山的顧問。他們當中有的無功而返；有的成效斐然。

　　表面上，俄國使者的在華活動似乎錯綜複雜、經緯萬端；但若置其於整體脈絡中考察，則實際上有跡可徇、條理分明。他們各有任務且影響深遠──尤以馬林為然；並集中體現為孫中山和越飛在 1923 年聯合發表的宣言。

　　第四章主要針對〈孫越宣言〉的各種歷史解釋，根據新史料作深入的再反省。

　　首先探討莫斯科為什麼最終決定捨棄陳炯明和吳佩孚，轉而選擇支持孫中山？其次分析從越飛抵華後與孫中山的密集聯繫中，明顯可見雙方在各自關心的如民族獨立、國家統一，中東鐵路和外蒙駐軍等幾個主要問題上，已經取得基本諒解和默契。最後論證〈孫越宣言〉何以兼具象徵和實質的雙重意義；又何以說是雙贏？

　　另則，本章還有承上啟下之意；一面總結之前三章關於「俄聯說」的討論，一面揭開其後五章的序幕。

　　本書第二個要處理的是關於「聯共說」的爭議問題；並聯繫到中國共產黨人為什麼要加入國民黨？以及國民黨如何處理共產黨人

加入後衍生的所謂「共產派」問題。

第五章詳為辯證「容共」還是「聯共」？

長期以來，國民黨方面以「容共」為中心而引伸的說法，至少有「溶共、熔共、鎔共、弭共、養共、滅共、制共、驅共、清共、分共、剿共、限共、防共、抗共、反共、仇共、恨共、貶共、恐共、友共、投共、盟共、降共」等 20 餘種；而其對共產黨人所堅稱的「聯共」，則概以統戰陰謀斥之。到底以何說為是？史家意見分歧。本章先行追溯國民黨研究傳統的形成和共產黨一貫主張的根據，繼之逐一檢視其意涵指涉；最後綜合分析各種歷史解釋及相關命題之可否成立。從而，也就必然牽涉到共產黨人加入國民黨的原委。

第六章追問並答覆「共產黨人何以要加入國民黨」的問題。國民黨方面解釋說，當年「容共」乃策略運用；目的是要先納而後滅之。但共產黨人則認為，其以「黨內合作」的方式與國民黨聯合，是在「當時」歷史條件下的正確抉擇，是推進中國革命的最好途徑；也是幫助國民黨改組的最好形式；更是共產黨在新的歷史環境下盡快發展壯大，開創革命工作新局面的好辦法；而且也符合馬列主義的策略原則。真相到底如何？所謂正確抉擇、最好形式、好辦法，究竟意所何指？對共產黨人而言，其加入國民黨，可不可以說是「當時」的唯一選擇？

第七章分析國民黨如何處理其黨內的共產派問題。國民黨人出於對共產黨員個別加入後種種行徑的質疑，採取了許多反共護黨的抵制措施。而共產黨方面則認為，從國共合作以來，國民黨內就逐漸分成為左、中、右三派；並出現了蔣介石集團打擊共產黨人的陰

謀奪權行動。到底國民黨內有沒有派？其定義為何？是客觀存在還是共產黨人的主觀認定？如屬後者，那共產黨人又為什麼要把國民黨分派？國民黨如何因應共產黨人劃分派別的挑戰？國民黨中央為了化解內部紛爭而發出對黨員的三次訓令，其理論脈絡和實際效果如何？至於通過的「整理黨務案」，最終達到目的否？其原因和影響又是什麼？

　　本書要探討的第三個主要課題，是孫中山有沒有——如共產黨方面的史論所言——訂定實施「三大政策」和重新解釋三民主義？並深入探討雙方的各有堅持，其史義何在？

　　第八章首先揭示在國共早期互動的歷史解釋中，最具爭議性的命題是「三大政策」——聯俄、聯共、扶助農工。共產黨人一貫主張以「聯共」為核心的「三大政策」，是孫中山提出的，並在1924 年 1 月國民黨一全大會通過；而且是「新三民主義」的主要內容。但國民黨方面卻堅決否認，指責共產黨人捏造其詞，污衊和曲解三民主義。韋慕庭（C. Martin Wilbur）也認為「三大政策這個名詞是共產黨的一個創造」[29]。「三大政策」究竟何時出現？由誰提出？為什麼共產黨人原先說是孫中山，後來卻又修正其傳統主張？承認是共產黨人所概括的。

　　多年來，國共均深知革命正統誰屬的問題，在極大的程度上取決於對「三大政策」的詮釋，故雙方的針鋒相對也必然。但證據顯

---

[29]　C. Martin Wilbur and Julie Lien-ying How, ed., *Documents on Communism, Nationalism, and Soviet Adviser in China, 1918-1927*. New York: Columbia University Press, 1956, pp.392-393.

示，從其各自立場出發所建構的論述，也有若干不符史實及理論或概念的混淆，而有待釐清與商榷。

第九章深論「新三民主義」的歷史意涵。在早期國共關係中和三大政策密切相關，且同樣爭議激烈的另一個命題，是雙方對所謂「新三民主義」的各說各話。在共產黨人看來，孫中山的舊三民主義經過重新解釋，成為具有革命內容的新三民主義；但國民黨方面的研究卻認為，繼「三大政策」之後，到抗戰時期，毛澤東又捏造了一個「新三民主義」的名詞；真是荒謬至極。而何謂「新三民主義」？怎麼來的？其具體指涉為何？和「舊三民主義」有何不同？共產黨人為什麼主張「新三民主義」既是他們和孫中山合作的共同綱領？又是國共兩黨建立革命統一戰線的政治基礎？而國民黨方面則何以反對？雙方各自堅持不同的歷史解釋，到底爭的是什麼？

最後，第十章，結論；綜合回答本書所提出的——早期國共關係中的三個關鍵問題。

1920 年代的世界，從當時的國際環境、新俄的困境、中國革命和共產黨人的處境，特別是從孫中山的逆境及其心境來看，或可在千頭萬緒中得其線索。

而其個別情境，如果從卡通動畫的鏡頭看：

西方列強是「分來分去」分利益；

俄國人是「找來找去」找朋友；

中國共產黨正在「忙來忙去」忙發展；

孫中山則是「跑來跑去」避災殃。

再以孫中山的「跑來跑去」為時間軸觀之：

1917 年 7 月，他以護法首度自滬赴粵，任大元帥；在粵一

年。

1918 年 6 月，軍政府改組，辭大元帥；由粵返滬；留二年餘。

1920 年 11 月，桂軍退，二度自滬赴粵；

1921 年 4 月，當選非常大總統；

1922 年 8 月，以陳炯明事變，再次返滬；在粵一年半多。

1923 年 2 月，陳炯明敗走，得以三度自滬赴粵。

孫中山當時的「跑來跑去」，對其信徒或中國國民黨人而言，還真似乎是有點情何以堪！

不過，從歷史辯證發展的角度看，又正是他的不屈不撓，不改其志，以非常之人，成非常之業，適足以令人緬懷與崇敬。而所謂「生活的目的，在增進人類全體的生活；生命的意義，在創造宇宙繼起的生命」，其精神遂得以體現。

如果說，中國共產黨在後來對國民黨存有敵意，國共之仇甚且不共戴天；那麼，其人對孫中山的推崇，和當時對國民黨領導中國革命的肯定，對照於當代史局，又意味著什麼？

第一章
「聯俄」還是「俄聯」

　　1920 年代初期，孫中山與俄國人的互動，在歷史研究的命題中通常以「聯俄」概念代表之。由於當年國民黨的「聯俄」政策以及與之密切相關且幾乎等同一體的「容共」措施，對中國現代史的影響極其深遠，故為人普遍矚目及廣泛探討。

　　從階段性的發展來看，中國國民黨由於得到俄國的援助，順利完成了改組轉型與黃埔建軍，乃至後來有北伐勝利、統一全國和接續下來的 20 餘年江山。另一方面，也正因為有俄國人的指導和支持，才有中國共產黨的誕生和共產革命，才有 1949 年以後的新中國。

　　以長期性的影響而論，俄國人之介入中國革命運動，固然有其切身利益的需要以及世界革命戰略佈局的考慮；但不管是幫助國民黨還是扶植共產黨，都首先和孫中山有關。以共產黨言，俄國人扮演的角色和所起的作用，始終是共產革命過程中不可或缺的要素；而國民黨則似乎是先蒙其利，後致其害。

　　國民黨方面認為，早年的「聯俄容共」和 1950 年代國民政府遷台以後的「抗俄反共」，都是正確而且必要的；錯的是當初不慎

不察，以致太阿倒持、授人以柄。共產黨人因有機可乘，遂得以滲透國民黨，進而逐漸坐大並最終竊奪了國民革命。

長期以來，從國民黨立場出發的許多研究顯示，其著力點似乎在於一直試圖將「聯俄」的負面影響壓縮到最小，並強調當年是俄國人主動先來聯絡孫中山，不是他先去找俄國人；並認為孫中山是「反共抗俄的先知先覺」❶，早已洞悉俄國另有圖謀，故其後來之決定聯俄，是要「以聯俄者防俄」❷。依照孫中山當時的構想，聯俄「有防患與求援兩重目的」；「聯俄所以防俄，中山先生的用心極為深遠」。❸因此，聯俄只是「一時的策略」❹；當客觀環境有所改變或實際需求消失，策略自然就會調整。

共產黨人──相對於國民黨的觀點──則強調，中國人民反帝反封建的大革命，「曾經在共產國際的正確指導之下，在中國共產黨的正確領導的影響、推動和組織之下，得到了迅速的發展和偉大的勝利」❺；並強烈抨擊以蔣介石為首的國民黨反動集團，在孫中

---

❶ 詳參陳健夫，〈反共抗俄的先知先覺〉；載崔書琴等著，《孫中山和共產主義》（台北：文星書店，民54），頁213。

❷ 王健民，《中國共產黨史稿》，第一編，上海時期（台北：自印本，民54），〈序〉，頁9-10。

❸ 李雲漢，《從容共到清黨》（台北：中國學術著作獎助委員會，民55），〈導論〉，頁4-5。

❹ 崔書琴，《孫中山與共產主義》（台北：傳記文學出版社，民73），頁11。

❺ 〈中國共產黨中央委員會關於若干歷史問題的決議〉，1945年4月20日中國共產黨第六屆中央委員會擴大的第七次全體會議通過；中共中央書記處編，《六大以來》，（上）──黨內秘密文件（北京：人民出版社，1980），頁1179。

山逝世後就背叛了革命。是共產黨人繼續堅持與奮鬥不懈，才終於實現孫中山的遺志，獲得新民主主義革命的全面勝利。

國共雙方固然因立場不同而產生了歷史解釋的分歧，但窮究其本源，都指向當年的「聯俄」。真相到底如何？

為什麼國民黨方面有「俄聯說」的主張？回溯當時，孫中山為了突破困境、再創新局，曾經多方探索，極力尋求西方各國的援助，而有聯英、聯美，乃至聯日、聯德之嘗試；但最終卻決定聯俄。是孫中山欲交好俄國而先往主動聯絡？還是俄國人看好孫中山而先來表示親善？誰先誰後？有何差別？

第一節 「俄聯說」：國民黨人的觀點

國共在 1949 年的殊途，鮮明地劃分了中國現代史的兩個不同階段。而國民政府輾轉遷台後，在痛定思痛之際回首反思，每有何必當初的萬千感慨。但歷史不能重來一次；因此，國民黨方面基於鑑往知來和對敵鬥爭的需求，通過對孫中山當年何以「聯俄」做出合理解釋的途徑，從而強化其來台後「反共抗俄」的正當性與必要性，似乎成為邏輯上的必然。

壹、「俄聯說」與「陰謀論」

在國民黨方面的相關研究中，最突出而獨特、但未必被人注意到、也沒有被學界討論過的觀點是「俄聯說」。

　　李雲漢認為,「就聯俄言,如其說是聯俄,毋寧謂之俄聯」❻。亦有論者指出:「聯俄」,究實言之,應該說是「俄聯」,因為聯俄雖然是中山先生決定的國民黨政策,其主動則出之於蘇俄,蘇俄主動以人力──政治、軍事顧問,物力──武器、彈藥,財力──金錢經費援助國民黨……。❼不唯如此,在「俄聯說」的前提下,甚而有「聯俄所以防俄」,「以聯俄者防俄」的命題出現。

　　早年研究中國共產黨史的一位著名學者,在其大作卷首,就開宗明義地指出了他研究聯俄容共政策所獲得的一些認識:

　　　我經常努力抑制自己的感情,冷靜的把大陸淪陷的原因加以考察與分析。從牠歷史上發現中共的竊據大陸,得力於中共自身的努力者較少,而得力於非共及反共方面的──中國與外國的──助力者較多。換言之,自由世界的若干大事件,是造成了中共猖獗的主要原因。第一個大事件是國民黨的聯俄容共政策。……一、中山先生是在革命事業十分艱難之下才決定聯俄容共。當民國十年十二月,他駐節桂林時,第三國際代表馬林以中俄合作之策向中山先生游說,遭受到堅決的拒絕。十一年六月陳炯明叛變事件發生,八月,先生走上海,處境拂逆,達於極點。其時,他分別派人向美、加、

---

❻　李雲漢,前揭書,〈導論〉,頁3。

❼　孫子和,〈評林家有、周興樑著「孫中山與國共第一次合作」〉:《中國現代史書評選輯》,第 10 輯(台北:國史館編印,民 82 年 6 月),頁105。

英、德等國呼籲支援，而各國短視的政治家們一律抱隔岸觀火的態度。此時馬林再度來華，以合作之說進，仍被拒絕。最後在不在中國試行共產主義與蘇維埃制度，及中共只能以個人的而非組織的名義加入國民黨並服從國民黨紀律條件之下，始將聯俄容共政策決定下來。我相信，中山先生這一決定是經過困心衡慮的。第二、中山先生是要用共產黨而不為共產黨所用。當時共產主義在中國已經以新奇的姿態出現，少數智識份子已經受其某種程度的麻醉。中山先生抱一種從井救人的胸懷，要把他們從共產主義的陷阱中拯救出來，登之於三民主義衽席之上。自是國民黨與共產黨雖然同樣喊出反軍閥、反帝國主義的口號，但中山先生的革命目標是統一中國及廢除不平等條約，無意於俄式世界革命。第三、在執行聯俄容共政策的過程中，他對共產黨的防範甚為周至，不僅在政綱上、組織上、行動上防範共黨，更在理論上批評馬克思主義。他要以聯俄者防俄，以容共者弭共。這在世人看起來是一種矛盾，而中山先生正是要在矛盾中打出一條出路。我們不要忘記一鐵的事實，就是在中山先生有生之日，中共未敢造反，相反的，正力求有所表現。

中共企圖分化及顛覆國民黨，進而奪取革命的領導權，是在中山先生逝世之後。其時國民黨的領袖們意見分歧，步驟凌亂，不能當機立斷，予中共以制裁，直到民國十五年三月中山艦事件發生之後，聯俄容共政策尚繼續執行年餘之久，始有十六年四月南京的清黨，及七月武漢的分共，而此時中共

> 已坐大了，大錯已鑄成了。這個大事件的責任，我們不應歸
> 之於中山先生，而應歸之於其後人。❽

以上所引，不只是個別的認識，也具有普遍性，並逐漸形成為國民
黨方面長期的研究傳統與基本的論述模式；而「鑄成大錯」的聯俄
容共政策，其根源正在於俄國人之先來惹塵埃。

論者指出，「所謂聯俄，並不是單方面的，而且其最初的發動
者為俄共，並非國父孫中山先生」❾；他是在經過深思熟慮之後，
才有條件的同意。李雲漢亦認為：聯俄發端於蘇俄首派代表來華與
孫中山聯絡，並表示願意接受他的條件；但在未能瞭解蘇維埃政權
的性質與其對華的真實意圖之前，孫中山未做任何與蘇俄接近的表
示。直到民國 10 年底馬林在桂告以蘇俄已放棄共產主義，改行新
經濟政策之後，孫中山才開始考慮。及民國 12 年初，他與越飛在
上海發表聯合宣言，聯俄之議才見諸實行。❿上述觀點，是以時間
先後為基準，說明聯俄起源於俄國人之先來聯絡孫中山。

尤有甚者，國民黨方面對當年「聯俄」政策的研究顯示，俄國
人不但是積極的先來聯絡孫中山；而且還是有陰謀的。論者指出：

> 聯俄決不是片面的。實際上，在當時也是蘇俄來「聯」（我

---

❽　王健民，《中國共產黨史稿》，第一編，上海時期（台北：自印本，民
　　54），〈自序〉，頁 9-10。
❾　涂子麟，《國父聯俄容共的主旨》（台北：陽明山莊三民主義研究所，民
　　52），頁 2-4。
❿　李雲漢，前揭書，〈導論〉，頁 3-4。

們在這裡加上引號，是因為在這個字的後面隱藏著蘇俄的陰謀）我們。因此，要說明聯俄的背景，必須同時指出我們為什麼聯俄，而俄為什麼「聯」我。我們的聯俄是為了推行國民革命，而俄之所以「聯」我，則是為了推行所謂世界革命。如果仔細考察史實，便知俄之「聯」我較我之聯俄，還要積極。甚至可說，此事最初的發動者是蘇俄，而不是我們自己。❶

國民黨彙整出版的《革命文獻》，其編者也說：

> 拿歷史的眼光來回顧，我們卻可以更認識蘇俄兩次對華宣言，孫越聯合宣言，李大釗聲明等文件的背後，都隱藏著一連串共產國際有計劃有步驟的陰謀！這些陰謀從北京蘇俄大使館、哈爾濱領事館中查抄出來的文件，愈加可以證明。❷

而這些最初由蘇俄發動的陰謀，更早就為孫中山所洞悉。有論者追溯其淵源指稱，早在民國成立之初——1913 年，孫中山即燭知其陰謀；他在東京對留日學生演講時就說：

> 我國此次革命，原來是不要人贊成的，也不受人干涉的。日

---

❶ 崔書琴，《孫中山與共產主義》（台北：傳記文學出版社，民 73），頁 12。

❷ 羅家倫主編，《革命文獻》，第九輯（台北：中央文物供應社，民 44），頁 5。

> 本對於我中華民國，很想首先承認的，因與各國須取一致之
> 行動，故未發表。俄國則對於我國，不肯承認。而對於庫
> 倫獨立，獨不惜首先承認。不但自己承認，並介紹於各國。
> 因為俄國對於我國，絕無利害相關，不過持一種侵略主義。
> 今日親俄，壞了蒙古；再要親俄，內地十八省恐怕都不穩
> 了！❸

更有論者認為，當年的〈孫越宣言〉不過一紙空言；是中國人上了
俄國人的當，被「暗算」了：

> 我們知道國與國之間的外交關係，一向是重利害而輕信義，
> 任何正式條約，也許在雙方國力相等時還有一點效用。斯拉
> 夫民族素以詭詐反覆著名於世界，孫越私人之間的一紙諾
> 言，如何能擋的住蘇俄沿著帝俄一脈相承而來的對華侵略？
> 今天我們來看孫、越聯合宣言，當能了解蘇俄自始即是一大
> 騙局。向來容易吃虧上當的中國人，又繼李鴻章之後上了人
> 家「幣重言甘」的暗算了！❹

以上所舉，從「俄聯說」到「陰謀論」到「一大騙局」，乃至於吃

---

❸ 孫中山，〈學生須以革命精神努力學問〉，民國 2 年 2 月 23 日在東京對
留學生全體演講；中國國民黨中央委員會黨史委員會編，《國父全集》，
第二冊（台北：中國國民黨中央委員會黨史委員會，民 70），頁 331。
❹ 沈雲龍，〈孫、越聯合宣言〉；載崔書琴等著，《孫中山和共產主義》
（台北：文星書店，民 54），頁 207。

虧上當、遭人暗算等等的一系列論述，雖然可以說是國民黨方面在後來「反共抗俄」的前提下，有意識地建構了詮釋孫中山當年之所以聯俄的基本框架，是以論帶史，多少有點色彩；但另一方面，就實際情況言，其在論述框架中所突出和強調的——聯俄是本於民族主義立場的一種策略運用，也並非全然無據。

貳、民族主義的兩難與策略運用

在國民黨人的認識中，聯俄作為策略運用，其目的至少有三：一是爭取外援，謀求中國的統一與獨立；二是加強聲勢，鞏固國民黨的領導地位；三是因勢利導，加速國民革命的進程。[15]又因為是策略運用，所以對於孫中山的革命理論——主義與政綱——沒有發生什麼影響；既便說有影響，也只是限於革命方法，包括強化黨的組織，嚴肅黨的紀律和對於宣傳的重視。[16]換言之，在目標、主義與政綱已經確立的前提下，方法則可以也應該隨著環境或條件的變化而調整。

以孫中山當時決定聯俄的處境言，其間接背景除了俄國人的先來聯絡以外，還有五四運動和國人普遍對俄有好感。五四運動的實質可說是全國民心為了反抗軍閥操縱的賣國外交，要求打倒軍閥和帝國主義的暗示；對俄國有好感的，主要是知識份子，其注意力集中在兩次的加拉罕對華宣言，但不知俄國人「將欲取之，必姑與

---

[15]　涂子麟，《國父聯俄容共的主旨》（台北：陽明山莊三民主義研究所，民52），頁 29-32。

[16]　崔書琴，《孫中山與共產主義》（台北：傳記文學出版社，民 73），頁32、34-42。

之」的誘敵戰略。而孫中山聯俄的直接背景，則是外交上所處的複雜環境；在外交上走頭無路時，他才毅然改弦易轍，接受蘇俄自願支持國民革命的援助。**⓱**但即便如此，孫中山仍然心中有主。

1922 年 6 月間，孫中山以陳炯明事變避禍於永豐艦時，曾輾轉告訴俄國人：「我堅信，蘇俄在我身處逆境時，也是我唯一的朋友」**⓲**。對此情景，一般人特別是蘇俄的某些史學家，總會說幾句意味深長的話，比如：孫中山開始「正確認識」蘇俄了；對共產主義產生了新的感情；是孫中山世界觀的「偉大轉折」……等等。但實際上，孫中山當時只不過是為扭轉其逆境而採取了權宜之計；他與俄國人合作的基本設想，更多地帶有平等的色彩；而不具有接受某種共產主義的意識形態性質。**⓳**故孫中山其後與越飛發表聯合宣言，主要目的是在公開取得蘇俄對中國不強行共產主義與蘇維埃制度的諾言，藉以表明其聯俄容共政策並非主張赤化的意念，以祛國人及其黨員們的疑慮，且可防杜後患。**⓴**

1922 年 8 月 9 日，孫中山登英國炮艦漢摩號離粵往港，在艦上與隨從人員談話時提到：

⓱ 涂子麟，前揭書，頁 2-4、10。

⓲ 達林，《中國回憶錄（1921-1927）》（北京：中國社會科學出版社，1981），頁 149。

⓳ 詳參李玉貞，《孫中山與共產國際》（台北：中央研究院近代史研究所，民 85），頁 143。

⓴ 沈雲龍，〈孫、越聯合宣言〉：載崔書琴等著，《孫中山和共產主義》（台北：文星書店，民 54），頁 207。

今日中國之外交，以國土鄰接，關係密切言之，則莫如蘇維埃俄羅斯；至於國際地位言之，其與吾國利害相同，毫無侵略顧忌而又能提攜互助，策進兩國利益者，則德國是也。惜乎國人不明俄德真相，徒以德國大戰失敗為不足齒，而不知其固有之人才與學問，皆足資吾國發展實業建設國家之用也。又以為俄國布爾什維克為可怖，而不一究其事實。吾憶三年前，日本參謀本部某員，訪余於上海，問余是否贊助俄國之無政府主義者，余答其俄國列寧政府，組織完備，故為其堂堂正正之政府，焉得指其為無政府耶？該員聞此，亦不知其言所自出，乃竟不能復答。今日吾國人士，對俄之恐怖心，故猶如昔，至於今日俄國之新經濟政策，早已變更其共產主義，而採用國家資本主義，並弛私有之禁，其事已逾一年，而國人不察，至今尚指其為共產主義，為過激派。其故蓋由某國不能發展其侵略主義於東亞，而又與俄國利害衝突，積不相能，故俄國明明有政府，乃強指其為無政府，俄國早已弛去私有之禁，而又宣傳其為共產國，為過激派，以彼之恐怖不相容者，而又忌人締交親善，故特布此恐怖宣傳。吾國外交，本非自主，向落人後，而又不能研究其利害與得失所在，殊可嘆也！今後吾國之外交，對於海軍國，固然注重，然對於歐亞大陸之俄德二國，更不能不特別留意，不宜盲從他國，至為人利用也。❹

---

❹ 孫中山，〈外交上應取的態度〉，民國 11 年（1922）8 月 9 日由廣州赴

孫中山以宏觀視野和全局高度所作的分析，透露出他心目中對德俄兩國的觀感；尤其肯定俄國列寧政府之堂堂正正，及其已變更共產主義改採新經濟政策。他還提醒國人，不要被「與俄國利害衝突」卻又忌人與俄締交親善的「某國」——日本所利用。自是，孫中山的聯俄意向愈趨明顯。或者也因此，國民黨方面有論者指出：「可見國父主張聯俄，此時即已有決定，並且他還主張力求採取主動。過去有人認為國父主張聯俄，係完全出乎被動，足證事實並非如此」❷❷。

8月10日，孫中山自港轉乘俄國郵船皇后號赴滬；13日抵達❷❸。9月30日，他發表了聲明，上海《大陸報》透露：

> 對於德國和俄國，孫博士的意見以為：自德國解除武備和俄國取消在華一切特權之後，在中國看來，這兩個國家已經成為站在「不侵略」地方的國家了。自蘇維埃俄羅斯成立之

香港在漢摩砲艦對幕僚談話：中國國民黨中央委員會黨史委員會編，《國父全集》，第二冊（台北：中國國民黨中央委員會黨史委員會，民70），頁857。

❷❷ 涂子麟，前揭書，頁10。

❷❸ 孫中山自1922年6月16日至8月9日，以陳炯明兵變移駐永豐艦，歷50餘日；後因陸路援絕，株守無濟，始率將吏離艦，乘英國兵艦至港，轉乘商輪赴滬，於8月13日抵滬。詳見孫中山，〈致本黨同志述陳變始末及今後方針書〉，民國11年（1922）9月18日；中國國民黨中央黨史會編，《國父全集》，第一冊（台北：中國國民黨中央黨史委員會，民70），頁851、856。

後，過去對於中國政府獨立和領土最大危險之一，業已消除。在勞農政府繼續和忠於它「非帝國主義」的政策的時候，俄羅斯並沒有可使「一個民主的中國」生畏懼的地方。❷④

孫中山鄭重否認了外界說他要以過激主義為基礎，籌組中俄德聯盟的傳言；並強調中國不適於布爾什維克主義，他從來無意改變中國為共產國家。❷⑤有學者指出：在某種意義上，我們可以認為這是孫中山公開表示自己聯合蘇維埃俄國的願望。❷⑥亦有人主張：此一聲明是孫中山聯俄的起點，也是他聯俄的條件。❷⑦不到四個月，這些條件即體現為〈孫越宣言〉的內容之一；其意義「顯然地是中山先生控制當時的局勢，力求操之在我，以削弱俄寇支助共匪傳佈共產邪說擾亂中國的進一步舉措」❷⑧。於是，孫中山的聯俄政策，就這樣在歷史解釋上轉化為後發先至、反被動為主動的策略運用。

先以權宜之計而論，孫中山在 1923 年對國民黨人說，從他返粵設立政府以來，美英日三國「無事不與我為難」，幸虧蘇俄派人聯絡，幫助一切重要物資。但他又同時指出，俄國人此舉並非厚

---

❷④ 蔡和森，〈中德俄三國聯盟與國際帝國主義及陳炯明之反動〉：《嚮導》，第 4 期，1922 年 10 月 4 日，頁 26-27。

❷⑤ C. Martin Wilbur, *Sun Yat-Sen and Soviet Russia, 1922-1924.* New York: Columbia University Press, 1965.p.10.

❷⑥ 李玉貞，前揭書，頁 147。

❷⑦ 李雲漢，前揭書，頁 141。

❷⑧ 吳相湘，〈國父防制共產邪說流行的措施〉；載崔書琴等著，《孫中山和共產主義》（台北：文星書店，民 54），頁 183。

我，只不過是想藉國民黨以實行其在華政策罷了；故而吾則以外交政策連俄，以威脅英美日。英美日能與我改善外交，何必專在俄國？㉙是則，孫中山當時聯俄以求扭轉逆境，「以威脅英美日」的策略運用，其旨甚明。

　　再就孫中山與俄國人平等合作的基本設想而言，李雲漢特別強調說，蔣中正有一句話是研究中國現代史的學者所萬萬不能忽視的：「國父的聯俄政策，是基於民族主義的立場，而不是共產主義可實行於中國。更不應該為了聯俄而受共黨的要挾，或對共黨有所姑息。」這句話，確切明鮮的說明了中山先生聯俄政策精義之所在。㉚

　　從後來的事實看，孫中山有沒有為了聯俄而姑息共黨或受其要挾，尚有探討空間，可暫時存而不論。但由當時的客觀環境可知，孫中山揭示民族主義，主要著眼於聯合世界上以平等待我之民族共同奮鬥，其目的在外求民族之獨立，內求國內各民族之一律平等；而堅守民族主義的立場，則為列強環伺下訂定革命策略的重要基礎與憑藉。中共建黨時的「一大」代表周佛海，就曾經在 1928 年指出：

　　　　如果俄國所號召的扶助弱小民族，確實言行一致，如果對中

㉙　劉成禺，〈先總理舊德錄〉：《國史館館刊》，創刊號——第 1 卷，第 1
　　期（台北：中華民國史料研究中心，民 58.6.30，影印初版），頁 53。
㉚　蔣中正，《蘇俄在中國》（台北：中央文物供應社，民 46 再版），頁
　　35。李雲漢，前揭書，頁 195。

國取消不平等條約，沒有存「欲取先與」的別種野心，我們自然應該和蘇俄緊密的聯合，共同奮鬥。但是蘇俄之所以聯合弱小民族，其直接的目的，在鞏固蘇俄的國家地位，最後的目的，在實行共產主義。……

帝國主義者，是蘇俄和中國的共同敵人，在反抗共同敵人的必要上，中國也可以和俄國組成聯合戰線。但是蘇俄反對帝國主義，在行共產主義。中國反對帝國主義，在求民族獨立。如果俄國的共產革命運動和中國的民族革命運動，沒有衝突之點，換句話說，就是蘇俄的共產革命運動，不致妨礙中國的民族革命運動，我們也應該聯合起來。然而如果因為成全蘇俄的共產革命，而犧牲中國的民族的獨立，我們便不能和蘇俄聯合。……兩年來的經驗，證明俄國的共產主義，實在妨礙中國的民族獨立。……所以我們站在民族獨立的立場上，實在不能和他們聯合。**㉛**

從靜態角度看，這是聯俄容共破局後不久的解釋，周佛海根據理論和經驗的研究，得出「以民族獨立言，不能聯俄」的結論；唯其結論並不能改變已經聯俄的事實。但是，另一方面，如果以動態觀點作辯證分析，是能了解孫中山當時之聯俄，也可以做為借力使力的反制，正是為追求民族獨立而從民族主義出發的一種策略運用。

㉛ 周佛海，《三民主義之理論的體系》（上海：新生命書局，1928），頁95-97。

更何況，孫中山在對國民黨人說「吾則以外交政策連俄，以威脅英美日」的同時，緊接著就說「英美日能與我改善外交，何必專在俄國？」事實也的確如此。史料顯示，孫中山無論在 1923 年與越飛發表聯合宣言的之前或之後，一直都沒有放棄持續聯絡各國的嘗試；他多方探索，尋求任何可能得到的助力。

第二節　孫中山的多角經營

孫中山從少年時代起，即受西方影響。早歲遠赴檀島，見「輪舟之奇、滄海之闊」，於是有「慕西學之心，窮天地之想」。乙酉中法戰敗之年，決志「傾覆清廷創建民國」；在香港習醫時，與同儕並稱「四大寇」。乙未年廣州首役失敗後亡命海外；倫敦蒙難，險遭不測。繼之屢遭放逐，遍歷各國。雖然，革命之途荊棘滿佈；但是，與此坎坷曲折同步，他也成為英語世界知名的中國革命領袖。而其卓越的國際觀素養，或者心理上的西方情結，亦或由此而來。

1922 年 8 月，孫中山因陳炯明事變而離粵赴滬；途中，他與隨員談話，對當時的西方各國有所分析：

> 吾國建設當以英國公正之態度，美國遠大之規模，以及法國愛國之精神為模範，以樹吾國千百年永久大計。然而今日中國外交，以國土鄰接關係密切言之，則莫如蘇維埃俄羅斯。至以國際地位言之，其對吾國利害相同，且無侵略顧慮，而

又能提攜互助，策進兩國利益者，則德國是也。㉜

由此，固可知孫中山的國際視野；而各國狀況或能取以為法，但事實上卻未必如其所願。

　　革命伊始，孫中山就認識到外交與武力的重要。辛亥前得外力之助雖然不大，但他總以為民國成立後可以改善對外關係，故於南京臨時政府時期發表的宣言，就對西方表示好感，但這份期許不久就幻滅。一則是由於西方式的國會制度和民主經驗，雖在民國初年形成所謂「現代中國議會民主的一個高潮」㉝，然很快就失敗。二是列強並未因民國肇建而改變其侵略中國的本色和承認北洋政權的立場；孫中山的廣東護法政府不但被彼等視為非法，且是中國統一的障礙。但孫中山並不氣餒，仍然嘗試尋求外力的臂助。

壹、聯英：英國外務部反對殖民部聯孫

　　辛亥革命時，孫中山以師友淵源，曾經得到英國政府同意「止絕清廷一切借款」等協助，終能推翻滿清。1911 年 10 月 10 日武昌起義之次夕，孫中山在美國典華城（Denver）閱報得知革命黨軍情，決意先從外交上致力；他估計當時各國情形：

㉜　孫中山，〈外交上應取的態度〉，民國 11 年（1922）8 月 9 日由廣州赴香港在漢摩砲艦對幕僚談話；中國國民黨中央委員會黨史委員會編，《國父全集》，第二冊（台北：中國國民黨中央委員會黨史委員會，民70），頁 856-857。

㉝　John K. Fairbank, Edwin O. Reischauer, A. M. Craig, *East Asia: The Modern Transformation*. London: George Allen and Unwin LTD., 1965, p.644.

> 要而言之，列強之與中國最有關係者有六焉：美、法二國則
> 當表同情革命者也；德、俄二國則當反對革命者也；日本則
> 民間表同情，而其政府反對者也；英國則民間同情，而其政
> 府未定者也。是故吾之外交關鍵，可以舉足輕重為我成敗存
> 亡所繫者，厥為英國；倘英國右我，則日本不能為患矣。❸

遂立即自美赴英，尋求協助得成。

10 年後的華盛頓會議，雖然承認日本在遠東的特殊地位，並
以中國的權益給予日本做保證；但也因為英美聯手壓制日本，導致
英日雙方交惡與同盟關係的破裂。其後孫中山於 1921 年底在桂
林，1922 年 4 月在廣州，兩度分別拒絕俄國使者馬林和達林關於
聯俄的建議，就是顧慮英國之與俄國競逐中國勢力範圍而介入干
涉。不過，孫中山並未放棄繼續向英國尋求開展友好關係的可能。

1923 年 2 月間，廣東省長胡漢民派交涉員兼外交部秘書傅秉
常訪港；其當時並未攜帶任何具體方案，僅作口頭之親善，表示粵
港地接比鄰，關係密切，應能雙方瞭解，避免隔閡，至於中英兩國
整體外交可留待將來計議。香港總督司徒拔（Sir Reginald Stubbs）頗
以其言為是。此時，正值孫中山於 1923 年 2 月 17 日由滬抵港準備
赴粵之際，乃得與司徒拔洽談甚歡；而英國殖民部亦贊成此議。但
是，曾任英國駐華公使的朱爾典（Sir John Newell Jordan）持反對態

---

❸ 〈孫文學說〉，第八章——有志竟成。中國國民黨中央委員會黨史委員會
編，《國父全集》，第一冊（台北：中國國民黨中央委員會黨史委員會，
民 70），頁 504-505。

度；故而英國駐廣州總領事傑梅遜（Sir James Jameson）遂從中作梗。按英制，有關外交事務，外務部的權力超過殖民部。故聯英之議，亦終無成。❸❺

貳、聯美：美國反對孫中山另立政府

早在 1904 年，孫中山於檀香山發表〈中國問題之真解決——對美國人士之籲請〉（The True Solution of the Chinese Question）時，文中就提到希望能看見許多拉法夷托（Lafayette；美國獨立革命時協助其人之法國將軍）在你們當中出現；但實際上，他在美國人民中找到的拉法夷托並不多，可得而言者只有二人。一位是 1906 年在馬尼拉結識的林白克（Paul Linebarger）法官；他同情孫所領導的革命並為他寫過一本傳記。另一位是 1910-11 年間在美國結識的荷馬李（Homer Lea；即其自傳中所稱的美人同志咸馬里氏）。❸❻

1918 年 6 月間，孫中山曾經致電列寧祝賀俄國十月革命的成功；其後不久，他即以護法宗旨訴請美國協助。11 月中旬，孫中山致函美國總統威爾遜，說明北京當局非法解散國會及南方政府護法之經過，並謂北京方面正式傳出消息稱，如果南方政府不接受其條件，則將促請美國對南方政府施加壓力，以終止內戰云云。孫在函中強調：為了正義、民主及中國和平，特以個人名義聲明，其唯一條件，即國會必須能完全自由行使其職權。威爾遜將孫中山之函

---

❸❺　詳參桂崇基英文原著，沈世平譯，《中國國民黨與中國共產黨》（台北：台灣中華書局，民 67），頁 4-5。

❸❻　詳見〈孫文學說〉，第八章——有志竟成；另可參崔書琴，《孫中山與共產主義》（台北：傳記文學出版社，民 73），頁 16。

電批交國務卿藍森（Robert Lansing）云：「我不願與孫逸仙直接通信，縱然我有時同情他所宣稱的主張與目的。請即提供意見為感。」藍森簽覆曰：「批擬覆孫逸仙來電敬悉，經逕令總領事非正式告以致美總統電業已收到，將予以適當之注意。余對此君，此時不欲作進一步之表示……其對中國目前將再有任何真正影響力，亦尚存疑。」[37]

1918 年 11 月，正當孫中山南下護法受挫後，由粵返滬的蟄伏期。美國人基於現實考量，故對孫中山之請有所保留亦不難理解，也不必說其短視近利。而在此期間，孫中山撰寫了《實業計劃》（*The International Development of China*），並將之送達美、英、法、義等國。但歐洲諸國已為戰爭耗盡，而美國銀行公會顯然沒有認真考慮支持他的計劃。

1921 年 1 月，孫中山和美國一家公司簽約發行公債以求解決廣東市政建設需款的合同，因美國官方的阻撓而告吹。其後，孫中山二度自滬赴粵，並當選為中華民國非常大總統。5 月初的就任當天，孫致函美國總統哈定，但無回音；為了這件事，美國駐廣州副總領事普萊斯還遭到美國國務院斥責失職。9 月間，孫中山再次致函哈定，要求美國承認作為「東方和平關鍵」的廣州政府，仍如石沉大海。韋慕庭查閱了美國國務院的檔案，確認遠東課（Far Eastern Division）強烈反對孫中山另立政府；因美國承認北京政府是中國的

---

[37] 詳參桂崇基英文原著，沈世平譯，前揭書，頁 2-3。

合法政權。這就是美國當時對待孫中山的態度。❸明乎此義，即知華盛頓會議何以未邀請孫中山參加。

因此，孫中山固然認為美國規模遠大，是中國建設的榜樣；但當時美國不願意支持他。於是，聯絡美國的嘗試也無下文。

參、聯法：拉法夷托何在

辛亥革命時期，歐美人士當中對中國革命比較熱心的是法國人；其無論官方、民間皆然。孫中山被日本政府驅逐之後，河內一度成為南方起義的基地。1902～3 年之交，安南總督韜美（Paul Doumer）氏曾託人邀孫中山往見，而孫以事未能成行。

1905 年同盟會成立於東京後，革命風潮一日千丈，進步之速，出人意表；當時外國政府對中國革命黨，亦多刮目相看。有一次，孫中山由南洋赴日本，船泊吳淞，有法國武官布加卑奉其陸軍大臣之命前往見孫，傳達彼政府有贊助中國革命事業之好意。孫中山遂請彼派員相助，辦理調查聯絡之事。彼即於駐紮天津之參謀部派定武官七人，歸孫調遣。後清廷得報，乃大與法使交涉。法使本不知情，遂向其本國請命如何處置。法政府飭彼勿問，清廷亦無如

---

❸　C. Martin Wilbur, "Sun Yat-sen and Soviet Russia"；民 65.6.15.在中華民國史料研究中心第 60 次學術討論會上的專題演講。中華民國史料研究中心編，《中國現代史專題研究報告》，第 7 輯（台北：中華民國史料研究中心，民 74），頁 3-5、9。C. Martin Wilbur, *Sun Yat-sen: Frustrated Patriot.* New York: Columbia University Press, 1976, p.103, pp.104-108. 另參李玉貞，《孫中山與共產國際》（台北：中央研究院近代史研究所，民 85），頁 71-72。

之何。未幾法國政府變更，新閣不贊成是舉，故將該武官撤退回國。孫中山曾謂「此革命運動之起國際交涉者也。」法國雖改變政策，但對中國革命究竟還算同情，而革命黨也仍有法人協助。❸

　　1923 年 10 月 19 日，廣州方面的報紙刊登了鮑羅廷到穗的消息；隨後北京《商報》予以轉載，於是，俄國顧問來協助孫中山的事遂傳開。而列強擔心在華利益受到中國走上「赤化」道路的影響，故報刊上出現了一些揣測和代表不同政治傾向的報導。一些在廣州的美國人似別有居心地問孫中山：「您是否知道，鮑羅廷──這是個化名？」言下之意是鮑這個人不可信，連姓名都用假的。接著他們又問：

　　　　「他的真實姓名您可知道？」
　　　　「知道」，孫中山回答說。
　　　　「叫什麼？」
　　　　「叫拉斐特」，孫說完就中斷了談話。

挑撥者無言以對。❹

　　孫中山革命時雖曾數度得到法國人協助──例如他在辛亥革命

---

❸　〈孫文學說〉，第八章──有志竟成。中國國民黨中央委員會黨史委員會編，《國父全集》，第一冊，頁 504-505。崔書琴，《孫中山與共產主義》（台北：傳記文學出版社，民 73），頁 15-16。

❹　拉斐特（Marie-Joseph La Fayette, 1757-1834），即拉法夷托。詳參李玉貞，《孫中山與共產國際》（台北：中央研究院近代史研究所，民 85），頁 265-266。

中曾以法屬越南的河內為基地；在新加坡以法國人幫忙才得到英國
的同意而登岸等等。還有，孫中山後來在上海的寓所也位於法國租
界內。其國際人脈之廣達，或由此可見一斑。但民國建元以降後的
十餘年間，他所期待的拉法夷托，卻始終未再出現。

肆、聯日：給日本內閣中的朋友寫信

日本是中國最近的鄰國，辛亥革命期間的許多志士與日本多有
深厚淵源，孫中山之革命活動亦得到不少日本友人的同情與支持，
如平山周、犬養毅、宮崎寅藏等；他也數度以日本為革命行動的策
劃地。民國成立不久，孫中山在日本對留學生演講時，即稱許日本
與中國利害相關，絕無侵略東亞之野心；他說：

> 從歷史上觀察之，彼為島國，我為陸國，絕對不相侵害。縱
> 近年來不免有侵略之舉動，亦出於萬不得已，非其本心，是
> 我們最要原諒日本的。我們中日兩國，最宜聯合一致進行。
> 將來能聯合，能親交與否，這種責任，都在學生諸君身上。[41]

由此可知孫中山當時對日本的認識，及其對留日中國學生的殷切期
許；而他主張最要原諒日本出於萬不得已、非其本心的侵略之舉，
則尤其令人印象深刻。至於後來日本對袁世凱政府提出二十一條，

---

[41] 孫中山，〈學生須以革命精神努力學問〉，民國 2 年 2 月 23 日在東京對
留學生全體演講；中國國民黨中央委員會黨史委員會編，《國父全集》，
第二冊（台北：中國國民黨中央委員會黨史委員會，民 70），頁 331。

巴黎和會中要求繼承德國在山東的權利，乃至五卅慘案與濟南事變等等情況之變化，則殊難逆料。

　　1923 年 9 月，日本山本權兵衛內閣成立；孫中山注意到其老友犬養毅出任文部大臣兼遞信大臣，具有影響日本對華政策之潛力。這年 10 月下旬，他在與國民黨人談話時說：

> 借力於俄國、蒙古，這是我最近的出路。因為現在俄國人看見我的苦鬥，已表示許多的意思，不像日本小氣，只是口惠而實不至。反正我們革命黨，於現今世界，要求一條出路，非要國際間的援助不可。**❹❷**

雖然孫中山認為日本小氣，但他仍在 11 月 16 日以親筆長函託人面致犬養毅；當天，他還對鮑羅廷提到：「我正給日本內閣中我的朋友們寫信」**❹❸**。當其時，孫任南方政府大元帥，正事聲討曹錕賄選竊國。故於函中鄭重指出，日本政府應毅然決然以助中國革命之成功，俾對內可獲統一，對外可以獨立，一舉而打破列強之束縛。從此則日支之親善可期，而東亞之和平可保……百年前英國之助西班牙，如近日美國之助巴拿馬……可惜，當時山本內閣對孫中山之意

---

❹❷　〈與馬伯援的談話〉，1923 年 10 月 25 日；陳旭麓、郝盛潮主編，《孫中山集外集》（上海：人民出版社，1991），頁 292。

❹❸　〈與鮑羅廷的談話〉，1923 年 11 月 16 日。陳旭麓、郝盛潮主編，前揭書，頁 293-294。編者在註解中說，這位日本朋友就是犬養毅，當時是山本權兵衛內閣郵電大臣兼文部大臣。

見未盡認同，故犬養毅亦置此函未覆。❹

　　孫中山對日本固然早有寄望，呼籲其能做「東方王道之干城」，勿為「西方霸道之鷹犬」，但證諸事實，似乎也只是一種期盼；而日本最終竟成為中國之夢魘，恐怕是他有生之年所難以想像和置信的。

伍、聯德：德國柏拉圖式的對華政策

　　1914 年歐戰爆發，在北京政府思慮爭辯應否參戰時，孫中山持反對態度，並強烈呼籲中國應該保持中立；他質疑一般認為協約國代表正義、軸心國代表邪惡的簡單二分法。孫中山建議國人應先問自己，德國是否較其他列強對我造成更大的傷害？對一個侵略中國最少的國家宣戰是否合理？後來，雖因德國實施「無限制潛艇戰政策」而致情況有所不同，但柏林方面仍然注意到孫中山的立場。

　　根據當時德國駐上海總領事肯尼賓（Knipping）所保有的一份 1917 年 12 月 20 日的報告顯示，德國大使波文辛基（Paul Von Hintze）海軍元帥，指示肯尼賓與孫逸仙聯繫，商討有關推翻段祺瑞及支援 200 萬（約 100 萬美金）經費。其事由曹亞伯（Abel Ts'ao）居間接洽，雙方達成協議，共同防止中國介入第一次世界大戰，並期望推翻段祺瑞內閣。報告中也提到，孫逸仙請求美國總統威爾遜協助中國避免介入戰爭，是基於孫與德國的協議。而曹亞伯在德國的爭取支持，原本是希望以中國的原料供應為交換條件；但還未及採取任何行動，戰爭已因德國的失敗而結束。戰後，凡爾賽和約雖

---

❹　　詳參桂崇基英文原著，沈世平譯，前揭書，頁 4。

然嚴重傷害中國的權益；但 1921 年 5 月中德之另簽約定，使德國
成為第一個放棄在華治外法權並承認中國關稅自主的國家。❹

　　1921 年底到 1922 年，孫中山又派遣了在歐洲受過教育的幕僚
朱和中到柏林，看看是否可以和德國達成諒解。1923 年 3 月 8
日，孫中山從桂林的大本營寫信給他在廣東的主要財務經理人廖仲
愷，要求他匯 4,200 元給朱和中和他的家人。而朱和中對自己在柏
林的任務似乎表示樂觀，他告訴孫中山，前德國駐北京公使不久將
到廣州去；❹但迄無下文。

　　繼朱和中之後，孫中山再派鄧家彥赴德；在柏林，德方人員向
鄧解釋，與華南政府建立官方特別是軍事關係是困難的，但卻明示
可以協助鄧與德國工業界建立私人溝通管道。1923 年 8 月 18 日，
孫中山致函在德之鄧家彥，囑其游說德國志士促成中德合作，借德
國人才學問，以最速時間致中國於富強：

> 以德國今日廢置之海陸軍人才及製造武器、組織軍隊各等計
> 畫及經驗，悉移來中國，為中國建樹一強固國家，互於資
> 助，則彼前戰敗而失去種種權利，必可由助成中國之富強而
> 恢復之也。未知德國多數之政治家，有此眼光否？望兄乘留

---

❹　詳參金德曼（Gottfried-Karl Kindermann），〈孫逸仙與德國〉；孫中山
先生與近代中國學術研討會編輯委員會編，《孫中山先生與近代中國學術
討論集》，第三冊──國民革命與對外關係史（台北：孫中山先生與近代
中國學術研討會編輯委員會，民 74），頁 3、7-8。

❹　陳福霖，《孫中山廖仲愷與中國革命》（廣州：中山大學出版社，
1990），頁 90、106。

德之機，向其政府及實業家游說之。……倘德國志士能從此途用工，成中德兩國之提攜，其功業必比之於丕斯麥者尤大也，而兄又為成此事之中介，則功業亦當在四萬萬人之上矣。幸為相機圖之。**❹**

其後，雙方雖歷經 1924 年的努力，但後來因為孫中山於 1925 年 3 月的去世而告終止。

上述種種的不了了之，揆其原因，或許誠如當時托洛茨基對越飛之所言：「不管怎麼樣，德國的政策特別是對華政策，目前可是相當柏拉圖式的」**❹**。

但就中國方面看，則似另有脈絡可循。論者指出，與其說聯德是孫中山的獨見，不如說是清末以降許多中國社會精英的共同認知。中國人由於長期受英國侵略，對其最為厭惡；但對德國則恰恰相反，認為是誠實可靠，相信其商品質量甚高、軍事世界第一，加以當時德國對華並無侵略野心，於是很多人都有聯德的想法。清末的李鴻章、張之洞如此；甚至民初的段祺瑞本人亦有此傾向。而孫中山的聯德，似多少受此心理影響，故先後派遣了曹亞伯、朱和中

---

❹　孫中山，〈致鄧家彥囑游說德國志士促成中德合作函〉，1923 年 8 月 18 日；中國國民黨中央委員會黨史委員會編，《國父全集》，第三冊（台北：中國國民黨中央委員會黨史委員會，民 70），頁 923-924。

❹　第 58 號文件，〈托洛茨基致越飛的信〉，1923 年 1 月 20 日，莫斯科，秘密。李玉貞譯，《聯共、共產國際與中國（1920-1925）》，第一卷（台北：東大圖書公司，民 86），頁 160。

及鄧家彥赴德活動，可惜當時德國的情況不允許同中國進一步合作。實際上，孫中山有意聯德早於聯俄，但由於聯德不成，才使他日後走向聯俄。❹總之，孫中山對德國確有深切寄望，也畢竟做過一些具體的努力，唯終歸徒勞。

第三節　孫中山何以決定接受俄援

　　既然西方各國都對孫中山多所保留，而另一個不但很有可能支持他、而且還頻頻主動示好的，就是蘇俄；於是，他明確表達接受俄國的幫助，並重申其對抗北京軍閥政府的堅定立場。最後，俄國人提供了孫中山遠比任何其他國家為多而且實際的支持；❺而孫中山和俄國的關係也就愈趨密切。因此，孫中山何以在多方探索嘗試後，最終決定聯俄？實已不言而喻。

壹、一根稻草總比什麼都沒有好

　　孫中山之決定聯俄，從他當時的處境不難理解——內有陳炯明

---

❹　李國祁先生評論金德曼著〈孫逸仙與德國〉；見孫中山先生與近代中國學術研討會編輯委員會編，《孫中山先生與近代中國學術討論集》，第三冊——國民革命與對外關係史（台北：孫中山先生與近代中國學術研討會編輯委員會，民 74），頁 24-25。

❺　可參閱 C. Martin Wilbur, "Sun Yat-sen and Soviet Russia"；民 65.6.15.，在中華民國史料研究中心第 60 次學術討論會上的專題演講。中華民國史料研究中心編，《中國現代史專題研究報告》，第 7 輯（台北：中華民國史料研究中心，民 74），頁 3-5、9。

的悍然武力相向，外則是各國的輕視和冷漠以對。1923 年，孫中山曾遣其副官柯衡（Marris A. Cohen）赴美加招募大戰後之退伍軍官，期以現代化方式建立軍隊；又派陳友仁赴港英聯絡，冀得其援助，然兩者均無成就。之後再向德國接洽，亦無所獲；造次顛沛，無以復加。❺當然，以孫中山投身革命所歷經的無數風浪而論，這些失敗本不算什麼，反而恰足以顯示其屢仆屢起、愈挫愈勇的奮戰精神。但無容諱言地，從 1922 年夏天到 1923 年底的國內外形勢變化，也的確是促成他與俄國關係迅速發展的轉折時期。

先是 1922 年 6 月，孫中山在廣州時因為財政困難向美國求援，而美方則以孫必須聘請美國顧問進入其政府為條件，孫中山同意了；他在與達林談話時說：「聘請美國顧問一事，將不致影響政府的政策」❺，但美國人最終並未實踐承諾，還是不給錢。

1923 年 7 月間，孫中山接受《紐約時報》訪問時指出：我們對美國、英國、法國或任何其他大國提供援助，已失去希望；唯一表示願意幫助我們南方政府的國家是蘇俄。

記者問：「你認為蘇俄是民主國家嗎？」

孫先生回答說：「如果他們願意幫助我對抗北洋政府，我不

---

❺　China Year Book, 1928, pp.1320-1321.《革命文獻》，第九輯，總頁 1305 有類似記載。引自王健民，《中國共產黨史稿》，第一編，上海時期（台北：自印本，民 54），頁 98。另參陳福霖，前揭書，頁 90。

❺　〈與達林的談話〉，1922 年 6 月中旬。陳旭麓、郝盛潮主編，《孫中山集外集》（上海：人民出版社，1991），頁 273。

　　管他們是誰。」❺❸

以此言對照於孫中山對達林所說，美國人以聘其顧問交換援助廣州政府的事，在本質上無殊。不過，最重要的是，孫中山認為只要能獲得援助，援助者是誰則無關緊要。所以他才會對《紐約時報》記者說出「我不管他是誰」的話。

　　孫中山聯絡西方各國的嘗試，歷經一段轉折的過程；在 1923 年以前，他對列強大體上是友好的，其反對帝國主義的態度，是到了晚年才趨於堅定；尤其在 1923 年底更為明顯。而 1923 這一年，實在是孫中山革命奮鬥過程中最為艱苦的一年。其尤痛心者為軍人之驕橫、黨務之消沉、「和平統一」希望之破滅和列強的壓制。❺❹ 這年，南方政府曾與列強交涉，要求收回「關餘」❺❺，以利廣東財

---

❺❸　Brockmann, Fletcher S., "Foreign Control at Peking means War, says Sun Yat-sen", *New York Times*, July 22, 1923, Section 7, p.5.轉引自金德曼，〈在中國歷史經驗照耀之下孫逸仙的意識型態和其非凡的領導力〉；載《中華民國建國史討論集》，第一冊──辛亥革命史（台北：正中書局，民 70），頁 68。

❺❹　詳參李雲漢，前揭書，頁 163-168。

❺❺　民國 12 年 12 月 24 日，廣州護法政府發表致北京各國公使團的《關於海關問題之宣言》，申言北京政府係屬非法，且為全國所棄，當然無權處分護法政府轄境內之關稅餘款；並要求列強將民國 9 年 3 月以後所欠護法政府應得之積存關餘照數歸還。詳見蕭繼宗主編，《革命文獻》，第 69 輯──中國國民黨宣言集（台北：中國國民黨中央黨史會，民 65），頁 81-84。另詳孫中山，〈民族主義〉第二講，民國 13 年 2 月 3 日；中國國民黨中央委員會黨史委員會編，《國父全集》，第一冊（台北：中國國民黨中央委員會黨史委員會，民 70），頁 17-18。

政。當時此事由伍朝樞負責辦理，但數度折衝均無結果。孫中山氣憤之餘，準備用武力奪取海關；而英美等國則逕將砲艇開入廣州珠江的白鵝潭，砲口對著廣州市及相距不及千米的大元帥府示威，用砲艦政策保護海關❺。這件事可說是孫中山對列強態度轉變的一個重要因素；而當時俄國顧問鮑羅廷正在廣州，也有可能影響其決定。❺無怪乎孫中山對國民黨人說：

> 予自蒞粵設立政府以來，美英日三國無事不與我為難，英尤甚，如沙面事件、派兵艦搶海關事件，皆汝親眼目擊。我可謂無與國矣。今幸蘇俄派人聯絡，且幫助一切重要物資。❺

是則，孫中山在慨嘆「無與國」之際，在四處奔走卻求助無門的情況下，竟有俄國人來聯絡，並幫助一切重要物資；如果說他因衷心感謝俄國而與之交好固結，亦誠屬自然。

　　同樣在 1923 年，孫中山與記者的一段談話，更是生動地體現了他當時的心境：

---

❺　據黃季陸說：列強派了 20 餘艘兵艦，計英艦 4 艘、日艦 1 艘、法國和美國各 2 艘。詳參中華民國史料研究中心編，《中國現代史專題研究報告》，第 7 輯（台北：中華民國史料研究中心，民 74），頁 18。

❺　韋慕廷（C. Martin Wilbur）於民 65.6.15.在中華民國史料研究中心第 60 次學術討論會上專題演講後的答覆。中華民國史料研究中心編，《中國現代史專題研究報告》，第 7 輯（台北：中華民國史料研究中心，民 74），頁 13。

❺　劉成禺，〈先總理舊德錄〉；《國史館館刊》，創刊號——第 1 卷，第 1 期（台北：中華民國史料研究中心，民 58.6.30，影印初版），頁 53。

中華民國就像是我的孩子，他現在有淹死的危險。我要設法
使他不沉下去，而我們在河中被急流沖走。我向英國和美國
求救，他們站在河岸上嘲笑我。這時候漂來蘇俄這根稻草。
因為要淹死了，我只好抓住它。英國和美國在岸上向我大
喊，千萬不要抓那根稻草，但是他們不幫助我。他們自己只
顧著嘲笑，卻又叫我不要抓蘇俄這根稻草。我知道那是一根
稻草，但是總比什麼都沒有好。㊾

表面上看起來，「稻草說」似乎有一點退而求其次的意味；但個中
蘊含的無奈、無望、無助和無力，其悲愴與參和著血淚交織的悽
苦，實無以名狀。不過，孫中山仍未氣餒；而且他深知，必須要先
有所憑藉，才能有所作為。

貳、必先要有所憑藉

在 1922 年 6 月陳炯明事變以前，孫中山處理與俄國人的關係
是極其謹慎的；與之同時，則是他對西方國家的廣結善緣、多角經
營。甚而到 1923 年初，孫中山雖已決定聯俄，但其政治運用，尚
無顯著變化。他在〈孫越宣言〉公佈當天，另發表有「和平宣
言」，主張在統一前實行化兵為工，致力於國家建設。而其外交方

㊾　〈與某某記者的談話〉，1923 年；陳旭麓、郝盛潮主編，前揭書，頁
　　299。編者註記其資料來源是根據金德曼，前揭文，頁 55。金文註其出處
　　為 Martin, Bernard, "Sun Yat-sen's Vision for China." *China Society*
　　Occasional Papers, No.15, London 1966, p.8. Quoting from Ransome, Arthur.
　　The Chinese Puzzle , Allen & Unwin, London 1927, p.81.

面，則仍寄望於英美的財政和技術援助；可見孫中山當時尚不欲專聯蘇俄。❻⓿

　　但是，回顧前此，孫中山從 1917 年南下廣州組織護法政府起，就積極尋求外援；雖屢屢碰壁，但他仍不放棄努力。1918 年發表〈實業計劃〉，希望在歐戰後運用國際資金及技術，促進中國的工業化，但卻如伊羅生（Harold R. Isaacs）所言：「其國際開發中國的幼稚計劃，已經在一切帝國主義的政府中碰了釘子或客氣的冷遇」❻⓵。1919 年凡爾賽和約對山東問題的處置，促使孫中山重新考慮對西方的態度；而 1921 年底的華盛頓會議又拒絕廣東政府參加，更令他極度失望。1922 年陳炯明事變，孫中山避往上海，革命陷入低潮。

　　自辛亥以來的十餘年間，他渴望得到西方的支持，但其努力卻不斷落空；是韋慕庭眼中「壯志未酬的愛國者」❻⓶。而列強之對待中國，也是毛澤東後來的感慨：「奇怪了！怎麼先生老是侵略學

---

❻⓿　郭廷以，《近代中國史綱》（香港：中文大學出版社，1980），頁 537-538。

❻⓵　伊羅生（Harold R. Isaacs）著，劉海生譯，《中國革命的悲劇（*The Tragedy of Chinese Revolution*）》（上海：嚮導書局，1947 年 3 月初版；香港：重排本，1973），頁 115。

❻⓶　C. Martin Wilbur, *Sun Yat-sen: Frustrated Patriot.* New York: Columbia University Press, 1967. 另可參吳學明，〈孫中山與蘇俄〉；張玉法主編，《中國現代史論集》，第十輯，國共鬥爭（台北：聯經出版公司，民71），頁 93。

生」⓼。孫中山對西方各國，固然可說是「所就者遠，必有所待；所冀者大，必有所忍」，但他所期待所隱忍者，最終仍然難以如願。

而俄國人方面，促使其原先從注意陳炯明、吳佩孚，轉而重視孫中山的原因，雖然首先是他在中國的崇高聲望；但是，最重要而具體的關鍵因素，則是孫中山的革命勢力再度勃興，以及他對蘇俄的友好態度。

就孫中山對俄國的友好態度言，固然有極大部分來自尋求西方援助而不得的失落，但蘇俄卻主動派人聯絡並積極示好，故其相對有所回應，亦屬正常；從他 1922 年 6 月在廣州與達林的談話可見一斑：

> 在這些日子裡，我對中國革命的命運想了很多，我對從前所信仰的一切幾乎都失望了。而現在我深信，中國革命的唯一實際的真誠的朋友是蘇俄。倘我不得赴蘇俄，現在我寧可不到上海去，而將於此地鬥爭下去終此一生。但我確信，蘇俄甚至在危難之中也是我唯一的朋友。我決定赴上海繼續鬥爭。倘若失敗，我則去蘇俄。⓽

⓼ 毛澤東，〈論人民民主專政──紀念中國共產黨二十八週年〉，1949.6.30.；中共中央毛澤東選集編輯委員會編，《毛澤東選集》，第四卷（北京：人民出版社，1970），頁 1358-1359。

⓽ 達林，《中國回憶錄（1921-1927）》（北京：中國社會科學出版社，1981），頁 149。

而所謂革命勢力之再度勃興，亦有跡可循。

　　1922 年秋，孫中山在上海租界「打游擊」；沒有鈔票、沒有軍隊、沒有政府、沒有革命基地；但是，他仍舊決心要繼續領導進行北伐，統一中國。❻❺當時，雖然看起來前途茫茫，但堅忍後的時機，終究逐漸到來。

　　1922 年 10 月，孫中山護法之役的舊部許崇智的軍隊進佔福州，形勢開始逆轉；而俄國人亦看好其聲勢之日漲。對此，孫中山自己也了然於胸，並有極深刻的覺醒和領悟。11 月 12 日，他致函在福州的蔣介石：

> 兄前有志西圖，我近日在滬已代兄行之矣。現已大得其要領，然其中情形之複雜、事體之麻煩，恐較之福州情形當過百十倍。此無怪吾國之志士乘興而往彼都者，悉皆敗興而返。吾幸而得彼津梁，從此可日為接近。然根本之辦法，必在吾人稍有憑藉，乃能有所措施，……欲得憑藉，則非恢復廣東不可。此次廣東一復，則西南必可統一。如是，便可以西南數省為我憑藉，則大有辦法矣……倘並此而無之，則我不過為一租界之亡命客耳，奚足輕重？根本之辦法，必在吾人稍有憑藉，乃能有所措施，若毫無所藉，則雖如吾國之青年共產黨，與彼主義完全相同矣，亦奚能為？所以彼邦人士，只有勸共產黨之加入國民黨者，職是故也。此可知非先

---

❻❺　郭恆鈺，《俄共中國革命祕檔（1920-1925）》（台北：東大圖書公司，民 85），頁 28。

　　得憑藉不可。⑥⑥

觀察 1922 年夏秋近半年的變化，孫中山先前對達林說，如果失敗，就去蘇俄；繼之函示蔣介石，強調非先得憑藉不可，非恢復廣東不可，否則「我不過為一租界之亡命客耳，奚足輕重」。閱此言，固令人不勝唏噓！但客觀形勢則繼續朝著有利於孫中山的方向發展。

　　1923 年 1 月中旬，滇桂軍攻克廣州，陳炯明敗走。下旬，孫中山在滬與越飛發表聯合宣言，2 月，他終於得以重新返粵，復而擁有了東山再起的據點。其後，乃有俄國顧問鮑羅廷於這年秋天之來華相助，以及次年初國民黨之召開一全大會，順利完成改組等等。故當有國民黨留俄同志來函，希望他移駐上海時，孫中山回信說：

> 本黨此次改組，得力於俄國同志鮑爾汀之訓導為多，鮑君本其學識與經驗，以助本黨之進步，成績已著。諸兄現留俄國，於其革命主義之所以能澈底，及其黨之組織與紀律，與其為國民利益而奮鬥之方策，必多真知灼見，望時時以所心得，餉之國內同志，俾得借鏡，是所至囑。至於來書，望文移駐滬上一節，揆之目前事實，有所未宜。粵中環境，固未能猝即實現吾黨之理想，然有此以為根據，將種種困難次第

---

⑥⑥　毛思誠編，《民國十五年以前之蔣介石先生》，上冊（香港：龍門書店影印本，1965），頁 183-184。

解決，則亦未嘗不可作為實行主義之發軔地。⑥

從事實看，孫中山當時內有陳炯明脅迫威逼，外則各國旁觀袖手，其處境之危殆艱險，如急流滅頂；而千鈞一髮之際，抓住了漂來的蘇俄這根稻草。因此，聯俄應當可以說是「在沒有選擇餘地下的唯一、也是最佳選擇」。

然而，俄國人之願意提供選擇，除了首先而主要的是其切身利益必須外，多少也是通過比較，看中了孫中山的潛力。相對於此，孫中山試圖聯絡西方各國的多角經營雖然無成，但其返粵重整旗鼓，又復有所憑藉；這也增加了他和蘇俄接觸的籌碼。而孫中山何以「聯俄」？還是俄國人先來向孫示好的所謂「俄聯」問題，置之於上述客觀情境與歷史脈絡中觀之，自能稍得其梗概而有初步的認識。

結　語

聯俄？是孫中山別無選擇？

俄聯？是俄國人一廂情願？

就孫中山當時在中國的地位言，他作為一個非西方意義上的在野黨領袖，其南方政府想要得到外國承認是根本不可能的；甚至有

---

⑥　孫中山，〈為說明黨之改組意義致留俄同志函〉，民國 13 年（1924）2月 6 日：中國國民黨中央委員會黨史委員會編，《國父全集》，第三冊（台北：中國國民黨中央委員會黨史委員會，民 70），頁 941-942。

些一廂情願。而奇怪又或者說微妙的是，這種一廂情願，竟然從另外一個意義上發生了，那就是蘇俄和共產國際與他的聯絡；後二者迫切希望與他早一些建立正式關係，但是孫中山不感興趣。❻❽其主要原因在於他還不確定俄國的情況，還沒有十分把握。爾後，經過一段時間的醞釀以及孫中山的反覆斟酌，雙方才建立了較具體的互動。

　　如果以蘇俄首先派代表主動先來聯絡孫中山為根據，而強調孫是後來才相對回應，是被動的；則似乎可以說是「俄聯」。

　　但如果認為「俄聯」就是俄國人不但有求於孫中山，而且還別有陰謀有居心，甚至是一大騙局；則宜另當別論。

　　中肯言之，「俄聯說」多少是後來從政治立場出發的歷史解釋，相對要彰顯的是孫中山當時洞燭機先，以策略運用後發制人的高瞻遠矚，故有「以聯俄者防俄」，「聯俄所以防俄」的說法出現，並以之聯繫到共產政權的邪惡本質，從而確立國府遷台後「反共抗俄」國策的正當性。這是歷史解釋從屬於政治需要，是歷史為政治服務；其史義如此。但以實際情況論，孫中山和俄國人出於主觀願望和客觀條件的考慮，雙方都有接觸交好的傾向。故此難說、似乎也不必說誰有求於誰；因而也就不存在什麼「你大我小」或「我主你從」的問題。

　　因此，以「俄聯說」為本的詮釋，一方面──或可說是無意識的，反映出在歷史論述建構過程中的辯證發展與引伸；另一方面，

---

❻❽　李玉貞，《孫中山與共產國際》（台北：中央研究院近代史研究所，民85），頁73。

則為有意識且主要的，是為了證明孫中山當年反被動為主動的策略運用，是正確和必要的，從而鞏固其領導的國民革命在歷史上的正統身份和主流地位。

再以「聯俄」論之，如果說「聯俄」是孫中山有求於俄國而與之聯絡，也是正常而可以理解的；一如他急於尋求外援，突破困境，曾經也同時對歐西國家多方探索和經營。

孫中山當時的立場堅定，目標明確，他要統一全國，入主北京；依據中華民國臨時約法重建一個真正的民主共和國。屆時再代表全中國人民和俄國談判，以維護進而爭取權益。為了達成上述目標，他在屢遭挫敗無人理會下，積極爭取俄援，藉以厚植實力，遂成為當務之急。

不久，時機成熟，〈孫越宣言〉發表了。雖然，莫斯科始終沒有直接介入中國內部的實際軍事衝突。由 1923 年 8 月蔣介石訪俄，托洛斯基當面說明列寧何以不支持孫中山「西北計劃」的理由可知，俄國人是「運籌維幄」，而非「決勝千里」。但是，俄國人的援助畢竟到達，其客觀效果在孫中山而言，是得到了具體的錢、槍、人，加以在組織、紀律、宣傳及革命訴求的新論述等等各方面均有所強化，其聲勢復壯；國民黨似脫胎換骨，已非吳下阿蒙。

孫中山在實質獲利的情況下，他對俄國人投桃報李，在政策上宣示了對外「反帝國主義」的民族獨立革命，對內則是「反軍閥」的國家統一目標。以歷史唯物主義的理論觀點言之，後者至多是資產階級反抗封建統治的民主主義革命，還談不上和「反對資本主義，消滅資產階級」的無產階級革命立場有何關係；而前者——反帝的民族革命，則構成了彼此連結的主要基礎。但是，雙方的理解

和意圖卻又不同。

孫中山之聯俄，其基本設想，是要與一個「以平等待我之民族」共同奮鬥；但即便是這樣的民族主義立場，也常因為兩難的情境，產生了區別甚至斷裂。而蘇俄與共產國際之所以同孫中山聯絡，根本目的是要在東方推行蘇維埃革命，其指導思想，則是列寧為共產國際訂定的戰略和策略。㉕雙方在理論認知與革命實踐上之所以有異，其關鍵在於歷史演變進程和國家發展階段上產生的「時間差」。

1917 年秋，歐戰方酣。在俄國，十月革命成功，初立的新政權，正愁苦於外患內亂交相煎逼下如何全力鞏固以險中求生；在中國，丁巳復辟失敗後皖段復起操弄國政，孫中山南下另立軍政府，號召護法以重建共和。當時，新俄政權與孫中山都從民族主義出發，也都一面在理論上反對帝國主義，另一面卻因為在實際上有所需要，故盡力爭取列強的承認與幫助。莫斯科與廣州，都身陷於一種極其微妙詭異又兩難與困厄的情境；而雙方分別立足於各自的民族主義立場所進行的試探性接觸，正是在這種情境中展開的。

1922 年初，華盛頓會議重建了世界和亞太地區的新秩序，其後英日同盟的瓦解，減輕了俄國在遠東的壓力，其新經濟政策也實施了年餘；新俄政權算是基本度過危機。

但中國方面，仍是軍閥雄據，爭戰不已。孫中山侷處南方一隅，遍求列強支持而不得，又因陳炯明叛離而被迫走避上海。於

㉕　李玉貞，《孫中山與共產國際》（台北：中央研究院近代史研究所，民85），頁 37。

是，在革命發展的階段上，時間差產生了；俄國因順利而繼續前進，孫中山因受阻而原地踏步。莫斯科在衡諸內外形勢後，打著幫助中國民族革命的旗號，先來聯絡孫中山；故「俄聯說」或能由此背景理解，而幸與不幸，似乎也由此分野。

但是，升空鳥瞰，綜覽全局，俄國人也是一步一腳印，從無比艱難中走過來的。

第二章
新俄的奮進與對華的試探

　　十月革命後的新俄政權，正處於歐戰方酣之際；外有列強干預打壓，內有白軍負隅頑抗，而其本身也在一些重大決策上存在對立與分歧。當時，如何突破困境以鞏固新生政權的難題，正嚴厲考驗著列寧所領導的布爾什維克❶黨人。

---

❶　1898 年，俄國社會民主工黨於召開第一次代表大會時成立，繼之於 1918 年「七大」改名為「俄共（布）」；1925 年「十四大」改稱「聯共（布）」；1952 年「十九大」再改名為「蘇共」。黨名之後，（布）的字樣，是表示這個黨為布爾什維克的黨，這是同孟雪維克黨人劃清界限的標記。詳見王啟升譯，《俄共黨史批判》（台北：台灣中華書局，民56），頁 7-8。又，1898 年 3 月，俄國社會民主工黨於明斯克召開一大並宣告成立；1903 年於倫敦召開二大，在最後選舉中央機關領導時，大會以表決確定了列寧派的勝利和馬爾托夫派的失敗。從此，擁護列寧的人，因為他們在大會進行選舉時獲得多數選票而開始稱呼為布爾什維克；而反對列寧的人，則因為他們當時獲得少數選票而開始稱呼為孟什維克。大會揭示了組織問題方面存在有嚴重意見分歧的事實，這種分歧把黨分成了布爾什維克和孟什維克兩部分，前者堅持革命社會民主黨的組織原則，後者滾到了組織渙散的泥潭，滾到了機會主義的泥潭。1918 年的七大，通過改換黨的名稱和改變黨綱的決議。從此，便稱為俄國共產黨（布爾什維

　　新俄政權先是為了爭取喘息以免覆滅，不得不和德國簽訂屈辱的「布列斯特－里托夫斯克條約」（按：以下簡稱「布約」）；隨

克）──簡稱「俄共（布）」。列寧提議把黨稱為共產黨，是因為這個名稱符合該黨所抱定的實現共產主義這一個目的。詳參聯共（布）中央特設委員會編，聯共（布）中央審定（1938），《聯共（布）黨史簡明教程》（莫斯科：外國文書籍出版局印行，1949），頁 35-36、56-61、268-270。黃丘隆、結構出版群主編，《社會主義辭典》（台北：學問出版社，民 78），頁 142、463。再則，該黨於二大時雖同意「社會主義革命」和「無產階級專政」，但在黨的組織、紀律和是否與非無產階級合作的問題上發生爭執而分裂為「布爾賽維克派」（the Bolsheviks）和「孟賽維克派」（the Mensheviks）。Bolsheviks 或 Bolsheviki 一字源自俄文 bolshinstvo，為「多數派」之意；Mensheviks 或 Mensheviki 源自俄文 menshintvo，為「少數派」之意。布爾賽維克派至 1912 年實際上已另外成為政黨。而 1903 年在兩派之間，尚有部分在托洛斯基領導下的「托派」（the Trotskyites），可稱為中間派。托洛斯基當時認為列寧之說可以推演為：黨決定於組織，組織決定於中央委員會，中央委員會最後則決定於獨裁者。此派在 1917 年十月革命前始與列寧合作。詳參王曾才，《西洋現代史》（台北：東華書局，民 65），頁 130、142。陳獨秀在 1919.12.1.《新青年》第 7 卷第 1 號發表的〈過激派與世界和平〉一文中指出：俄國 Lenin 一派的 Bolsheviki 的由來，乃是從前俄國的社會民主黨在瑞典都城 Stockholm 開秘密會議時，因為要不要和 Bourgeoisie（工商社會）謀妥協的問題，黨中分為兩派，Lenin 一班人不主張妥協的竟占了多數，因此叫做 Bolsheviki，英文叫做 major group（多數派）乃是對於少數派（英文叫做 lesser group）Mensheviki 的名稱，並非過激不過激的意思。日本人硬叫 Bolsheviki 做過激派，和各國政府資本家痛恨他，都說他擾亂和平。另據鄭學稼指出：布爾什維克派產生於 1903 年倫敦大會，而不是 1906 年斯德哥爾摩大會；陳獨秀在這裡說錯了。布派和孟什維克派分裂的原因，開始也不是對資產階級不同的政策。詳參鄭學稼，《中共興亡史》，第一卷（台北：中華雜誌社，民 67），頁 464。

即，又迫於協約國聯合武裝入侵的危急而實施了約三年的「戰時共產主義」。其後，雖然內外戰事陸續結束，但經濟又瀕臨崩潰邊緣；於是，基於加速恢復生產以滿足農民的需要，並鞏固工農聯盟，從 1921 年開始執行了「新經濟政策」。新俄政權處境之艱難，從這一系列隱忍妥協、轉折退卻的事證中可見一斑。

因此，如何在風雨飄搖中鞏固新生政權？如何突破困局和爭取國際承認，並反擊列強的武裝干涉？如何在度過緊急危難後迅速恢復國民經濟等課題，遂成為新政權的當務之急。而其世界革命戰略佈局的注意力，之所以從西方轉向東方，進而探索在中國尋求盟友臂助的可能性（包括契切林的對華政策報告與加拉罕的兩次對華宣言），以及聯絡孫中山的嘗試，也正是在這樣的背景中開展的。

第一節　和平法令與布列斯特和約

布爾什維克在革命時，即認為傳統國際法的割地、賠款與秘密外交等處理國家之間衝突的手段，和無產階級國家的訴求格格不入，故而以「和平」為主要口號之一。革命成功後，原有軍隊精神渙散，紀律蕩然，人民更是厭惡戰爭，因此，布爾什維克黨人認為，其首要任務在使俄國脫離戰爭。

1917 年 11 月 8 日，即十月革命勝利後的次日，第二次蘇維埃代表大會即通過了「和平法令」（Decree of Peace），由當時被任命為外交人民委員的托洛斯基（Leon Trostsky）簽署，主張外交公開，不割地、民族自決。該法令呼籲一切敵對的人民和其政府立刻開始會商，以求得一項公正而民主的和平，且不包含如奪取外國領土、

強制合併其他民族等附帶條件，也不要求賠款。法令還聲明新俄政府將取消秘密外交，並堅決表示願意在人民面前絕對公開地進行各種會談。

新政權在「和平法令」發表的同時，隨即公布了沙俄政府在1917年2月至11月7日之間所簽定的全部秘密條約，並向各交戰國提議即行締結至少三個月的停戰協定，俾便進行以「不併土、不賠償」（no annexations and no indemnities）為基礎的和平談判；但未獲相關國家回應。於是，新俄政權為了執行蘇維埃意志，決定開始單獨與德奧談判。❷

布列斯特－里托夫斯克位於波蘭境內，在華沙東方，是第一次世界大戰期間，東線戰場的德軍總司令部所在地。1917年12月初，俄德雙方協議停戰兩個月，再另舉行正式和談。俄方代表團先由越飛，後由托洛斯基率領，最初堅持不割地、不賠款的原則。而德奧方面則要求必先徵得英、法等協約國家的一致同意方能接受，但被英、法拒絕，於是俄國乃與敵方單獨談判；唯因德國的條件過於嚴苛，談判陷入僵局。1918年2月18日，德軍恢復攻勢，企圖迫使俄國就範。當時俄國的部隊澈底瓦解，後方陷入混亂。列寧對此情況的深悉，超過其他政黨和自己黨內不同意對德締結和約的

---

❷　詳參王雲五主編，《雲五社會科學大辭典》，第四冊──國際關係（台北：台灣商務印書館，民65三版），頁57-58。王曾才，《西洋現代史》（台北：東華書局，民65），頁68-69。聯共（布）中央特設委員會編，聯共（布）中央審定（1938），《聯共（布）黨史簡明教程》（莫斯科：外國文書籍出版局印行，1949），頁258、265。

人：❸他有鑑於情勢危急，故而堅決籲請政府同意接受敵方的條件。

1918 年 3 月 3 日，俄德雙方代表在布城簽字；其後，契切林繼托洛斯基出任外交人民委員，副人民委員是加拉罕。布爾什維克為了解決和約問題，於 3 月 6 日召開第七次黨代表大會──這也是其獲得政權後所召開的第一次大會。

列寧在大會上作了關於布約的報告，他強調，由於黨內有左傾反對派形成而遇到的這個嚴重危機，是俄國革命所遭遇的最大危機之一。決議通過後次日，列寧就在〈不幸的和約〉一文中寫到：「和約的條件苛刻不堪；但歷史畢竟會佔得上風……我們要從事組織，組織和組織。不管怎樣的艱難困苦，最後的勝利總是會屬於我們的」❹。黨代表大會在 3 月 18 日批准了布約。至此，新俄政權迫於形勢，終究無法堅持「和平法令」所宣示的理想，實際上是既割了地，又賠了款──補償德國戰爭耗費 60 億馬克。其損失總計約土地 25%、人口 44%、農業 33%、工業 54%、糖業 80%、鐵73%、煤 75%；付出了極其沉重的代價。

不過，布約的有效存在時間只有八個月。

1918 年 11 月 11 日，德國投降，大戰結束，布約亦廢。在俄

---

❸　詳參王啟升譯，《俄共黨史批判》（台北：台灣中華書局，民 56），頁 88-89。

❹　聯共（布）中央特設委員會編，聯共（布）中央審定（1938），《聯共（布）黨史簡明教程》（莫斯科：外國文書籍出版局印行，1949），頁 265-269。

國，簽訂布約固然被視為「不體面的和平」❺（the indecent peace）；但其在實質上創造的有利條件和歷史意義之重大，遠遠超過「不體面」的代價。對於布爾什維克黨人來說：

> 由於布列斯特和約的簽訂，於是黨就有可能贏得時間來鞏固蘇維埃政權，來調整全國經濟。
>
> 由於和約的簽訂，於是我國就有可能來利用帝國主義營壘中的衝突（德奧繼續同協約國作戰），瓦解敵人力量，組織蘇維埃經濟，建立紅軍。
>
> 由於和約的簽訂，於是無產階級就有可能來保持其對農民的領導，並積聚力量，以求在臨來的國內戰爭時期擊潰白衛將軍。❻

　　但另一方面，布約的簽訂，雖然減少了來自德國的立即威脅，並爭取到暫時喘息的機會，卻也同時引起協約國的武裝入侵。面對新起的戰爭危機，新俄政權採取了緊急措施──戰時共產主義。

---

❺　王雲五主編，《雲五社會科學大辭典》，第四冊──國際關係（台北：台灣商務印書館，民 65 三版），頁 56。王雲五主編，《雲五社會科學大辭典》，第十二冊──歷史學（台北：台灣商務印書館，民 68 五版），頁 405、417-418。

❻　聯共（布）中央特設委員會編，《聯共（布）黨史簡明教程》（莫斯科：外國文書籍出版局印行，1949），頁 268-270。

第二節　戰時共產主義與契切林的報告

　　新俄政權因締結布約和採行種種革命經濟措施而鞏固起來的事實，深使西方——尤其是協約國感到不安；他們採取行動，試圖推翻蘇維埃政府。1918 年起，英、法、日、美等計 14 國，聯合派兵侵入俄境。於是，暫息時機被迫終結，俄國各民族工農對抗內外敵人的戰爭開始了。新俄政權為了應付協約國聯軍的武裝入侵，立即加緊準備進行長期戰爭，並決定使整個後方都來為前線服務，因而開始採行戰時共產主義。

壹、戰時共產主義是緊急應變措施

　　在布爾什維克黨人看來，帝國主義者這些「文明」強盜，未經宣戰就逕行武裝干涉；一如盜竊般地潛入俄國邊境，把自己的軍隊開進到俄國領土裡來，❼以期協助白軍推翻共黨，把新生的蘇維埃政權扼殺在搖籃裡。其中日本出兵六萬人，英國四萬人，法國與希臘各二萬五千人。各國武裝干涉的動機不一，但有共同者三：一是聯軍原本希望維持東線戰場，以牽制德軍；但俄共政府反對繼續作戰，故擬將其推翻。二是聯軍前為接濟俄國，曾將大量軍火運至白海沿岸之港口及遠東之海參崴（Vladivostok）；俄德締結布約後，聯軍深恐軍火落入德軍之手，故而出兵佔領上述據點。三、西方各國是俄共要打倒的資本主義國家，聯軍亟思早將共黨政權消滅，以免

---

❼　聯共（布）中央特設委員會編，《聯共（布）黨史簡明教程》（莫斯科：外國文書籍出版局印行，1949），頁 277、279。

共產思想毒素傳播擴大；至少亦將之包圍遏阻，使其不能向東歐發展。**❽**

　　新俄政權採行的戰時共產主義，是先後對所有工業施行監督，以便積蓄大量日用消費品供應軍隊和農村的需要。在農業生產方面，實施了糧食貿易壟斷制，禁止私人交易，並規定了餘糧收集制，以便統計農民所有的剩餘糧食並儲蓄後備穀物，以供給軍隊和工人。最後，還施行了普及於一切階級的勞動義務制——此舉迫使資產階級參加體力勞動，藉以抽出一部分工人去從事對前線更為重要的工作，於是也就實現了「不勞動者不得食」這一原則。所有這些因為非常困難的國防條件所引起，並帶有臨時性質的種種措施，便稱為戰時共產主義。**❾**

　　上述階段性緊急應變措施，反映了當時新俄政權的危急處境；而正是在此一背景中，孫中山和莫斯科於 1918 年 6 月到 8 月之間，開始了第一回合的具體互動。

　　先是 1916 年，列寧被迫流亡伯爾尼時期，在一次討論民族自覺權的會議上提到，俄國布爾什維克必須與孫中山和中國革命者建立聯繫，並把這個問題提到了自己的黨面前。**❿**

---

❽　　李邁先，《西洋現代史》（台北：三民書局，民 67），頁 138-139；141-142。

❾　　聯共（布）中央特設委員會編，《聯共（布）黨史簡明教程》（莫斯科：外國文書籍出版局印行，1949），頁 271-282。

❿　　拉迪克，〈中國人民的領袖〉；《真理報》，1925 年 3 月 14 日。轉引自李玉貞，《孫中山與共產國際》（台北：中央研究院近代史研究所，民 85），頁 39。

　　1917 年俄國發生二月革命，孫中山曾向克倫斯基臨時政府發出賀電，他為「苦專制之毒」的俄國革命者推翻專制而高興，並表示願意和他們一起進行反帝鬥爭；但孫中山的賀電和共同反帝的呼籲並沒有得到回應。⓫此一情況，後來在 1919 年 3 月共產國際成立大會上，根據當時旅俄華工聯合會會長劉澤榮（按：即劉紹周）應列寧之邀所作的發言，可略見其梗概：

　　1917 年中國南方又爆發了革命，要求推翻反動政府。還在那時，聚集在上海的部分優秀的中國議員就曾向俄國臨時政府致意。然而，這種問候和共同進行反帝鬥爭的呼籲，當時自然不會在克倫斯基政府中得到反響。當俄國蘇維埃政府的聲音在《告東方各國人民書》中，特別是在契切林致中國的驕傲——孫中山的信中，通過戰爭和革命的炮火圈傳到中國革命者中間時，他們的喜悅心情是可以想像的。在這些書信裡，中國第一次從外國同志的話語裡聽到自己的宿願已被人理解，聽到以工農政府為代表的俄國人民已經決定為與世隔絕的中國民主力量的優秀分子所追求的理想而堅決鬥爭。中國南方革命者的鬥爭異常艱苦。在力量懸殊的鬥爭中，他們必定會有所犧牲。但是，俄國的聲音和它兄弟般的召喚，必

⓫　孫中山的這封電報迄今未見；最早提及此事的記載是孫中山於 1917 年 3
　　月 27 日致朱和中的電報。見《國父年譜補編》（台北：1975），頁
　　214。另外，劉紹周在共產國際第一次代表大會的發言中也提到了這封電
　　報（見 1919 年 3 月 9 日《真理報》）。詳見李玉貞，《孫中山與共產國
　　際》（台北：中央研究院近代史研究所，民 85），頁 18。

將最有力地鼓舞和號召他們去進行鬥爭。**⓬**

劉澤榮提到的 1917 年間的這兩封信，雖然迄今未見，**⓭**但當時莫斯科和孫中山都已注意著彼此的動向，且嘗試建立聯繫。

1917 年 7 月，孫中山率部分國會議員南下廣州護法，反對皖段政府；8 月底，國會非常會議通過了《中華民國軍政府組織大綱》；孫中山於 9 月 1 日當選為軍政府海陸軍大元帥。但當選為元帥的唐繼堯和陸榮廷卻百般拖延，拒不就職；且極力阻撓，竟不願為孫中山的辦公地點和拍發電報等事項提供方便。加以財政拮据，兵餉不足，各部總長均不到任及西南各省的冷遇，軍政府成為名存實亡的空架子。孫中山在南方雖然受制於滇桂軍閥，但他反對北京政府並堅持護法的立場與決心依舊不變；尤其是他對蘇俄的態度，在根本上不同於北京。

1918 年 1 月，國民黨在上海的機關報，曾盛讚布爾什維克的革命勝利；這個立場，對比於北京政府和協約國一樣之不承認新俄政權，多少也引起了莫斯科方面的注意。1918 年初，協約國武裝入侵蘇俄。北京政府在 2 月 7 日舉行國務會議，決定一則要防範「廣義派」（當時北京方面對布爾什維克黨的稱呼之一，有時也用多數派，或者用帶有貶意的過激派）；二則是要立即密商「各國共同干涉俄

⓬ 中國社會科學院近代史研究所翻譯室編譯，《共產國際有關中國革命的文獻資料》（1919-1928），第一輯（北京：中國社會科學出版社，1980），頁 13-14。

⓭ 李玉貞，《孫中山與共產國際》（台北：中央研究院近代研究所，民85），頁 47-48。

事」。❶並訓令邊鎮官員，在中日協同手續辦妥之前，與俄國之新舊兩黨虛與委蛇。2 月底，中俄關係就處於事實上的中斷狀態。

5 月 16 日，北京政府與日本簽訂了《中日共同防敵軍事協定》，直接加入干涉俄國的行動。先前，當協定還在醞釀時，孫中山領導的非常國會就在 4 月底發表通電，反對類此的協定；這個通電送到了蘇俄政府之手。5 月 18 日，上海《民國日報》發表長文，評述列寧政府「由於和平放任主義」而得以鞏固，並大膽提出了一個觀點──認為中國應「取以為法」。在中國，這是最早也是較全面介紹俄國外交政策的文獻；尤其是《民國日報》採取了和北京政府截然不同的立場。如果說，後來孫中山和中國的其他進步人士，說過要「走俄國人的路」之類的話，那麼，1918 年 5 月的《民國日報》──作為國民黨的機關報，可說是已經先聲奪人，表現出孫中山的意向。❶但是，與此同時的另一方面，孫中山在南方的護法卻遭遇了瓶頸。同樣在 5 月，南方的國會非常會議，修法改組軍政府，設立七總裁。孫中山不接受，遂辭大元帥並發表宣言；下旬，他離粵赴滬。

當時，歐戰尚未結束，初建的新俄政權苦於內外交逼，正在實施戰時共產主義；而孫中山亦有志難伸。兩者處境類似，其相互間有所連絡鼓舞，亦屬常情。

---

❶ 《中俄關係史料──東北邊防》（民六至八年），頁 128、130。引自李玉貞，《孫中山與共產國際》（台北：中央研究院近代史研究所，民85），頁 34。

❶ 李玉貞，《孫中山與共產國際》（台北：中央研究院近代史研究所，民85），頁 35-36。

　　1918 年 6 月間，孫中山從上海致電列寧，祝賀俄國十月革命的成功，並表達了兩個革命政黨可以合作的願望。❻賀電強調：中國革命黨對於俄國革命黨員艱苦卓絕的奮鬥，表示極大的敬意，而且更希望中俄兩國革命黨團結一致；共同奮鬥。❼據汪精衛說，這封電報「很曲折地才託美洲的華僑同志打給俄國。列寧此時正受帝國主義者四面的封鎖，忽然接到……這一封信，實在生出意外的感動，視為這是東方的光明來了」❽而鮑羅廷後來也回憶，列寧等當此危急存亡之秋，收到孫中山先生一電，囑其奮鬥，十分感激。❾

　　當新俄正受敵威脅，孤立無援時，接到這樣一封善意交好的友誼賀電，自不會無動於衷；其思有所回應，亦可想見。

---

❻　史景遷（Jonathan D. Spence）著，溫洽溢譯，《追尋現代中國》（中）（台北：時報文化出版公司，2001），頁 396。另見吳學明，〈孫中山與蘇俄〉；見張玉法主編，《中國現代史論集》，第十輯，國共鬥爭（台北：聯經出版公司，民 71），頁 86。另可參閱 C. Martin Wilbur, "Sun Yat-sen and Soviet Russia"；民 65.6.15.在中華民國史料研究中心第 60 次學術討論會上的專題演講。中華民國史料研究中心編，《中國現代史專題研究報告》，第 7 輯（台北：中華民國史料研究中心，民 74），頁 3。

❼　《政治週報》，第 5 期，頁 11。汪精衛也提到過：「在民國七年俄國革命之後，總理有電報給列寧，慶祝俄國革命的成功。」汪兆銘，〈武漢分共之經過——民國 16 年 11 月 5 日在廣州中山大學講〉；載羅家倫主編，《革命文獻》，第 16 輯（台北：中國國民黨中央委員會黨史史料編纂委員會，民 42），頁 81-82。

❽　民國叢書（第一編－25），鄒魯編著，《中國國民黨史稿》（上海書店，據商務印書館 1947 年版影印），頁 304。汪精衛在中國國民黨第二次代表大會上的政治報告，《政治週報》第 2 期，頁 14。

❾　《政治週報》，第 5 期，頁 10。

貳、契切林對東方光明的回應

　　俄共接到這封被視為「東方光明」的賀電後喜出望外，列寧更認為應該趕快抓住此一天賜良機。但是，他們卻又有點一廂情願地認為，孫中山的賀電，說明他擁護蘇維埃制度和贊成蘇維埃革命；故而由此定下了以孫中山為突破口，向中國輸出俄式革命的基本方針。**❷⓿**有學者主張，如果說，孫中山早在 1913 年就曾經指出「今日親俄，壞了蒙古。再要親俄，內地 18 省恐怕都不穩了」，那麼，他在十月革命後對蘇俄態度的改變，則幾乎全部都是由俄國外交方面的宣言所引起的。**❷①**

　　1918 年 7 月 4 日，當時擔任新俄政府外交人民委員的契切林，在蘇維埃第五次大會上作了對華外交政策的報告；次日，《消息報》（*Izvestia*）全文刊登；其中提到：

　　　　我們放棄沙皇政府在滿洲的所有掠奪品，我們恢復中國在這地區的主權，而中東路實掌握該地的主要商業動脈。……如果中國人償還俄人興建該路所投的資本，即可購回它，……我們同意放棄我國公民在中國、蒙古、波斯的所有土地權。我們準備放棄一切賠款。……我們唯一希望是這數以億計的人民金錢，用於發展人民群眾的文化，和用於使東方民主國家與俄國的親善。……我們已準備好，於對中國訂立協定之

---

❷⓿　李玉貞，《孫中山與共產國際》（台北：中央研究院近代史研究所，民 85），頁 39-40。

❷①　李玉貞，同上書，頁 69。

後，放棄關於中東路方面的那些特權，和將這鐵路的南端賣給日本。㉒

在莫斯科的公開對華活動中，契切林的這份報告極其重要；但由於北洋政府當時和協約國一致反俄，故未給予足夠的注意。而俄國方面則有後續動作——聯絡中國的南方政府。

1918 年 8 月 1 日，契切林致函孫中山：

> 人民委員會議授權我以這光榮的任務，即感謝您、尊敬的導師，代表華南人民給俄羅斯工農政府的祝賀。……和您一樣，我們也遭逢巨大的困難。……我們的處境是困難的，我們的鬥爭是史無前例的。處此危難之秋。各帝國主義政府正由四方八面伸展他們的貪得無饜之手要絞殺俄國革命，和要由俄國工農手裏奪去他們經過世界史從未曾有的革命所獲得的東西；又在外國銀行家們的影子即北京政府正準備參加那些掠奪者的時候，俄國勞苦階級向您、我們的中國兄弟們呼籲，和請您們參加我們的鬥爭。因為我們的勝利，就是您們的勝利，我們的失敗就是您們的失敗。因此，讓我們在為世界無產階級的共同利益的偉大鬥爭中團結起來。中國勞苦農

㉒　　Allen S. Whiting, *Soviet Policies in China 1917-1924*. New York: Columbia University Press, 1954. pp.28-29. Xenia J. Eudin, and Robert C. North, *Soviet Russia and the East, 1920-1927: A Documentary Survey*. Stanford: Stanford University Press, 1957. pp.217-219.

民萬歲！中國工人萬歲！俄中無產階級聯盟萬歲！㉓

　　由孫中山的 6 月賀電，到契切林的 7 月對華政策報告，及其 8 月初致孫的復函等可以看出，一股氣氛——至少在 1918 年的夏秋之交，已經開始逐漸地醞釀於俄國人和孫中山之間。特別是就莫斯科的立場言，契切林在這一封信裡，將雙方的成敗生死，連結為休戚相關的共同體。順此脈絡觀之，也就能理解契切林的副手——加拉罕隨後在 1919 年及 1920 年發表的兩次對華宣言，是其來有自的。

　　不唯如此，當時俄國人對孫中山乃至整個中國的注意和聯絡，基本上是在其推動東方民族革命的戰略架構中評估與進行的。組織方面，成立了由斯大林負責的「民族人民委員部」；在政策方面，亦有鮮明的公開宣示。

　　1918 年 11 月 24 日——歐戰結束後 13 天，斯大林發表了著名的文章——〈不要忘記東方〉：

　　　在歐洲革命運動日益高漲的時機，舊的王座和王冠在坍落著，讓位給工人和士兵委員會，而被佔領的地區則從自己的地域內趕走帝國主義底走狗，——這時候大家的視線自然是

㉓　《消息報》，第 53 號，1919 年 3 月 9 日；Xenia J. Eudin, and Robert C. North, *Soviet Russia and the East, 1920-1927: A Documentary Survey.* Stanford: Stanford University Press, 1957.p.217.這封信，孫中山未收到。鄭學稼，《中共興亡史》，第 2 卷（台北：中華雜誌社，民 68），頁 290-291。

朝向西方了。……

可是，一分鐘也不能忘記東方，至少因為他是世界帝國主義底「取之不盡」的後備力量和「最可靠的」後方。……東方各國底不可計量的天然富源（棉花、石油、黃金、石炭、鐵礦），難道對於世界各國帝國主義者不是「糾紛的蘋果」嗎？……但是，帝國主義者所必需的不僅是東方的富源而已，他們所必需的是東方殖民地和半殖民地所富有的「恭順的」「人材」，他們所需要的是東方民族底「順從的」和低廉的「人手」。此外，他們所需要的是東方各國「恭順的」「年輕娃娃」，他們從這些「年輕娃娃」中徵募所謂「有色」軍隊，立即運用它們去反對「自己本國的」革命工人，這就是為什麼它們把東方各國叫做作自己的「取之不盡」的後備力量。

共產主義底任務就是打破東方各被壓迫民族成百年的沉睡，以解放的革命精神來感染這些國家底工人和農民，掀起他們來和帝國主義作鬥爭，從而使世界帝國主義失去「最可靠的」後方，和它「取之不盡」的後備力量。

不這樣作，就休想社會主義底最終勝利，休想對於帝國主義的完全勝利。

俄國革命第一次掀起了東方各被壓迫民族去與帝國主義作鬥爭。波斯、印度、中國的代表會議是東方工人和農民成百年的沉睡成為過去的直接標誌。……

我們必須從此一下領會這個真理：誰願社會主義勝利，誰就

不能忘記東方。❷

斯大林深刻分析了東方各民族對帝國主義國家的意義，其釜底抽薪的主張，可以說是一種外線作戰的佈局思維，也是列寧世界革命迂迴性策略的補充論述——使世界帝國主義失去「最可靠的」後方和它「取之不盡」的後備力量；故而一旦世界資本主義的「軟弱下腹」（soft underbelly）被共產主義征服，西歐和北美就無法多作抵抗。❷以當時的情況論，波斯被英國控制，印度是英國的殖民地，而中國的安福系北京政府則是日本的工具。因此，斯大林撰文號召鼓動波斯、印度和中國這三個民族反抗帝國主義的宰制，符合蘇俄的國家利益。

綜而言之，從布爾什維克於 1917 年 11 月 8 日發布「和平法令」觀察起，其內部尚有白軍的威脅，外則是 1918 年春簽訂布約後的協約國武裝入侵，隨即開始施行戰時共產主義。十月革命雖然勝利，但新俄政權的處境卻仍舊艱難。在此期間，契切林的對華政策報告，斯大林呼籲勿忘東方等，均係脈絡相承的理念引伸與政策宣示，呈現的是一幅新俄政權急欲另謀出路，以險中求生的圖像。

---

❷　中共中央馬恩列斯著作編譯局譯，《斯大林全集》，第 4 卷（北京：人民出版社，1956），頁 52。另見中華民國開國文獻編纂委員會及國立政治大學國際關係研究中心編，《中華民國開國五十年文獻》，附錄——《共匪禍國史料彙編》，第一冊（台北：中華民國開國文獻編纂委員會、國立政治大學國際關係研究中心，民 65 年 10 月再版），頁 2-3。

❷　William Ebenstein, *Today's Isms: Communism, Fascism, Capitalism, Socialism*（台北：馬陵出版社，1978），P.32.

而孫中山適在此時致電祝賀俄國革命成功，雖然引起俄國人注意，但契切林的相關回應，並不必然代表俄共只對孫中山或中國單獨示好。不過，繼之而來的加拉罕兩次對華宣言，倒是在華引起了對俄國的相當好感。

第三節　加拉罕兩次對華宣言的因由

在 1920 年代初期，引起中國方面——特別是知識份子的注意並熱烈討論蘇俄問題，與加拉罕第一次對華宣言的發表有關。前此，俄國人的外交動作和對中國駐俄公使館的接觸，似乎都沒有什麼作用。而莫斯科之所以對華發表宣言，又與其國內外的形勢變化密切相聯。

1919 年夏，蘇俄紅軍越過烏拉爾山，進軍西伯利亞；帝國主義列強撐腰的高爾察克（Kolchak）政權隨之崩潰。接著，蘇俄政府為了進一步追擊肅清日本支持下盤據遠東和中國東北地區的謝米諾夫（Semenov），迫切希望得到中國人民、特別是中國政府的聲援和支持，於是而有 7 月間加拉罕的第一次對華宣言。❷❻

雖然，當時北京政府因敵視蘇俄而未有積極回應。但是，其宣言中屢屢聲明放棄在華特權等殷殷示好的態度，畢竟和其他帝國主義強權魚肉中國的行徑截然不同。因此，在知識份子、輿論界、以及中國革命者的心中，自是怦然有感。

---

❷❻　詳參林家有、周興樑，《孫中山與國共第一次合作》（成都：四川人民出版社，1989），頁 28-29。

壹、加拉罕第一次宣言的兩個版本

　　1919 年 7 月 25 日，蘇俄代理外交人民委員加拉罕發表了〈致中國國民和南北政府宣言〉，亦即著名的加拉罕第一次對華宣言。其主旨說明：勞農政府之軍隊既將「恃外械外餉為奧援」的高爾查克叛軍撲滅，已達西伯利亞，並與該地革命人民聯合奮鬥，使東方各民族能脫離外族強權及金錢壓制的束縛；而中國民族即此等被日本和歐美帝國主義壓迫之最著者。故勞農政府今特通消息於中國人民並強調，如果中國人民以俄國人民為榜樣，願恢復其自由，以免於成為「第二高麗」或「第二印度」，則奮爭自由之時，捨俄國工人農民及紅軍外，別無其他之同盟及兄弟可尋。❷❼此外，特別引起中國方面注意的是，宣言說要廢除沙俄政府與中國簽訂的一切不平等條約❷❽；還宣布要將過去沙俄侵佔的中東鐵路無償歸還中國。

　　當時，由於各協約國承認的是高爾察克政權，而列寧則希望爭取到中國的支持，因此宣言內容對中國多方示好；但是，蘇俄外交人民委員部卻並未立即公布這一個重要文件，似欲保留迴旋餘地。唯其後不久，紅軍在西伯利亞地位漸趨穩固，情況變得對俄國有利，列寧遂改變主張。

　　1919 年 8 月 26 日，《真理報》（*Pravda*）和《消息報》的第一

---

❷❼　詳見羅家倫主編，《革命文獻》，第九輯（台北：中央文物供應社，民44），頁 2-4。

❷❽　包括 1896 年條約、1901 年北京協議、1907 年到 1916 年與日本簽訂的一切協定。詳參林家有、周興樑，《孫中山與國共第一次合作》（成都：四川人民出版社，1989），頁 28。

版，刊登了加拉罕第一次對華宣言，但刪除了當中重要的一段；其
內容如下：

> ……勞農政府願將中國中東鐵路及租讓之一切礦產森林全部
> 及他種產業，……一概無條件歸還中國，毫不索償。勞農政
> 府放棄中國因 1900 年義和團之亂而負欠之賠款。❷❾

　　半年多後──1920 年 3 月 26 日，北京外交部接到了楊松❸⓿（Y.
D. Yanson）從依爾庫茨克拍發的該宣言，電報號碼為 324 號，並已
譯為法文。當時外交部根據此一法文本譯出的中文本，與 1920 年
4 月 14 日上海《民國日報》刊載的相同；卻和《消息報》所載有
異。蘇俄的遠東問題專家威廉斯基（Vladimir Vilensky）在其所編的
《蘇維埃時論小冊》中亦收錄有此項宣言，但內容和《消息報》所
載也不同。蓋《消息報》係供俄人閱讀，而威廉斯基的小冊子則為
對華宣傳之用。尤可注意者在於，宣言發表後將近一個月，蘇俄的
報紙均未透露任何消息。直到 8 月 20 日，俄共中央第 998 號公報

---

❷❾　詳見羅家倫主編，《革命文獻》，第九輯（台北：中央文物供應社，民
　　44），頁 3-4、7。

❸⓿　楊松是拉脫維亞人，早歲參加革命被捕判刑，1914 年充軍西伯利亞，二
　　月革命後，是依爾庫茨克的活動分子。1918 至 20 年，任依爾庫茨克外交
　　人民委員部代表；1921 至 22 年，任遠東共和國外交部長。楊松是老布爾
　　什維克，也是有經驗的外交家。詳參詳參鄭學稼，《中共興亡史》，第一
　　卷（台北：中華雜誌社，民 67），頁 602。

提及了這個宣言，《真理報》和《消息報》才於 8 月 26 日刊登；**㉛**
並做了刪節。

雖然，俄國人當時辯稱說，刪掉的部分是因為法文誤譯了宣言
所致；**㉜**但是，1919 年 7、8 月間出版的布黨中央刊物《中國與蘇
俄》上刊登的宣言俄文全文，則有上述被刪去的一段。**㉝**

70 餘年後，真相終究大白。1994 年，學者在莫斯科的檔案室
裡找到了這個宣言——而且還是 1919 年 8 月蘇俄外交人民委員部
用中文出版的，其第 5 頁明確載有「本政府將中東鐵路及前俄帝國
政府所侵之礦森林金場等地一切歸還中華民國領權付款一律不要一
錢」的字句。**㉞**

俄國人之所以刪除這一段，是為了繼續保有沙俄時代在滿州和
中東鐵路的特權而預留的轉圜空間；也正是這一段，引起中國方面
的高度興趣和對新俄政權的好感。在加拉罕第一次對華宣言公開
時，北京《晨報》即呼籲抓住時機和俄國勞農政府講和：

　　勞農政府如果對我們沒有什麼好感，那麼我們也可以不必急

㉛　Allen S. Whiting, *Soviet Policies in China 1917-1924*. New York: Columbia University Press, 1954, p.30.

㉜　史景遷（Jonathan D. Spence）著，溫洽溢譯，《追尋現代中國》（中）（台北：時報文化出版公司，2001），頁 398。Robert North, *Moscow and Chinese Communist*. Stanford: Stanford University Press, 1953, p.45.

㉝　鄭學稼，《中共興亡史》，第一卷（台北：中華雜誌社，民 67），頁 475-478。

㉞　李玉貞，《孫中山與共產國際》（台北：中央研究院近代史研究所，民 85），〈序言〉，頁 5-6；正文，頁 55-56。

於講和。但是他們所提出的講和通牒，所表示的態度，非常
之公正和平，他們所肯廢棄底條約，拋棄底利權，都是我們
從前所希望恢復而不可得的。今天他們居然自己肯還我國，
這是何等時機，豈可輕輕放過？國家間底交際，只問對我態
度是怎樣，他們對內的主義，可以不管的。我們就想管也管
不著，難道因為不以他們主義為然，無論他們對我有如何好
意，都不肯交際嗎？㉟

當時輿論主張與俄國講和交好之傾向，由此可見一斑。

雖然，中國方面看到的是前後兩個有局部但關鍵性出入的文
本，但大體言之，其宣言內容與西方強權、日本行徑的對比是如此
鮮明，顯示蘇俄才是中國最值得信賴的朋友。儘管後來俄國人言而
無信改變初衷，否認無償歸還中東鐵路的意願，卻並未影響中國人
先前對蘇俄的好感。中國人仍謹記加拉罕的寬大；而蘇俄的目標就
是要「解放外國資本挾帶軍事力量施加在東方人、特別是中國人身
上的桎梏」。㊱但最終，由於力量此消彼長等主客觀因素和形勢的
變化，還是未如中國所願。

貳、加拉罕第二次宣言的內容調整

先是蘇俄政府支持成立的遠東共和國，雖然在 1920 年 6 月派

㉟　《北京晨報》社論；見《新青年》第 7 卷，第 6 號，附錄，頁 28-29。

㊱　Robert North, *Moscow and Chinese Communist.* Stanford: Stanford University
　　Press, 1953, p.45.

出優林使團赴華與北京政府洽談，但皖段以顧慮西方國家干涉而延
宕擱置。8 月間，中國局勢生變，直奉聯軍打敗段祺瑞，曹吳奉張
共同控制了北京。又緣於美國鼓勵，中國方面遂接納優林之來訪；
吳佩孚等也同意原北京政府派往遠東共和國考察的張斯麐代表團轉
赴莫斯科訪問。而張團之繼於 9 月 5 日抵達莫斯科並受到熱烈歡
迎，則反映出蘇俄當局對中國形勢的變化，產生了新的估計和期
許。

　　1920 年 9 月 27 日，加拉罕發表了第二次對華宣言；重申廢除
沙俄政府與中國簽訂的一切不平等條約，希望爭取到北京的支持。
加拉罕並親自將宣言文本交給張斯麐帶回中國，藉以對吳佩孚控等
制下的北京政府表示友好。當時，莫斯科派往中國的第一個使者魏
金斯基正在設法尋求同吳佩孚建立聯繫。而契切林也在 10 月 31 日
致函孫中山，建議他抓住時機和蘇俄往來。**❸❼** 11 月 2 日，列寧更
親自接見張斯麐並向他表示，盡管俄國和中國的道路不同，但兩國
必然會在共同的目標中聯合起來；列寧還指出，中國革命將會導致
整個東方的革命，而且最終將導致世界帝國主義的垮台。**❸❽**

　　從張斯麐在俄國的深受重視，可以了解莫斯科力圖與北京方面
改善關係的迫切願望。但是，加拉罕的第二次對華宣言，依然刪去
了第一次宣言所稱「中東鐵路等一概無償歸還中國」的承諾，而將
相關內容修改為「兩國允許另訂專約」等等：

---

❸❼　詳參李玉貞，《孫中山與共產國際》（台北：中央研究院近代史研究所，
　　民 85），頁 67-68。

❸❽　《消息報》，1920 年 11 月 9 日；轉引自林家有、周興樑，《孫中山與國
　　共第一次合作》（成都：四川人民出版社，1989），頁 26-31。

查去年 7 月 25 日，本部曾向中國人民及南北政府披露宣言……茲聞此項宣言，貴國政府已經收到；……貴國政府已派軍事外交代表張中將斯麐來莫斯科，我等不勝歡迎；並願與貴國代表直接談判，以期彼此了解中俄兩國公共之利益。……本部願助兩國和好速成，特聲明：1919 年 7 月 25 日勞農政府宣言書內所載之原協約各則，本部堅持不變，並以之為中俄協約之基礎；本部為闡發宣言書內所載之原則起見，茲將中俄主要條款，為求兩國利益之所必需者，請送貴部查照：……

……

八、關於勞農政府利用中東鐵路一事，中、俄兩國允許另訂專約。將來訂立此約之時，除中、俄兩國外，遠東民國亦可加入。……

……

以上所列主要各條，可與貴國代表和衷商議。倘中國政府認為與兩國有益，必須更改之處，可以加入。……相應函請查照。此致中華民國外交部。代理外交部部務加拉罕（簽字）。❸❾

據此觀之，俄方似已準備要運用在一年前所預留的轉圜空間，故其宣言末尾附帶有「倘中國政府認為與兩國有益，必須更改之處，可

---

❸❾　羅家倫主編，《革命文獻》，第九輯（台北：中央文物供應社，民44），頁 9-11、17。

以加入」的但書；不過，莫斯科仍舊未得到預期中來自北京方面的回應。因此，當三年後加拉罕奉派為駐華全權代表，於 1923 年 9 月 2 日抵達北京之次日，即發表聲明說：

> ……1919 及 1920 年，吾人業擬定對華原則，亦即吾人準備對中國及其國民建設友誼關係之原則。該兩年所發表之對中國政府及國民宣言，料已編知；此外無可再述者。余對此只能切實聲明：兩次宣言之原則與精神，依然為俄國對華關係之原則。至於中俄兩大民族親善之利益，更不待余詳述。俄國在 1919 及 1920 年曾兩次正式建議兩國親善。不幸當時皆未得中國答覆。但中國國民與政府現已力謀促進中俄問題之解決及兩大民族友誼關係之建設矣。[40]

從歷史進程的實際看，蘇俄當時在遠東的處於劣勢，是促成加拉罕連續兩次對華發表宣言並曲意示好的原因。而第一次宣言之所以有兩個不同版本，主要是蘇俄領導階層在對華政策上無法取得共識，故有意刪除若干內容，先視中國反應如何，再由人民外交委員部以自利的原則作取捨。[41]不久後，莫斯科以形勢逐漸好轉，其對華態度遂趨於強硬。

---

[40]　羅家倫主編，《革命文獻》，第九輯（台北：中央文物供應社，民44），頁 18。

[41]　陳能治，〈評介梁肇庭著「中蘇外交關係，1917-1926」〉；張玉法主編，《中國現代史論集》，第十輯，國共鬥爭（台北：聯經出版公司，民71），頁 49-50。

　　綜言之，就俄國當時對華動作頻頻的示好而論，其影響確實不容低估。但由於加拉罕第一次對華宣言於 1919 年 7 月發布當時，中蘇間交通阻絕，北洋政府又有意封鎖消息，故中國知識分子並不知情。❷中國共產黨的官方史論指出：

> 宣言雖然被北洋軍閥扣押，但中國人民還是逐漸知道了它們的內容。長期以來，中國人民看到的是帝國主義國家不斷地把不平等條約強加於中國，而蘇維埃俄國卻主動廢除歷史上遺留下來的在華特權。這是一個鮮明的對比。蘇維埃俄國的無產階級國際主義政策受到了中國人民的熱烈歡迎，這對馬克思主義在中國的傳播也起了促進作用。❸

國民黨方面的史家則認為，在第三國際派遣代表來華以前，俄共早就在中國做了許多擴大俄國革命影響的工作──如契切林的報告和加拉罕兩次對華宣言；這種偽裝親善的外交諾言，雖然並無確實兌現之意，但在中國卻引起了良好的反響。❹而所謂「良好的反響」，實具有兩個面向的意義。一方面是，共產黨人置其於共產革命的發展脈絡中詮釋，而將之聯繫到「對馬克思主義在中國的傳播

---

❷　陳永發，《中國共產革命七十年》，上（台北：聯經出版社，2001），頁70。

❸　中共中央黨史研究室著，《中國共產黨歷史》，上卷（北京：人民出版社，1991），頁37。

❹　郭華倫，《中共史論》，第一冊（台北：國立政治大學國際關係研究中心、東亞研究所，民71四版），頁5。

起了促進作用」。另一面則是，引起了孫中山更加注意俄國情況變化的興趣；在這個過程中，新俄政府繼停止執行戰時共產主義之後，於 1921 年春開始實施的「新經濟政策」，對孫中山最終決定和莫斯科建立較具體的互動，似乎產生了影響。

第四節　新經濟政策：易於引起錯覺的外衣

　　1921 年底，孫中山在桂林會見了遠道而來的馬林；他當面向孫說明蘇俄已經不實施共產主義，而改採新經濟政策的種種情形。這番談話，令孫中山以為俄國人真的放棄了共產主義，而實行國家資本主義；他甚至認為新經濟政策一如自己所主張的民生主義。孫中山當即電告在廣州的廖仲愷表示非常欣慰。

　　上述這一場事關至要的孫馬桂林會晤，在後來國民黨方面的歷史解釋中，似乎被演繹成俄國人別有所圖的精心設計。有論者指稱：俄共明知三民主義與俄式共產主義之不相容，乃偽裝自己，使後者與前者相似，而新經濟政策成為最易引起錯覺的外衣。❹⑤但事實是否如此，恐怕尚有探討空間；其真相與意義，首先取決於孫中山對新經濟政策的理解。

---

❹⑤　王健民，《中國共產黨史稿》，第一編，上海時期（台北：自印本，民54），頁 99。

壹、孫中山對新經濟政策的理解

1950 年代，國民黨中央出版了彙輯不少珍貴史料的《革命文獻》，其編者在〈前言〉中，有這樣一段說明：

……蘇俄及其第三國際代表對於宣傳遊說的工作，頗盡了巧妙的能事。……他們四處宣傳蘇俄名為共產主義的國家，實際上業已放棄共產主義（正如第二次世界大戰期間國際共產黨徒宣傳中共祇是土地改革者一樣），而高舉列寧的新經濟政策做幌子。下面這段文字是有可靠根據的敘述：「馬林和越飛晉見孫先生的時候，正是蘇俄新經濟政策高唱入雲的高潮時期。越飛為了想消除中國領袖孫逸仙博士的疑慮，特地告訴他深信的一位忠實助手廖仲愷說：『蘇俄自己都不實行共產主義，中國又何須為共產主義而焦慮不安？』廖仲愷問他：『蘇俄是否終將實行共產主義？』越飛回答說：『在一段長期間內蘇俄不會實行共產主義。』廖仲愷又問越飛所說的『長期間』怎樣解釋，是五年、十年、還是一代？越飛的答覆是『也許是一百年』。廖仲愷就不復置疑」。（外交部葉公超部長於民國 43 年 12 月 6 日在美國加利福尼亞州對「國際問題協會」所作「共產主義在中國」演講，中央社譯文。）以後鮑羅廷於 12 年冬來廣州任顧問的言論，也是這一套偽裝。❹❻

---

❹❻ 羅家倫主編，《革命文獻》，第九輯（台北：中央文物供應社，民44），頁 4-5。

以上引證，固然可代表國民黨方面的一貫立場和論述傳統。但與其
這樣習以為常地認為新經濟政策就是偽裝、是宣傳、是幌子，是最
易引起錯覺的外衣，實不如重新再仔細檢視當年的實際情況，以避
免可能將歷史發展過度簡單化的傾向。

　　鄒魯對於孫馬桂林之會，有如下描述：

> 總理北伐師次桂林，蘇俄派至中國之專使馬林特來相見，暢
> 談之後，總理心至愉快，深信其「建國方略」中之實業計
> 劃，必能實行，並電述其事於廖仲愷等，謂其初聞蘇俄實行
> 共產，甚為詫異，蓋蘇俄之經濟情況，尚未具實行共產之條
> 件也。及馬林來，始知俄國之新經濟政策，實與其實業計劃
> 相差無幾，故油然生欣悅之心。**❼**

1922 年 4 月，孫中山自桂返粵，告訴廖仲愷等人說：

> 蘇俄革命復實行馬克思之共產主義，余甚滋疑惑。以現世界
> 正在資本主義極盛時代，俄國工商業不甚發達，共產主義不
> 能單獨成功，其去實行之期尚遠。今聞馬林言，始悉蘇俄行
> 共產主義後，已深感困難，乃改行新經濟政策。此種經濟政
> 策，其精神與余所主張之民生主義，不謀而合。余深喜蘇俄
> 能先實行與余之主義相符之政策，益信余之主義切合實行，

---

❼　民國叢書（第一編－25），鄒魯編著，《中國國民黨史稿》（上海書店，
　　據商務印書館 1947 年版影印），頁 304。

終必能成功也。**❹⓼**

1926 年初，汪精衛在國民黨二全大會的政治報告中，亦有相同於
鄒魯的說明；他還進一步指出：

> （孫中山由於）馬林來，才知道俄國的新經濟政策，實與他的
> 實業計劃差不多一樣，所以非常高興。這便是聯俄的起點
> 了。**❹⓽**

顯然，馬林當時所言，多少消除了孫中山以前對莫斯科的一些疑
慮。而且後來———1924 年 1 月 3 日，在國民黨的臨時中央執行委
員會上，孫中山又再度重覆此一信念；由於他特別著重這個問題，
臨時中央執行委員會遂認為，有必要將蘇俄的新經濟政策乃源於孫
中山的民生主義這一點列入紀錄。故有學者語帶反諷的說：結果，
蘇俄不是國民黨的老師，而一變成為他的學生。**❺⓪**
　　另一方面，再對照看馬林的回憶；他告訴伊羅生說：

---

❹⓼　美國林百克（Paul Linebarger）原著，徐植仁譯，《孫逸仙傳記》（上
　　　海：三民公司，民 15），中國文化服務社發行，民 30 初版，民 33 再
　　　版，頁 83。

❹⓽　汪精衛，〈對中國國民黨第二次全國代表大會的政治報告〉；羅家倫主
　　　編，《革命文獻》第 20 輯（台北：中國國民黨中央黨史會，民 42），總
　　　頁 3855。

❺⓪　見中國國民黨臨時中央執行委員會第 22 次委員會議之會議記錄（原件藏
　　　於中央黨史會）。陳福霖，《孫中山廖仲愷與中國革命》（廣州：中山大
　　　學出版社，1990），頁 105。

我在孫中山的大本營約花兩週時間。我在那兒對他的軍官們
講俄國革命。我與孫討論群眾活動的必要，和在勞動階級中
宣傳等等。……他呢？他對我說國民黨的策略，黨的歷
史，……他宣稱馬克思主義不算新鮮。依中國古典書籍，二
千年前都說過了。對於孫的心理神秘性的某些觀念，我應舉
出他對我解說怎樣使某個有希望的青年軍官參加國民黨的例
子：「花了八天，每天八小時，我對他解釋我是由孔夫子到
現今之偉大改良家的直接繼承者。如果在我生時不發生大變
化，中國的發展就要再等六百年。」孫中山比甘地更有戰鬥
性，但他的思想純粹地走軍事謀叛的路線。❺

據鄭學稼指出：當馬林從談話中知道，孫中山的民生主義有馬克思
主義者「社會主義」的傾向，和他看出孫中山聽到蘇俄在實行「新
經濟政策」等於實行民生主義的高興；於是，馬林就順勢強調蘇俄
的共產主義與民生主義的理想完全相同——應該說，馬林當日所了
解的「共產主義」，不是列寧的共產主義，而是《共產黨宣言》中
所說的共產主義，或者更恰當地說，是西歐馬克思主義者所宣傳的
社會主義。尤有進者，當馬林結束與孫中山的會晤之後，於 1922
年初由桂林前往廣州時，正逢元月中旬開始的香港海員大罷工；而
由國民黨當局支援這次罷工的事實看來，或者給馬林以這樣的論

---

❺　"Notes on A Conversation with H. Sneevliet." Introduction by Harold R. Isaacs,
'Documents on Comintern and Chinese Revolution' *The China Quarterly*,
No.45, January/March, 1971,p.104.

斷：孫中山和他的國民黨確在推行社會主義。❷於是，歷史的轉折就在這裡接軌；或者說，巧也就巧在這裡！一邊是，孫中山認為，蘇俄的新經濟政策幾乎等同於自己的民生主義；而另一邊，馬林則判斷孫中山的確是在推行社會主義。故而在這個基礎上，後來孫中山和莫斯科有進一步聯絡，乃至開展雙方更密切的關係，似乎也就順理成章。

但是，俄國人之改採新經濟政策，是否即等同於、或意味其放棄了共產主義，尚有商酌餘地。事實上，從指導思想的高度來看，新經濟政策一如戰時共產主義，也是階段性的策略措施。

貳、新經濟政策及其退卻轉進的特點

1921 年初，俄國內戰結束，開始過渡到經濟建設的軌道；但環境仍舊非常困難。1920 年的農業總產量只有戰前一半左右；大工業產量少於戰前約六倍；盧布對美金的交換比率，由 1914 年的 2：1，降至 1920 年的 1,200：1。到 1921 年，耕地面積約為戰前的 62%，農產則降至 37%，工業產量更降到了 13%，生鐵熔鑄量僅及戰前的 3% 左右。甚至連最起碼的日常生活用品，如麵包，脂油，肉類，靴鞋，衣服，火柴，食鹽，煤油和肥皂等，也都極感缺乏。❸新俄政權歷經數年戰爭久受封鎖；其後雖然獲得軍事勝利，但經濟方面卻面臨了更嚴峻的挑戰，加以戰時共產主義的實施及連年天災

---

❷　鄭學稼，《中共興亡史》，第二卷（台北：學術出版社，民 68），頁 309-310。

❸　李邁先，《西洋現代史》（台北：三民書局，民 67），頁 145-146。

之歉收，經濟瀕臨崩潰邊緣。

俄國人民處於極端匱乏恐慌的困境，於是向新俄政權發出了怨恨的怒吼；紛紛要求發動「第三次革命」。他們認為，第一次革命推翻了沙皇政府，第二次革命推翻了臨時政府，第三次革命，則以推翻共產政府為目標。各地發生農民暴動，海軍士兵亦於 1921 年 3 月在克隆斯塔（Kronstadt）要塞叛變，要求召開立憲會議，重建一個「沒有共產黨的蘇維埃政府」。❺❹

與此同時，布爾什維克黨人亦認識到，當戰爭還在進行的時候，大家都忍耐著物資供應的緊張；但現在戰爭已經結束，於是人們就忽然感到這種欠缺不堪忍受。過去，蘇維埃國家不得不按餘糧收集制，把農民所有一切剩餘糧食都拿來供給國防需要；不實行戰時共產主義政策和餘糧收集制，就不能獲得勝利。戰時共產主義，乃是為戰爭和武裝干涉所逼迫，不得已而採行的一種政策。但在已沒有戰爭後，全部戰時共產主義制度——正如同列寧當時所指出的那樣，已處於同農民利益相抵觸的地位。因此，就有一個問題擺在布爾什維克黨人的面前；那就是：必須根據新的環境，來訂出關於國內經濟生活一切問題的新方針。列寧洞悉危機之癥結，深知其非同小可；雖然黨內迭有異議，但事不宜遲。於是，列寧除了極力強調爭論是一種不可容許的奢侈品，以化解黨內的質疑和反對外，更積極地採取有效的對策。

1921 年 3 月 8 日，俄共召開第 10 次黨代表大會；列寧力排眾

----

❺❹　李邁先，《西洋現代史》（台北：三民書局，民 67），頁 146。

議，毅然宣布終止戰時共產主義，改行「新經濟政策」。❺❺

　　對列寧而言，新經濟政策僅為暫時性的退卻；但在黨內卻引起震盪，遭到來自兩方面的抗拒。一方面的反對者，包括托洛斯基在內，批評新經濟政策是「與農民簽訂的布列斯特－里托夫斯克條約」，是背棄了十月革命，回轉到資本主義，就是使蘇維埃政權趨於滅亡；在習慣上，他們被稱為「左傾主義分子」（Left deviationists）。另一方面的反對者，則匍匐拜倒於資本主義的威力之下，不相信俄國社會主義有發展的可能，而認為應該向前推進以貫徹新經濟政策，甚至還要求把國民經濟中的許多重要命脈讓給私人資本；在習慣上，他們被稱為「右傾主義分子」（Right deviationists），其主要代表者為布哈林（Nikolai Bukharin）。❺❻

　　面對黨內的強烈批評，俄共中央堅決回擊、揭破並孤立了驚惶失措者和投降主義者這兩種人；同時由於這樣一種反抗的事實，再次提醒了黨中央，必須把黨內不堅定的份子清洗出去，因此，俄共在 1921 年間舉行了清黨。結果，被開除出黨的有 17 萬人，約佔當時全體黨員的 25%。

　　就客觀效果言，新經濟政策的施行，保證了工人和農民共同進行社會主義建設的經濟聯盟，進而使工農聯盟在新的基礎上大為鞏固，無產階級專政遂更加堅強有力。俄共中央指出，反對派認為新經濟政策的只有退卻，是一種極其有害而且反列寧主義的解釋。

---

❺❺　詳參黃丘隆、結構出版群主編，《社會主義辭典》（台北：學問出版社，民 78），頁 619-620。

❺❻　詳參王曾才，《西洋現代史》（台北：東華書局，民 65），頁 154。

1922 年，列寧在向共產國際第四次世界代表大會的報告中，就直截了當地說明過施行新經濟政策的原因。戰時共產主義是用衝擊的、正面進攻的手段，去攻破城鄉資本主義成份的嘗試。但布爾什維克在實行這個進攻時，向前面跑得太遠，有脫離自己根據地的危險；因此，列寧主張稍許後退一點，暫時退到更接近於自己後方的地區，由衝擊手段轉為較長期的包圍敵人保壘的方法，以便積蓄起力量後，再去開始新的進攻。反對派倒霉的地方，就是因為他們昏庸無知並且至死也沒有瞭解，新經濟政策是為了進攻而退卻的這種特點。故而實際上，新經濟政策施行一年後，列寧就說退卻已經終結，並提出口號要「準備向私人經濟的資本實行進攻」。❺❼

1922 年 3 月，俄共召開第十一次代表大會，檢討施行新經濟政策的經驗；列寧在大會上聲稱：退卻一年了；已經夠了！退卻所要達到的目的已經達到。這個時期正在終結，甚至可以說已經終結了。現在所提出的是另一個目的──就是要重新配置力量。10 月，紅軍從日本手中奪回了海參崴。11 月，列寧在莫斯科蘇維埃全會上發言，講到新俄政權成立五年以來的總結時，他表示堅決相信「新經濟政策的俄羅斯一定會變成社會主義的俄羅斯」。❺❽

1923 年 4 月，俄共召開十二大，堅決指斥了所有一切把新經

---

❺❼　詳參聯共（布）中央特設委員會編，《聯共（布）黨史簡明教程》（莫斯科：外國文書籍出版局印行，1949），頁 305-317。

❺❽　聯共（布）中央特設委員會編，《聯共（布）黨史簡明教程》（莫斯科：外國文書籍出版局印行，1949），頁 319-321。

濟政策解釋為放棄社會主義陣地、向資本主義投降的份子。❺❾

　　1925 年 12 月的俄共十四大以後，隨著在新經濟政策軌道上獲得了恢復國民經濟具有決定意義的成功，蘇俄開始進入社會主義國家工業化的新的歷史階段。❻⓿到 1927 年，其農工產量已達戰前水準，而且還有部分的超出。❻❶

　　列寧在施行新經濟政策時說過，俄國有五種社會經濟結構成分。第一種是宗法式的經濟；第二種是小商品經濟；三是私人資本主義；四是國家資本主義；第五種結構是社會主義。列寧當時指出，在所有這些結構中，社會主義的結構必定會佔得優勢。新經濟政策的目的，就是要社會主義經濟形式獲得完全勝利；而這個目的到 1934 年 1 月俄共召開十七大時，已經實現了。❻❷

　　回顧前此，新俄政權先是在 1918 年 3 月簽訂布約並取得暫息機會後，原本要著手進行社會主義建設；故列寧把 1917 年 11 月至 1918 年 2 月這段時間，稱之為「用赤衛隊來攻擊資本」的時期。❻❸

---

❺❾　聯共（布）中央特設委員會編，《聯共（布）黨史簡明教程》（莫斯科：外國文書籍出版局印行，1949），頁 322。

❻⓿　聯共（布）中央特設委員會編，聯共（布）中央審定（1938），《聯共（布）黨史簡明教程》（莫斯科：外國文書籍出版局印行，1949），頁 342-343。

❻❶　李邁先，《西洋現代史》（台北：三民書局，民 67），頁 145-147。另可參 Stewart C. Easton, *The Western Heritage*, 李邁先譯，《西洋近世史（三）》（台北：幼獅書店，民 63），頁 74-75。

❻❷　聯共（布）中央特設委員會編，《聯共（布）黨史簡明教程》（莫斯科：外國文書籍出版局印行，1949），頁 393。

❻❸　聯共（布）中央特設委員會編，《聯共（布）黨史簡明教程》（莫斯科：外國文書籍出版局印行，1949），頁 271。

但隨即由於協約國武裝入侵，新俄被迫施行了 3 年的戰時共產主義。到 1921 年，內外戰事雖然結束，但經濟已瀕臨崩潰邊緣；為了挽救危機，再改採新經濟政策。一面向農民抗爭讓步，另一面向資本主義妥協，以增加生產滿足人民生活的迫切需要。而政府與私人企業的經營，酌採資本主義形式，以利潤顯示成績，並歡迎外國資本投入。由是產生了一批新的城市小資產階級，被稱為「新經濟政策人」（Nepman），日後成為俄共黨內批判之對象。❻但是，新經濟政策之有效恢復國民經濟、提高農民生活，以及鞏固工農聯盟和無產階級專政的事實，也無容置疑。

　　特別應當注意的是，1921 年 3 月俄共十大通過從餘糧收集制過渡到糧食稅，過渡到施行新經濟政策的決議，是一個極關鍵的轉變。由於糧食稅額較低，農民可自己支配自由出賣超過稅額的餘糧。列寧認為少許的商品流轉自由，既能引發農民努力經營的興趣，又能提高其勞動生產率；積蓄了力量和資財以後，就可以建立強有力的工業──社會主義的經濟基礎，然後就轉為堅決進攻，以便消滅國內資本主義殘餘。❻由此，新經濟政策的策略性意義，自是一目了然。

　　綜上所述可知，新經濟政策並非向資本主義投降，亦非背離社會主義或放棄共產主義；而是以緊急手段挽救經濟災難的階段性權

---

❻　李邁先，《西洋現代史》（台北：三民書局，民 67），頁 145-147。另可參 Stewart C. Easton, *The Western Heritage*, 李邁先譯，《西洋近世史（三）》（台北：幼獅書店，民 63），頁 74-75。

❻　聯共（布）中央特設委員會編，《聯共（布）黨史簡明教程》（莫斯科：外國文書籍出版局印行，1949），頁 315。

變，即如列寧所強調的，是「戰略性退卻」。因此，如果說馬林告訴孫中山，蘇俄之停止實施戰時共產主義而改行新經濟政策，即意味著俄國人已放棄共產主義，是一種理論上的過度簡單化甚或曲解，那麼反過來看，孫中山之乍聽其言便感覺欣慰，並認為自己主張的民生主義正是「德不孤，必有鄰」，似乎也是理論認識上的侷限或盲點使然。

不過，如果認為馬林是有心混淆甚而誤導孫中山，而孫中山則是將計就計虛與委蛇，那就另當別論，必須舉證；否則就成歷史演義了。

結　語

十月革命後，新俄政權的版圖幾乎只等於「莫斯科公國」；由於激烈的內戰和列強的干涉，又不得不簽訂屈辱的布約和實施戰時共產主義。當時，處於極端艱難危險中的新俄，其生存取決於兩個條件：第一是能否爭取到國內工農的擁護，進而消滅白軍；二是能否得到各國無產階級和同路人的支持，在其各自國內掀起反抗資產階級專制統治的革命鬥爭，藉以迫使有後顧之憂的列強無力繼續封鎖。列寧為適應後者，組建成立了共產國際；其工作重點主要在西方。但新俄由於內部經濟混亂而自顧不暇，德國和匈牙利方面的革命又遭到挫敗，使列寧意識到西歐的無產階級革命，暫時或在較長的一段時期內是難以實現了；於是，他調整戰略佈局。在西方標榜和平共處，利用帝國主義間的矛盾，以市場為餌，誘使其投資來換取暫時的相安無事；在東方則強調反帝鬥爭，通過共產國際，鼓動

落後國家中被壓迫的勞苦人民起來革命，趕走外國強盜。因此，莫斯科的目光焦點，逐漸由西方轉到了東方；並很快的注意到中國。

　　1917 年，俄國連續發生了兩次革命。或許，孫中山從一開始就並不是很理解兩者的區別。二月革命後，他對於中國有了一個推翻專制的「佳鄰」而感覺振奮；更認為俄國革命與辛亥革命近似，「全由中國之影響」。因此他致電祝賀，但沒有下文。十月革命發生，孫中山和他的同志，好像一時還分不清這場革命和數月之前的那次革命有什麼不同。但當時新俄政權發布的「和平法令」，又和他素來主張平等外交的理念吻合；於是，他再度致電祝賀。此時，正當他護法失敗，自粵到滬，專注於寫作《建國方略》、《實業計劃》之際。從理論角度看，孫中山不但不想消滅帝國主義，反而想請列強來共同開發中國資源和幫助中國發展經濟；顯然，他不會同意共產國際世界革命的宗旨。**❻**但以實際情況論，列強對他白眼相向，而俄國人卻青眼有加；兩者對比，反差鮮明。故而孫中山和遙遠北國的來往，也就自然愈趨密切。

　　再深一層論，十月革命後，新俄政權受制於戰爭的危急和列強的脅迫，其主動機先尋找盟友，並以世界革命為名，在各國鼓動反帝的民族與民主革命，都是出於絕處求生的必要之計，是拖住列強後腿的釜底抽薪之計；是從內部攻破敵人堡壘的具體方法；是一種牽制帝國主義強權的外線作戰模式。而當時孫中山領導的中國革命，同樣是要掃除有列強支持的軍閥，以達成民族獨立與國家統一

---

❻　李玉貞，《孫中山與共產國際》（台北：中央研究院近代史研究所，民85），頁 33、93。

的目標。因此,反對帝國主義列強遂成為俄國人聯絡並嘗試和孫中山合作的動機,也是雙方平行利益之所在。

對俄國人來說,表面上,其維護本身利益而運用民族主義的邊際作用,似乎因讓位給國際主義的世界革命而相對遞減;但本質上,卻仍然能夠通過操控共產國際,在組織、資源與外交等方面形成優勢動員,繼續發揮以莫斯科為核心的擴散效應。其鼓動半殖民地的東方各國進行反帝的民族獨立革命如此,其聯絡孫中山以尋求可能的支持和幫助亦復如此。

而 1918 年契切林在蘇維埃大會上所作的對華政策報告,和斯大林〈不要忘記東方〉的論文,以及 1919 年與 1920 年加拉罕的兩次對華宣言,既都是理念上唯列寧馬首是瞻的一脈相傳,也都是當時新俄政權在艱難處境中探索奮進的系列行動。其後,莫斯科對中國遂多管齊下,而其赴華使者也就絡繹於途了。

第三章
俄國赴華使者的任務與影響

　　1920 年春到 1923 年初，從共產國際首先派赴中國探路的魏金斯基算起——歷經遠東共和國的代表優林、共產國際的馬林、蘇俄政府派遣的正式外交代表巴意開斯使團、青年共產國際的達林，到莫斯科特命全權代表越飛等；前後將近三年，可以說是俄國人積極開展對華工作的密集時期。

　　新俄政權基於本身狀況大致穩定，但國際處境依舊孤立，而戰略方向亦需要調整等多重因素的綜合考慮，決定在遠東——特別是向中國採取較具體的行動。一方面，力求與直系軍閥控制下的北京政府改善關係，進而爭取承認和支持，用以牽制日本；另一方面，則嘗試與中國實力派人物或革命領袖——包括陳炯明、吳佩孚和孫中山，建立更密切的聯繫甚至合作。於是，遂有其赴華使者的絡繹於途。

　　當時，這些各具特色和代表性的使者，是在什麼情況下派赴中國的？其目標是什麼？何以說魏金斯基的東來，代表蘇俄革命策略的巨大轉變？何以有論者認為：中共是俄國帶來的病毒，始於優林

來華下卵，翌年孵化而出，最後令中國不治。❶為什麼巴意開斯以蘇俄的正式代表派赴中國，最終卻無功而返？為什麼孫中山先於半年內分別婉轉但明確地拒絕了馬林和達林關於聯合蘇俄的建議？但後來卻又顯然接受並付諸行動？其轉變的關鍵何在？而馬林身為列寧親自委派的共產國際代表，又何以風塵僕僕、不辭辛勞地四度赴華、三度返俄？其往來中俄間奔走的意義何在？產生了什麼影響？

　　表面上，如果是分割或孤立、或不自覺地脫離時代背景去看待俄國使者的在華活動，似乎錯綜複雜、經緯萬端，甚至有點盲無頭緒難以釐清；但若置其於實際的整體歷史脈絡中考察，則是有跡可徇、條理分明。他們各有任務；且影響深遠。

第一節　新俄處境的改善與啓動對華工作

　　新俄從十月革命後的第二年起，連續四個春天，走過了最艱苦的政權鞏固時期。

　　先是 1918 年春，布爾什維克在外有強敵入侵，內有白軍挑戰的情況下，被迫簽訂屈辱的布列斯特和約並實施戰時共產主義，其處境之困難可謂無以復加。

　　1919 年春，列寧雖然組建了共產國際，試圖以推動世界革命來緩解自己的危機，但事實卻不如想像般順利；隨著歐洲方面接連

---

❶　胡秋原，〈《中國共產黨之來源》序──論研究中共歷史之必要及其基本原則〉，民 47.12.15.；見沈雲龍，《中國共產黨之來源》（台北：文海出版社，民 67），頁 6。

挫敗而來的覺醒，反倒促使其注意力從西方轉向東方。

到 1920 年春，由於紅軍次第擊潰白衛政權和列強在西伯利亞的撤兵，情況漸有好轉；繼而共產國際在夏秋之交舉行了具有戰略調整意義的二大，其世界革命的手伸進了中國。

1921 年春，內外戰事基本結束，莫斯科終止實施戰時共產主義，改採新經濟政策，農工產能開始逐步提高，而國力亦有所增強。加上其後陸續突破國際孤立和華盛頓會議導致英日關係的疏遠，以及遠東勞動者大會的召開等等，均有助於新俄勢力在東方進一步的穩定與發展。

當時，對蘇俄而言，中國這樣一個地處緊鄰——既分崩離析、戰火頻仍，卻又充滿反帝民族革命可能性的大國，自然吸引了俄國人的目光；因此，莫斯科在重估世局後調整策略，作出新的部署。

壹、新俄基本鞏固並整合對華部署

新俄政權迫於列強武裝入侵威逼而實施戰時共產主義期間，其國內在 1918 年 3 月到 1920 年初，有原沙俄政府的黑海艦隊司令海軍大將高爾察克、哥薩克人謝米諾夫和中東路督辦霍伐斯（Horvath）等三股勢力蜂起，藉外餉外械之助對抗莫斯科。

1918 年 4 月，列強軍隊登陸海參崴，並支持謝米諾夫在蘇俄遠東地區組織了反新俄的政府。繼之，日、美、英、法、中等國於 5 月後出兵西伯利亞；中國主要的是進佔中東路和封鎖中俄國界。北京政府於 8 月間發表《海參崴出兵宣言》，與各國取一致行動，加入了對蘇俄的武裝干涉。11 月，高爾察克在外力支持下成為西伯利亞白色政權的最高統治者。1919 年 7 月間，蘇俄紅軍越過烏

拉爾山，向東推進。當時正值加拉罕第一次對華宣言發表，而中國歷史上割讓給沙俄的領土，還大部分操控在日本和謝米諾夫手裡；因此，宣言實際上是要中國政府配合莫斯科，採取反對日本和謝米諾夫的行動。❷ 11 月，紅軍攻下高爾察克的「首都」鄂木斯克（Omsk），其政權隨之瓦解。❸

1920 年 2 月，英、美、法、中等國相繼撤軍；而北京政府武裝封鎖中俄國境的政策也隨之鬆動。一方面，中俄間交通的打開，為蘇俄和共產國際到中國尋求合作者和鼓動反帝革命，提供了有利條件；但另一方面，仍有日本的威脅及其支持下的謝米諾夫白軍負隅頑抗。莫斯科為了反制日本和進一步追擊消滅白衛軍，故而需要得到中國的聲援和支持；更迫切希望同北京政府建立正常關係。4 月，蘇俄決定成立具緩衝意義的西伯利亞遠東共和國，以避免發生和日本的直接軍事衝突。7 至 8 月共產國際召開二大，其世界革命的策略開始轉變。

1920 年，可以說是蘇俄政府與共產國際在理論和實際上「二位一體」的一年。列寧於共產國際二大時認為：第一、世界已經分為社會主義和資本主義兩大陣營，蘇俄則受到帝國主義強權威脅——這是根據階級原則產生的理論；為解除危機，必須進行世界革

---

❷　向青編著，《共產國際和中國革命關係史稿》（北京：北京大學出版社，1988），頁 12。

❸　詳參向青編著，《共產國際和中國革命關係史稿》（北京：北京大學出版社，1988），頁 2-3、10-12。黃修榮，〈聯共（布）、共產國際聯合孫中山策略的形成〉；載黃修榮主編，《蘇聯、共產國際與中國革命的關係新探》（北京：中共黨史出版社，1995），頁 161。

命的宣傳和活動，因而需要共產國際。第二、利用資本主義民族性
使其陣營發生的尖銳矛盾，可以鼓動其中的弱小國家反抗強大者，
以牽制並阻止列強對蘇俄的干涉；於是，這又需要蘇俄政府的外交
人民委員部。在 1920 年，事實上可以同時應用上述的兩個理論，
故蘇俄政府和共產國際的協調運作並無矛盾。雖然後來由於共產國
際鼓動各國共黨顛覆其本國政權的活動和共產主義的宣傳，不時引
起蘇俄和列強的糾紛；加上俄國本身情況好轉與日漸著重民族主義
的傾向，以及在歐洲方面的革命受挫等原因，導致蘇俄政府和共產
國際之間產生嫌隙，乃至「一國社會主義」的理論出現，共產國際
遂貶為蘇俄的外交工具；❹而有所謂莫斯科的「第二外交部」❺之
稱。但是，共產國際在執行莫斯科指令的過程中，其政策本質由國
際主義轉變為民族主義的差異，卻更加突顯了蘇俄利益優先的主體
性，而這正是俄國人開展對華工作部署的前提。

　　先是共產國際成立不久──1919 年 6 月，俄共（布）中央遠東
局的負責人即曾建議，在俄共西伯利亞局轄下，設立有中國、蒙古
和朝鮮等國代表參加的東方局，負責聯繫這些國家的共產主義者，
並開辦黨校培養幹部，宣傳蘇維埃革命和蒐集相關情報等。1920
年 7-8 月間，俄共採納了上述部分建議。當時，在莫斯科和蘇俄遠
東地區，一些革命者為此展開的工作也越來越有組織，他們起初以
伊爾庫茨克、符拉季沃斯托克（即海參崴）等地做為據點，向中國

❹　詳參鄭學稼，《中共興亡史》，第二卷（台北：學術出版社，民 68），
　　頁 349-350。

❺　李玉貞，《孫中山與共產國際》（台北：中央研究院近代史研究所，民
　　85），頁 155。

派出各種各樣的使者；並利用中東鐵路上的重要城市哈爾濱為聯絡站。不過，在魏金斯基派赴中國之前，俄共遠東局雖已設有符拉季沃斯托克處，但蘇俄和共產國際的對華工作，還只能算是由個別擁護新俄的旅華俄僑所自發進行的──如天津大學的包立威、北京大學的伊鳳閣等人；故其無論在人選或步驟上都難免各自為政。1920年9月共產國際在巴庫（Baku）召開東方各族人民第一次代表大會❻後，逐漸地到 1921 年 1 月，遂有共產國際執行委員會下轄的遠東書記處在伊爾庫茨克成立。❼於上述期間，新俄當時在國際上的孤立狀態，與莫斯科整合對華工作同步，也日有突破。

貳、共產國際二大調整策略與新俄突破孤立

1920 年初，新俄在歷經兩年國內戰爭後，雖然基本消滅白衛軍並廓清了外力的武裝干涉，但隨即也面臨建設國家的經濟發展問題；加上列強持續的對俄禁運，特別是許多國家還不承認新俄，使其在國際上非常孤立。

另一方面，由於第一次世界大戰後，歐亞地區的民族主義革命風起雲湧，助長了各個新興國家的獨立運動，而列寧及共產國際的領導們面對客觀局勢的發展，必須在既要維護蘇俄利益、又要推進

---

❻ 見 1920.7.28.馬林在共產國際二大第 5 次會議討論民族與殖民地問題時的發言；中國社會科學院近代史研究所翻譯室編譯，《共產國際有關中國革命的文獻資料（1919-1928）》，第一輯（北京：中國社會科學出版社，1980），頁 40。

❼ 詳參李玉貞，《孫中山與共產國際》（台北：中央研究院近代史研究所，民 85），頁 60-64。

世界革命的兩頭兼顧中，作出新的戰略抉擇：是全力鼓動各國無產階級掀起社會主義革命，而不顧此舉可能削弱反帝國主義的民族革命運動；還是支持具有濃厚民族主義色彩的各國領導人，即使其階級屬性可能是資產階級的改革者。❽列寧在 1920 年 7-8 月間舉行的共產國際第二次代表大會的報告中，明確揭示了其立場；他主張：

> 在一切殖民地和落後國家，我們不僅應該組成能夠獨立進行鬥爭的基幹隊伍，即黨的組織，不僅應該立即宣傳組織農民蘇維埃（peasant soviet），……而且共產國際還應該指出，還應該從理論上說明，在先進國家無產階級的幫助下，落後國家可以不經過資本主義發展階段而過渡到蘇維埃制度，然後經過一定的發展階段過渡到共產主義。❾

因而，大會通過的〈關於民族與殖民地問題的決議〉，也根據上述認識作出相應的規範：在保持獨立性的前提下，共產國際應當同殖民地和落後國家的資產階級民主派暫時合作。❿

---

❽　史景遷（Jonathan D. Spence）著，溫洽溢譯，《追尋現代中國》（中）（台北：時報文化出版公司，2001），頁 414-415。

❾　中國社會科學院近代史研究所翻譯室編譯，《共產國際有關中國革命的文獻資料（1919-1928）》，第一輯（北京：中國社會科學出版社，1980），頁 23。

❿　中國社會科學院近代史研究所翻譯室編譯，《共產國際有關中國革命的文獻資料（1919-1928）》，第一輯（北京：中國社會科學出版社，1980），頁 45。

　　有論者認為，這種暫時與資產階級結盟的技術性調整，就是共產國際「東方路線」的張本，也是其在殖民地和落後國家進行赤化活動的依據。這個路線的特質是：利用東方反帝國主義的民族革命勢力，通過聯盟的繩索，發展共黨的組織，遂行其赤化與顛覆的陰謀，而使東方淪為蘇俄的附庸。⓫不過，從另一個角度看，將上述由列寧主導的迂迴戰術對照於新俄當時的處境，並聯繫到前此的巴黎和會以及國際聯盟⓬的成立，乃至爾後的華盛頓會議與九國公約等，作序列的觀察，則可見莫斯科急欲突破國際孤立的策略運用；其意義至為重要。

　　1921 年春，蘇俄決定終止實施戰時共產主義，開始改採新經濟政策後，雖然好像失去了革命的雄姿，也逐漸顯露出俄羅斯民族主義的真面目；但是，新經濟政策的效果卻增加了蘇俄的力量。因此莫斯科在本身條件有所強化的基礎上，進而利用帝國主義間的複雜利益糾葛為槓桿，藉以突破孤立，得到各國承認；⓭尤其是與「帝國主義的堡壘」⓮──英國之訂立貿易協定為然。當時列寧以

⓫　李雲漢，《從容共到清黨》（台北：中國學術著作獎助委員會，民55），頁 33。

⓬　即「國際聯合會」（The League of Nations, 1920-1946）；詳參《雲五社會科學大辭典》，第 4 冊──國際關係（台北：台灣商務印書館，民 65年三版），頁 234-235；《雲五社會科學大辭典》，第 12 冊──歷史學（台北：台灣商務印書館，民 68年五版），頁 419。

⓭　詳參鄭學稼，《中共興亡史》，第二卷（台北：學術出版社，民 68），頁 348-350。

⓮　中國社會科學院近代史研究所翻譯室編譯，《共產國際有關中國革命的文獻資料（1919-1928）》，第一輯（北京：中國社會科學出版社，1980），頁 25。

市場為餌，誘引英國，擴大其與法國的矛盾；和倫敦談判的成果，是 1921 年 3 月 16 日簽訂的英俄貿易協定。在列寧的眼中，這不啻是大英帝國對蘇俄事實上的承認。1921 年間，蘇俄還分別同德國、挪威、奧地利和義大利等國進一步發展或改善了關係。❶簡言之，經過一年多的努力，蘇俄在國際上的迴旋空間已較前擴大許多。

　　1921 年夏，美國總統哈定發起召開華盛頓會議；7 月 10 日，正式邀請英、法、日、義、比、荷、葡等國參加；8 月 13 日，邀請中國派代表出席。孫中山雖然致函美國國務院說明北京政府之非法，但無效果；北京還是派出了代表與會。另一方面，列寧有鑑於蘇俄之未獲邀參加，但其在遠東的利益還是必須有所保障，遂決定召開第一屆遠東勞動者大會❶（First Congress of the Toilers of the Far East：又稱遠東人民代表大會）與西方列強抗衡，除了想要徹底逐出遠東的帝國主義勢力外，還想使這一帶無論在意識形態還是政權制度上，都成為「紅色麥加」莫斯科的同情者；而召開遠東勞動者大會的指導思想，正是共產國際二大通過的殖民地與半殖民地革命的理論。1921 年 8 月間，當時在上海的馬林收到了共產國際遠東書記

---

❶　詳參鄭學稼，《中共興亡史》，第二卷（台北：中華雜誌社，民 68），頁 371-372。

❶　詳見李雲漢，《從容共到清黨》（台北：中國學術著作獎助委員會，民 55），頁 95。又或稱「遠東勞苦人民大會」；張國燾，《我的回憶》，第一冊（香港：明報月刊出版社，1971），頁 195。又或稱「遠東勞動人民大會」、「東方民族會議」；王健民，《中國共產黨史稿》，第二編，江西時期（台北：作者自印，民 60），頁 105。

處的電報，要他與中國共產黨和國民黨的領導人共同從中國選派代表，到蘇俄參加遠東人民代表大會。其後，遂有張秋白攜帶「中國國民黨總理孫文」的委任狀，和張國燾持有中國共產黨最高領導人陳獨秀的介紹信，雙雙以職業革命家的面貌出席大會；並同時會見了列寧。[17]這是孫中山第一次派代表參加莫斯科號召東方反帝革命者組成的國際會議，對比於兩年多前他拒絕派代表出席共產國際成立大會的情況[18]，已不可同日而語。

就當時列強與中國的關係而言，依羅生形容說：「豺狼是不會和羔羊並存的；牠們只是想經過肉搏來決定誰應吞掉牠。華盛頓會議的目的就是想解決這一問題」[19]。

而列寧原先以為華盛頓會議不利於俄國，未料卻導致美國拆散英日同盟和迫使日本之退出西伯利亞，紅軍遂得趁虛而入。在中國方面，由於親日的安福系垮台，中國軍隊撤離外蒙，又給了蘇俄拉攏張作霖以牽制北洋政府的機會；而此時莫斯科對孫中山的聯繫也持續加緊。[20]因此，當俄國人邀請同樣無緣參加華盛頓會議的孫中山派員出席遠東人民代表大會時，廣州和莫斯科之間的平行利益和

---

[17] 李玉貞，《孫中山與共產國際》（台北：中央研究院近代史研究所，民85），頁 94-96、105-106。

[18] 詳參李玉貞，《孫中山與共產國際》（台北：中央研究院近代史研究所，民85），頁 91-94。

[19] 伊羅生（Harold R. Isaacs）著，劉海生譯，《中國革命的悲劇（*The Tragedy of Chinese Revolution*）》（上海：嚮導書局，1947 年 3 月初版；香港重排本，1973），頁 115。

[20] 詳參鄭學稼，《中共興亡史》，第二卷（台北：中華雜誌社，民 68），頁 372。

互補意願，就明顯的呈現出來；而且在實際上，雙方已有所接觸。

第二節　莫斯科對中國的多管齊下

　　1920 年代初期，俄國使者的紛至沓來，體現了莫斯科對華工作的多管齊下、數線並進。如果說，當時蘇俄在中國有秘密和公開的兩隻手，那秘密的手就是共產國際派遣魏金斯基，一方面指導中共建黨和另一方面聯絡孫中山；而公開的手，就是遠東共和國派往和北京政府交涉謀求建立正常關係的優林。❷❶再則，相對於蘇俄政府向北京派出的正式外交代表巴意開斯，青年共產國際代表達林和孫中山在廣州的接觸，又似乎是非正式的。至於極受列寧賞識並曾任共產國際「民族和殖民地問題委員會」秘書❷❷的馬林，更扮演了在華工作的關鍵性角色。

壹、魏金斯基的來華探路與成果

　　1920 年 4 月，俄共（布）遠東局符拉季沃斯托克處（亦稱「分局」❷❸）下設的外事科，向中國派出了一個正式的使者——全權代

---

❷❶　鄭學稼，《中共興亡史》，第一卷（台北：學術出版社，民 67），頁 603、626。

❷❷　中國社會科學院近代史研究所翻譯室編譯，《共產國際有關中國革命的文獻資料（1919-1928）》，第一輯（北京：中國社會科學出版社，1980），頁 19。

❷❸　中共中央黨史研究室著，《中國共產黨歷史》，上卷（北京：人民出版社，1991），頁 50。

表魏金斯基（另有一說是以新聞記者身分來華探路❷）。其使命是了解中國的情況，與中國進步勢力建立聯繫，考察上海革命力量的組織與分布，查明是否有可能在這個中國最大的城市裡建立共產國際的東亞書記處。❷

　　魏金斯基抵華前夕，適逢北京政府接獲楊松轉來加拉罕第一次對華宣言的正式抄本；京、津、滬各大報得知消息，紛紛發表評論，譽其為「世界人類從來未有之義舉」❷。緣於凡爾賽會議後，中國知識分子對歐美國家大失所望，但宣言之發表，似乎意味著列寧取代了威爾遜，成為公理和正義的化身。魏金斯基在此時來華，身上又看不出一般白人的優越感，所以立即成為北京社交界的名人，到處都是為他舉行的歡迎會、演講會和座談會。魏金斯基也通過這些公開場合，說明蘇俄十月革命前後的實況，並趁機順便尋找有志於共產革命的中國同志。❷

---

❷ 陳永發，《中國共產革命七十年》，上（台北：聯經出版公司，2001），頁 70。

❷ 李玉貞，《孫中山與共產國際》（台北：中央研究院近代史研究所，民85），頁 63-64。

❷ 王聿均，《中蘇外交之序幕：從優林到越飛》（台北：中央研究院近代史研究所，民 52），頁 51-60。北洋政府雖然隨後從非正式管道獲悉加拉罕第一次宣言的內容，但正式抄本一直到次年 3 月才得到。其起草背景、經過及修改等，參閱陳永發，《中國共產革命七十年》，上（台北：聯經出版公司，2001），頁 70。

❷ 陳永發，《中國共產革命七十年》，上（台北：聯經出版公司，2001），頁 70。

　　魏金斯基來華時化名吳定康❷，中等身材，態度沉默，說一口流利的英語；其率同楊明齋（山東旅俄華僑）等組成的俄共黨員小組到達中國後，通過蘇俄大使館，找到北大俄文系教授鮑立維，由鮑介紹認識李大釗。復又經李介紹，轉往上海，找到了陳獨秀。魏、陳兩人一見如故；後來還連袂南下廣州，會晤了陳炯明。魏金斯基的足跡遍及各大城市，除北京、上海外，濟南、武漢、長沙乃至廣州都有他的蹤影。他向中國人介紹了國際共產主義運動的組織、狀況和經驗，也了解到中國無產階級和馬克思主義在華傳播的情形後，認為中國已經具備建立共產黨的條件，遂協助陳獨秀於 1920年 5 月在滬發起組織中國共產黨，同時吸收工人同志，秘密發行刊物《共產黨》，成立外國語學社和社會主義青年團，準備將有志青年送往蘇俄，接受「職業革命家」的訓練。組建共產黨的奠基工作大致完成，時機亦已到來。其後，乃有中共於 1921 年 7 月在上海召開一大及共產國際派馬林之赴會等。❷

---

❷　中文各書所載之化名，大致有威丁斯克、伏丁斯基、胡定斯基、維金斯基、吳廷斯基、胡定康、伍廷康、吳廷康等等。參見王健民，《中國共產黨史稿》，第一編，上海時期（台北：自印本，民 54），頁 24。

❷　維經斯基又名查爾金，在華化名吳廷康。1920 年 4 月率俄共黨員小組來華，任務是同中國的革命組織建立聯繫。1921 年春回國，1923 年 11 月再度來華，任共產國際駐中國代表。中共中央黨史研究室著，《中國共產黨歷史》，上卷（北京：人民出版社，1991），頁 50。另請參閱樓梧老人，《中國共產黨成立前後的見聞》；郭華倫，《中共史論》，第一冊（台北：國立政治大學國際關係研究中心、東亞研究所，民 71 四版），頁 5-6、18-19。陳永發，《中國共產革命七十年》，上（台北：聯經出版公司，2001），頁 72-74。

　　魏金斯基除了積極協助中共的建黨籌備工作外，還通過陳獨秀的介紹，於 8 月間在上海會晤了孫中山；他後來回憶當時的情形說：

> 這是 1920 年秋，在上海時，陳同志答應介紹我會見孫逸仙。他住在法租界內中國華僑和國民黨員為他特別建造的房子。孫逸仙在他的書房接見我們，那是堆滿書箱的大房間。他給我的印象，⋯⋯體格魁梧，態度溫良⋯⋯服裝樸實和整潔，馬上引起我們的注意。⋯⋯
>
> 無視中國的禮儀，孫逸仙即刻請我們坐在桌旁，就開始問我們關於俄國和我們的革命。⋯⋯顯然地，他對正從廣州反革命軍隊手中解放出來的鬥爭⋯⋯，怎樣和遙遠俄國的鬥爭聯繫起來的問題，有極大的興趣。孫埋怨地說：「廣州的地理條件，不許我們和俄國建立聯繫。」他一再地問：「在海參崴或滿州里建立一座極強力的電台，是否可與廣州通信。」❸⓿

　　這是共產國際使者同孫中山的第一次會面；雙方初步接觸，交談了各自國家的情況，探索合作可能，但無具體約定。❸❶其後不久，孫中山返粵組織政府；魏金斯基亦到廣州和陳炯明會晤。

---

❸⓿　1925 年 3 月 15 日《真理報》第二版刊載的魏氏追悼孫中山的文章。轉引自鄭學稼，《中共興亡史》，第二卷（台北：學術出版社，民 68），頁 295。

❸❶　詳參林家有、周興樑，《孫中山與第一次國共合作》（成都：四川人民出版社，1989），頁 43-45。

　　1920 年底，根據上海《新聞報》的報導，當時列寧政府的代
表曾到上海與孫中山會談，並簽訂了幾點協議：一、做為友好關係
的創始者，列寧政府將給國民黨一萬美元的經費以援助革命；二、
在國民黨於廣州建立政府之後，列寧政府再給國民黨一千萬美元；
三、列寧政府將幫助國民黨推翻中國南方和北方的軍閥和官僚；
四、中國國民黨人將以他們最大的努力在兩年內於北京和南京組織
勞動政府；五、這個政府一當建立，俄國人可在這個政府中擔任職
務或者做為行政諮詢委員會的成員。❸雖然，孫中山在和蘇俄友好
人士的交往過程中，達成過一些並未實現的協議如上述，但日後雙
方的持續接觸和孫中山處境的改變，則促使廣州和莫斯科建立了更
進一步的關係。

　　魏金斯基的東來，代表蘇俄革命策略的巨大轉變。前此，俄國
人還一直相信共產主義必須通過世界性的革命才能在俄國成功，故
有共產國際之成立；但在歐洲方面連遭挫敗後，列寧檢討原因，認
為失敗的主要原因在資本主義強權宰制了東方，利用從殖民地或半
殖民地國家榨取的高額利潤，「賄賂」本國內的無產階級，使其喪
失戰鬥性。因此，共產國際的注意力必須轉移到東方來。而魏金斯
基便是在策略轉變中來到中國的第一位重要人物。❸他於 1920 春
到 1921 年春的在華期間，較明顯而為人所熟知的，是協助與指導

---

❸　上海公共租界工務局《警務情報》，1920.12.17.（李玉貞有提到這個資
　　料）轉引自林家有、周興樑，《孫中山與第一次國共合作》（成都：四川
　　人民出版社，1989），頁 141。

❸　陳永發，《中國共產革命七十年》，上（台北：聯經出版公司，2001），
　　頁 70-72。

中共的建黨；對莫斯科來說，或可謂不辱使命達成任務。但是，更
重要卻似乎為一般研究者所忽略的，則是魏金斯基從北京到上海到
廣州，從李大釗、陳獨秀到孫中山乃至陳炯明，從知識精英、實力
軍人到革命領袖，似乎兼而在「有心栽花」和「無心插柳」之際，
把未來演變的各種可能因素，於有形無形中連成一氣，隱隱然構成
了主導歷史發展的「合力」。對近代中國而言，特別是從當時的聯
絡孫中山和國民黨，延伸到後來的幫助共產黨建黨，其影響可謂相
當深遠。

貳、遠東共和國的成立與優林使華

就在共產國際派遣魏金斯基赴華後幾個月，莫斯科的另一隻
手，也通過遠東共和國的渠道伸入了中國。當時──1920 年初，
新俄在遠東的情況雖有好轉，但日本對謝米諾夫的幕後支使和進軍
西伯利亞，仍然具有相當程度的威脅。而列寧既要保證歐俄腹心地
區的安全，以集中力量於西進歐洲，就不能同時在東方和日本干涉
軍發生直接衝突，因此尋求在貝加爾湖以東地區，建立紅軍和日軍
之間的緩衝政權。此議得到美國支持，於是，在 1920 年 4 月，遂
有形式上是資產階級共和國，但實際上仍受布爾什維克黨領導的遠
東共和國成立❸；5 月，莫斯科即承認之。

遠東共和國的主要任務是和日本交涉撤軍；雙方經過談判後簽

---

❸ 黃修榮，〈聯共（布）、共產國際聯合孫中山策略的形成〉；載黃修榮主
編，《蘇聯、共產國際與中國革命的關係新探》（北京：中共黨史出版
社，1995），頁 161。

立了「岡各塔協定」（Gongota Agreement），確認遠東共和國不是共產黨政權，另規定蘇日兩軍都不進入其國境。兩年半後——到1922年10月，紅軍攻佔了海參崴，而日軍全部撤出，遠東共和國所扮演的中介角色和發揮緩衝作用的階段性任務已告完峻，這個「奇異組織」遂自動解散，蘇俄的勢力也進一步擴張到遠東地區。**㉟**

　　莫斯科藉力於遠東共和國穩住日本以後，就開始放手進剿謝米諾夫的武裝；另一方面也同時通過遠東共和國向中國採取行動。1920年3月26日，蘇俄駐依爾庫茨克的西伯利亞及遠東外交人民委員會全權委員楊松致電北京，轉知了加拉罕的第一次對華宣言；但當時的安福系北洋政府因為與各國採取一致的反俄立場，故無動靜。在這種情況下，蘇俄為了東線的平安，迫切希望與一個有數千公里邊境接壤的中國和睦相處，以打破反動勢力在東方形成一條新戰線的企圖。**㊱**因此，赤塔（Chita）方面乃決定派遣優林**㊲**，以遠東共和國外交部全權代表兼赴華外交總代表的名義出使中國；並另於5月16日電北京，要求建交。6月初，優林使團離俄。北洋政府初以法、日二國反對，有意拒其來華。但因安福系在直皖戰中敗北下台，日本對北京的影響力大減，而美國又支持遠東共和國以牽

㉟　參李邁先，《西洋現代史》（台北：三民書局，民67），頁144。

㊱　李玉貞，《孫中山與共產國際》（台北：中央研究院近代史研究所，民85），頁50-51。

㊲　優林畢業於莫斯科自然科學院，專研植物，後投筆從戎，積功晉陞為沙皇侍衛軍上校。他的思想左傾，二月革命時，自組一軍參加。1919年他指揮部隊進攻高爾察克，後來參與了遠東共和國建立的工作。參鄭學稼，《中共興亡史》，第一卷（台北：中華雜誌社，民67），頁621。

制日本，因此，7 月底，直系支持的新內閣遂同意優林以「商務委員」名義來華；其繼於 8 月下旬至北京。而此時，正是魏金斯基在上海會晤孫中山之際。

優林抵華，引起了日、法和美國間的矛盾；前兩國向北京抗議，而美使柯蘭（Charles R. Crane）卻鼓勵中國禮遇優林。外交部遂於 9 月中發表聲明說，和優林的談判範圍限於商務貿易，而舊俄公使則不能行使其職權；未幾，進一步不承認舊俄使和領事。這些，固可說是優林來華的收穫，但他談判建交的任務卻無進展。北京政府因顧慮列強干涉，先要他出示海參崴等地政府的委認狀，後又不讓他會見外長顏惠慶；因此，優林在北京可說是一籌莫展。到 9 月下旬，雖有加拉罕第二次對華宣言的發表，優林和北京政府也續有若干接觸和洽商，但始終未能突破。

半年多後──1921 年 4 月 20 日，北京外交部接到駐莫斯科領事陳廣平的電報，說蘇俄政府的外交人民委員部遞交聲明，否認優林可代表蘇俄。正在此時，北京通過駐英公使顧維鈞與俄方之駐英代表克拉辛（Krasin）的談判已有眉目；蘇俄遂決意另行派遣正式代表巴意開斯赴華。5 月 18 日，優林奉令返國，之後陞任外長，但他於 7 月下旬又再往瀋陽和張作霖數度會談；接著在北京、瀋陽、大連間穿梭，亦無所成。10 月返回赤塔。

至此，優林使華任務告一段落。而北京政府以中東路和外蒙事不能解決，華盛頓會議又召開在即，想對俄讓步，故致電莫斯科允巴意開斯來華。

雖然優林未完成爭取同北京政府建交的任務，但其在華另做側面活動，秘密宣傳共產主義，並介紹中國青年赴俄，同時以甘言蜜

語博得中國民間輿論的好感；❸❽也可算是附帶的收益。據當時曾代表北京訪俄的張斯麐透露：派人赴俄，只要優林介紹，便易辦到，川資亦甚省。除中國屬鐵路需現金外，到了俄界，鐵路便可不要錢了。而優林數度出入中國國境，帶進來的俄國人與送出去的中國青年，為數當在不少。❸❾或許，正因為如此，才有學者針對中共日後的建黨、國共間的紛擾爭鬥，乃至 1950 年代中國的巨變，提出「中共病毒肇始於優林來華下卵」❹❶的說法。不過，如將所謂的中國赤禍追溯到以優林之來華為源頭，似有商酌餘地。

　　首先，優林是遠東共和國派赴中國爭取建交的談判代表，他承認的當然只能是北京政府，而不是也不能是別的什麼政權，否則其任務就根本是緣木求魚；更何況當時北京對反俄的列強還多所顧忌，還不太願意公開接待優林來訪，以免橫遭干涉。1921 年 4 月 21 日，共產國際執行委員會的秘書索科洛夫在關於廣州政府的報告中提到：廣州方面的人不理解，為什麼優林至今不承認廣州政府。❹❶優林當時的身份和立場，回答了這個問題。

---

❸❽　詳參秦孝儀主編，中國現代史辭典編輯委員會編，《中國現代史辭典——人物部分》（台北：近代中國出版社，民 74），頁 585。

❸❾　李雲漢，《從容共到清黨》（台北：中國學術著作獎助委員會，民 55），頁 44-45。

❹❶　胡秋原，〈《中國共產黨之來源》序——論研究中共歷史之必要及其基本原則〉，民 47.12.15.；見沈雲龍，《中國共產黨之來源》（台北：文海出版社，民 67），頁 6。

❹❶　第 9 號文件，〈索科洛夫——斯特拉霍夫關於廣州政府情況的報告〉，1921 年 4 月 21 日，地點不詳，絕密。李玉貞譯，《聯共、共產國際與中國（1920-1925）》，第一卷（台北：東大圖書公司，民 86），頁 39。

其次，就在索科洛夫提出上述報告的前一天──4 月 20 日，莫斯科方面遞交聲明給北京駐俄公使陳廣平，否認優林可代表蘇俄。其原因之一是，稍早紅軍進佔庫倫並意圖扶植外蒙獨立的事情曝光。

先是，在 1920 年底和 1921 年初，謝米諾夫攻佔外蒙，驅逐了北京政府的都護使陳毅；但當時控制北京的直系軍閥忙於內爭，無力他顧，蘇俄紅軍遂在未經北京政府同意的狀況下，直接進軍外蒙，擊潰謝米諾夫，佔領庫倫，並在戰後駐兵和策劃組織蒙古共和國。這一系列行動，激起北京政府的嚴重抗議。❷因此莫斯科為了迴避北京的質問，以免優林和其所代表的遠東共和國乃至蘇俄政府的處境尷尬；同時也恐怕影響和北京當局的後續談判，不願雙方關係弄僵甚至破裂，故而否認優林的代表性以模糊焦點，俾便為後來再派出的巴意開斯使團預留轉圜空間。

復次，當優林奉命於 1920 年 6 月啟程赴華時，北京是由日本支持的皖系所控制；而這也正是莫斯科要極力爭取北京認同的原因，其意圖是想藉中國牽制日本，並強化蘇俄在遠東的力量。雖然 7 月間的直皖戰爭導致皖段下台和直系的隨後控制北京政府，而直系背後又有和蘇俄向來敵對的英國撐腰，但是，到 1921 年 3 月英俄貿易協定簽署之際，雙方實際上已達成諒解；莫斯科既然和倫敦有了默契，乃決定捨遠就近，故而於 4 月否認優林可代表蘇俄，另派其正式代表巴意開斯赴華，繼續爭取親英美的直系北京政府支

---

❷　詳參林家有、周興樑，《孫中山與第一次國共合作》（成都：四川人民出版社，1989），頁 38-40。

持：其目標，仍然是削弱日本在遠東的影響力。

最後，從莫斯科到遠東共和國再到優林的這層關係看，優林使華的名義和公開的身份是「遠東共和國外交部全權代表兼赴華外交總代表」，其並未宣稱代表蘇俄政府；但何以莫斯科卻否認優林可代表蘇俄？除了外蒙情事曝光外，優林本身獲得授權的限制，和北京政府建交似乎一時無望等等，都是原因。尤要者，莫斯科的否認，恰恰從反面證明了蘇俄對遠東共和國，進而對優林的遙控及指揮，而優林則身處蘇俄在遠東部署的外圍；故其在當時──1920年6月的奉派使華，實際上是蘇俄通過赤塔力爭中國支持以牽制日本，進而削弱白衛軍的決策體現。因此，以優林使華的角色與任務，對比於魏金斯基和中共建黨的關係，可知所謂中共病毒肇始於優林來華下卵的說法，似嫌牽強。

當優林於 1921 年秋無功而返，巴意開斯尚未抵華之前，莫斯科方面也直接和孫中山有了更進一步的具體聯繫。

參、契切林與孫中山的第二回合互動

如果說，孫中山與契切林的第一回合互動，是在 1918 年 6 月到 8 月間，前者電賀十月革命成功和後者的覆函（詳見本書第二章第二節之貳）；那麼，孫中山於 1921 年 6 月收到契切林的來書，及隨後於 8 月之回信，或可視為雙方的第二回合互動。其距離上次的空中往還已有三年，而主客觀形勢也大不相同。

孫中山從 1918 年夏到 1920 年秋，歷經了南下廣州護法受挫，離粵赴滬，沉潛著述的一段日子；直到再度有機會返粵重建軍政府。與此同一時期，在蘇俄、歐洲和中國方面亦發生許多重大事

件,衝擊並導致了世局的演變;其影響於孫中山和莫斯科關係之最大者,是共產國際二大後,俄國人的目光轉向了東方。

前此,1919 年夏的加拉罕第一次對華宣言,固然在中國引起正面迴響,但雙方關係並無明顯改善。之後,1920 年 9 月的加拉罕第二次對華宣言,因依舊刪去無償歸還中東鐵路的那一段,則在華引起不良反應。兩相比較,似乎有點得不償失。而俄國人對於這個情況,在理解和密切關注的同時,也自有其配套作為。

表面上,莫斯科雖然以北京政府為交涉對向,但暗中卻不滿北洋軍閥之聽命於東交民巷的帝國主義,因此,急欲另外找尋反帝革命的中國盟友。於是,契切林在 1920 年 10 月 31 日,再次致函孫中山;這一天,也正是陳炯明克復廣州後,孫中山得以返粵主政,而與唐繼堯等聯名通電昭告中外,宣布軍政府依然存在的同一天。

首先,契切林在信中向孫中山介紹了蘇俄的國內形勢;接著,就說明莫斯科當時對外的緊迫任務,是「設法與中國爭取解放的力量建立聯繫」。再來談到中國的情況時,契切林似乎並不很了解;故其視直皖戰爭雙方為正義與非正義之戰,從而認為直系的獲勝,為中國的自決和自治創造了很好的條件。對當時的國際形勢,契切林似乎過分樂觀地告訴孫中山,「壓迫你們的勢力一天天衰落下去,再稍等一等,你們就要勝利了。」其最後的結論是,面對即將到來的勝利,孫中山「不該浪費時間,應該立即恢復我們之間的貿易關係。不應該放過任何一個機會。」❹❸

---

❹❸　《蘇聯對外政策文件集》,第 2 卷,頁 730。轉引自李玉貞,《孫中山與
　　共產國際》(台北:中央研究院近代史研究所,民 85),頁 67-68。又,

　　這封信旅行了 8 個多月之久，延遲到第二年的 6 月，才到達孫中山之手。在這一段期間，契切林信中所言，莫斯科當時對外的緊迫任務，是「設法與中國爭取解放的力量建立聯繫」；而其聯繫之對象，也愈趨明朗而具體。

　　1921 年 4 月，在華工作的俄國人秘密向莫斯科方面建議，遠東政策的當務之急，是立即同廣州政府建立聯繫；共產國際執行委員會的秘書索科洛夫在關於廣州政府的報告中提到：

> 百姓對於廣州政府的態度至今還是若即若離。說實在的，在北京和上海的學生們中間流行著一種觀點：「孫中山博士的想法可能是好的，但對中國來說行不通。」
>
> 這是那些陷入資產階級泥潭中的人具有的心理，而不是對事態的積極評價。為了看清國民黨對工人的態度，我到了上海工人和手工業者居住的一些狹小而骯髒的棚戶，那裡常能看見孫中山的肖像。工人說到孫中山時都流露出愛慕和信任的心情。這說明近幾年來國民黨幾乎是唯一有能量的政黨，因為它在小商人、手工業者和工人中進行工作，還因為中國國內沒有別的更革命、階級色彩更明顯的有組織的勢力，不言而喻，國民黨得到勞動群眾和小資產階級最大的信任，其程度超過任何其他政黨。……

契切林於 1921 年 11 月 6 日在莫斯科向列寧提到過這封信，其譯文見《中蘇國家關係史資料彙編（1917-1924）》，頁 672。詳見李玉貞譯，《聯共、共產國際與中國（1920-1925）》（台北：東大圖書公司，民 86），頁 43。

　　主要的是，我們可以利用廣州政府作為在東方推進國民革命
的工具，有了這場革命，中國就會與協約國對立起來。
　　從這個主要想法出發，並基於本報告所述的論據和觀點，應
該得出以下結論：1.我們遠東政策的當務之急，是立即同廣
州政府建立聯繫。2.這種聯繫的目的，在於從廣州人和廣州
政府中尋找一些有能力在中國製造全民性起義，以反對日
本、美國資本對整個遠東統治的力量。**❹**

由此可知，至少在莫斯科領導人收到的信息中，廣州已逐漸被考慮
當做是蘇俄向北京政府施壓的槓桿。

　　孫中山收到契切林的信後，經過一番思量，在 1921 年 8 月 28
日覆函契切林──「回答您兄弟般的敬禮和關於恢復中俄商業關係
的建議」；他在信中說：

　　我收到了您 1920 年 10 月 31 日從莫斯科寄來的信。這封信
是 1921 年 6 月 14 日到達的。……首先，我應當告訴您：這
是我從您或蘇俄某一位那裏所收到的第一封信而且是唯一的
一封信。最近兩年來，在資本主義的報紙上曾經有幾次報
導，斷言好像莫斯科向我作過一些正式的建議。其實任何這
樣的建議都沒有用信件或其他方式通知過我。萬一從您的同

---

❹　第 9 號文件，〈索科洛夫──斯特拉霍夫關於廣州政府情況的報告〉，
　　1921 年 4 月 21 日，地點不詳，絕密。李玉貞譯，《聯共、共產國際與中
　　國（1920-1925）》，第一卷（台北：東大圖書公司，民 86），頁 39-
　　40。

像中有誰已往曾寄信給我或現在曾寄信給我，那麼讓我告訴您，我還沒有收到過一封信。

我應當簡要地向您說明中國是一個怎樣的情況。且回溯到 1911-1912 年，當時我的政治事業，在 1911 年 10 月開始並迅速普及全國的革命中獲得了自己決定性的表現。革命的結果，是推翻了滿清並建立了中華民國。我當時被選為總統。在我就職後不久，我便辭職讓位於袁世凱，因為我所完全信賴的一些朋友們，在當時比我對中國內部關係有更確切的知識，它們以袁世凱得外國列強信任、能統一全國和確保民國的鞏固來說服我。現在我的朋友們都承認：我的辭職是一個巨大的政治錯誤，它的政治後果正像在俄國如果讓高爾察克、尤登尼奇或弗蘭格爾跑到莫斯科去代替列寧就會發生的一樣。袁世凱很快就開始了恢復帝制的勾當。如您所知，我們已經將他擊敗了。

他死了以後，列強仍然在政治上和財政上支持一些假克倫威爾（Pseudo-Cromwells）和假拿破崙（Pseudo-Napoleons）。其中有一個過去是鬍匪頭子叫張作霖。他名義上是滿洲軍隊統帥和督軍，但實際上是北京「政府」所聽命的主子。而他本人卻又在一切重大的、與日本有關的事情上聽命於東京。因此，可以正確地斷言：在與日本切身利益有關的一切重大政策問題上，北京實際上是東京的工具。莫斯科在自己與北京的一切正式關係上應當好好地估計到這個情況。只在北京實行徹底清洗之後——當我到那裏時，這種清洗將會發生——蘇俄才可以期望與中國恢復友好的關係。

在您寫信給我以後，我當選為廣州國民政府的總統。這個政府是合法的政府，因為一、它本身的權限是根據 1912 年在南京召開的第一次立憲會議所通過的臨時約法和一部唯一的中華民國根本法；二、它的成立是為了執行在法定的中國國會中按照約法所賦予全權的政權機關的決議，現在國會會議正在廣州舉行。我的政府也是實際的政府，它的權限已經為中國西南諸省及其權力所及的其他各省所承認。

現在，因為地理條件，我還不可能和您們發生有效的商業關係。只要看中國的地圖，您就可以看出：我的政府管轄下的領土是在揚子江以南，而在這片領土與滿州和蒙古的「門戶」之間——只有經過這些「門戶」才可能建立商業關係——有張作霖及其同盟者橫梗著。只還未建築起包括在我所計劃的中國鐵路系統內的大鐵道幹線，那就沒有而且也不能有任何通過新疆的「門戶」。

當我還沒有肅清那些在首創的革命後第二天便在全國各地出現的反動分子和反革命分子時，莫斯科就應當等待一下。您最近三四年來的親身經驗，會使您能夠了解我所面臨的是何等艱難的事業。我最近九、十年以來都在從事於這一艱難的事業。如果不發生某種形式下的積極的外國干涉，我希望能在短期內完成這一事業。外國干涉是很少可能的，因為這涉及到西方列強。它們大概已被北京餵飽了。

在這個期間，我希望與您和莫斯科的其他友人獲得私人的接觸。我非常注意您們的事業，特別是您們蘇維埃的組織、您們的軍隊和教育的組織。我希望知道您和其他友人在這些事

情方面，特別是在教育方面所能告訴我的一切。像莫斯科一樣，我希望在青年一代——明天的勞動者們的頭腦中深深地種下了中華民國的原則。

向您和我的朋友列寧以及所有為了人類自由事業而有許多成就的友人們致敬。

您的真摯的孫逸仙

再者，這封信是經倫敦蘇俄商務代表團轉寄的，如果它能安全無阻地到達您手中，就請通知我，以便我今後能經過同一個中間人與您聯繫。如果從莫斯科來的信將由您們在倫敦的使節轉寄的話，我就這樣地建立聯繫來接收它。**⑤**

孫中山的這封信，是一項極為重要的歷史文獻；它言簡義賅而條理分明地將民國建元以來近十年的大勢，作出系統的總結，特別是準確地表達了孫中山的觀點和主張。

契切林於 1921 年 11 月收到了這封信**⑥**；隨即在 11 月 6 日轉

---

⑤ 鄭學稼，《中共興亡史》，第 2 卷（台北：中華雜誌社，民 68），頁 296-299。廣東省社會科學院歷史研究室編，《孫中山全集》（北京：中華書局，1986），頁 591-593。另可參李玉貞譯，《聯共、共產國際與中國（1920-1925）》，第一卷（台北：東大圖書公司，民 86），頁 43。

⑥ 據李玉貞言，孫中山派張秋白出席遠東人民代表大會，而張除了充任孫的代表外，還在列寧與孫之間當了一次交通員，他隨身帶上了 1921 年 8 月孫中山致蘇俄的信，於 1921 年 11 月到達莫斯科後把它交給了契切林。見李玉貞，《孫中山與共產國際》（台北：中央研究院近代史研究所，民 85），頁 115。按：但這個說法和孫中山信中最後一段所示不同；尚待查證。

寄給列寧,並附便箋云:

> 尊敬的符拉基米爾‧伊里奇:
>
> 現將孫中山的一封信寄給您,信中有對您的問候。他對您以
> 朋友相稱。您是否認識他?您從楊松的密碼電報中可以看
> 出,現在有一個打算,一旦我們在北京設立了代表處,我們
> 就要同廣州政府建立聯繫。
>
> 我們認為,在此之前甚至連給孫中山寫信都是不妥當的。去
> 年我們給他寫過信但情況與現在迴異,因為當時我們同北京
> 政府的談判還沒有開始。致
> 共產主義敬禮!
>
> 契切林❹

在列寧眼中,這封來自孫中山本人之手的信,有非比尋常的意義;
前此,蘇俄同孫還沒有固定的聯繫,書信往來困難,而莫斯科又迫
切需要孫中山的支持。所以,次日,列寧即回覆契切林:

> 契切林同志:
>
> 我不認識(指孫中山),甚至從來都沒有通過信。
>
> 我認為,應該千方百計表示友好,信可寫得更多一些,盡可

---

❹　第 12 號文件,〈契切林致列寧的便箋〉,1921 年 11 月 6 日,莫斯科:
　　載李玉貞譯,《聯共、共產國際與中國(1920-1925)》,第一卷(台
　　北:東大圖書公司,民 86),頁 43。

能秘密地派我們一個同志前往廣州。

列寧 **❹**

顯然，列寧較重視孫中山，而不同意契切林的看法；因此他認為要示好，要多寫信，要派密使赴廣州。其後的事實發展，可以看出列寧的意志得以逐項貫徹；特別是「我們一個同志」──馬林於1921 年底在桂林和孫中山的會晤，對促進雙方了解有相當的助益。

　　另一方面，列寧在讀了孫中山的信後，決定作兩件事：其一是，接見中國的國共兩黨代表；二、囑契切林給孫中山回信。之後，在 1922 年初舉行的遠東人民大會期間，列寧同時會見了國共雙方的代表張秋白和張國燾，並提出了國共合作的建議。就這樣，孫中山的代表直接同蘇俄和共產國際的最高領導接觸了；在共產國際的講壇上，孫中山不再是一個傳說中和新聞報導中的人物；在世界革命的舞台上，也開始有了他的席位，孫中山以其獨特的方式介入了國際共產主義運動。**❹**

　　不過，莫斯科雖然加強了和孫中山的聯繫，但也並未因此而停止繼續爭取北京的支持。蘇俄政府在否認了優林的代表性之後，另行派遣的正式代表巴意開斯，在 1921 年底到達了中國。

---

❹　第 13 號文件，〈列寧寫給契切林的便條〉，1921 年 11 月 7 日，莫斯科；載李玉貞譯，《聯共、共產國際與中國（1920-1925）》，第一卷（台北：東大圖書公司，民 86），頁 44。

❹　詳參李玉貞，《孫中山與共產國際》（台北：中央研究院近代史研究所，民 85），頁 115-117。

肆、巴意開斯代表團與達林南下廣州

1921 年 12 月 7 日，當巴意開斯代表團還在赴華途中時，契切林就從莫斯科致電巴意開斯：

> 滿州里火車站，巴意開斯收
>
> 現在回答您第 150 號函件。我們正等待給您派兩位能幹的人。同廣州政府的接觸，應該立足於對中國民主主義民族解放運動的同情，應當極為縝密，不可影響我們在北京的政策。您是否有可能把我的一封信轉交孫中山而又使北京政府毫無察覺？孫本人不會發表此信吧？同他秘密通信定會非常有好處，但是，我擔心一旦走漏風聲，會影響我們同北京政府的交往。
>
> 至於我們對中東鐵路的態度，赤塔外交官們談到過共管鐵路的事。這是絕對錯誤的。我們做出讓步，把鐵路交由中國全權管理，但有一個條件，即在目前這種混亂局勢中務必要保障我國的利益。所以現在說的只能是，在法律上承認中國掌管鐵路的情況下，聯合管理鐵路。❺⓿

這封電報明確的指示巴意開斯，既要暗中同廣州聯繫，又要繼續爭取北京支持的雙重任務；並說明了莫斯科對中東鐵路的立場。於

---

❺⓿　第 15 號文件，〈契切林致巴意開斯的電報〉，1921 年 12 月 7 日，莫斯科。李玉貞譯，《聯共、共產國際與中國（1920-1925）》，第一卷（台北：東大圖書公司，民 86），頁 46。

是，當巴意開斯代表團於 12 月 10 日一到哈爾濱，就根據契切林的
電報告訴新聞界說：關於外蒙問題，中國實有誤解，等外蒙敵視蘇
俄的組織解除後，就撤退紅軍；而關於中東路問題，則承認主權在
中國。這番話雖然是表面文章，但還是引起了中國人的好感。因
此，當巴意開斯隨後於 12 日抵達北京時，又將在哈爾濱的談話再
說一遍，試圖爭取中國方面的認同；唯效果不彰。緣於此時正當華
盛頓會議召開之際，北京政府恐怕和俄國人太接近而招致列強疑慮
及干涉，所以刻意保持距離，迴避了與巴意開斯的會談。

　　不過，另一方面，巴意開斯使團的顧問——1920 年 7 月以參
事身分隨同優林來華的蘇俄中國問題專家——威廉斯基❺，倒是在
莫斯科對孫中山的聯繫以及青年共產國際代表達林之間，適時扮演
了一個穿針引線的角色。

　　先是在列寧的倡議下，「青年共產國際」（又稱「少年共產國
際」）於 1919 年 11 月 20 日秘密成立於柏林；其主要任務是對共產
主義青年運動實行集中領導等等。❺而達林則是在 1922 年初的遠
東人民代表大會上認識中國代表的。

　　當時，達林是青年共產國際遠東書記處的書記。中國社會主義
青年團的代表與他相談十分投機，便邀請他到中國來；青年共產國
際欣然同意，決定立即派其赴華，協助籌備中國社會主義青年團的
成立大會和第一次中國勞動大會。1922 年 4 月，達林經由赤塔到

---

❺　詳參李玉貞，《孫中山與共產國際》（台北：中央研究院近代史研究所，
　　民 85），頁 136。
❺　詳參黃丘隆等主編，《社會主義辭典》（台北：學問出版社，民 78），
　　頁 402。

了北京。這時候，正在北京的巴意開斯得知達林將南下廣州，出席
中國社會主義青年團大會，便即通過威廉斯基委任他為蘇俄的正式
代表，前往拜訪孫中山。達林的任務是：瞭解孫中山內外政策的根
本思想、對蘇俄的態度、他的近期計劃和國民黨在廣州政府中的實
際地位。[53]

　　4 月 6 日，威廉斯基致函俄共中央的拉狄克（Karl Radek）提出
報告說：

> 親愛的拉狄克同志：
>
> 現將關於中國事務的情報寄給您，中國事態現在非常複雜、
> 混亂，同時又大有希望。……近來，達林來同我會商北方局
> 勢中出現的情況。我們決定基地移往華南，到廣州，在那裡
> 可以半公開地開展大規模的工作。
>
> 希望您能把經費事安排好，我已經為達林籌措了 6,000 墨西
> 哥元的貸款，他拿著這筆錢，在我們幾位有最好的、有經驗
> 的、忠誠的同志陪同下動身到南方去了。
>
> 我們已經決定在廣州召開中國青年代表大會，期望這次代表
> 大會為今後工作開拓廣泛的基礎。況且，青年人對我們的組
> 織非常感興趣。[54]

---

[53]　達林，《中國回憶錄（1921-1927）》（北京：中國社會科學出版社，
　　　1981），頁 86。李雲漢，《從容共到清黨》（台北：中國學術著作獎助
　　　委員會，民 55），頁 37。

[54]　第 20 號文件，〈威廉斯基──西比利亞科夫致拉狄克的信〉，1922 年 4
　　　月 6 日，北京。見李玉貞譯，《聯共、共產國際與中國（1920-

另一方面，孫中山先前開始於 1921 年底的北伐並不順利；他只好在 1922 年 4 月初把大本營從桂林遷回廣州；其本人也在 4 月 23 日返穗，準備重整旗鼓。而達林則於 26 日抵達廣州，次日，即赴總統府會晤了孫中山。達林一見面就非常尊敬地稱他為「總統」；這一個稱呼立刻讓孫中山感覺到來者的態度——承認他是總統，而不像某些帝國主義國家那樣，稱他為「孫博士」。達林熱情地轉達了蘇俄工農對孫中山的問候和祝願，孫中山則表示了自己對蘇俄的友好感情。❺其後，一直到 6 月，雙方見面多次，交換了不少意見。其中最重要的是達林向孫中山建議：一、組織蘇維埃政權；二、承認蘇俄；三、和中國共產黨成立聯合戰線。不過，孫中山對於上述建議都有所保留。

首先，孫中山顯然並不同意在中國按照俄國革命的模式建立蘇維埃；反倒認為蘇維埃政權只適用於經濟落後、文明不發達的地區。所以，他給了達林一個「反建議」：

> 我給你一個山區，一個最荒涼的沒有被現代文明教化的縣。那裡住的是苗族人。他們比我們城裏人更容易接受共產主

1925）》，第一卷（台北：東大圖書公司，民 86），頁 57。按：陪達林赴廣東的是張太雷和瞿秋白。又，在蘇俄外交代表和共產國際駐中國代表向莫斯科的報告中，談及中國同志時，經常有「我們的同志」這樣的用法；這個用法具有特定的範圍，即指「中國共產黨的同志們」。言下之意是把中國共產黨人當作「自己人」。詳參李玉貞譯，《聯共、共產國際與中國（1920-1925）》，第一卷（台北：東大圖書公司，民 86），頁 57。

❺ 李玉貞，《孫中山與共產國際》（台北：中央研究院近代史研究所，民 85），頁 120-121。

義，因為在城裏，現代文明使城裏人成了共產主義的反對
者。你們就到那個縣組織蘇維埃政權吧，如果你們的經驗是
成功的，那麼我一定在全國實行這制度。**⑤**

其次，在晤談時，孫中山毫不含糊地表明了自己的政治立場，
並向達林詳細介紹了三民主義和五權憲法。而在達林向孫中山游說
承認蘇俄時，他提醒達林注意，香港離廣州近在咫尺，不能忘記英
國的力量：「如果我現在承認蘇俄，英國人將採取行動反對我。」
另外，孫中山試探了俄國人幫助他實現鐵路建設計劃及在中國西北
發展軍事的可能性，但達林也不認同，故雙方並無交集。**⑤**

至於聯合戰線，孫中山則在口頭上有條件的表示了他的看法。
緣於達林在和孫中山接觸的期間，還曾經參加了中國共產黨的領導
幹部會議（按：即廣州會議；詳見本書第六章第二節），他建議共產黨人
在堅持組織與政治獨立的原則下，加入國民黨以實現國共黨內合
作。**⑤** 5 月上旬，達林出席指導了中國社會主義青年團在廣州召開
的第一次全國代表大會；大會通過決議，加入青年共產國際，成為

---

⑤　達林，《中國回憶錄（1921-1927）》（北京：中國社會科學出版社，
　　1981），頁 125。李玉貞，《孫中山與共產國際》（台北：中央研究院近
　　代史研究所，民 85），頁 122。

⑤　詳參李玉貞，《孫中山與共產國際》（台北：中央研究院近代史研究所，
　　民 85），頁 122-123。

⑤　達林，《中國回憶錄（1921-1927）》（北京：中國社會科學出版社，
　　1981），頁 91、113。

其在中國的一個支部。❺ 6 月 15 日，中共中央發表對時局的宣言，主張國共同盟。根據陳獨秀後來回憶，「青年團國際代表大林來中國向國民黨提出民主革命派聯合戰線政策。國民黨的總理孫中山嚴詞拒絕了，他只許中共及青年團分子加入國民黨，服從國民黨，而不承認黨外聯合」❻。事實很清楚，達林雖然通過和孫中山的會晤而增加了彼此的瞭解，但還談不上有什麼大的進展。至少，在 1922 年 6 月中旬陳炯明事變之前，孫中山對蘇俄的態度仍舊十分謹慎，並未鬆動。

就在達林南下廣州前後，北方的情況有了變化。1922 年 3、4 月間，俄蒙密約事外洩，中國朝野譁然；但巴意開斯推說並無其事。此時，第一次直奉戰爭爆發，奉張敗退關外，直系愈加勢盛。北京政府繼於 5 月初再次嚴詞質問巴氏，蘇俄何以違背承諾，佔領外蒙。事實上，北京當時既無力收復外蒙，又無法命令形同獨立的張作霖，故對外蒙和中東路兩事皆無能為力。其後，以中俄雙方各有困難，致洽談氣氛不佳。不久，蘇俄政府另外任命越飛為赴華全權代表；巴意開斯使團在越飛於 8 月中抵達北京後，隨即離華。❻

回顧巴意開斯在中國——從 1921 年底到 1922 年秋這半年多，

❺ 郭華倫，《中共史論》，第一冊（台北：國立政治大學國際關係研究中心、東亞研究所，民 71 四版），頁 70、73、114。

❻ 陳獨秀，〈告全黨同志書〉，1929.12.10.；王健民，《中國共產黨史稿》（台北：自印本，民 54）頁 105。另參 C. Martin Wilbur and Lien-ying How, ed., *Documents on Communism, Nationalism and Soviet Advisers in China, 1918-1927.* New York: Columbia University Press, 1956, p.83.

❻ 鄭學稼，《中共興亡史》，第一卷（台北：學術出版社，民 67），頁 629。

雖然力求與北京政府建立正常關係，但受限於客觀形勢，故其處境一如前此的優林，任務難以推展，績效乏善可陳；最後無功而返。至此，莫斯科的對華工作似乎並不順利。

不過，另一方面，在遠東共和國代表優林行將離去，而蘇俄政府派遣的巴意開斯使團尚未抵華前，共產國際派遣的代表馬林——繼魏金斯基之後，已悄然於 1921 年 6 月到達中國，開始其赴華工作的第一階段，直到 1922 年 7 月首度返俄述職為止。

馬林先是於 1921 年 7 月在上海參加中共之一大，並在年底得以會見了孫中山；繼之，他和巴意開斯及達林的在華活動時間重疊；其後，他又數度進出中國，對莫斯科和廣州之間的聯繫，逐漸發揮了關鍵性的促進效果。

第三節　馬林——影響深遠的關鍵角色

馬林是荷蘭人，本名亨·斯內夫利特[62]。早歲加入荷蘭社會民主工黨，後以不見容於其政府，而被迫移居至荷蘭的殖民地爪哇（Java），同印尼的馬克思主義者，組成了「東印度社會民主協會」（Indische Social Democratische Vereniging，印尼共產黨前身），並促其加入回教聯盟（Sarekat Islam）以利發展。由於他的活動危及荷印統

---

[62]　斯內夫利特的別名有 Maring, Martin, Marling, Mareng, Ma-lin, Sun-t'o, Gni Kong-ching, Dr Simon, Mr. Philip, Brouwer, Andresen, Joh. Van son, 詳請參閱 Dov Bing, "Sneevliet and the Early Years of the CCP" *The China Quarterly*, No.48. October/December 1971, pp.678-680.

治，被爪哇當局於 1918 年底驅逐出境。⑬

　　1920 年 6 月，馬林以東印度社會民主工黨代表的身份，到蘇俄參加共產國際二大，擔任殖民地事務委員會秘書。當時，雖然共產國際伊爾庫茨克局已在執行聯繫遠東的工作，但莫斯科仍希望在中國有直接代表；故列寧於 8 月親自委派他為共產國際的代表赴華工作。馬林在陸續完成一些其他的任務後，於 1921 年 4 月自俄啟程，6 月到達上海。他在華期間，使用過馬丁、菲力普斯和孫鐸等等化名。⑭

　　馬林曾經四度在中國——1921 年 6 月到 1922 年 4 月；1922 年 8 月到 12 月；1923 年 1-2 月及 6-10 月——做了大量的工作。中間他曾三度返俄——1922 年 4-7 月；1922 年 12 月；1923 年 6 月——向共產國際執委會及克里姆林宮（Kremlin）的領導們報告中國的情況，並提出關鍵性的建議而且被採納。他也先後三度——1921 年 12 月在桂林；1922 年 8 月在上海；1923 年 6、7 月間在廣州——會晤了孫中山。⑮這期間，尤以他前兩次和孫中山的見面及第一度

---

⑬　鄭學稼運用印尼文資料，對馬林在印尼的情況有深入研究。詳參鄭學稼，《中共興亡史》，第二卷（台北：學術出版社，民 68），〈附錄四——兩個歷史教訓〉；頁 1049-1060。

⑭　'Notes on a Conversation with H. Sneevliet.' Introduction by Harold R. Isaacs, "Documents on Comintern and Chinese Revolution." *The China Quarterly*, No.45, January/March 1971, p.102. 另可參廖蓋隆主編，《中國共產黨歷史大辭典》，人物分冊，第一卷（北京：中共中央黨校出版社，1987），頁 11-12。

⑮　詳參 Dov Bing, "Sneevliet and the Early Years of the CCP." *The China Quarterly*, No.48, October/December 1971, pp.680-681, 685, 690, 692, 694-

的返俄報告最為重要。

馬林的來華———尤其是和孫中山的晤談,對莫斯科了解中國———特別是國民黨及其領袖的情況,並據以制定中國政策,起了重要作用;對後來的國共合作更產生了深遠的影響。而以列寧為代表的共產國際或者說俄共當局在上述情況下訂定的策略原則,又反過來成為馬林在華工作的指導思想。

馬林在奉派赴華之前,先是以民族問題專家的面貌和殖民地事務委員會秘書以及執行委員的身份,出席了共產國際二大;他深受列寧重視,積極參與決策。而共產國際二大通過的〈關於民族與殖民地問題的決議〉,有這樣的考慮和設想:

> ……十一、對待封建關係或宗法關係和宗法農民關係佔優勢
> 的比較落後的國家和民族,應特別注意以下幾點:……5.必
> 須堅決反對把落後國家內的非真正共產主義的革命解放思潮
> 塗上共產主義色彩。共產國際只是在這個條件下,即當一切
> 落後國家中未來的無產階級政黨(不僅名義上是共產黨)的分子
> 組織起來並受到教育,認識到同本國資產階級民主運動作鬥
> 爭這些特別的任務的時候,才應當援助殖民地和落後國家的
> 革命運動;共產國際應當同殖民地和落後國家的資產階級民

---

695. 及 'Notes on a Conversation with H. Sneevliet.' Introduction by Harold R. Isaacs, "Documents on Comintern and Chinese Revolution." *The China Quarterly*, No.45, January/March 1971, p.108. 秦孝儀主編,中國現代史辭典編輯委員會編,《中國現代史辭典———人物部分》(台北:近代中國出版社,民 74),頁 255。

主派暫時合作，甚至結成聯盟，但是不要與之混為一體；甚至當無產階級運動還處於萌芽狀態時，也絕對要保持這一運動的獨立性。❻❻

當時——1920 年的秋天，中國的具體情況——落後；封建、宗法和農民關係佔優勢；共產黨正在籌備成立；其受過良好教育的骨幹分子已組織起來；而且認識到要同本國資產階級民主運動作鬥爭的任務——可以說基本符合上述決議所訂定的共產國際援助落後國家革命運動的條件。再進一步看，爾後的數年間，莫斯科通過其赴華使者在中國的積極活動，乃至最終選定支持孫中山的種種，則幾乎就是上述決議所言共產國際和落後國家資產階級民主派暫時合作的寫照。

尤要者，列寧統一戰線策略（united front tactic）的本質，反映了1916 年東印度社會民主協會和回教聯盟的例子；而其後馬林之被派赴中國，則表明列寧事實上接受，並採取了馬林的建議——「斯內夫利特戰略」（Sneevlietian strategy）❻❼——中國共產黨應該加入到

---

❻❻　中國社會科學院近代史研究所翻譯室編譯，《共產國際有關中國革命的文獻資料（1919-1928）》，第一輯（北京：中國社會科學出版社，1980），頁 45。

❻❼　Dov Bing, "Sneevliet and the Early Years of the CCP." *The China Quarterly*, No.48, October/December 1971, pp.678-680. 鄭學稼，《中共興亡史》，第二卷（台北：學術出版社，民 68），頁 1055-1059。及 'Notes on a Conversation with H. Sneevliet.' Introduction by Harold R. Isaacs, "Documents on Comintern and Chinese Revolution" *The China Quarterly*, No.45, January/March 1971, pp.106-107.

國民黨中去發展。

1921 年 6 月，馬林奉派赴華以實地了解中共建黨的情況，並在上海參加了中共的一大；同年底，在桂林訪問了孫中山。

1921 年 12 月 23 日，當馬林從上海長途跋涉到達桂林時，已夜幕低垂；國民黨廣西支部長鄧家彥出面接待。他當時用化名馬丁，在孫中山的大本營停留約兩週，共長談過三次。馬林在與孫的第一次晤談中首先得到的印象是：「孫中山比甘地（Gandhi）更有戰鬥力；但他仍然純粹沿著軍事謀叛的老路在思考」[68]。這個老路，由孫中山在同年 8 月寫給契切林的信可以見其軌跡——他要先肅清全國的反革命分子，要先徹底清洗北京。即使到了 1922 年 11 月，孫中山因陳炯明事變滯留於上海時，他還致函在福州的蔣介石，勉其曰：

> 兄能代我在軍中多持一日，則我之信用可多加一日。故望兄為我而留，萬勿以無進步而去。兄忘卻在白鵝潭舟中之時乎？日惟睡食與望消息而已，當時何嘗有一毫之進步，然其影響於世界者何如也。今則有我在外活動，而兄等在福州為我之後盾也。有此後盾，則我之計劃措施，日日有進步，或者不必待兄等之恢復廣州，我計劃已達最後之成功，亦未可

---

[68] 'Notes on a Conversation with H. Sneevliet.' Introduction by Harold R. Isaacs, "Documents on Comintern and Chinese Revolution." *The China Quarterly*, No.45, January/March 1971, p.104. 另可參李玉貞，《孫中山與共產國際》（台北：中央研究院近代史研究所，民 85），頁 98。

知也。⑥⑨

　　孫中山之認定武力為不可或缺的後盾，亦能由此得證。因此，馬林
的這個印象，應當說基本上是準確的。

　　其次，在雙方的晤談中，就思想言，孫中山明確拒絕了馬林對
他進行的共產主義宣傳；孫當時用以教育和鼓舞士氣以及向他的同
志們提出的口號是為三民主義而戰。再則，就國際關係言，孫中山
也不同意莫斯科認為華盛頓會議顯示列強已插手中國事務，中國和
蘇俄同是受害者的觀點；而堅持繼續尋求西方支持和幫助的主張及
行動。

　　此外，孫中山也闡述了對蘇俄實施新經濟政策的贊同。從現象
和本質兩方面說，他都非常深刻而精闢地看出了俄國人政策轉變的
原因，甚至於同列寧對當時俄國革命後的形勢認知，也在某些方面
極其一致；而馬林則成功地使孫中山相信，俄共實際上所施行的是
類似於國民黨的工業化設想⑦⑩。但是，就深層或完整的理論言，孫
中山當時似乎並不十分理解，新經濟政策只是暫時的退卻，後面還
有一個社會主義革命，最終還要實行共產主義；或許因為如此，他
才會在 1922 年春返粵後告訴廖仲愷等，俄國人實行的政策和他的
主張一樣。不過，馬林的解釋，畢竟使孫中山本來對俄國激進政策
的疑慮冰釋，為他同蘇俄接近創造了必要的前提。

---

⑥⑨　毛思誠編，《民國十五年以前之蔣介石先生》，上冊（香港：龍門書店，
　　　1965），頁 183-184。

⑦⑩　詳參 Dov Bing, "Sneevliet and the Early Years of the CCP." *The China
　　　Quarterly*, No.48, October/December 1971, p.682.

至於同蘇俄結盟的事，馬林後來返俄向共產國際報告了孫中山的看法是：如果他不聯俄，他就能夠在不受列強干涉的情況下把中國的事情辦好；而聯俄則會給中國造成不利的局面；因此，只要他的北伐還未完成，聯俄實際上是不可能的；過早的聯俄會立即引起列強的干預。不過，孫中山也自有其打算──中俄攜手可以解放亞洲；他向馬林表達了這層意思。**❼**有學者認為，這可以說是孫中山聯俄的起點。**❼**

1922 年初，馬林從桂林轉赴廣東途中，看到孫中山不懼英國，支持香港海員大罷工，遂得出結論：中國革命在孫中山領導下，更有可能發展為具高能量的反帝運動。他並根據自己在印尼的成功經驗和共產國際二大的決議，更加認為中國共產黨應當加入國民黨，並在其中求得快速發展是極其必要的。**❼**當馬林在廣東時，亦有機會和陳炯明見面，經過思考和了解，他相信孫陳攜手合作是有可為的。

馬林結束華南之行後返回上海，繼於 1922 年 3 月間轉往北

---

❼　〈馬林給共產國際執行委員會的報告〉，1922 年 7 月 11 日；見李玉貞譯，《馬林與第一次國共合作》（北京：光明日報出版社，1989），頁73。中共中央黨史研究室第一研究部編，《共產國際、聯共（布）與中國革命檔案資料叢書》，第二卷（北京：圖書館出版社，1997），頁 236-237。

❼　毛思誠，《民國十五年以前之蔣介石先生》上冊（香港：龍門書店，1965），頁 101。

❼　'Notes on a Conversation with H. Sneevliet.' Introduction by Harold R. Isaacs, "Documents on Comintern and Chinese Revolution." *The China Quarterly*, No.45, January/March 1971, pp.106-107.

京，並和當時在京的蘇俄代表巴意開斯會商，請他轉達兩份關於中國問題的報告給莫斯科：第一個文件包含有他向共產國際執委會所提關於中國共產黨和國民黨的推介；第二個文件主要是建請蘇俄外交人民委員部指派使者赴華南。這些建議，後來俄國人都完全採行，而體現為著名的 1923 年 1 月 26 日的孫越宣言，以及同年 9 月派遣鮑羅廷為蘇俄政府駐廣東的常設代表。**❼**

1922 年 4 月，華北爆發了第一次直奉戰爭，直勝奉敗的結果使吳佩孚更加不可一世。而馬林由北京返回上海後，繼續和中國共產黨人商議加入國民黨的事，但因陳獨秀等極力反對而未成。馬林認為有必要就此事向共產國際報告並爭取支持，遂啟程回莫斯科──這是他在華工作期間最重要的一次返俄之行。

同一時期，北京有蘇俄政府的外交代表巴意開斯使團在活動；廣州則有青年共產國際的代表達林往訪孫中山。孫本人也因在桂的北伐不順利而於 4 月底返粵，並會晤了達林。孫中山當時就不無怒氣地對達林說：「我是總統，部長們應該服從我。陳炯明反對我，反對民國總統，反對人民的意志。如果他一意孤行，那麼我一定要消滅他，沒有任何和解可言。」**❼**這番劍拔弩張的話，隱然有不祥之兆；已可預見山雨欲來風滿樓的景象。不久──6 月 16 日，陳炯明部砲**轟**觀音山總統府；孫中山於事發前二小時獲密報得及時走避，僅以身免。他在後來滯留於上海期間寫給越飛的信中說：

---

❼ 詳參 Dov Bing, "Sneevliet and the Early Years of the CCP." *The China Quarterly*, No.48, October/December 1971, pp.682-683.

❼ 李玉貞，《孫中山與共產國際》（台北：中央研究院近代史研究所，民85），頁 120-121。

> 陳炯明──惡人也。一個政治上的追隨者,如果因為某一根
> 本政治問題而同其政治領袖發生分歧,這可以理解。一旦該
> 種決裂發展至用謀殺手段對付政治領袖,那就從根本上把全
> 部政治生活破壞殆盡了。**❼**

　　1922 年的 4 月和 6 月,北方的直奉第一次戰爭和南方的陳炯
明事變,表面上看起來是兩件事,但骨子裡卻息息相關。緣於陳炯
明早先和直系就有往來,而孫中山則同奉系有聯絡。在孫以為,
「擒賊先擒王」;要打倒軍閥,便應先從打倒軍閥中之最強橫者直
系下手;奉系既能俯就,不防暫時與其合作。但一般國人總覺得
「吳秀才」比「張鬍子」好;聯絡張鬍子去打吳秀才,未免近於倒
行逆施。故孫中山之欲聯奉倒直,卻與當時社會上深惡奉系而袒護
直系的心理相左。而奉系既敗於直系,孫中山北伐成功的希望乃愈
見渺茫;況且,他北伐的兵力多拼湊雜成,難以抗衡直系,遑論消
滅;既無把握,不如與直系妥協,和平解決為好。所以直系驅奉控
制北京後,一提出恢復法統的計劃,大家便欣然贊成,並且希望孫
中山從此捲起護法旗幟,取消廣州的總統府,免去南北的爭戰。因
此,有人以為陳炯明之反對北伐,是志在保境息兵安民,整理兩廣
內部,無可厚非;更認為孫中山削奪其職權,未免操之過激。到徐
世昌退位,法統之恢復似已見諸事實,陳炯明部葉舉之圍攻總統

---

❼　第 27 號文件,〈孫中山致越飛的信〉,1922 年 8 月 27 日,上海莫里愛
　　路 29 號。見李玉貞譯,《聯共、共產國際與中國(1920-1925)》,第一
　　卷(台北:東大圖書公司,民 86),頁 82。

府，即藉口護法任務已了，通電要求孫中山實踐與徐世昌同時下野之諾言。孫中山當時雖然否認有此承諾，但各方面仍紛紛響應，贊成統一，勸孫下野；就連學者名流如蔡元培等亦復如是。**⓻**而孫中山在親歷了陳炯明炮火的驚濤駭浪之後，於 8 月中旬離粵到滬。他隨後在〈告國民黨同志書〉中這樣說：

> ……文率同志為民國而奮鬥，垂 30 年，出生入死，勝敗之數不可屈指，顧失敗之慘，未有甚於此役者。蓋歷次失敗，雖原因不一，而其究竟，則為失敗於敵人。此役則敵人已為吾屈，所代敵人而興者乃為十餘年卵翼之陳炯明，且其陰毒凶狠，凡敵人所不忍為者皆為之而不惜。此不但民國之不幸，抑亦人心世道之憂也。**⓼**

孫中山當時處境之艱難，亦或由此得見一斑。

　　陳炯明叛離之所以嚴重，固然在於他同孫中山的理念分歧，或者是他的忘恩負義；或者也在於孫之痛遭挫折，喪失廣東基地。但尤其嚴重的，是在於造成這一劇變的複雜背景，與事變發生後國民黨在組織、宣傳各方面所暴露的弱點；從而證明了組織與紀律，革

⓻　李劍農，《中國近百年政治史》（下）（台北：台灣商務印書館，民66），頁 572-573。

⓼　〈致海外同志書〉，1922 年 9 月 18 日；《孫中山全集》，第 6 卷（北京：中華書局，1985），頁 555。

命武力和宣傳的重要。**㉙**而這些，又似乎正是聯俄之可以補強者。

因此，孫中山採取了更加務實的策略；一面繼續多角經營爭取西方國家的認同與支持；另一面則在尋求外援的立場上，開始向莫斯科傾斜。這個關鍵性的變化，先前在 6 月間已露端倪；孫中山曾秘密派陳友仁輾轉告知當時在廣州的達林說：「我堅信，蘇俄在我身處逆境時，也是我唯一的朋友，我決定赴上海繼續奮鬥，倘若失敗，我就去蘇俄」。**㉚**

1922 年 7 月，當孫中山還駐守於白鵝潭的永豐艦上與陳炯明相持之際，馬林繞道歐洲回到了莫斯科。7 月 11 日，他向共產國際執行委員會詳細報告了中國之行——這就是後來共產國際制定其中國政策主要依據的歷史性文獻。馬林分析了國民黨是由四種人——起主導作用的知識分子、華僑、南軍中的士兵和工人所組成的政黨，是一個「各階級的聯盟」（bloc of various classes）；並積極建議共產國際應要求中國共產黨同孫中山合作，到國民黨內部去進行政治活動。**㉛**共產國際隨即在 7 月 18 日正式決定，接受馬林的建議，且指示中共把總部遷往廣東，所有的工作都要在與斯內夫利特

㉙ 李雲漢，《從容共到清黨》（台北：中國學術著作獎助委員會，民55），頁 126、133-134。

㉚ 達林，《中國回憶錄（1921-1927）》（北京：中國社會科學出版社，1981），頁 149。

㉛ 詳參中共中央黨史研究室第一研究部編，《共產國際、聯共（布）與中國革命檔案資料叢書》，第二卷——《共產國際、聯共（布）與中國革命文獻資料選輯（1917-1925）》（北京：圖書館出版社，1997），頁 234-235、239。

密切聯繫下進行。❷這個時候，中共正在上海舉行二大；傾向以一種「平行的關係」與國民黨建立聯合戰線，而不是加入國民黨。

　　7 月 24 日，馬林受聘以《共產國際》和《國際新聞通訊》這兩個雜誌派駐遠東記者的名義二度赴華。❸而莫斯科前此已於 6 月 17 日任命越飛為全權代表到中國與北京政府談判雙方關係正常化的問題，同時與孫中山接觸和建立固定聯繫。但孫中山的南方政府並未得到國際承認，故蘇俄不便以政府名義向孫派出代表；於是莫斯科從策略上考慮，運用了他的「第二外交部」——共產國際，並選中馬林，讓他擔任「越飛的共事者。」❹隨後，馬林帶著共產國際的指令和越飛一道啟程赴華；8 月 12 日，越飛抵達北京；他則於同日秘密到了上海。這時候，孫中山已經離開永豐艦，取道香港轉乘俄國郵船皇后號，正在回上海的路上。

　　馬林到滬後，即要求中共按照孫中山所同意的方式——以個人身份加入國民黨；但應在組織上「保持完全獨立性」❺。馬林並指出，中共二大通過以「黨外合作」的形式和國民黨建立民主聯合戰線的決議行不通，建議再次開會討論。在西湖會議上，荷蘭人力主採行「斯內夫利特戰略」，他建議中國共產黨人放棄他們將國民黨

---

❷　Dov Bing, 'Sneevliet and the Early Years of the CCP.' *The China Quarterly*, No.48, October/December 1971, pp.685-688.

❸　李玉貞譯，《馬林與第一次國共合作》（北京：光明日報出版社，1989），頁 78-79。

❹　李玉貞，《孫中山與共產國際》（台北：中央研究院近代史研究所，民 85），頁 155。

❺　詳參 Dov Bing, "Was There a Sneevlietian Strategy?" *The China Quarterly*, No.54, April/June 1973, p.349.

排除在外的立場，以在該黨內部開展政治活動。馬林認為國民黨鬆散的組織形式使該黨極易推進群眾運動。這種運作的模式，直接來自他在爪哇的成功經驗；當時出席的共產黨人起初並不贊成，但經過一番猶豫，馬林的建議遂被接受。❽其後，遂有中共三大之正式決議加入國民黨。

另一方面，1922 年 8 月 25 日，馬林在上海法租界和剛剛由粵到滬的孫中山第二次會面了。雖然孫表現出對陳炯明的極度失望，但馬林卻感覺孫中山似乎較前輕快。孫對馬林說：「我現在感到與蘇俄建立一個更緊密的聯繫是絕對必要的。」❽馬林則勸孫不要再嘗試以武力手段奪回廣東，而應以上海為基地，開始進行對群眾的宣傳；他也說明了自己的莫斯科之行，並告訴孫，共產國際已指示中國共產黨員加入國民黨。在雙方會晤後，第一批中共黨員立刻加入了國民黨。❽

回顧馬林在受命赴華之初，雖然並未接到特別的指示❽；但他根據自己兩度成功的經驗──首次是爪哇和再次於共產國際二大，第三度將其以「滲透／發展」為精髓的運作模式應用於中國。於

❽ Dov Bing, "Sneevliet and the Early Years of the CCP." *The China Quarterly*, No.48, October/December 1971, p.684.

❽ 〈與馬林的談話〉，1922.8.25.。陳旭麓、郝盛潮主編，《孫中山集外集》（上海：人民出版社，1991），頁 278-279。

❽ Dov Bing, "Sneevliet and the Early Years of the CCP." *The China Quarterly*, No.48, October/December 1971, pp.690-691.

❽ 'Notes on a Conversation with H. Sneevliet.' Introduction by Harold R. Isaacs, "Documents on Comintern and Chinese Revolution." *The China Quarterly*, No.45, January/March 1971, p.102, 105.

是，中國共產黨的早期歷史，也因為這個最初被共產國際接受並最終完成於中國的「斯內夫利特戰略」，而變得更容易理解。在上述的三個階段中，馬林——革命的荷蘭馬克思主義者，扮演了重要的角色。❾❶因此，從歷史演變的角度看，馬林和孫中山的接觸，可以說實際上從屬於他參與組建中國共產黨並設法助其發展的主要任務；其影響之深遠，也正是由此而來。

結　語

1920 年初，蘇俄在急欲突破內外困境以求生存的情況下，不得不改變其原本以歐洲為主的世界革命策略，繼而衍生出釜底抽薪的外線作戰思維——試圖繞過與西方強權的正面對抗，從側面切入，以牽制進而削弱帝國主義的力量。於是，莫斯科的注意力轉向了東方——特別是中國，並開始派遣使者赴華，探索爭取支持和發展的可能性；魏金斯基的首先東來，體現了蘇俄當時世界革命策略的重大轉變。

就整體來看，俄國使者之派赴中國，並非一直線式的先後抵達，而是在俄共中央直接或間接號令下的多管齊發、分頭並進；其在華聯絡的對象固然各有不同，但目標則一，都是尋求和中國實力

---

❾❶　Dov Bing, "Sneevliet and the Early Years of the CCP." *The China Quarterly*, No.48, October/December 1971, pp.677-678. 及 'Notes on a Conversation with H. Sneevliet.' Introduction by Harold R. Isaacs, "Documents on Comintern and Chinese Revolution" *The China Quarterly*, No.45, January/March 1971, pp.106-107.

派人物或革命領袖的聯繫與合作。他們在名義上有正式或非正式
的；性質上或公開或秘密；在華停留的時間或長或短，亦間或重
疊；派遣單位有蘇俄政府、共產國際和遠東共和國等。他們的前進
根據地和指揮所，則分別是設在符拉季沃斯托克（海參崴）的俄共
遠東局（或者叫西伯利亞局符拉季沃斯克克處）；在伊爾庫茨克的共產
國際（東方部）執行委員會遠東書記處❾❶（或者叫共產國際伊爾庫茨克局
❾❷）；以及在赤塔的遠東共和國政府。因此，雖然俄國使者的在華
活動範圍似乎是局部的——以北京、上海、廣州等重點城市為主，
而根據魏金斯基的說法，當時（按：應該是指乘火車）「從莫斯科到
赤塔需 7 天，赤塔到符拉季沃斯托克需 6 天」❾❸；換言之，理論
上，蘇俄當局的意志——通過其派遣的使者——大約兩週後可以在
遠東地區化為具體行動。但實際上，其在華使者多以函電信件，將
中國的種種再回頭傳達集中於海參崴、伊爾庫茨克或赤塔，甚或直
接向莫斯科報告，從而形成綿密的情資網，並產生了全面的連鎖效
應。

其次，以俄國赴華使者的個別情況論，「中共病毒始於優林來
華下卵說」的有待商榷；巴意開斯受制於客觀環境故無功而返等

---

❾❶ 李玉貞，《孫中山與共產國際》（台北：中央研究院近代史研究所，民
85），頁 63。鄭學稼，《中共興亡史》，第一卷（台北：學術出版社，
民 67），頁 630。
❾❷ 鄭學稼，《中共興亡史》，第二卷（台北：學術出版社，民 68），頁
300。
❾❸ 第 59 號文件，〈魏金斯基致共產國際東方部的信〉，1923 年 1 月 25
日，赤塔；李玉貞譯，《聯共、共產國際與中國（1920-1925）》（台
北：東大圖書公司，民 86），頁 162。

等，均已如前述，茲不贅言。而孫中山之先後分別拒絕了馬林和達林關於承認蘇俄及與之結盟的建議，則可以說並不是——如表面上看到的——在 1921 年底和 1922 年春，而是在 1921 年 8 月致契切林的信中，就明明白白地婉拒了；理由是：因為地理條件的隔絕；還寄望於武力反攻；以及顧慮英國的干涉。所以，孫中山才會在信中對契切林說，「莫斯科就應當等待一下」。

　　至於馬林，和 1920 年代蘇俄政府、共產國際與遠東共和國派赴中國的其他使者比較起來——不論是魏金斯基、優林、巴意開斯、威廉斯基、達林、越飛，甚至其後的加拉罕或鮑羅廷等；也不論是從俄國人還是中國共產黨的立場，或從國際共產主義運動和中國共產主義運動的角度來看，其中奔走最力、成效最大、加速早期國共互動最關鍵的，可以說是馬林。證之於他在 1922 年 7 月返俄向共產國際的報告；證之於莫斯科最終採取了「斯內夫利特戰略」；應不為過。特別是後來他襄助越飛之使華和〈孫越宣言〉的發表，更開啟了中國現代歷史的新頁；其影響之深遠，殆無疑義。

第四章
孫越宣言是雙方各如所願

　　如果說，蘇俄在 1920 年代初期派赴中國的使者，多半肩負有嘗試聯絡及交好孫中山的任務；那麼，1923 年 1 月的〈孫越宣言〉，或可代表其階段性總結。而史學界之一般通說，亦認為〈孫越宣言〉的發表，確立了廣州與莫斯科合作的基本架構；是孫中山聯俄的起點和雙方關係進展的一個里程碑。

　　這個著名的歷史文獻，在一開始就受到世人矚目的同時，也引發了相當的爭議；從學界到政界，從大陸到台灣，從中國到外國；沸沸揚揚，歷久不息。辯駁的焦點，主要集中於孫中山對待蘇俄式共產主義的態度。一方強調，孫中山根本就沒有贊成過俄式共產主義，而且反對這種思想體系，他的聯俄，只不過是權宜之計；持這種觀點的多半是歐美和台灣的學者。另一方——首先是前蘇俄和後來中國大陸的學者——則主張，孫中山對俄式共產主義從起初不了解、質疑，到逐步認識和同情，乃至最終完成了思想上的「飛躍」——其指涉包含孫中山公開表示和蘇俄的聯合；接受了中共黨員之加入國民黨；以及他在一定程度上對工農運動的支持。而這些受到特定立場制約或歷史環境影響，並帶有濃厚時代色彩的爭議，追本

溯源，就是〈孫越宣言〉。❶因此，首先就理論而言，到底以何說為是？值得再深入探討。

從實踐上看，毫無疑問，蘇俄對孫中山極感興趣：他在 1912年就首先吸引了列寧的注意。然而，正如蘇俄不是孫中山希望獲其幫助的唯一國家，孫中山也不是克里姆林宮所欲親善的唯一中國領袖；蘇俄對吳佩孚及陳炯明也同樣感到興趣。❷但是，莫斯科為什麼最終卻選擇放棄「伊爾庫茨克路線」轉而重視孫中山？孫中山當時既然對列強的可能干涉多所顧忌，又為什麼在他尚未入主北京前，就決定和俄國人合作並簽署發表公開聲明？

大體言之，〈孫越宣言〉可說是雙方各有堅持和相互讓步的妥協結果。但有學者認為「以政略觀點看此宣言，中山先生完全成功」❸；亦有人主張，「如果按點計分，孫中山的得分是零。但是幕後交涉，孫中山另有要求，未交白卷」❹；或者說宣言只有「象徵性意義」❺。上述種種評價和詮釋合宜嗎？〈孫越宣言〉難道沒

---

❶ 參李玉貞，〈《孫越宣言》再認識〉；見中共中央黨史研究室第一研究部編，黃修榮主編，《蘇聯、共產國際與中國革命的關係新探》（北京：中共黨史出版社，1995），頁 224。李玉貞，《孫中山與共產國際》（台北：中央研究院近代史研究所，民 85），頁 206。

❷ 陳福霖，《孫中山廖仲愷與中國革命》（廣州：中山大學出版社，1990），頁 89。

❸ 李雲漢，《從容共到清黨》（台北：中國學術著作獎助委員會，民 55），頁 147。

❹ 郭恆鈺，《俄共中國革命祕檔（1920-1925）》（台北：東大圖書公司，民 85），頁 47。

❺ 林家有、周興樑，《孫中山與第一次國共合作》（成都：四川人民出版社，1989），頁 151。

有實質意義？孫中山到底是得零分還是滿分？凡此，就歷史的辯證
發展軌跡考察，均有再反省商酌的空間。

第一節　伊爾庫茨克路線的終結

　　1920 年代初期的蘇俄對華政策，主要是由共產國際與遠東聯
繫的派出機關——伊爾庫茨克局負責執行；另外，並有遠東共和國
配合之。當時，在遠東工作的俄國人相信，為了開展中國民族運動
而可以合作的人是吳佩孚，不是孫中山；因為吳佩孚是實行家，孫
中山則是個空想家。在南方，他們致力交好陳炯明，認為他支持工
人運動並接近廣州共產黨組織。因而，他們在中國採取了北聯吳佩
孚、南聯陳炯明的政策。❻但不久馬林奉派赴華實地了解狀況，並
參與中國共產黨的組建工作；特別是他在同孫中山接觸及多方考察
後，斷定中國民族運動的主流在孫中山及其領導的國民黨方面。
1922 年 7 月，馬林的返俄報告與建議，改變了共產國際的觀點；
莫斯科於是放棄了「伊爾庫茨克路線」，轉而注意孫中山。❼

---

❻　"Notes on a Conversation with H. Sneevliet." Introduction by Harold R. Isaacs,
　　"Documents on Comintern and Chinese Revolution." *The China Quarterly*,
　　No.45, January/March 1971, p.102. 達林，《中國回憶錄（1921-1927）》
　　（北京：中國社會科學出版社，1981），頁 83。鄭學稼，《中共興亡
　　史》，第二卷（台北：中華雜誌社，民 68），頁 300-301。

❼　伊羅生（Harold R. Isaacs）著，劉海生譯，《中國革命的悲劇（*The
　　Tragedy of the Chinese Revolution*）》（香港重排本，1973），頁 116-
　　117。

壹、俄國人的褒陳貶孫

俄國人對陳炯明的印象，可以說有相當部分來自於同孫中山的對比。先是 1919 年初，旅居中國的原沙皇政府、但當時已傾向蘇俄的高級軍官，曾經在上海拜訪過孫中山。他們中有人於 1920 年 10 月返俄後發表相關文章，公開批評孫中山特別缺乏自信，而且對加拉罕宣言沒有任何反應；尤其不滿孫為了從軍閥手中奪回廣東，而去聯合敵視蘇俄的安福系軍閥。❽另外亦有人將孫中山描繪成一個舊式的軍人，認為他除了使用軍事手段外，就再也沒有拯救自己國家的其他方法；而孫中山提出想要和布爾什維克合作的軍事計劃，則根本不能實現，因為蘇俄不希望再打仗而希望和平。❾

相較於孫中山和俄國人來往的謹慎保留、小心翼翼，陳炯明卻表現出令俄國人眼睛一亮的熱情。1920 年，莫斯科通過使者向陳炯明面交了列寧的親筆信；5 月 10 日，陳亦親筆回函稱：

> 列寧賢師：
>
> 遙悉貴國革命成功，不勝欣幸之至。……
>
> 勞農政府致中國人民的宣言已經傳至中國，全國人民不勝感激。……

---

❽ Leong Sow-Theng, *Sino-Soviet Diplomatic Relations, 1917-1926*. Honolulu: The University press of Hawaii and The Research Co-operation of The University of Hawaii, 1976, pp.227-228.

❾ C. Martin Wilbur, *Sun Yat-sen: Frustrated Patriot*. New York: Columbia University Press, 1976, p.111.

新中國與新俄國將如親朋好友攜起手來。……

我更堅信，布爾什維主義帶給人們的是福音，我將傾全力在
全世界傳播布爾什維主義。我們的使命不僅是要改造中國，
而且要改造整個東亞。

我以福建省行政代表和我的故鄉（按：指廣東）軍隊的名義，
以廣東省省長的名義，代表遍佈中國的我的志同道合者和我
國革命人民，向您致以衷心的問候。……❿

陳炯明不但表示願與俄國親善；也歡迎旅俄華僑回中國來宣傳布爾
什維主義。故俄國人認為，陳炯明堅信共產主義，不僅是一個革命
的將軍，而且是一個傑出的組織者，並得到群眾的擁護。⓫於是，
他們選擇了陳炯明。

　　把莫斯科對陳炯明的想像轉化為實際行動的是威廉斯基·西比
利亞科夫，他當時負責俄共（布）和共產國際的東方事務，擔任俄
共西伯利亞局符拉季沃斯托克處的處長；由於他在那個地區權力很
大以及他的姓氏很像西伯利亞，所以有人稱他為「西伯利亞王」。
1920 年 7 月，他以參事身分隨同優林使團到中國，並慕名往訪陳
炯明；其後又留在北京擔任巴意開斯使團的顧問。在威廉斯基的筆
下，漳州──陳炯明在福建的基地，似乎成了中國革命青年和中國
社會主義者的「朝聖地」、訓練場，甚至是受軍閥當局迫害的進步

---

❿　轉引自李玉貞，《孫中山與共產國際》（台北：中央研究院近代史研究
　　所，民 85），頁 132-133。

⓫　Allen S. Whiting, *Soviet Policies in China, 1917-1924*. New York: Columbia
　　University Press, 1954, p.305.

分子的「庇護所」。而陳炯明本人，已經和正在把中國進步的學生
與工人組織起來，如果要在中國建立共產黨，那麼就應該以他為依
靠對象，因為他陳炯明的大同黨「已經是共產主義組織」了。**⑫**
1920 年 11 月底，孫中山因陳炯明之助，在驅逐了桂系軍閥後得以
自滬返粵，重振軍政府聲威；而陳炯明在華南之地位和實力亦水漲
船高。

　　1922 年 3 月間，威廉斯基從北京寫信向列寧報告中國的情
況，對陳炯明的推崇備至，已提升到凌駕孫中山之上的高度：

> 廣東省是中國歷次革命運動的搖籃，……省長是陳炯明將
> 軍，一位革命者，有 20 多年國民黨的黨齡。在年輕的正在
> 獲得解放的中國，陳炯明將軍是德高望重的活動家之一。就
> 政治資格、對革命思想的忠誠和組織才能而言，陳炯明可與
> 孫中山並駕齊驅。孫中山的仇人們因不接受孫的「獨裁」傾
> 向，而認為陳炯明治國的雄才大略比孫更勝一籌。……
> 陳統率千軍萬馬。北方政客們說，如果陳與國民黨領袖分
> 手，那孫中山將如馬失前蹄，孫對於軍閥集團來說就沒有任
> 何威懾力了。試圖挑撥孫陳關係的舉動不僅來自一些「好事
> 的人」，而且包括一些「專職」的政治陰謀家。近幾個月
> 來，吳佩孚將軍在這方面特別賣力，他向陳派去了代表，答
> 應召開國民會議，制定憲法，舉行新的最合法的國會，在這

---

⑫　詳參李玉貞，《孫中山與共產國際》（台北：中央研究院近代史研究所，
　　民 85），頁 136-137。

樣的條件下把北京政府和南方政府同時一律取消，……讓士
兵解甲歸田。……❸

　　在前後大約兩年的時間裡，莫斯科方面──特別是報刊上曾一
度出現的「褒陳貶孫」傾向，共產國際之高度評價陳炯明，其原來
的設想是為了建立一個以陳炯明為中心的親蘇政權。❹但 1922 年
6 月的陳炯明事變，令各方驚詫錯愕，亦迫使俄國人顯然不便再同
陳炯明繼續往來；加上吳佩孚在 4 月間第一次直奉戰爭中的勝出，
以及他對蘇俄的友好態度，因此，莫斯科在中國尋求合作對象的焦
點，遂轉而集中於吳佩孚身上。

貳、開明的吳佩孚元帥

　　1920 年春，在加拉罕第一次對華宣言傳入中國之際，吳佩孚
就派遣使者赴俄，會見過蘇俄外交人民委員部東方司的威廉斯基·
西比利亞科夫。當時，正在北京的遠東共和國外交總代表優林，亦
曾派人與吳佩孚接觸。1920 年 7 月，吳佩孚在直皖戰爭中的勝
利，使他初露頭角而引起了俄國人的注意。尤要者，在對待蘇俄的
態度上，吳顯然比孫中山「開明」。孫中山一直因為顧慮列強特別

---

❸　第 19 號文件，〈威廉斯基──西比利亞科夫致列寧信的附錄──「統治
　　中國的督軍」〉，1922 年 3 月 15 日，北京；李玉貞譯，《聯共、共產國
　　際與中國（1920-1925）》，第一卷（台北：東大圖書公司，民 86），頁
　　54-55。
❹　李玉貞，《孫中山與共產國際》（台北：中央研究院近代史研究所，民
　　85），頁 139。

是英國的干涉，而同蘇俄保持距離，但吳佩孚則對過激派表示同情；莫斯科方面當然也注意到這個情況。相較之下，在一般不太瞭解中國情況的俄國人眼中，吳佩孚的地位就似乎比孫中山「高」一些。**⑮**

1920 年 10 月 9 日，《消息報》——蘇維埃政府的機關報刊載了蘇俄遠東問題專家威廉斯基的文章，謂吳佩孚已在中國發生的事變中豎起了他的大旗，顯然在這一旗幟之下，中國新內閣一定採取有利於蘇俄的方針。**⑯**

1922 年 3 月間，威廉斯基從北京致函列寧，報告了中國現實力量的對比並用數字加以表示；然後，他說：

> 只消粗略地看一看上述中國情況，就足能做出評估：直系的戰略地位最為有利，它統治著整個華中和長江流域，這裡的人口最稠密，在經濟上舉足輕重。與爭戰中的各派系相比，直系勢力最大。而吳佩孚元帥作為一個軍事領導人連戰皆捷，也為自己進一步擴展和鞏固勢力創造了非常好的外部環

---

⑮ 李玉貞，同上書，頁 179。

⑯ 伊羅生（Harold R. Isaacs）著，劉海生譯，《中國革命的悲劇（*The Tragedy of the Chinese Revolution*）》（上海：嚮導書局，1947；香港重排本，1973），頁 116。王健民，《中國共產黨史稿》，第一編，上海時期（台北：自印本，民 54），頁 92。鄭學稼，《中共興亡史》，第二卷（台北：中華雜誌社，民 68），頁 315。王、鄭兩者皆引據伊羅生之所言。

境。❶

　　到 1922 年 4 月的第一次直奉戰爭後，莫斯科不但將吳佩孚的
勝利，美化成「革命的勝利」；甚而認為通過這次勝利，「使中國
已經接近階級鬥爭勝利的時刻了」。❶ 7 月 10 日，楊松由赤塔致
電加拉罕，轉發了威廉斯基給契切林和托洛茨基的電報；威廉斯基
於電報中再次盛讚吳佩孚是中國政治的主要因素，擁有軍隊、財
政、交通線以及內務部。而且針對月前才發生的陳炯明事變，意有
所指的說：

　　　　華南大多數省份現在都心向吳佩孚，結果使孫中山政府幾乎
　　　　徹底垮台。我們的中國同志做了很長一段時間的工作，我才
　　　　於 6 月 27 日獲吳佩孚邀請訪問了他的行轅，同他進行了非
　　　　常有意義和友好的談話，結果是吳佩孚寫了一封信，請交給
　　　　俄國武裝力量總司令托洛茨基，內容是關於中俄在遠東攜手
　　　　完成共同的任務。我認為這是中國和蘇俄軍事──政治合作
　　　　的起點。❶

---

❶　第 18 號文件，〈威廉斯基──西比利亞科夫致列寧的信〉，1922 年 3 月
　　15 日，北京，絕密；李玉貞譯，《聯共、共產國際與中國（1920-
　　1925）》，第一卷（台北：東大圖書公司，民 86），頁 51。
❶　《消息報》，1922 年 8 月 23 日；轉引自李玉貞，《孫中山與共產國際》
　　（台北：中央研究院近代史研究所，民 85），頁 189。
❶　第 22 號文件，〈楊松致加拉罕的電報〉，1922 年 7 月 10 日，赤塔，絕
　　密；李玉貞譯，《聯共、共產國際與中國（1920-1925）》，第一卷（台
　　北：東大圖書公司，民 86），頁 70。

由上引電報中「孫中山政府幾乎徹底垮台」一語，或可知當時俄國在華工作人員的觀察與判斷，以及對莫斯科聯吳政策產生的影響。另由於吳佩孚提出「廢督裁軍」的主張和孫中山的「工兵計劃」頗有相合之處，故孫亦表示願意有條件的與吳「共同攜手，以濟時艱」；並認為吳佩孚如果真有誠意護法，則從此兵不血刃而國是可定。於是，在 1922 年 4 月到 1923 年 2 月之間，似乎出現了一段蘇俄政府、共產國際和中國共產黨為「孫吳攜手」而奔忙的時期；**⑳**但孫中山在革命理想上和吳佩孚的根本差異，最終使莫斯科白費工夫。

　　1922 年 8 月 19 日，剛到中國才幾天的越飛，就從北京致函吳佩孚，稱他為「既是思想深邃、精明睿智的哲學家，又是卓有經驗十分幹練的政治家和天才的軍事家」；並說自己「故意拖延了對日談判，先來到北京」，以便將重要的中俄關係安排好；還強調「事實上俄羅斯政府根本不想利用談判獲取什麼利益，而相反，願意嚴格遵循本國外交政策，充分考慮中國人民的利益」；甚至說「我本人真誠相信，同俄國的談判百分之百地符合中國的利益」。**㉑**越飛對吳佩孚的誇讚通過其標準的外交語言表露無遺；也代表當時蘇俄對吳的態度。8 月 25 日，越飛從北京致函加拉罕說：

---

⑳　李玉貞，《孫中山與共產國際》（台北：中央研究院近代史研究所，民85），頁 177-181。

㉑　第 24 號文件，〈越飛致吳佩孚的信〉，1922 年 8 月 19 日，北京，極密；李玉貞譯，《聯共、共產國際與中國（1920-1925）》，第一卷（台北：東大圖書公司，民 86），頁 72-73。

孫中山是中國的精神領袖，吳佩孚──軍事領袖，兩人攜起
手來可建立統一的中國。現在他們正進行談判，希望能達成
一致意見：由孫中山當民國總統，吳本人──任軍事部長兼
總司令。㉒

　　歸根結底說，莫斯科之所以表現出如此明顯的「親吳」，是因
為吳佩孚表現了明顯的「親俄」。不言而喻，如果中國真的出現了
一個親俄的政府，那麼蘇俄的利益自然會更有保障。㉓

　　但另一方面，對吳佩孚的觀感和判斷也不是沒有異議。1922
年初，馬林在結束了與孫中山的桂林晤談後返回上海，隨即與中共
的領導人在西湖開會，他當時就指出：赤塔政府對吳佩孚的傾向是
絕對錯誤的；而他在 7 月間向共產國際的報告，則實際上已成功地
終止了赤塔方面的聯吳取向。到 1923 年發生「2 月 7 日大屠殺」
後，北京發布了通緝馬林和陳獨秀的命令；㉔當然，蘇俄交好吳佩
孚的政策也就因此結束。

　　歷史經驗似反覆不斷地證明，一個革命黨在野時極力宣傳理
想，但是，到取得政權後，卻又常犧牲理想而與現實妥協。當列寧

㉒　第 26 號文件，〈越飛致加拉罕的信〉，1922 年 8 月 25 日，北京，絕
　　密。李玉貞譯，《聯共、共產國際與中國（1920-1925）》，第一卷（台
　　北：東大圖書公司，民 86），頁 79。

㉓　李玉貞，《孫中山與共產國際》（台北：中央研究院近代史研究所，民
　　85），頁 190。

㉔　'Notes on a Conversation with H. Sneevliet.' Introduction by Harold R. Isaacs,
　　"Documents on Comintern and Chinese Revolution." *The China Quarterly*,
　　No.45, January/March 1971, p.105, pp.107-108.

奪得政權時，孫中山仍侷促一隅並無實權；故蘇俄的領袖們雖然知道孫中山是中國的大革命家，卻仍寄望於有名望和實力的吳佩孚、陳炯明等。俄國人之欲交好吳佩孚，主要是因為他握有武力；而看中陳炯明的價值也是如此。㉕不過，俄國人也沒有忽略當時看起來似乎欠缺實力的孫中山──因為他深具反對帝國主義民族革命的潛力和一貫堅持理想奮鬥不懈的戰鬥力。更重要的是，莫斯科從自己的利益出發，並不希望看到中國有那一個力量獨大而增加其對華政策的操作難度；這樣的考慮，在 1922 年 10 月越飛致契切林的祕電中，至為明顯：

> 局勢因孫中山與吳佩孚的鬥爭而複雜化，孫正為鞏固自身勢
> 力同張作霖打得火熱……孫中山的基本立場是：中國只能靠
> 武力進行革命，所以他，孫某人需要一支強大的軍隊，失掉
> 廣州後，他需要爭取建立一個新的基地以為憑藉去收復廣州
> 並圖進一步發展。這就是為什麼他起初在福建，後來又在四
> 川省進行軍事活動。在福建省他獲大勝，所以能夠繼續攻打
> 廣州。孫的這一立場導致我們也必須去利用中國軍閥，縱橫
> 捭闔，但不讓任何一方特別得到加強。㉖

㉕ 吳相湘，〈陳炯明與俄共中共關係初探〉；載中華文化復興運動推行委員
會主編，中國近代現代史論集編輯委員會編，《中國近代現代史論集》
31，第二十七編，中共問題（台北：台灣商務印書館，民 75），頁 28。

㉖ 第 41 號文件，〈越飛致契切林的電報節錄〉，1922 年 10 月 17 日，北
京，絕密；李玉貞譯，《聯共、共產國際與中國（1920-1925）》，第一
卷（台北：東大圖書公司，民 86），頁 108。

因此，莫斯科之放棄「伊爾庫茨克路線」轉而注意孫中山，其政策本質在相當程度上可說是「抑強扶弱」；何況，俄國人在選擇支持孫中山的同時，其藉力幫助幼年中國共產黨的用心還要更多一些。

1922 年夏秋之交，俄共中央和共產國際接受了馬林極具說服力的建議——在肯定以孫中山領導的國民黨為革命主體的前提下，同意中國共產黨員以個人名義加入國民黨。莫斯科認為，兩黨若能建立某種合作關係，必能為其帶來發展契機。中共初時雖不願意，但在其 1922 年之二大決議成為共產國際的支部後，在服從紀律和實際需要的雙重制約下，就不能排拒孫中山及國民黨。❷❼因此，可以說，「伊爾庫茨克路線」終結後，莫斯科與廣州的關係向前推進了一步。於是，蘇俄政府任命越飛為出使中國的全權代表，而孫中山和俄國人的互動，也開始了一個新的階段。

第二節　越飛使華與孫越會晤的前置準備

越飛之赴華，和當時蘇俄在國際上已逐漸突破孤立的形勢好轉有關；而中國方面直奉首戰後的奉系敗北，又給了蘇俄拉攏張作霖以削弱北京政府的機會。故此莫斯科調整了優林和巴意開斯的談判方式，改採強硬手段，不惜否認加拉罕宣言中有利於中國的承諾；並接受馬林的建議，放棄了「伊爾庫茨克路線」，轉而支持孫中山，同時訓令中國共產黨，要全力幫助國民黨「打倒軍閥」和「打

---

❷❼　陳永發，《中國共產革命七十年》，上（台北：聯經出版公司，2001），頁 95。

倒帝國主義」。另外，則是與日本談判，促其自遠東撤軍、解決舊案和抵制英國。誰能執行這些任務？蘇俄政府指派了越飛——其第一流的外交家負責。❷（另有一說是讓他遠離莫斯科的權力中心，以分散和削弱托洛斯基派的力量。❷）因此，越飛之銜命出使中國，肩負著公開同北京政府談判、與日本交涉撤軍以及秘密聯絡孫中山的三重任務。

越飛從 1922 年 8 月抵達北京，到 1923 年 1 月離滬赴日，前後在華停留 5 個半月：〈孫越宣言〉的發表，固然是最後的壓軸演出，但全本戲碼的主要內容——亦即雙方在關鍵問題或立場上的基本共識，實際上已經在前 5 個月的信函往返中大致形成。

壹、越飛對孫中山的初步試探

回顧蘇俄從 1917 年公布「和平法令」，到 1918 年契切林在蘇維埃大會的對華政策報告，以及後來 1919 年和 1920 年加拉罕的兩次對華宣言，均係一脈相承的理念與政策引伸：其本質既有世界革命戰略的普遍意義，也有針對性的個別用心。特別是其對華連番親善的友好動作，相較於長期以來西方強權在華的巧取豪奪，反差格外鮮明，因此，很自然地引起了中國方面——主要是知識分子和政界部分上層人士的好感。

1922 年 8 月 12 日，越飛代表團抵達北京，會見了外交部長顧

---

❷　詳參鄭學稼，《中共興亡史》，第二卷（台北：中華雜誌社，民 68），
　　頁 371-372。

❷　詳參鄭學稼，同上書，頁 373、376。

維鈞；但他以中蘇兩國未建交而不承認越飛為正式代表，並拒絕其
覲見黎元洪大總統。

　　北京政府之對待越飛，一如先前對優林和巴意開斯的敬而遠
之；揆其原因，仍然是顧慮列強干涉。故越飛本人在致吳佩孚和孫
中山的信中，都提到了北京的這種態度而表示「不能忍受」。

　　但另一方面，知識分子、輿論界和政界部分上層人士，對越飛
卻表現出高度的熱情。

　　8 月 21 日，北京新潮社等 14 個團體聯合歡宴越飛；當日出席
的有北大校長蔡元培和胡適等文化界名流。蔡元培在宴會上說：

> 中國革命是政治的革命。現在它趨向於社會革命。俄國給中
> 國以好榜樣。中國認為要向俄國革命學習經驗，他又開始一
> 種政治運動，但是這運動卻又具有社會革命的性質。請接受
> 學生們對老師的衷心歡迎。❸⓿

有史家認為，北京各界之聯合歡宴越飛，可說是民國外交史上罕有
之舉動；雖然這些團體裏面，或者不免含有幾個共產黨員，但他強
調：

> 這種宴會的意義，絕對不是共產黨聯俄的意義，也不是國民

---

❸⓿　依當日中國報紙所載，蔡元培的最後一句話是：「願以中國居於俄國革命
　　的弟子之列。」君宇，〈北京大學過激化了嗎？〉；《嚮導》，第 52
　　期，1922 年 10 月 25 日。

> 黨聯俄意義（此時中山和越飛尚未晤面），實在是中國的知識階
> 級，代表國民全體對蘇俄表示友好的意義。這種意義的舉
> 動，就是當時的軍閥政府也不敢說他們不對，不過那些白色
> 帝國主義的外交團，用一種嫉妒的眼光，在旁睨視，很含醋
> 意罷了。越飛在正式的外交上，雖然也不曾得到成績，但是
> 中國國民願意和蘇俄接近的情形，卻很明白了。❸❶

換言之，北京各界歡迎的，是以越飛為表徵的蘇俄對華親善態度；
一如兩年多前魏金斯基來華時所受到的歡迎。而且越飛在親身感受
到這種真誠而熱切的氣氛之際，其內心也產生了微妙的變化，並體
現於後來和莫斯科的領導們討論對華政策的過程中。

宴會的第二天——8 月 22 日，越飛即從北京致函孫中山，自
謙為從事遠東政治的新手，並推崇孫中山為「當代最偉大的國務活
動家，為中華民族解放而奮鬥的戰士。」「毫無疑問，對中國內部
發展條件的了解，閣下為第一人，他人不能望閣下項背。」「您為
中國第一智者，閣下之語字字珠璣，故我斗膽請教。」❸❷

越飛這些恭維的場面話，和幾天前他寫給吳佩孚的信如出一
轍。他在信中「明知故問」地請教了關於張作霖、陳炯明、吳佩孚
的種種，以及國民黨與北京國會、外交部等等，以便就一些最敏感

---

❸❶　李劍農，《中國近百年政治史》（下）（台北：台灣商務印書館，民
　　66），頁 610。

❸❷　第 25 號文件，〈越飛致孫中山的信〉，1922 年 8 月 22 日，北京，絕
　　密。見李玉貞譯，《聯共、共產國際與中國（1920-1925）》，第一卷
　　（台北：東大圖書公司，民 86），頁 76-78。

的問題得到孫中山的答覆。❸此外，越飛也說明了莫斯科急於把日本人趕出俄國，故不得不與日本談判。他同時抱怨說，不能容忍中國政府對他的另眼相看，不滿北京用劣於對任何一個大國代表的態度來對待他。但最重要的，是越飛闡釋了蘇俄在外蒙問題上的立場：

> 世界帝國主義特別願意在（外）蒙古問題上作文章，這是由於我們的干預，至今唯一沒有落入他們勢力範圍之內的中國領土。他們用這個問題來破壞我們的威信，指責我們是帝國主義。不知道中國政府為什麼上了這個鈎，不管說什麼事，動輒就問我們究竟何時從蒙古撤軍。每一個了解國際形勢的人都明白，無論從政治上還是從經濟上說，我們都沒有想滲入蒙古。況且，如果我們在眼下這樣的混亂時刻撤軍，日本帝國主義就會滲透進去。由此可見，我們現在撤出蒙古並不符合中國的利益。閣下是否同意我的看法？如果閣下同意我的看法，或許可請閣下利用自己的威望促成俄中談判盡快開始。❸

5 天後──1922 年 8 月 27 日，孫中山覆函越飛：

---

❸　見李玉貞譯，《聯共、共產國際與中國（1920-1925）》，第一卷（台北：東大圖書公司，民 86），頁 76。

❸　第 25 號文件，〈越飛致孫中山的信〉，1922 年 8 月 22 日，北京，絕密。見李玉貞譯，《聯共、共產國際與中國（1920-1925）》，第一卷（台北：東大圖書公司，民 86），頁 76-78。

閣下本月 22 日大札收悉，讀之引人入勝。

至於說蒙古，那麼，文完全相信貴國政府的誠意，並肯定莫斯科根本不打算使蒙古脫離對於中國的政治歸屬。

文同意蘇軍駐紮蒙古，直到文入主北京重建政府，屆時就能與貴國政府談判。若貴國軍隊立即撤出，則只能有利於列強中的某一個國家。

至於貴國同張作霖的關係，文當進言於閣下者乃是：莫將張推向日本方面去，給他提供機會，使其易於接受文的影響。一般認為，目前張正為英美援吳而起勁地反對英美。如果貴國過分仇視張，則可能迫使張去尋求日本在外交上的支持，因為任何人都不願處於完全孤立之境地，這一點還望注意。❸

孫中山這封在〈孫越宣言〉發表之前 5 個月寫給越飛的信，明確表達了在他入主北京前，同意蘇軍駐紮蒙古的立場；並提醒俄國人不要逼迫張作霖太甚，以免其倒向日本，並藉此突顯自己的影響力。

越飛收到孫中山的回信後；立即——似乎有點語帶興奮的——於 8 月 30 日電告在莫斯科的加拉罕：

今天我的信使歸來，帶來了孫中山的回信。此信我讓信使轉交給你們。……孫中山回答了所有敏感的問題，他上鈎

---

❸　第 27 號文件，〈孫中山致越飛的信〉，1922 年 8 月 27 日，上海莫里愛路 29 號。見李玉貞譯，《聯共、共產國際與中國（1920-1925）》，第一卷（台北：東大圖書公司，民 86），頁 81-82。

了。……他同意我對蒙古問題的政策，即務必通過全面談判解決問題，我國軍隊立即撤出對中國是不利（？）的。他建議不要對張作霖過於激烈，否則將適得其反，張會更堅決地投靠日本人。**㊱**

事實證明，越飛片面的樂觀似乎早了些；就在他致電加拉罕的第 2 天，俄共中央做出新的重大決定。

貳、莫斯科幡然變計

1922 年 8 月 31 日，俄共中央政治局會議作出決定，並即以中央委員會書記斯大林的名義電告（由加拉罕轉知）越飛：「中央委員會認為不得從 1919～1920 年間的一般宣言中做出同中國談判的直接指令，因中國政府沒有及時做出相應回答。」**㊲**這個決定，是莫斯科在對華政策方面極其關鍵而重要的立場轉變；幾乎等同於收回了加拉罕在 1919 和 1920 年的兩次對華宣言。

就在俄共中央政治局開會決定幡然變計的同一天，越飛從北京致電加拉罕說，任何一屆中國政府缺了錢也寸步難行，但外國銀行團出於政治考慮不願意提供錢；從而建議莫斯科把握這個有利時機

㊱　第 29 號文件，〈越飛致加拉罕的電報〉，1922 年 8 月 30 日，北京，絕密。李玉貞譯，《聯共、共產國際與中國（1920-1925）》，第一卷（台北：東大圖書公司，民 86），頁 85。

㊲　第 30 號文件，〈俄共（布）中央委員會政治局第 24 次會議記錄節錄〉，1922 年 8 月 31 日。李玉貞譯，《聯共、共產國際與中國（1920-1925）》，第一卷（台北：東大圖書公司，民 86），頁 86。

金援中國，「那麼在全世界人們的心目中，我們就是中國的拯救者，帝國主義就會名聲掃地」。❸

　　9 月 2 日，越飛函北京外交部長顧維鈞稱，俄國勞農政府成立之初，曾極力向中國政府及人民表示，對於中國不但準備拋棄帝俄之侵略政策，並欲依據完全之新基礎，即兩國政治經濟首先完全平等，重訂相互之友誼。越飛所謂的「新基礎」，就是指兩次加拉罕對華宣言。❸

　　由越飛向加拉罕的建議和對北京外交部宣稱的立場觀之，此刻，他似乎尚未接獲俄共中央政治局 8 月 31 日會議決定的有關重要指示。

　　所以，9 月 4 日，越飛又致電加拉罕，重申「現在誰給中國錢又不奴役它，讓現有政府平平穩穩地，哪怕再支撐上幾個月，誰就能拯救中國」；並強調，「懇請你們，只要有一點可能，就給中國這筆貸款，請允許我將此事告訴孫中山」。❹

　　3 天後，俄共中央政治局即決定，委託加拉罕回答越飛：「中央委員會對越飛同志的建議極表驚詫，越飛同志應該知道蘇維埃共

---

❸　第 31 號文件，〈越飛致加拉罕的電報節錄〉，1922 年 8 月 31 日，北京，絕密。李玉貞譯，《聯共、共產國際與中國（1920-1925）》，第一卷（台北：東大圖書公司，民 86），頁 88。

❸　詳參鄭學稼，《中共興亡史》，第二卷（台北：中華雜誌社，民 68），頁 379。

❹　第 34 號文件，〈越飛致加拉罕的電報〉，1922 年 9 月 4 日，北京，絕密。李玉貞譯，《聯共、共產國際與中國（1920-1925）》，第一卷（台北：東大圖書公司，民 86），頁 94。

和國的財政狀況。」**❹**

　　越飛獲知俄共中央的態度後，在失望之餘，回想起日前抵達北京時所受到的熱烈歡迎，意識到中國人對他的殷切期盼；心中波瀾起伏，盤算著該如何回應莫斯科。9 月下旬，他在寫給莫斯科幾位主要領導人——包括加拉罕、列寧、斯大林、托洛斯基、季諾維也夫、加米涅夫和拉狄克等人的信中，表達了自己的疑惑及看法：

> 　　我不明白，不能從我們 1919 和 1920 年的宣言中做出直接指令指的是什麼……
>
> 　　當然，如果要一點「靈活手腕」可以把這些宣言化為烏有。但是我認為，這將是我們對華政策的失敗，而最終成為我們全面失敗的開始，因為在對外政策中，一旦我們以最最普通的帝國主義者的面目出現，我們就會在相當大的程度上失去世界革命保壘的作用，這個損失要比在對內政策中做出重大經濟上的讓步嚴重得多。……我是新經濟政策的堅決擁護者，不過我認為把我們的外交政策引入「商業上斤斤計較」的方向，將成為我們的全面失敗。**❷**

---

❹　第 35 號文件，〈俄共（布）中央委員會政治局第 25 次會議記錄節錄〉，1922 年 9 月 7 日，莫斯科。李玉貞譯，《聯共、共產國際與中國（1920-1925）》，第一卷（台北：東大圖書公司，民 86），頁 96。

❷　1922 年 9 月 27 日，越飛致加拉罕等人的信；李玉貞譯，《聯共、共產國際與中國（1920-1925）》，第一卷（台北：東大圖書公司，民 86），頁 86。

如果從越飛的個別立場或道德高度看,他這番不要「斤斤計較」的見解,不但義正辭嚴、理直氣壯,而且光明正大又高瞻遠矚。雖然,越飛和他的助手馬林──這兩位處於具體執行蘇俄對華政策第一線的重要人物,都深深的體會到:

> 我們在自己的政策中不僅要批判帝國主義者,揭露他們的欺騙行徑,而且絲毫不可做出任何不當的事,以免使人產生我們實行偽裝的帝國主義政策的印象。[43]

但是,以蘇俄政府的官員和使華代表的雙重身份言──尤其是俄共中央提醒他注意蘇俄的財政狀況,使他仍然必須按照莫斯科的意圖執行其任務;而且不能打折扣。

因此,越飛要馬林向孫中山強調,請孫務必在中東鐵路和外蒙問題上支持越飛的立場,以便同北京政府的談判;而馬林為了完成使命,不但和張繼密切接觸並轉達越飛對孫中山的期望,還與國民黨的其他領導人一起做了「場外」配合。[44]

當時,越飛人在北京。

他從 1922 年 8 月中抵華到 12 月間,總共寫過 4 封信給孫中山,孫回函 3 封;[45]彼此交換了相關重要問題的意見。

這個情況說明,在雙方還沒有意識或者估計到,後來會以發表

---

[43] 李玉貞,《孫中山與共產國際》(台北:中央研究院近代史研究所,民85)頁 174。

[44] 李玉貞,同上書,頁 175。

[45] 詳參同上書,頁 192-193。

聯合宣言的方式表達共同看法之前，空中往還的密集協商實際上已
經開始了。

參、〈孫越宣言〉發表前的密集協商

　　1922 年 9 月 26 日，越飛指派的軍事隨員格克爾將軍，由馬林
陪同，在上海會晤了孫中山。根據馬林的記錄，孫中山開門見山的
就問格克爾：俄國是否願意支持他統一中國和能夠用什麼形式幫助
他。格克爾表示：俄國原則上同意給予援助；而最佳方案是——越
飛前曾說過的——聯合吳佩孚。但是孫認為吳不可靠，並且和張作
霖有矛盾。孫還說吳——是中國的老學究（scholar），乃是一件
「成品」，不容易被新思想吸引。而張作霖——是「原料」，可以
加工；他雖然沒有受過教育，卻是一個聰明人。將來吳張之戰難
免，孫則希望張作霖是贏家；若吳佩孚勝利，將導致英美進一步地
控制中國。另外，孫中山強調，組建獨立可靠的武裝力量是必要
的；而蘇俄運送援助物資最長但最可靠的一條路線是經過土耳其斯
坦。孫中山還進一步問到：俄國能否為這樣一支革命軍隊提供交通
工具、輜重和武器？能否提供一些飛機？有否汽車？有哪些型號的
大砲？機關槍多不多等等？**❹**

　　這是一次重要的談話，越飛通過格克爾和馬林的報告，清楚地

---

❹　第 39 號文件，〈格克爾與孫中山的談話（馬林記錄）〉，1922 年 9 月 26
　　日，上海。李玉貞譯，《聯共、共產國際與中國（1920-1925）》，第一
　　卷（台北：東大圖書公司，民 86），頁 104-106。另可參郭恆鈺，《俄共
　　中國革命祕檔（1920-1925）》（台北：東大圖書公司，民 85），頁 29。

知道孫中山最關心也是最迫切的需要──軍事援助；從而也能理解孫中山何以在一個月前給他的信中，不惜以同意俄軍暫駐蒙古做為交換條件。換言之，早在〈孫越宣言〉發表前的4個月，雙方已就蘇俄駐軍外蒙和孫中山希望得到莫斯科軍援這兩項議題，有了基本的認識。

這年10月25日，由於日軍退出海參崴，蘇俄恢復了沙俄時期在遠東的優勢地位，因此，莫斯科對中國的姿態就更高了。

11月3日，越飛函照北京外交部稱，中東鐵路是俄國人民的錢建成的，因此是俄國的財產；把它交給任何人，要本俄國自由意志的同意。他指出：俄國政府有權干涉該路，因為她比其他任何政府更加關切該路前途。11月6日，越飛告訴外交部說，如果中國政府再忽視俄國的利益，俄國就解除以前的諾言。14日，越飛進一步表示否認加拉罕兩次對華宣言中有「將中東路返還中國……不受何種報酬」的文字。到北京外交部指出從伊爾庫茨克轉來的蘇俄政府宣言法文正本中有此一段文字時，越飛又推說他本人當時正有事於西毆，文字或有異同，亦未可知。並強調：中國政府在當時並未答覆此項宣言，亦未接受蘇俄政府所提締結友誼的建議。因此，現在不能承認。❼越飛之態度如此強硬，其主要依據是俄共中央政治局8月31日的決議；以及蘇俄紅軍在10月底攻佔海參崴後的有利條件。尤其重要的，是越飛代表蘇俄政府，明明白白的否認了加

---

❼　詳參鄭學稼，《中共興亡史》，第二卷（台北：中華雜誌社，民68），頁379-383。

拉罕第一次對華宣言中有關中東鐵路無償歸還中國的承諾，同時確認中東路問題應——根據加拉罕第二次對華宣言——留待將來召開相關會議另案協商解決。就這樣，在不到半個月的時間裡，莫斯科對中東鐵路立場上的堅持，似乎已無轉圜餘地；並體現於其後發表的〈孫越宣言〉中。

12 月 20 日——〈孫越宣言〉發表前 1 個多月，孫中山直接再函越飛，提出了「大膽的新計劃」：

……好在眼下局勢發展有利，文能夠就貴國政府與文（作為我被壓迫同胞的代表）進行合作一事提出建設性政策。……

文現在能夠調動約 10 萬軍隊從四川經甘肅到內蒙古，最終可在由西北進軍北京這一傳統的路線上占居優勢。但我們想在武器、輜重、技術和專家等方面得到援助。

貴國政府能否通過庫倫向文提供援助，如果能，那麼能提供多少，在哪些方面？……

如果此計畫將付諸實施，則文應直言不諱地聲明，文的真正敵人吳佩孚也。英國及其他（國家）當然會支持吳攻我，即使現在，英國人也主張吳佩孚與陳炯明「攜手」，以「消滅」文在福建的軍隊。……

文的計劃大膽而有新意，此外，還具革命性，如果此計劃能引起貴國政府注意，則請向文派遣某位權威人士進一步討論近期行動。如果明年內此計劃可得以實施，那成功的可能性會大得多。拖延下去會使資本主義列強幫助反動派在中國肆

虐。㊽

這就是孫中山有名的「西北計劃」㊾；他在 3 個月前曾經向格克爾提過。

雖然俄國人並未同意完全支持這個構想，其理由——托洛茨基後來對訪俄的蔣介石當面說得很清楚——簡言之，就是國民黨的軍事行動不是由蒙古出擊，而應當在中國本土興師。㊿但莫斯科最終還是決定具體援助孫中山，從而奠定了廣州政府建軍北伐的實力基礎。

1923 年 1 月 4 日——〈孫越宣言〉發表前約 3 週，俄共中央政治局決定支持國民黨，其費用從共產國際的後備基金中支出，因該工作係循著共產國際的渠道進行，故建議外交人民委員部同越飛協商，向政治局提出補充撥款的議案。(51)這時候，莫斯科援助孫中

㊽ 第 51 號文件，〈孫中山致越飛的信〉，1922 年 12 月 20 日，上海，莫里愛路 29 號；李玉貞譯，《聯共、共產國際與中國（1920-1925）》，第一卷（台北：東大圖書公司，民 86），頁 131-132。

㊾ 詳參郭恆鈺，《俄共中國革命祕檔（1920-1925）》（台北：東大圖書公司，民 85），第 4 章，頁 27-35。

㊿ 第 97 號文件，〈巴蘭諾夫斯基關於國民黨代表團會見托洛茨基的書面報告〉，1923.11.27. 莫斯科；見李玉貞譯，《聯共、共產國際與中國（1920-1925）》，第一卷（台北：東大圖書公司，民 86），頁 277-278。

(51) 第 55 號文件，〈俄共（布）中央委員會政治局第 42 次會議記錄節錄〉，1923 年 1 月 4 日，莫斯科。李玉貞譯，《聯共、共產國際與中國（1920-1925）》，第一卷（台北：東大圖書公司，民 86），頁 148。另見郭恆鈺，《俄共中國革命祕檔（1920-1925）》（台北：東大圖書公司，民 85），頁 39。

山的心意已定；並要求越飛提供具體資料憑以取決。

　　宣言發表前的兩週——1923 年 1 月 12 日，共產國際執行委員會採取了配合俄共中央的重要步驟——做出《關於中國共產黨與國民黨的關係問題的決議》（史稱「一月決議」），確認「在目前條件下，中國共產黨黨員留在國民黨內是適宜的」❺❷。這是對孫中山的再一次肯定。

　　另一方面，1923 年初，華南政局又起變化。1 月 4 日——恰是俄共中央政治局決定要撥款援助孫中山的同一天，孫在上海發出了討伐陳炯明的通電；1 月 16 日，支持孫中山的滇、桂、粵聯軍攻佔廣州，陳炯明敗走惠州；孫中山聲勢復壯，其政治地位亦隨之提高。

　　越飛有鑑於此，遂決定親赴上海與孫中山當面洽談解決相關具體問題：包括爭取孫中山支持蘇俄對中東鐵路的立場；與吳佩孚和解；蘇軍暫時不撤離外蒙；孫則承認蘇俄，並且允許在中國進行共產主義宣傳；以及孫中山所一直期望的——取得蘇俄在物質和道義上的援助。❺❸當時，越飛向莫斯科報告說，與北京談判無濟於事，而對於張作霖或吳佩孚的私人聯絡，亦屬次要。因為「獨裁者來來去去，只有人民常在。」目前，中國已經產生了一個群眾性的國民革命運動，中國命運就惟此是賴。吳佩孚勾結帝國主義，反對孫中

---

❺❷　詳見中國社會科學院近代史研究所翻譯室編譯，《共產國際有關中國革命的文獻資料（1919-1928）》，第一輯（北京：中國社會科學出版社，1980），頁 76。

❺❸　詳參李玉貞，《孫中山與共產國際》（台北：中央研究院近代史研究所，民 85）頁 198。

山的革命運動，阻礙中國的統一。越飛並稱譽孫中山是中國革命的象徵，而且對張作霖有影響力；他強調國民黨將成為群眾的黨，這對統一中國與反帝，都是必要的。❺於是，莫斯科之決意聯孫，即將通過越飛付諸實現。

越飛於 1923 年 1 月 16 日自北京啟程，17 日抵達上海；從 18 日起到 27 日，他和孫中山多次會晤。越飛就政黨改組和三民主義的傾向問題，建議孫中山從理論原則上突出反對帝國主義的立場；越飛說會將他們的談話詳情報告給莫斯科，雙方並同意擬定一個公開的聯合宣言。❺

就在此時，1923 年 1 月 20 日——〈孫越宣言〉發表前一週，托洛茨基從莫斯科密函越飛，明確交待了莫斯科在「中東鐵路這一個確實十分敏感的問題」上所採取的立場：

> 不管怎麼樣，反正我至今不明白，為什麼放棄帝國主義（政策）要以放棄我們的所有權為前提。中東鐵路無疑曾是帝國主義的工具，但它也是我們在中國土地上的財產。況且如果鐵路轉入中國之手，它是一筆巨大的經濟文化財富。在這個意義上，我完全不明白，為什麼中國農民應當靠俄國農民的錢來擁有這條鐵路。您說，中國反正是沒有錢來付給我們的。這是毫無疑義的。可是一但中國政府穩定下來，它就能

❺ Allen Whiting, *Soviet Policies in China, 1917-1924*. New York: Columbia University Press, 1954, pp.201-202.

❺ C. Martin Wilbur, *Sun Yat-sen: Frustrated Patriot*. New York: Columbia University Press, 1976, p.145.

夠很快，比蘇維埃俄國更快地得到貸款，我們能夠也應當幫
助孫中山在中國穩定其政府。為什麼孫中山或者其他一個什
麼人在這種情況下，就不能部分地逐步地補償我們為中東鐵
路投入的費用呢？中國人民不是將要使用這條鐵路嗎？為什
麼這就是帝國主義呢？

您特別強調中國的貧窮。但是……請允許我提醒您，親愛的
阿道夫·阿勃拉莫維奇，俄國也很貧窮，根本沒有能力做出
物質上的犧牲，來報答殖民地和半殖民地人民對它的友善情
意。不言而喻，如果把中東鐵路這筆財富拱手給中國，即相
當於給它 80 億盧布，再加上 4 千萬盧布的貸款（顯然也是沒
有希望收回），那該有多麼大的誘惑力呀。中國人會把鐵路收
回，至於那 4 千萬盧布，他們會很快用完，接著再向我們
要，要不到，就找美國，友好情意也就給了美國。這一點，
我們從土耳其的例子上就能部分地看出了。用物質上的施捨
贏得的那份友好情意是很不牢固的，因為我們的敵人能拿出
更多的施捨。而靠我們解放性的國際政策贏得的那份情意，
符合被壓迫人民對國家民主的追求，這種情意雖然來的慢一
些，卻更加牢固而持久。也正是在這層意思上，中央委員會
才完全肯定了您的政策。**56**

---

56 第 58 號文件，〈托洛茨基致越飛的信〉，1923 年 1 月 20 日，莫斯科，
秘密。李玉貞譯，《聯共、共產國際與中國（1920-1925）》，第一卷
（台北：東大圖書公司，民 86），頁 159-160。

托洛茨基——這位蘇俄紅軍之父、當時在莫斯科炙手可熱且備受尊崇的領導人，把越飛先前力持金援孫中山而不要「斤斤計較」的主張，輕輕一撥地變成了「金錢換不到友誼說」，並「在這層意思上」，強調了俄共中央對越飛的肯定。同時，也毫不含糊地把中東鐵路的價值換算成數據——80 億盧布；所以，它當然不能拱手讓給中國人。

此刻，越飛正同孫中山密鑼緊鼓的會商。他在滬期間，公共租界工部局警務處曾派出密探、「眼線」，進行嚴密監視，打探回報越飛之行蹤——特別是他與孫中山的接觸狀況與晤談內容。(57)這個情況，固然反映出西方對孫越會談的警覺和重視；但如果列強有意於此時介入甚至干涉，實際上似乎為時已晚。因為，由前此 5 個月的事態發展可知，〈孫越宣言〉的主調已定，特別是關乎莫斯科利益所繫的外蒙駐軍和中東路問題，以及孫中山殷殷期盼的蘇俄軍事援助；雙方可說是已經有了相當程度的諒解，並建立了基本共識。剩下的，就是少許枝節和臨場演出了。

1923 年 1 月 26 日，〈孫文越飛聯合聲明〉發表了；它是孫越協商水到渠成的體現，是莫斯科和廣州合作架構的表徵，也是爾後雙方關係進一步推展的原則和根據。

---

(57) 詳參〈1923 年孫中山與蘇聯特使越飛在滬會談情況的警務報告〉；見《黨史研究資料》（5），四川人民出版社，1985，頁 57-60。

第三節　〈孫越宣言〉的再詮釋

當各方注視著〈孫越宣言〉發表的同時，從不同立場或觀點出發的評論亦伴隨出現。從此，環繞著史家間大相逕庭的詮釋和爭議，也就紛紛擾嚷了數十年；其探討核心是孫中山的得失——從滿分到零分。到底，孫中山在和俄國人聯繫的曲折過程中，得到了什麼？又失去了什麼？成敗得失之間，其史義何在？從長距離、大範圍、寬視野和高角度觀之，可以再次作深入反省。而首先不宜忽略的，則是莫斯科方面對於〈孫越宣言〉的低調和冷處理。

壹、孫中山先馳得點
——俄國人何以要刪掉一段

著名的〈孫文越飛聯合聲明〉（按：國民黨方面保存的文獻稱為〈總理與蘇俄特命全權大使越飛聯合宣言〉(58)），最早是由上海的《大陸報》以英文發表，後來出現過幾個不同的譯文；而流傳較廣的，則是上海《民信日刊》所載的版本。李玉貞以《大陸報》所刊之英文本對比於《真理報》和莫斯科出版的相關俄文資料，認為《民信日刊》的譯文最準確；(59)其全文如下：

越飛君此次在滬，曾與孫逸仙博士會談數次，關於中俄關係

(58) 羅家倫主編，《革命文獻》，第九輯（台北：中央文物供應社，民44），頁36-37。

(59) 李玉貞，《孫中山與共產國際》（台北：中央研究院近代史研究所，民85），頁207-208。

各重要事件，意見一致，而下列數端尤著：

一、孫逸仙博士以為共產組織甚至蘇維埃制度，事實上均不能引用於中國，因中國並無可使此項共產主義或蘇維埃制度實施成功之情形存在之故，此項見解，越飛君完全同感，且以為中國最重要最急迫之問題，乃在民國的統一之成功，與完全國家的獨立之獲得。關於此項大事業，越飛君並向孫博士保證，中國當得俄國國民最摯熱之同情，且可以俄國援助為依賴。

二、為明瞭此等地位起見，孫逸仙博士要求越飛再度切實聲明 1920 年 9 月 27 日俄國對中國通牒中所列舉之原則。越飛君當即重行確認此項原則，並向孫博士切實宣稱：俄國政府準備且願意根據俄國拋棄帝政時代對華一切條約及強索權利之基礎，另行開始中俄交涉。上述各條約中，包括關於中東鐵路之各項條約及協定在內（關於此路之管理，上述通牒中第七條曾特別敘述之）。

三、因承認全部中東鐵路問題，只能於適當之中俄會議中滿意解決，故孫逸仙博士以為就目前的實際情況，宜於鐵路管理上覓一相當辦法。且與越飛君同意現行鐵路管理辦法，只能由中俄兩政府不加成見，協商暫時改組，但不得損害兩方之真實權利及特別利益。同時，孫逸仙博士以為此點應與張作霖將軍商洽。

四、越飛君向孫博士切實宣稱（孫博士對於此層完全同意）：俄國現政府決無亦從無在外蒙實施帝國主義政策，或使其脫離中國之意思與目的。孫博士以為俄國軍隊不必立時由外蒙撤

退，緣為中國實際利益與必要計，中國北京政府庸弱無能，無力阻止因俄兵撤退後白俄反對赤俄之陰謀與敵對行為之發生，而釀成一種較目下尤為嚴重之局面。

越飛君與孫博士以最親摯與有禮之情形相別。彼將於離日本之際再來中國南方訪問，然後赴北京。

1923 年 1 月 26 日。上海。

孫逸仙　　越飛（簽字）(60)

但是，另一方面，相對於中國刊物的大肆報導，身為當事者的蘇俄及共產國際，卻表現出極為低調的靜默狀態；遲至 1923 年月 1 日 30 日，孫越會談的新聞才見報。蘇俄的外交人民委員部、共產國際和赤色職工國際的機關刊物，亦從來沒有報導過任何相關消息。俄共中央和蘇俄政府的機關報——《真理報》和《消息報》，也都只是輕描淡寫地透露了孫越會談的簡單情況；其他重要的評論性文章更是沒有。(61)

尤其引人注目的，是莫斯科的宣傳機器在報導本國特命全權外交代表的重要活動及其所發表的聲明時，似乎刻意的迴避而不使用「聯合」二字；另外取以代之的是大標題〈蘇中關係〉和小標題——〈越飛與孫中山的談話〉；並且，還刪掉了宣言中第一項開頭的幾句——「孫逸仙博士以為共產組織甚至蘇維埃制度，事實上均

(60) 李玉貞，《孫中山與共產國際》（台北：中央研究院近代史研究所，民 85），頁 208-209。

(61) 林家有、周興樑，《孫中山與第一次國共合作》（成都：四川人民出版社，1989），頁 152。

不能引用於中國，因中國並無可使此項共產主義或蘇維埃制度實施成功之情形存在之故，此項見解，越飛君完全同感」。俄共中央機關報——《真理報》當時的報導全文如下：

> 越飛啟程赴日本之前曾與孫中山數次會談，每次會談都是很友好的，並且明確兩人對中俄關係的看法相同。越飛強調說，他認為中國最急迫的任務是國家統一和取得完全獨立。他向孫中山保證，中國能夠得到俄國人民最熱切的同情並可指望俄國人民的幫助。蘇俄全權代表聲明，俄國政府準備在取消中國同沙皇政府簽訂的一切條約的基礎上與中國開始談判。至於中東鐵路問題，越飛指出，只能於專門的俄中會議始可滿意解決。孫中山同意越飛的看法：現行鐵路管理局應該據專門的俄中協商加以改組，但不得損害任何一國的利益。孫中山認為此點應與張作霖商洽。
>
> 越飛向孫中山強調（孫對此完全同意），俄國不會在外蒙古實施帝國主義政策，也沒有割占該地的意圖，孫中山因此也不要求俄國軍隊立即撤出外蒙古，相反，他認為，鑒於北京現政府的軟弱無能，撤軍會有害無益，會使白匪反對赤俄的陰謀與敵對行為更加激烈，而在這方面釀成更為複雜的局勢。孫中山的相應聲明經越飛同意已經公布。(62)

(62) 李玉貞根據《真理報》俄文所譯；引自李玉貞，《孫中山與共產國際》（台北：中央研究院近代史研究所，民 85），頁 211-212。

1923 年 2 月 1 日，《消息報》——蘇俄政府的機關報——發表〈孫越宣言〉時，也刪去了同樣的一段。(63)這個情況，不免令人聯想起「《真理報》上無真理；《消息報》上無消息」的戲言。

難道說，當日俄共政要中有人反對這段話？或者是，這些話不宜在蘇俄國內公開傳播？

不唯如此，甚至到 1960 年代開始出版的《蘇聯對外政策文件集》，也沒有收錄這個重要的歷史文獻。顯然，俄共當局、共產國際和後來的蘇聯領袖們，在相當長的時期裡都不喜歡〈孫越宣言〉第一項開頭的那幾句話；(64)所以將之刪除。為什麼？其原因或可由理論內涵、政策取向和客觀事實三方面考察。

第一、從理論內涵檢視。

在〈孫越宣言〉中提到的「共產組織」、「蘇維埃制度」和「共產主義」，其內涵並不明確；而這些概念的指涉，又正是俄國人革命的理論基礎和根據，故有詳為辨正和釐清的必要。

首先，就共產組織而言，如果它指的是將來「各盡所能，各取所需」的理想社會中，其生產與分配等組織形式；亦即馬克思在《哥達綱領批判》和列寧在《國家與革命》中所說的社會主義高級階段——共產主義；那自然是以後、甚或很久以後的事。如果指的是現在——1920 年代，則顯然，連蘇俄自己都還談不上，也根本沒有這種組織，更遑論當時的中國。所以，越飛不得不表示和孫中

---

(63) 鄭學稼，《中共興亡史》，第二卷（台北：中華雜誌社，民 68），頁 391。

(64) 李玉貞，《孫中山與共產國際》（台北：中央研究院近代史研究所，民 85），頁 212。

山有「完全同感」——共產組織事實上不能引用於中國。

其次，蘇維埃制度不能引用於中國的問題。

蘇維埃(65)——即「代表會議」之意，從 1905 年開始，在俄國做為革命起義鬥爭的領導機關，到 1920 年代初期，已經發展了 10 幾年。它基本由工、農、兵的代表組成，是俄國革命時期所採取的組織形式——藉以對比突顯出沙皇統治的專斷獨裁，而強調在民主的基礎上實行集體領導；它具有俄國革命的歷史背景和理想主義色彩。俄國人情有獨鍾於蘇維埃，從十月革命成功後其新國號以「蘇俄」為名可以得證；而其他國家也以「蘇俄」區別於「帝俄」或「沙俄」而稱之。但另一方面，正是由於暴力革命的理論和俄國革命過程中事實上的血腥手段，又使得「蘇俄」、「共產主義」和「過激主義」——至少在刻板印象上——幾乎連成一體。

因此，雖然關於在中國建立蘇維埃的建議，幾乎貫串了每一位俄國赴華使者和孫中山的談話；但最後，孫中山仍然不為所動。以孫的人格特質和領導風格，以他過去在中華革命黨時期曾要求黨員打手模，並宣示服從領袖——亦即他本人——的強勢作風來看，孫中山堅持己見，是其來有自的。故而越飛即便在其他方面和孫中山已有諒解和默契，但在蘇維埃制度要引用於中國這一點上，他也還是不能突破。

再次，中國沒有可以使共產主義實施成功的情形存在。古典理

---

(65) 蘇維埃是 Soviet 的音譯，即「代表會議」之意；其首先是布爾什維克應用於 1905 年領導俄國工人反抗沙皇統治的時候，曾在彼得堡和莫斯科組織蘇維埃，作為鬥爭起義的領導機關。詳參中共術語彙解編輯委員會編，《中共術語彙解》（台北：中國出版公司，民 66），頁 601。

論的共產主義，是以經濟上物質條件的高度發達為前提；以社會上公平公正的分配分享為特徵。但以 1918 年到 1921 年間蘇俄實施的「戰時共產主義」而論，其主要原因是出於國防上有迫切需要，故生產方面盡量鼓勵，一般分配與消費則盡可能平均地壓縮控制，並無償徵集剩餘的大部分物資，來支持戰時龐大而急速的消耗。所以蘇俄當時所施行的共產主義，前面還有「戰時」二字，是國家為避免緊急危難而採取的階段性權變措施，並非原理意義上的共產主義。因此，如果只從名稱上看「共產主義」四個字，並不能概括蘇俄當時的實際情形；必須從具體內容考察，才能準確地掌握真相。更何況，孫越會晤乃至其聯合宣言發表的一年多以前，蘇俄已停止施行戰時共產主義而改採新經濟政策；馬林就是根據這個事實想取信於孫中山，並嘗試爭取他同蘇俄的合作。甚而孫自己也認為俄國人已放棄共產主義，實行了和他的主張一樣的政策。

尤有進者，孫越發表聯合宣言後，廖仲愷奉孫中山之命隨越飛同赴日本，在熱海繼續會商月餘。越飛得以說服廖仲愷不再質疑的，是俄國當時的現狀——即蘇俄何以不行共產主義而改採新經濟政策。至於中國，當然更不能實施共產主義。史家的記載中有這樣的一段對話：

> 廖仲愷問越飛，用 10 年時間，俄國能否實現共產主義？越飛說：「不。」那麼在 20 年內？越飛又答：「不。」那麼在 100 年內？越飛答：「也許。」廖說：「那麼……夢想我們都死後也許會也許不會實現的烏托邦，有什麼用處呢？讓我們都當今日的革命者，並為實現三民主義的民族革命而工

作。」(66)

越飛是否對廖仲愷說過這些話是一回事；但他想藉類此說詞通過廖轉達於孫，以促成實現莫斯科要同孫中山合作的願望，則是可以想像和理解的；故而越飛在宣言中表示同意孫中山的見解，亦未嘗不是出於策略考慮的暫時妥協。

但是，根據馬克思主義的基本原理，無產階級革命是從反封建統治的民主革命階段，到反資產階級剝削的社會革命階段，到邁向並最終進入共產主義天堂。其各個階段之間既有聯繫又有區別，是一個辯證發展的過程；既是連續不斷的革命，又是階段性的革命。因此，有論者指出，孫中山的見解——中國沒有可使共產主義實施成功的情形存在——是不對的；由於他的思想侷限、世界觀和理論基礎等，與共產黨人不同，所以他主張「畢其功於一役」。孫中山從「一次革命論」出發，錯誤地認為：「共產組織甚至蘇維埃制度，事實上均不能引用於中國。」(67)當然，源於理論根據不同而產生的認識差異是不是錯誤，尚待商榷；此處暫且存而不論。但上引之評述——在指稱孫中山錯誤的同時，恰恰反過來解釋了為什麼俄國人要刪掉〈孫越宣言〉中開頭的那幾句話。

如果說孫中山錯了，那越飛表示對孫中山見解的「完全同感」，豈不是也錯了；而莫斯科要是允許宣言全文照刊，就等於同

---

(66) Tang Leang-Li, *The Inner History of the Chinese Revolution*. London: George Routledge & Sons, 1930, pp.157-158.

(67) 林家有等，《孫中山與第一次國共合作》（成都：四川人民出版社，1989），〈引言〉，頁7。

意孫中山和越飛的觀點，當然也就一樣是錯誤的。問題的關鍵正在這裡——它涉及到俄國革命的基本立場和理論根據。

就莫斯科而言，承認宣言中的那幾句話，就無異於承認了共產組織甚至蘇維埃制度的「侷限性」。當時，關於「一國社會主義（Socialism in One Country）」(68)的理論還沒有出現；新經濟政策正在實施中。克里姆林宮以列寧為首的領導們，還深信俄國革命與社會主義建設的大業，需要全世界——特別是東方落後國家無產階級反帝民族運動的配合響應，才能克竟全功。所以，他們盡可能的輸出革命，以求營造出一個有利的環境。如果此時在其國內宣傳，尤其是在俄共中央和蘇俄政府的機關報刊上，就這樣承認並公布〈孫越宣言〉全文，那不就等同於否認了蘇俄革命訴求的理想性和革命行動的正當性；事關重大，豈能含糊；不刪掉那幾句話，行嗎？

更何況，在孫越會談之際，在宣言發表月餘之前——1922 年底舉行的共產國際第四次代表大會，已經在推展世界革命的政策取向上，明明白白的作出了調整。

第二、以政策取向而論。

越飛之認同孫中山的見解，與當時蘇俄政府的對華政策和共產國際的世界革命戰略，不但密切相關，而且實際上一致。共產國際

---

(68)　「一國社會主義」是指：社會主義建設可以（單獨而率先的）在蘇俄（這一個國家）完成，而無需其他（國家或地區）的社會主義革命（配合之）。這個理論觀點是斯大林於 1924 年底在和托洛茨基等人的爭辯中逐漸醞釀成熟的；是「斯大林主義」（Stalinism）的內涵之一。詳參 Tom Bottomore, ed., *A Dictionary of Marxist Thought.* Cambridge, Massachusetts: Harvard University Press, 1983, p.461, 463, pp.490-491.

中國問題委員會主席拉狄克在共產國際四大上說：

> 中國同志的任務，首先是觀察一下中國的運動的可能性。同
> 志們，你們必須懂得，無論是實現社會主義的問題，還是建
> 立蘇維埃共和國的問題，在中國都沒有提上日程。⑥⑨

而共產國際四大通過的〈關於東方問題的總提綱〉亦明言：

> 無產階級應當支持並提出諸如建立獨立的民主共和國、消滅
> 一切封建權力和特權……等等局部性的要求，因為目前的力
> 量對比還不允許把實現蘇維埃的綱領作為當前的任務。⑦⓪

這是莫斯科主導建立世界反帝統一戰線的綱領性論述。在共產
國際四大於 1922 底召開前後，蘇俄、共產國際為了爭取同中國實
力派人物吳佩孚和孫中山的合作，就曾極力闡明無論社會主義還是
蘇維埃共和國問題，在中國都沒有提上日程，並認為中國革命的當
前任務，主要是圍繞吳佩孚與孫中山，努力發展資本主義，然後再
去建立全國統一的資產階級共和國。因此，〈孫越宣言〉中第一項

---

⑥⑨　詳見中國社會科學院近代史研究所翻譯室編譯，《共產國際有關中國革命
　　的文獻資料（1919-1928）》，第一輯（北京：中國社會科學出版社，
　　1980），頁 64。

⑦⓪　詳見中國社會科學院近代史研究所翻譯室編譯，《共產國際有關中國革命
　　的文獻資料（1919-1928）》，第一輯（北京：中國社會科學出版社，
　　1980），頁 73。

的那幾句妥協，可以說是蘇俄政府對華政策和共產國際世界戰略發展的必然結果。(71)換言之，俄國人當時還沒有完全放棄繼續聯吳進而和北京親善的政策取向。而與此同時，孫中山也仍在尋求爭取西方各國的支持。於是，蘇俄不僅對孫越會談及其結果〈孫越宣言〉作淡化處理，並極力壓縮其可能產生的負面影響；以免因聯絡交好孫中山的動作太大，引起列強猜忌而橫生枝節甚至破局。所以，莫斯科當局控制了對〈孫越宣言〉的報導，是基於「內外有別」的考慮，也是正常而可以理解的。

第三、就客觀事實論。雖然，共產主義不可行之於中國在表面上見諸宣言；但卻是孫中山對越飛讓步的表述。因為，宣言中沒有說的是：孫中山默認了共產主義已經在中國宣傳的事實。不過，也正是這個事實，說明孫中山的默認與否，關係不大。由於當時不但共產主義在中國已宣傳有年，中國共產黨也已成立；而且，共產黨人還以個別的名義加入了國民黨。孫中山只要他的同志全力投入他所領導的國民革命，倒並不在意他們原來的政治立場或信仰。更何況，共產黨的組建和共產主義的宣傳，還都是莫斯科對華工作的「重中之重」；從長遠的觀點看，俄國人一如慣常地保留了將來可能的轉圜餘地，故而無需、也不必要在這一點上多做文章。

綜上所論，〈孫越宣言〉第一項開頭關於共產主義不可行之於中國的那幾句話，在理論內涵、政策取向及客觀事實等三方面，都與當時莫斯科充滿了世界無產階級革命速勝論的氣氛，形成強烈的

---

(71) 林家有、周興樑，《孫中山與第一次國共合作》（成都：四川人民出版社，1989），頁 148、151-153。

反差。因此，俄國人在內部宣傳上將之刪除，以免自陷於難以自圓其說的被動與窘境。兩相對照之下，可以說，這是孫中山的一個勝利。所以〈孫越宣言〉的發表，如果按點計分，孫中山是先馳得點；而不是零分。

貳、孫中山再得一分——俄援的隱藏式表述

越飛在宣言中認為：民族獨立和國家統一是中國最迫切急要的問題。但領導者是誰？毫無疑問，在當時，只能是孫中山及其領導的中國國民黨。這一點，由共產國際 1923 年通過的「一月決議」——要中國共產黨人繼續留在國民黨內——可以證明。因此在宣言中雖然看不見「反帝國主義」的字樣，可是雙方反帝的共同諒解，實已隱藏在越飛的觀點和承諾中。(72)因為中國統一和民族獨立的另一面，就是打倒帝國主義；這對蘇俄有利，也和莫斯科世界革命的訴求一致，所以越飛「保證」——中國可以唯俄國援助是賴。

表面上看，越飛在宣言中代表蘇俄向孫中山承諾的援助是有限度的，也沒有就如何援助做具體約定；其承諾只是一種外交手段，目的是要換取孫中山在其他方面對蘇俄的讓步。不過，盡管如此，這種承諾本身對孫中山來說，仍然具有重要意義。孫中山為了革命，長期尋求外援而不得，如今，蘇俄這樣一個大國的代表願意這樣做，無疑會提高孫中山的國內外地位，有利於他進一步發動和領導中國革命運動。另一方面，當然也有利於蘇俄對華政策的執行和

(72) 崔書琴，《孫中山與共產主義》（台北：傳記文學出版社，民 73），頁 25。

共產國際世界革命戰略的實踐。〈孫越宣言〉的發表，標誌著蘇俄、共產國際在中國尋求合作者的努力，取得了重要成果。相當一段時期以來，莫斯科曾派出使者到中國尋求各界支持。但是，除了中國共產黨表示完全支持外，沒有那一個實力集團、或者所謂「進步的軍人」敢公開與蘇俄交好。而此刻，在中國深具影響並有一定實力地位的老革命家孫中山，敢於和願意這樣做，這既是對蘇俄國際地位的聲援和支持，也使共產國際關於民族和殖民地的新戰略在中國取得了成效，不但實現了國際共產主義運動與中國資產階級民主派勢力的合作，也使蘇俄在對華關係的交涉方面取得了有利的地位。(73)

上述觀點，主要是對越飛的肯定，也是站在越飛及其所代表的蘇俄和共產國際的立場上作出的正面評價。但與此同時，也承認孫中山有所收穫；他得到了蘇俄保證對其援助的一種隱藏式表述。這次，俄國人沒有食言；而且，越到後來，其效果越是具體而顯著。因此，在這個意義上，可以說，越飛的得分，並不妨礙孫中山的再得一分。

參、中東鐵路是俄國伸到中國的生命線

托洛茨基曾經透露過斯大林的用詞——中東鐵路是俄國「伸到

---

(73) 林家有、周興樑，《孫中山與第一次國共合作》（成都：四川人民出版社，1989），頁 149-151。

中國的生命線」；或曰一個「革命的手指」。(74)托洛茨基自己也在孫越發表宣言之前的一週函示越飛，強調中東路——價值 80 億盧布，是用俄國人民的錢建成的，不能拱手讓給中國。而越飛更直接要馬林告訴孫中山，「我們給中國人民的太多了，這個（指中東鐵路）不能再給了」(75)；莫斯科的立場，實已不言而喻。

因此，關於中東路問題；孫中山讓步。宣言只提 1920 年的加拉罕第二次對華宣言，而不提 1919 年的第一次宣言；這實際上就等於否定了第一次宣言中，加拉罕承諾將中東鐵路無償歸還中國的條款。於是，第一次的無償歸還說，到第二次就變成了另訂專約再議。孫中山同意中東路維持現狀，但認為這件事要與張作霖協商。而孫又何以在此提及張作霖？原因是中東鐵路位在張的勢力範圍內。

先是 1920 年 7 月的直皖戰爭，曹吳奉張打敗皖段，共同控制了北京；但奉張又擔心直系擴大，故雙方已有潛在矛盾。而日本見其支持的皖系既然敗落，遂轉向全力支持張作霖，以抗衡有英美撐腰的吳佩孚；張在關內的聲勢乃壯。1921 年 4 月，共產國際執行委員會祕書索科洛夫，在向莫斯科提交的關於廣州政府情況的報告中，引述了孫中山的話說，「他認為中國人民的主要敵人，是以張作霖為首的軍閥集團。應該從政治上把他們消滅，所以對付他們只

---

(74) 《蘇聯共產黨中央委員會和中央監察委員會聯席會議速記記錄。1926 年 7 月 14-23 日》，第 1 卷，頁 15。轉引自李玉貞，《孫中山與共產國際》（台北：中央研究院近代史研究所，民 85），頁 169。

(75) 〈馬林「收發函電記錄」〉；李玉貞譯，《馬林與第一次國共合作》（北京：光明日報出版社，1989），頁 164。

有一個辦法——打。」(76)。其後，在1921年底到1922年初舉行的華盛頓會議中，有奉系淵源的梁士詒袒護日本，英美告此情於吳佩孚，吳遂通電痛斥梁賣國，奉直雙方交惡；於是而有1922年4月的第一次直奉戰爭。結果，張作霖敗退關外休養生息，直系吳佩孚勢力大張。加上同年6月的陳炯明事變，而且陳吳還暗通款曲密謀倒孫，因此孫中山乃欲聯張制吳，認為「擒賊先擒王」；應先打倒吳佩孚。故1922年8月27日孫致函越飛說，張作霖不是賣國賊，亦非日奸；蘇俄不要逼張倒向日本。(77)這時候，孫中山之所以重視張作霖，實有其策略性的考慮——既可藉張及其背後的日本牽制莫斯科；又可反過來藉莫斯科對張的拉攏，轉移張對關內局勢的注意力，以防其介入孫之打算全力對付吳佩孚。簡言之，孫中山採取的是「遠交近攻」的策略。

另一面就蘇俄的立場看，其既想保有中東鐵路的控制權，又想拉攏張作霖以牽制北京政府。但由於中東路在張的轄區內，使莫斯科有點投鼠忌器，而未便輕舉妄動。因此，如何通過孫中山和奉張原有的諒解或默契去影響張，以便蘇俄能穩住張作霖乃至其背後的

---

(76) 第9號文件，〈索科洛夫——斯特拉霍夫關於廣東政府情況的報告〉，1921年4月21日，地點不詳，絕密。李玉貞譯，《聯共、共產國際與中國（1920-1925）》，第一卷（台北：東大圖書公司，民86），頁37。另可參郭恆鈺，《俄共中國革命祕檔（1920-1925）》（台北：東大圖書公司，民85），頁16。

(77) 第27號文件，〈孫中山致越飛的信〉，1922年8月27日，上海莫里愛路29號。李玉貞譯，《聯共、共產國際與中國（1920-1925）》，第一卷（台北：東大圖書公司，民86），頁82。另可參郭恆鈺，《俄共中國革命祕檔（1920-1925）》（台北：東大圖書公司，民85），頁24。

日本，進而掌握遠東的局勢以確保其利益，遂成為莫斯科思慮的重點。所以，關於解決中東路的問題，越飛同意在宣言中載入孫中山的觀點——「應與張作霖將軍商洽」。

故宣言發表後，孫中山將情況函告張作霖，1923 年 2 月 7 日得張回覆：

> 另紙見示與越飛談話情形，提要鈎元，全局在握，老謀深算，佩仰至深。奉省接近俄疆，洛吳利其內侵，藉資牽制。今得公燭照機先，預為防制，不特東省免憂後顧，即國家邊局，亦利賴無窮。(78)

有趣的是，誠如張作霖對孫中山的「全局在握，老謀深算，佩仰至深」；細查孫在中東路問題上的妥協，似乎的確另有腹案。其可見者有三：一則、或能以此增加交換俄國援助的籌碼；二則和北京唱反調，從而突顯其政權的非法性和不具代表性，並擴大北京當局和蘇俄談判的難度；三則，也是最主要的——孫中山要等他自己入主北京後，再謀包括中東路和外蒙等問題，作全盤徹底的解決。奈何天不假年，亦不從人願。兩年多後孫中山辭世，問題仍繼續存在。

回顧前此，1896 年李鴻章在莫斯科簽署中俄密約，同意俄國人經黑龍江、吉林建造鐵路直達海參崴（即中東鐵路）；對中國而

---

(78) 李雲漢，《從容共到清黨》（台北：中國學術著作獎助委員會，民 55），〈導論〉頁 6。按：李雲漢在其大作中引證的這份原始文件，原是要說明孫中山的防俄用心。但依其時空背景看，孫中山當時的本意似乎並非「防俄」，而是在策略上的「聯俄」；甚或可以說是「用俄」。

言，此約開門揖盜，伏下日後無窮禍患。

1923 年〈孫越宣言〉的發表，其有利於莫斯科對北京談判的效果隨即產生。1924 年 5 月底，顧維鈞與加拉罕簽立中俄北京協定(79)——中國承認蘇俄，廢除兩國以前所訂條約；蘇俄則承認外蒙為中國之一部分，並撤軍；中東鐵路則由中俄會議決定。然協定雖簽，但問題依舊。此時，俄國人所運用的是拖延戰術——先造成事實，再使既成事實永久化；最終，日俄兩國在北滿的勢力又達平衡，並維持到 1931 年的「九一八」。其後，一直到 1945 年中蘇友好同盟條約在莫斯科簽定時，中俄兩國之共有共營中東鐵路及南滿鐵路，已逾數十年。

換言之，自有中東鐵路半世紀以降，問題從未解決。

肆、蘇俄對蒙古難以忘懷的歷史傳統

談到外蒙問題，若能先大致瞭解蘇俄對蒙古難以忘懷的歷史背景，或能有所助益。中俄邊境接壤數千公里，自西而東，有新疆、蒙古和滿洲，是俄羅斯民族傳統上的發展對象。沙俄時代的版圖跨歐亞兩洲，西向經波蘭、羅馬尼亞和保加利亞而競逐歐洲霸權；南下有土耳其、波斯和阿富汗；東進則以中國為目標。對俄國言，這一極其遼闊的空間，若配合適當時間，總是在某一方面有發展的機會。因此，沙俄自彼得大帝（Peter the Great）以來的擴張，似乎存在

(79) 即「中俄解決懸案大綱協定」；被認為是中國外交史上的第一個平等條約。詳參何幹之，《中國現代革命史》（北京：高等教育出版社，1954），頁 60。

一種規律：如果西進不利，就轉而東向，再如東西兩面都出現障礙，就向南推進；總不會三方面同時受阻。但上述規律亦有其前提，即俄國是個統一的國家。1917 年的二月革命，雖然推翻了羅曼諾夫（Romanov）王朝，但也破壞了俄國的統一，故其對外擴張暫時中止。十月革命後，新俄政權逐步排除列強干涉且平定了白衛軍，俄國復歸統一；於是再度能循歷史老路向外發展。1920 年代，西進歐洲無望；南下則有英法阻撓和土耳其的獨立；剩下的一條出路就是向東發展。而當時東進雖然因為日本雄霸遠東而有困難，但中國在辛亥革命後的四分五裂，卻又提供了一個機會。因此，布爾什維克政權一面利用中國長期對抗日本的歷史條件，鼓動和支持中國反日；另一面則繼續圖謀傳統上向蒙古的發展。(80)這是加拉罕兩次對華宣言之所以在外蒙撤軍問題上反覆的原因；也是後來越飛主張將外蒙與其他問題一同解決的背景。(81)

其實，關於外蒙獨立的問題，國民黨人早在遠東勞動者大會上，就公開表示過「並不反對」的立場。1922 年 1 月，蘇俄為提高遠東勞動者大會的重要性，以便和華盛頓會議遙相較勁、分庭抗禮，故將其從伊爾庫茨克移往莫斯科繼續舉行。會中，在俄國人質疑孫中山及其南方政府親美傾向的同時，有些代表也批評了國民黨對蒙古問題的立場——他們和季諾維也夫及蒙古代表登德布的口徑一致，認為國民黨不該堅持要蒙古回歸中國；因為北京政府是一個

---

(80) 鄭學稼，《中共興亡史》，第 1 卷（台北：中華雜誌社，民 67），頁 604-605。

(81) 詳參王聿鈞，《中蘇外交的序幕——從優林到越飛》（台北：中央研究院近代史研究所，民 52），頁 323。

軍閥政府，它不代表人民，而蒙古獨立則是那裡人民的迫切願望。這些批評的壓力，迫使國民黨的代表張伯亞不得不幾次發言回敬，為國民黨的立場辯解，說中國國民黨並不反對蒙古獨立。(82)這是〈孫越宣言〉發表之前約 1 年的事。

爾後，越飛奉派使華。從他 1922 年 8 月 22 日自北京寫給孫中山的信，以及孫於 8 月 27 日的復函中，即可清楚地看出，雙方對外蒙問題已基本達成諒解。尤其是孫中山說他完全相信蘇俄政府的誠意，也肯定莫斯科根本不打算使蒙古脫離中國；並且還同意俄軍不必立時由外蒙撤退，以免情況失控。正因為如此，所以越飛當時一接到孫中山的回信，就興沖沖的向莫斯科報告，說孫中山「上鈎了」。這是孫、越發表宣言之前約 5 個月的事。

因此，在〈孫越宣言〉中，孫得越飛保證：俄決不使蒙古脫離中國；故孫亦讓步，許俄軍暫駐外蒙。這實際上是承認了蘇俄控制外蒙的現狀。而孫中山之所以如此，實有其長遠的用心。

伍、孫中山同意俄軍暫駐外蒙另有深意

1920 年代初期，俄國人似乎有把十月革命經驗絕對化的傾向，認為武力可以奪取和鞏固政權，並改造舊制度；共產國際之成立，也多少有通過軍事手段輸出蘇維埃革命的意圖。當時，莫斯科一面勸孫中山不要過於依賴甚至迷信武力，應當重視宣傳和加強群眾工作；但另一方面，又對他苦於沒有自己的軍隊，表示理解和同

(82) 詳參李玉貞，《孫中山與共產國際》（台北：中央研究院近代史研究所，民 85），頁 106-110。

情，甚且還願意給予支持和幫助。故而在軍事因素這一點上，雙方儘管目的二致，卻找到了共同語言的載體——即孫中山的「西北計劃」；孫的殷切期望和蘇俄同意給他的援助，都是以這個載體為基礎。(83)但莫斯科最終認為，孫中山從西北進攻北京軍閥政權的構想，不宜由蒙古出擊，應當在中國本土興師。其原因，除了俄國人不想再打仗，不想直接涉入中國內部的武裝衝突外，主要是不願自蒙古撤軍。

先是蘇俄紅軍於 1921 年 6 月底，以追擊白衛軍恩琴殘部為由，在恰克圖一帶越過邊界，開進了中國的領土——外蒙古；中國主權受到侵害。起初，蘇俄政府答應，殲滅白軍後立即自外蒙撤兵，卻始終沒有兌現；北京政府雖然抗議不斷，但無效果。史料顯示，蘇俄其實早在紅軍進入外蒙之前，就已著手進行促使外蒙古「脫離」中國的工作；莫斯科的底牌就是不撤軍，進而把這個地區當作輸出俄式共產主義的前哨基地。(84)因此，俄國人一面強調「不撤軍才符合中國利益」，並且千方百計把這個觀點發揮到極致；另一方面，則將外蒙撤軍的議題緊緊扣住孫中山的「西北計劃」，以投其所好。

而孫中山之所以同意俄軍不必立時撤出外蒙，固然在表象上歸

---

(83) 參李玉貞，〈《孫越宣言》再認識〉；見中共中央黨史研究室第一研究部編，黃修榮主編，《蘇聯、共產國際與中國革命的關係新探》（北京：中共黨史出版社，1995），頁 231-232。

(84) 參李玉貞，〈《孫越宣言》再認識〉；見中共中央黨史研究室第一研究部編，黃修榮主編，《蘇聯、共產國際與中國革命的關係新探》（北京：中共黨史出版社，1995），頁 235-236。

咎於北京政府之昏庸無能，恐怕「釀成一種較目下尤為嚴重之局面」；但實際上，則是考慮到蘇俄一旦撤軍，就沒有條件再掌控外蒙，以致於他自己從西北建軍再出發的構想，很可能因失去俄援的依託而落空。故孫中山不惜妥協來滿足莫斯科的要求。

第四節　〈孫越宣言〉發表後的進展

就在〈孫越宣言〉發表的當天——1923 年 1 月 26 日，越飛從上海寫信向當時莫斯科的主要領導人，包括外交人民委員部——契切林，蘇維埃人民委員會主席——列寧、副主席——加米涅夫，革命軍事委員會主席——托洛茨基，共產國際主席——季諾維也夫，中央委員會政治局——斯大林，以及俄共（布）中央委員會委員——拉狄克等，詳細彙報了中國的情況，並明確提出了自己的主張。

這是一份深具指標性參考價值、而且極其重要——甚至比〈孫越宣言〉本身還重要的歷史文獻。如果說，宣言的發表是前此 3 年多俄國人和孫中山來來往往的口頭或書面總結；那麼，越飛的這一封信，應當可以說是其後莫斯科和廣州開展實質互動的肇端和根據。當然，這是孫中山在〈孫越宣言〉中讓步換來的。

首先，越飛再次肯定並確認了孫中山是莫斯科的唯一選擇：

　　……吳佩孚的客觀地位使他與孫中山為敵，也同樣正迫使他改變對俄政策。……眼下吳佩孚與孫中山關係的惡化，就向我們刻不容緩地提出了一個問題（這個問題，我早就提出過

了）：一旦吳佩孚與孫中山直接衝突，我們應該選擇其中的
哪一個。你們也還記得我過去早已經斬釘截鐵地回答了這個
問題：如果我們面臨抉擇，那我們絕對不能支持吳佩孚去打
孫中山。

現在，在這裡，當我認識了孫中山，親眼看到他領導的運動
所具有的規模和作用，我更加堅信我們不能有別的選擇。故
此，我根本不想掩飾我同孫中山的聯繫和對他的友好情誼，
相反，我在努力爭取，讓所有的人把那個綱領性文件（按：
指〈孫越宣言〉）中形成的默契，變成俄國同孫中山之間的協
議。

我不擬花筆墨為孫中山做鑑定；只消說一點就夠了，他毫無
疑問是一個真誠的革命者，道道地地的熱情家。也許，正是
這後一點，才使他的計劃與想法——儘管他們具有革命實質
和革命膽略——看起來卻本末倒置，需要一個現實的政治家
將其扶正擺平。

我恰恰正在做這件事，說句公道話，如果有人向孫中山指出
錯誤，他很快就會同意，而且設法糾正之。……⑧⑤

其次，越飛有系統地說明了孫中山的兩套計劃；並坦白承認似
的說：目前在中國事務中除了孫中山的計劃外，實在想不出別的什

---

⑧⑤　第 60 號文件，〈越飛致俄共（布）、蘇俄政府和共產國際領導人的信摘
　　錄〉，1923.1.26.，上海，絕密；李玉貞譯，《聯共、共產國際與中國
　　（1920-1925）》，第一卷（台北：東大圖書公司，民 86），頁 167-
　　168。

麼主意。孫的第一個構想是立即行動計劃，第二個是前一個失敗時的應變計劃。依據第一個計劃，他要立即消滅陳炯明，接著打倒吳佩孚；同時獲得張作霖的配合攻佔北京，並由張把北京讓給孫中山。越飛指出：

> 我認為，在目前北京政府的混亂局面中，在華北民生凋敝的形勢下，鑒於孫中山威望在全中國範圍內日益提高，他只要提出想競選總統就足夠了，就能同樣以全中國（選舉產生的）代表的資格入主北京，我便問孫中山為什麼不用這樣的和平辦法入主北京。孫中山回答說，也許這是對的，但是根據中國的習慣，如果他不用武力擊敗敵人，那麼即使把他選為總統，他也不可能免於一死，因為在那種形勢下，北京會有人暗中刺殺他，這一點絲毫不容懷疑。
>
> 這是勝利時的計劃。孫認為這個計劃的致命缺陷乃在於下述兩點，一、由於經費不足，孫中山無法調動足夠的軍隊去打吳佩孚，所以不能將吳擊敗。
>
> 為了消除這個危險性，孫中山最多需要兩百萬墨西哥元（約合同樣數目的金盧布），故此孫切望我國會給他這筆錢，第二個致命點是張作霖拿下北京後，由於吳佩孚將忙於同孫交戰，張可能食言，而不把北京交給孫。出現此種情況時，孫中山也同樣堅決指望我國會幫助他，也就是說，他指望我們在滿州挑起事端，將張作霖的兵力從他佔領的北京吸引到那裡

去。**86**（按：黑體字是原文所加；以下皆同。）

中肯的說——依越飛信中所言來看，孫中山的第一個計劃不但有點
一廂情願，甚或根本就失之天真；但也正因如此，恰足以從反面突
顯出孫中山對俄國人的指望，和最多 200 萬金盧布的需要。

接著，越飛說明了孫中山的第二個計劃：

> ……孫據其慣有的毅力和遇到失敗時的習慣做法，已經擬定
> 了第二個長期的計劃，這一計劃完全是依靠我們的。……他
> 想在完全擺脫帝國主義列強、在同我們聯合的基礎上，構築
> 其行動綱領，……孫中山因一向把基點放在華南，就時時要
> 考慮到，「列強」可以隨時切斷他同海外的聯繫，迫使他就
> 範。所以如果能把基點移到中國腹地，離我們近一些的地
> 方，那麼，只要同我們達成協議，列強在太平洋沿岸的任何
> 破壞活動，也就絕對沒有什麼可怕處了。……
> 再者，從四川省出發，還可以不經過吳佩孚的轄地，即通過
> 甘肅、寧夏等省調動孫中山在那裡的 10 萬軍隊赴蒙古邊
> 界，這一帶是產糧區和富庶的省份，正處在通過東土耳其斯
> 坦、通過庫倫同我國直接聯繫的必經之路上。
> 這支軍隊由我國提供裝備（輜重、衣服等孫中山自籌，但是需要一

---

86 第 60 號文件，〈越飛致俄共（布）、蘇俄政府和共產國際領導人的信摘
　　錄〉，1923.1.26.，上海，絕密；李玉貞譯，《聯共、共產國際與中國
　　（1920-1925）》，第一卷（台北：東大圖書公司，民 86），頁 169-
　　170。

些我國的軍事教練），（孫認為過一兩年）這支軍隊進入戰備狀態後，即可進行孫的最後一次「北伐」，那就「穩操勝卷」。……但是，即使這後一個被修正了的計劃最終定了型，孫也還是完完全全指望得到我國的支持與援助。如果得不到我們的援助，孫就不得不同帝國主義者妥協，自然也要同受列強役使的北京政府妥協，中國國民革命的勝利就會長期拖延下去。

現在中國的事態發展向我們尖銳地提出了下列問題：

1. 我國是否願意向孫提供兩百萬金盧布或者其他（是多少？）數額的援助？（如果同意，那麼錢應該通過信使寄給我。）

2. 我國是否願意在必要時出兵，把張作霖的軍隊從北京吸引開？

3. 我國是否願意在一兩年的時間裡向孫提供 10 萬軍隊的裝備（以及派出一定數量的專家），自然要考慮到，這些軍隊不應該是裝備現代化的歐洲勁旅。如果不能，那麼我們總的說，能夠向孫中山提供多少武器援助，數量和時間又如何？(87)

越飛提出的問題，根源於孫中山在 1922 年 12 月 20 日寫給他的信；顯然，他是傾向贊成支援孫中山的。同時，越飛再回到莫斯科的一貫立場上，強調了遠東的重要性和對抗英國人的用心。他繼續

(87) 第 60 號文件，〈越飛致俄共（布）、蘇俄政府和共產國際領導人的信摘錄〉，1923.1.26.，上海，絕密；李玉貞譯，《聯共、共產國際與中國（1920-1925）》，第一卷（台北：東大圖書公司，民 86），頁 170-171。

說：

> 我雖然提出了這些問題，但我本人對這三個問題的回答是肯定的。儘管我曾經一度因建議向中國提供援助而受到中央委員會的駁斥。
>
> 儘管我知道，我們的人現在政治上的「心思」在何處，我還是寫了這封信，我非常擔心，目前……形勢開始複雜化，大概都不會有人看我的信。不過，萬一有人看這封信，我還是想提請你們注意，不管歐洲發生什麼事，遠東仍然還是帝國主義的阿基琉斯的腳後跟(88)，……
>
> 我的東京之行和我同孫中山的協定，就像對英國人投了兩枚炸彈，讓他們痛得大喊大叫。如果我們是精明的外交家，我們就應該在洛桑和倫敦利用這一點。向我們的英國對手暗示，他們在近東和歐洲的行為，迫使我們在遠東採取報復政策，告訴他們，如果情況再有變化，他們還有動作，那麼我們在東方還會走得更遠。(89)

---

(88) 阿基琉斯是希臘神話故事中的英雄人物；腳後跟指其「弱點」所在；詳見李玉貞譯，《聯共、共產國際與中國（1920-1925）》，第一卷（台北：東大圖書公司，民 86），頁 172。

(89) 第 60 號文件，〈越飛致俄共（布）、蘇俄政府和共產國際領導人的信摘錄〉，1923.1.26.，上海，絕密；李玉貞譯，《聯共、共產國際與中國（1920-1925）》，第一卷（台北：東大圖書公司，民 86），頁 171-173。

最後，越飛的結論是：

> ……孫中山遠不是凱末爾，他更加親近我們，是我們的人，也具有更多的革命性。如果我們與他團結起來，他絕對不會背叛我們。中國在世界上的比重無論如何不小於土耳其。難道這一切還不值那兩百萬盧布嗎？(90)

從後來的事實發展看，越飛精準地預見到中國局勢的變化；而莫斯科領導人不但仔細地讀了他的這封信，也認同其主張並採納了他的建議。其實，前此於 1 月中旬，共產國際已做出〈一月決議〉，要求中國共產黨人留在孫中山領導的國民黨內。〈孫越宣言〉發表後的第 2 天——1 月 27 日，越飛離滬赴日。不久，「二七慘案」發生；蘇俄的聯吳政策因而終結。與此同時，在華南，孫中山又得以回粵主政；客觀形勢很快就促使莫斯科將其對華政策的重點，轉向全力支持孫中山。

1923 年 3 月 8 日，俄共中央討論了一個多月前越飛的建議；

> 認為以完整作戰單位的形式，在中國西部為一支革命軍隊的建立奠定基礎是合宜的。
>
> 認為向孫中山提供約兩百萬墨西哥元的貸幣援助是可行的。

(90) 第 60 號文件，〈越飛致俄共（布）、蘇俄政府和共產國際領導人的信摘錄〉，1923.1.26.，上海，絕密；李玉貞譯，《聯共、共產國際與中國（1920-1925）》，第一卷（台北：東大圖書公司，民 86），頁 173。

認為必須經過孫中山的同意，向其派遣一批政治和軍事顧問。[91]

1923 年 5 月 1 日，蘇俄政府致函越飛，要他轉告孫中山，莫斯科當局對孫多次提出的要求，答覆如下：

> 我們準備向您的組織提供 200 萬金盧布的款額作為籌備統一中國和爭取民族獨立的工作之用，這筆撥款應使用一年，分幾次付，每次只付 5000（按：此處似有錯誤；應不是 5 千，而是 50 萬）金盧布……我們還準備協助您利用中國北方的或中國西部的省份組建一個大的作戰單位。但遺憾的是我們的物質援助數額很小，最多只能有 8000 支日本步槍，4 門「奧里薩卡」炮和兩輛裝甲車。[92]

5 月間，共產國際做出了給中國共產黨的 13 點指示（即「五月指示」）；第一次明確指出，「在孫中山與北洋軍閥的內戰上，我們支持孫中山。」[93] 1923 年底，莫斯科函詢加拉罕：廣東還能維

---

[91] 第 64 號文件，〈俄共（布）中央委員會第 53 次會議記錄節錄〉，1923.3.8.，莫斯科；李玉貞譯，《聯共、共產國際與中國（1920-1925）》，第一卷（台北：東大圖書公司，民 86），頁 182。

[92] 李玉貞譯，《馬林與第一次國共合作》（北京：光明日報出版社，1989），頁 170-171。

[93] 'Notes on a Conversation with H. Sneevliet.' Introduction by Harold R. Isaacs, "Documents on Comintern and Chinese Revolution." *The China Quarterly*, No.45, January/March 1971, p.108. Dov Bing, "Sneevliet and the Early Years

持多久？蘇俄同意給予軍經援助；但要看孫中山的答覆決定。**❾④**

　　1924 年 3 月下旬，俄共中央政治局連續召開兩次會議，決定撥付已於去年 1 月底政治局會議提到，及 3 月 8 日中央認可的 200 萬金盧布的第一次付款──50 萬元，並按照去年 5 月 1 日越飛依據莫斯科指示轉知孫中山所承諾的武器數量提供給孫。**❾⑤**

　　1924 年 5 月，黃埔軍校成立；體現了蘇俄幫助孫中山踏出組建革命武裝的重要一步。5 月 31 日，北京當局同莫斯科簽訂「中俄解決懸案大綱協定」，雙方各有所獲，被認為是中國外交史上的第一個平等友好條約。**❾⑥**

---

of the CCP." *The China Quarterly*, No.48, October/December 1971, pp.693-694.〈五月指示〉詳見中國社會科學院近代史研究所翻譯室編譯，《共產國際有關中國革命的文獻資料（1919-1928）》，第一輯（北京：中國社會科學出版社，1980），頁 78-80。

❾④　詳參第 103 號文件，〈加拉罕致鮑羅庭的信〉，1923.12.27.，北京，絕密；第 105 號文件，〈共產國際執行委員會東方部向共產國際執行委員會主席團的報告節錄〉，1924.1.15.，莫斯科，秘密。李玉貞譯，《聯共、共產國際與中國（1920-1925）》，第一卷（台北：東大圖書公司，民 86），頁 318、324-325。

❾⑤　第 106 號文件，〈俄共（布）中央委員會政治局第 64 次會議記錄節錄〉，1924 年 1 月 24 日；第 112 號文件，〈俄共（布）中央委員會政治局第 80 次會議記錄節錄〉，1924 年 3 月 20 日；第 113 號文件，〈俄共（布）中央委員會政治局第 81 次會議記錄節錄〉，1924 年 3 月 27 日；詳見李玉貞譯，《聯共、共產國際與中國（1920-1925）》，第一卷（台北：東大圖書公司，民 86），頁 327、391-392。另可參郭恆鈺，《俄共中國革命祕檔（1920-1925）》（台北：東大圖書公司，民 85），頁 106。

❾⑥　何幹之，《中國現代革命史》（北京：高等教育出版社，1954），頁 60。

　　至此，可以看到，在〈孫越宣言〉發表後一年多的時間裡，莫斯科將援助孫中山的決定轉化為實際行動；接著是經費、武器和顧問均按協議陸續到達。蘇俄的注意力明顯地轉向了孫中山的國民黨；俄國和中國的革命者展開了一段全世界矚目的新旅程。**⑨**

　　另一方面，從廣州的情形看，孫中山之所以能夠再度回粵主政，固然得力於滇桂軍的支持而驅逐了陳炯明；但滇桂軍卻又反過來為難孫中山。1925 年 10 月，陳獨秀據其在 1923 年 4 月某日的現場目擊回憶說：

> 十二年四月間，余正在大元帥府和中山先生談話時，有人匆匆來報，大元帥府會計主任，為劉鎮寰索餉不遂拘去，中山先生大怒，立召蔣介石參謀長，即謂須嚴懲此等不法軍人，寧可失敗而離開廣東，也不可不和他們鬥一鬥，言時聲色俱厲，其實當時所謂孫大元帥、蔣參謀長都是赤手空拳，此事終於隱忍過去。現在蔣介石先生手創了有力的黨軍，用這包打軍閥絕不擾民的黨軍，不顧成敗利鈍的肅清了那些拉夫開賭、苛稅雜捐各霸一方歷年擾害廣東人民的滇桂粵各派小軍閥，以圖廣東軍政財政的統一，這不但為國民黨建了驚人的勳勞，並且為死的中山先生出了多年力不從心的怨氣。中山先生及他手創的中國國民黨，倘若沒有這幾個月國民政府一面肅清內部惡勢力，一面反抗外部惡勢力的堅決舉動，幾乎

⑨　　Dov Bing, "Sneevliet and the Early Years of the CCP." *The China Quarterly*, No.48, October/December 1971, p. 692.

使人民懷疑到什麼三民主義什麼革命事業都不過是欺騙人民的鬼話了！❾❽

再以黃埔建軍之計劃為例——根據黃季陸的說法，胚胎是廖仲愷提出的組織「國民黨義勇軍方案」。但是，從草創到開學，其處境之艱難，仲愷先生實與蔣先生共之。蔣先生曾說：「軍校是靠著總理和廖黨代表以下的一般同志偷偷摸摸的，在忍饑挨餓困苦中創辦的。」而「偷偷摸摸」四個字，指的是當時駐在廣州一些假革命的滇桂軍把持控制了一切。製造軍火的廣東兵工廠生產的槍械子彈，均被這些假革命的滇桂軍所奪佔。其時擔任廣東兵工廠長的馬超俊，為了要遵照中山先生的命令，撥發槍隻子彈來成立黃埔軍校，於是只有「偷偷摸摸」的節省出 600 枝步槍，來作創辦軍校之用，這便是當時創校建軍時期的一段艱辛困苦的情形。❾❾由此可知，俄國援助對孫中山革命事業的重要。不久，俄援之第一批軍械，包括山砲、野砲、長短槍枝、輕重機關槍及各種彈藥等，由俄艦運送抵粵。

1924 年秋，孫中山得到俄國運械船即將抵達廣州的消息；10

---

❾❽　陳獨秀，〈今年雙十節中之廣州政府〉，1925.10.12.《嚮導週報》，第 133 期。引自中華民國開國文獻編纂委員會、國立政治大學國際關係研究中心編，《中華民國開國五十年文獻——附錄——共匪禍國史料彙編，第一冊》（台北：國立政治大學國際關係研究中心，民 65），頁 72-73。
❾❾　黃季陸，〈清黨運動始末及其歷史意義〉，民 66.4.12.在中華民國史料研究中心第 67 次學術討論會上的專題演講。中華民國史料研究中心編，《中國現代史專題研究報告》，第 7 輯（台北：中華民國史料研究中心，民 74），頁 96-97。

月 3 日，他手諭黃埔軍校蔣校長，械船應直泊黃埔。7 日，俄艦伏羅夫斯基號抵達黃埔。8 日，孫中山在致俄艦的祝詞中說：

> 中華民國 13 年 10 月 8 日，為蘇維埃聯邦共和國軍艦抵粵之期。蘇維埃聯邦共和國與中華民國關係最為密切。且蘇維埃聯邦共和國以推翻強暴帝國主義，解除弱小民族壓迫為使命；本大元帥夙持三民主義，亦為中國革命、世界革命而奮鬥。現在貴司令率艦遠來，定使兩國邦交愈加親睦，彼此互相提挈，力排障碍，共躋大同，豈惟兩國之福，亦世界革命之幸也。敬祝蘇維埃聯邦共和國萬歲！
>
> 中華民國大元帥孫文敬祝⑩

當時，軍校員生特別舉行大會歡迎之。孫中山復自韶關致書蔣介石謂：

> 俄船已來過此地，以後再來當更容易。如我確有可靠之兵，要槍來用，以後不成問題。此頭一批之械，不過到來一試耳！此後祇要問我有人耳，必可源源接濟也。⑩

由於孫中山多年企求的外援已獲實效，其愉悅是情見乎詞的。

---

⑩　引自鄭學稼，《中共興亡史》，第 2 卷（台北：中華雜誌社，民 68），頁 706。

⑩　引自崔書琴等著，《孫中山和共產主義》（台北：文星書店，民 54），頁 201。

　　這時候，國民黨的改組、其第一次全國代表大會的召開、三民主義在理論詮釋上的補強，以及黃埔建軍等重要工作，也已陸續完成。凡此，應當可以說，俄國人的幫助是有深遠影響的。

結　語

　　1920 年代初期，莫斯科和廣州之間的互動，是在雙方都採取多角經營的基礎上探索進行的。

　　當俄國人看到其原先寄望的陳炯明與吳佩孚，已事實上同自己的革命理想和戰略意圖背道而馳；又看到孫中山愈挫愈奮、越戰越勇的堅持，尤其是他的聲勢與力量復壯，故決定放棄「伊爾庫茨克路線」，轉而支持並援助孫中山。相對的，以孫中山的立場言，他本想打倒軍閥入主北京統一中國後，再謀全局問題的徹底解決；但因力求交好西方卻不斷落空，從而覺悟到俄援才是入主北京的助力與前提，故其對俄方屢示親善的態度，遂由開始的謹慎小心，到最終的欣然接受，乃至有〈孫越宣言〉的發表。

　　但是，要說〈孫越宣言〉體現了孫中山晚年同情共產主義或無產階級革命，而在思想上前進了一大步甚至「飛躍」，並轉為政策方向上的聯俄、聯共和扶助農工，則又與真相不符。史實證明，孫中山對俄共的組織、紀律和黨軍制度固有興趣，也想引以為範；但他革命的基本立場，並未由於和蘇俄的密切聯繫，或是他同意共產黨員加入國民黨而改變。因此，〈孫越宣言〉中第一項開頭、也是《真理報》和《消息報》所刪除的那幾句話——關於共產組織、蘇維埃制度事實上均不能引用於中國，因為中國沒有使共產主義實施

成功的條件等等，正反映了孫中山對三民主義的始終堅持。這一部分，就莫斯科當時的策略運用及其長遠發展的考慮看，既然在理論根據上，不能動搖孫中山的理想和信念，故而也不必急於反對他的主張。因此，越飛以「完全同感」表示了讓步與妥協。換言之，俄國人是用眼下可見的「現在」，交換難以逆料的「將來」。

就現實而論，俄國人要的是中東鐵路和繼續駐軍外蒙，以維護並爭取最大利益。而孫中山念茲在茲、不能或忘的，則是如何完成民族獨立和國家統一的目標。雖然──根據莫斯科的觀點，武力不是也不應當是唯一的憑藉；但以當時的客觀環境和歷史條件來看，武力之不可或缺，其理甚明。也正是由於這一層認識，孫越雙方有了共同語言的基礎。於是，孫中山對外蒙和中東路的爭議採取妥協立場；蘇俄的利益遂獲得保障。所以，越飛也投桃報李，除了上述的讓步外，更進而認同中國當時最迫切急要的問題，是民族獨立與國家統一；並明白宣示中國可以得到俄國人民最熱切的同情且可指望其幫助。

從一方面看，孫中山之同意中東路俟後另案再議和承認蘇俄駐軍外蒙的現狀，其民族主義立場、理論根據和實際行動相互之間，似有落差甚至斷裂；但另一方面，正可見孫中山在當時艱難困厄又複雜微妙的處境中，如何以讓步交換越飛的保證俄援。尤其是對照宣言發表後的事實進展看，俄國人這次沒有食言；孫中山最終的確陸續獲得了莫斯科具體而關鍵性的幫助。這是所謂自政略觀點看，孫中山完全成功的註腳；也正是宣言的實質意義所在。因此，要說〈孫越宣言〉只有象徵意義，似待商榷。

再則，從中國共產黨方面觀之，由於〈孫越宣言〉正式啟動了

蘇俄和孫中山的合作，俄國人把十月革命的威望送給了孫和他的
黨；這一威望還有武裝、金錢和顧問做後盾。但同時，上述情況卻
又迫使中國共產黨人必須服從莫斯科的目標——即幫助國民黨變成
一個有價值的同盟者。⓾當時，中共正忙於指導職工運動，不僅沒
有參與孫、越間的協商，事前亦無所聞。故當共產黨人在報紙上讀
到宣言後，覺得其中第一項的前段，含有否定共產黨的意味；而且
認為越飛和馬林未得中共同意，即逕行作如此露骨的表示，也不應
該。因此中共只把〈孫越宣言〉看作是一種外交詞令的文件，當然
不必受其約束，故而也毋庸表示反對。⓾

　　史實說明，孫中山和越飛在聯合宣言發表前的半年內，通過信
函及其代表間的密集協商，已就關鍵性議題大致取得了諒解和共
識。而宣言中沒有記載、沒有說出來的言外之意，又比寫在宣言上
公諸於世的還重要。再根據宣言發表後，莫斯科依約執行的事實
看，似乎可以說，〈孫越宣言〉是孫中山和俄國人分別在各有所需
的前提下，或堅持、或讓步，最後以妥協告終，並各如所願、各得
其所的雙贏。

　　不過，接下來，孫中山和國民黨所要面對的，是共產黨人加入
國民黨所引發的諸多困擾和種種爭議，從而牽涉到其後國共雙方在
歷史解讀上對「客共」還是「聯共」的不同詮釋。

⓾　伊羅生（Harold R. Isaacs）著，劉海生譯，《中國革命的悲劇（*The
　　Tragedy of the Chinese Revolution*）》（上海：嚮導書局，1947；香港重排
　　本，1973），頁 117。

⓾　張國燾，《我的回憶》，第一冊（香港：明報月刊出版社，1971），頁
　　257-258。

第五章
「容共說」與「聯共說」的爭議

　　1924 年 1 月，中國國民黨在廣州召開了具有劃時代意義的第一次全國代表大會，並通過臨時提案——「黨員不得加入他黨，不必用明文規定於章程，惟申明紀律可也」❶，算是暫時解決、也認可了先前其黨內已多所爭議的——共產黨員以個人身份加入國民黨後產生的紛擾問題。從此，國共兩黨開始密切互動，激烈的競逐革命領導權，直到 1927 年首度分道揚鑣為止。

　　國共的這段早期關係，就政策言，國民黨稱為「容共」；共產黨稱為「聯共」。以分期言，國民黨稱之為「容共時期」；而共產黨則稱之為「第一次國共合作時期」。其後，由於 1949 年的變局，導致雙方對這段時期的歷史解釋各執一詞。數十年來，夾雜糾纏始終，文批武鬥不止，彼此都無所不用其極地否定、貶抑乃至醜化對方。

　　就國民黨而言，基於長期和共產黨周旋的經驗，其黨內逐漸形

---

❶　詳見李雲漢，《從容共到清黨》（台北：中國學術著作獎助委員會，民55），頁 182-183。

成了一種反共、仇共及貶共等傳統，並持續呈現在歷史的反省和相關課題的研究中。相對地，共產黨也自有其否定和貶抑國民黨的慣性。雙方的傳統形式，俱為以論帶史，各自表述；內容是這一段時期的國共關係。其現象為環繞著「誰主誰從？誰領導誰？誰幫助誰？誰依靠誰？」等問題的探討；其本質則是，「革命的正統與偏統，歷史的主流和支流」之爭。

不過，國民黨方面除了「容共」之外，也有一些和共產黨相同的說法。例如黃季陸在半世紀後回憶：「第一次代表大會開會時，我是宣言審查委員會的委員之一，這等於是國共第一次合作時期的一個研習會議」❷。再如李守孔亦有國共合作之說。❸更有人認為，其實在蔣介石的「整理黨務案」中，「聯共」二字，已正式出現於國民黨的公文書上，甚至還有了「聯共」之實。❹

而共產黨方面，雖然一貫主張「聯共」是孫中山事實上所堅持和實行的；甚至說國民黨一大通過提案，把聯共案寫入了國民黨章程。❺但是，有的研究也承認孫中山的著作中沒有「聯共」一詞，❻

---

❷ 黃季陸，〈中山先生建黨以後革命思想之發展〉，民 71.11.24.在中華民國史料研究中心第 101 次學術討論會上的報告。中華民國史料研究中心編，《中國現代史專題研究報告》，第 11 輯（台北：中華民國史料研究中心，民 73），頁 173-174。

❸ 李守孔，〈國父聯俄容共的本旨與「國共合作」的歷史教訓〉；《光復大陸》，第 217 期（台北：民 74.1.），頁 11-13。

❹ 潘英，《國民黨與共產黨》（台北：明文書局，民 79），頁 9、29-30。

❺ 韓泰華主編，《中國共產黨（1921-1997）：從一大到十五大》，上（北京：北京出版社，1998）頁 109。

❻ 張玉昆，〈孫中山在中國國民黨「一大」期間的思想飛躍〉；《中山大學學報》（社會科學版），1998，第二期，頁 19。

「容共」、「聯共」都是後人的概括；或者著重強調，把孫中山生前確定的對待共產黨的政策，正式概括為「聯共」，決不是什麼「虛構」，而是當時兩黨合作共事關係的客觀事實真相的反映。❼

　　另外，也有其他的學者如韋慕庭，說那個年代的國共「只是不穩定的權宜伙伴，且各有所圖」❽。李玉貞認為「容共」指的是「容納」中國共產黨人加入國民黨，「容許」他們的活動以及「容讓」共產國際的宣傳和行動；❾陳福霖也指出：「很多歷史家認為孫中山的聯共是出於政治上的權宜之計」❿。而費正清將這種內部聯盟的形式，稱之為──就共產黨方面言──勉強順從的政治婚姻。⓫再如郭恆鈺，則從共產國際的立場看，認為早期的國共關係，既不是國民黨所稱的「容共」，也不是共產黨人所稱的「聯共」，更不是海外有些學者說的「第一次國共合作」；而應當是「國共統一戰線」。⓬

---

❼　林家有、周興樑，《孫中山與第一次國共合作》（成都：四川人民出版社，1989），頁 173。

❽　C. Martin Wilbur and Julie Lien-Ying How, *Missionaries of Revolution: Soviet Advisers and Nationalist China, 1920-1927*. Cambridge: Harvard University Press, 1989, pp.413-414.

❾　李玉貞，《孫中山與共產國際》（台北：中央研究院近代史研究所，民 85），頁 160。

❿　陳福霖，《孫中山廖仲愷與中國革命》（廣州：中山大學出版社，1990），頁 77。

⓫　John K. Fairbank, Edwin O. Reischauer, *China: Tradition and Transformation*. Taipei: Caves Books LTD., 1988, pp.443-444.

⓬　郭恆鈺，《共產國際與中國革命：第一次國共合作》（台北：東大圖書公司，民 80 再版），〈第一次國共合作〉辯（代序），頁 3-6、17。

　　凡此，均可見長期以來，國共雙方乃至以外的第三者，對於早期國共關係到底是「容共」還是「聯共」？言人人殊，莫衷一是。要回答這個問題，可通過史源的辨正，追溯國民黨研究傳統的形成和共產黨一貫主張的根據，並分別檢視「容共說」與「聯共說」的意涵指涉；進而就各方說法及其所牽涉的相關命題，作交叉對比和深入的再反省，或能釐清長期存在卻含糊籠統的若干認識，還原歷史的真相。

第一節　　國民黨研究傳統的形成

　　國民黨方面對早期國共關係的研究，基本上是以其保存的原始檔案為根據，但僅限於特定對象閱讀運用；並在「對敵思想鬥爭」的前提下，逐漸形成其研究傳統。

　　就目前文獻所及，以「容共」為中心的引伸或與之相關的說法，至少有「溶共、熔共、鎔共、弭共、養共、滅共、制共、驅共、清共、分共、剿共、限共、防共、抗共、反共、仇共、恨共、貶共、恐共、友共、投共、盟共、降共」等等 20 幾種。而對於共產黨所謂的「聯共」，國民黨則一概斥之為統戰陰謀。

壹、以對敵思想鬥爭為前提

　　1940 年代中期以降，國民黨方面的相關史論，即開始有源於政治因素的貶共傾向；進而基於反共立場，逐漸形成其研究傳統。從崔書琴的《三民主義新論》（1945）及《孫中山與共產主義》（1954）；到蔣永敬的《鮑羅廷與武漢政權》（1963）、李雲漢的

《從容共到清黨》（1966）；乃至桂崇基的《中國國民黨與中國共產黨》（1970 英文版、1978 台灣中華版），均有一脈相承的線索可循。其他知名學者如李劍農、鄭學稼、張玉法、李定一、李守孔、吳相湘等，對容共問題亦皆有所著墨。上述專著或通論所依據之史料，有相當一部分為國民黨自己所保存的原始檔案；在一段時期內，這些一手史料也不是人人可看，而僅限閱於少數特定對象。

蔣永敬在其大作的自序中說：「有些人士（包括以往的國際共產黨人和研究共產國際者）也有很多著述，但是他們根據片面的資料，難免有片面而著色的見解與推論。所以這個空隙，在我方所保留的這項文獻，正好加以研究和補充，也正可以明真象而正視聽。著者因為職務的關係，得與這類原始史料常相接觸；並蒙開明的主管與師長，准許我作此專題研究」❸。而李雲漢也是因為「以職務上的便利，得以閱覽這個重要歷史階段的原始史料，並蒙主管的允許，能夠運用這些珍貴的史料，經多年來之蒐求與研究，乃能完成茲編」❹。崔書琴在 1974 年第三次修訂出版其大作《三民主義新論》的序言中說：「本書此次修訂，承中央黨史史料編纂委員會主任委員羅家倫先生的許可，閱讀前所未能見及的各種遺教資料，特在此致謝」❺。由上述的情況看，就國民黨方面言，職務關係及主

---

❸　蔣永敬，《鮑羅廷與武漢政權》（台北：中國學術著作獎助委員會，民52 初版；傳記文學出版社，民 61 再版），〈自序〉，頁 1。

❹　李雲漢，《從容共到清黨》（台北：中國學術著作獎助委員會，民55），〈自序〉，頁 1。

❺　崔書琴，《三民主義新論》（台北：台灣商務印書館，民 63），〈第三次修訂版序〉，頁 1-2。（按：本書於 1945 年在重慶初版，核心是對

管同意二者，往往是得以參閱檔案史料的重要條件。而其著作之立場雖然較傾向於國民黨，但學術貢獻和參考價值，當無庸置疑。**⓰**

　　1950 年代起，國共隔海對峙的史局形成，內戰雖然結束，但敵意猶存，從而制約了雙方對歷史解釋的立場與觀點。

　　1952 年 11 月 12 日，是孫中山誕生 86 周年紀念年日；中國國民黨革命委員會（按：中共承認的所謂八個民主黨派之一，簡稱「民革」）在北平舉行紀念會。崔書琴在其書中斥責說：背叛國民黨的首惡分子李濟深以〈發揚孫中山先生「以俄為師」的精神〉為題作報告，發表了謬論。另一個女叛徒——何香凝也胡說了一番。這一類的謬論，在我們看來，對於逝世已經快 29 年的孫中山先生，簡直是一種侮辱。將聯俄容共的一時策略看成「以俄為師」的遺訓，而作為今日中共向俄帝實行一面倒的張本，毫無疑問的侮衊了中山先生。**⓱**

　　「三民主義就是共產主義」的詮釋。依作者言，其目的是在確切了解中山先生所主張的三民主義，並特別著重強調不能斷章取義，藉以釐清魚目混珠的企圖。）

⓰　胡平生編著，《中國現代史書籍論文資料舉要》，（二）（台北：台灣學生書局，1999），頁 1410。

⓱　崔書琴，《孫中山與共產主義》（台北：傳記文學出版社，民 73），頁 1-2。按：本書於 1954 年在香港亞洲出版社初版，1965 年台北文星書局選輯同名論叢出版，被譽為是孫中山先生的老友威廉博士（Maurice William）的《孫逸仙對共產主義》（*Sun Yat-sen Versus Communism*）以後，第一部中國人寫的關於這一問題的劃時代著作；見文星版前言，頁 1。1984 年台北的傳記文學出版社再予重印出版。另據吳相湘說，在台灣刊行的有關這一問題的著述有三種，其中最值得一讀的即是本書。但不幸崔氏英年早逝，沒有進一步利用黨方第一手史料加以闡述。1961 年美國

　　1954 年，崔書琴在其書的〈序言〉中說明：大陸淪陷已經 4 年了。檢討我們失敗的原因，思想混亂實有重大關係，而思想混亂，主要的是由於敵我不分。共產黨徒常常利用國父孫中山先生遺教中的某些語句，來混亂我們的思想。有些人沒有透徹了解他的遺教，竟為共產黨徒的歪曲解釋所欺騙。說起來，這是非常不幸的。今後我們從事思想鬥爭，第一件事就是要劃分敵我，認清敵我。本書所作的就是這種工作。⓲

　　吳相湘則在 1965 年指出：民國 12 年孫先生允准原屬中共份子以其個人身份加入國民黨，藉使這批過去走入歧途的青年，得受三民主義的薰陶，而憬悟其錯誤，重新做人為國民革命而努力。孫先生採取這一措施，可以說是針對列寧策略，力求操之在我，以消弭中國境內共產邪說的流行，限制中共的活動。……近年中外論者對於孫先生這一措施的意義，甚少正確解釋，而且不免以今非古的錯誤：至於毛共喧騰的所謂「聯共政策」更是荒謬絕倫，厚誣我國父。⓳

　　1966 年，李雲漢強調說：真象隱諱，是可悲的歷史誤會，它已使我們國家在反共復國的戰鬥上受到極大的損傷。……在當前的

　　刊行冷紹全君與一美籍教授合撰的「孫逸仙與共產主義」，是有關這一問題比較新出且功力甚深的一冊著述，其中對共匪歪曲史實將國父政策妄作有利於他們的種種曲解，闢斥尤不遺餘力。見吳相湘，《近代史料舉隅》（台北：自由太平洋文化事業公司，民 54），頁 49-50。

⓲　崔書琴，《孫中山與共產主義》（台北：傳記文學出版社，民 73），〈序言〉，頁 1。

⓳　吳相湘，《近代史料舉隅》（台北：自由太平洋文化事業公司，民 54），頁 127-128。

革命形勢與任務之下，評論從容共到清黨這個重要歷史關鍵……藉以揭露真偽與是非，掃除誤會與偏見，檢討功過與得失，以為今日對敵鬥爭的借鑑，該是有意義、有必要、有價值的事。**⑳**

通過以上的引證或可看出，史料運用和研究立場之間，存在有一定的關係。而從「背叛國民黨、首惡分子、侮蔑中山先生、思想混亂、敵我不分、共產黨徒的歪曲解釋、荒謬絕倫、厚誣我國父、在當前的革命形勢與任務之下……以為今日對敵鬥爭的借鑑」等等筆法來看，國民黨方面相關研究傳統的前提——對敵思想鬥爭，是能由此顯現。

貳、從「容共」引伸出的種種說法

國民黨方面的研究者一般相信：孫中山「容共」的本意有兩個，一是溶解共黨組織，使其不能與軍閥勢力合流，藉以消弭共禍於無形；二是導共產黨員於革命正途，以謀革命陣營的擴大與其勢力的統一。進一步說，容共是一種防禍措施，也是一種消化作用。簡單說，容共的目的，就是擴大國民黨的組織基礎，導共產黨徒於革命正途。**㉑**而且，由於研究探討者眾，遂有以「容共說」為中心，引伸而出或與之相關的諸多說法出現。

一、溶共說

從 1960 到 90 年代，「溶共說」似乎一直是國民黨方面研究者

---

⑳ 李雲漢，《從容共到清黨》（台北：中國學術著作獎助委員會，民55），頁 2。

㉑ 李雲漢，《從容共到清黨》（台北：中國學術著作獎助委員會，民55），頁 6、8、215-217。

主要的代表性觀點。王健民指出，孫中山在執行聯俄容共政策的過程中，對共產黨的防範甚為周至，他要以聯俄者防俄，以容共者「弭共」。㉒李雲漢認為孫中山容共的本意實在「溶共」，而非「養共」。㉓王章陵也說中山先生是反共的先知先覺，他的聯俄是為了防患與借援，他的容共是為了「溶共」而非「養共」。㉔而鄭學稼則強調，孫中山想溶化共產黨，但是後來歷史顯示其「溶共」目的難於達到。㉕此外，亦且有學者主張，孫中山既然打算把「共」「溶」了，當然是有其立場的。㉖

　　需要指出的是，國民黨研究傳統中的「溶共說」，是 60 年代中期以後的事；而早在 1920 年代國民黨一全大會之後不久，加入國民黨的中國共產黨人，就有了被「溶化」的感覺；至少，共產國際的印象是如此。

　　1924 年 6 月初，莫斯科收到的一份書面報告說：不久前在魏金斯基同志直接參與下進行的中國共產黨中央擴大全會上（按：5 月 10 日至 15 日），關於在國民黨內的工作問題，引起了激烈爭論。許

㉒　王健民，《中國共產黨史稿》，第一編，上海時期（台北：自印本，民 54），〈自序〉，頁 10。

㉓　李雲漢，《從容共到清黨》（台北：中國學術著作獎助委員會，民 55），頁 218。

㉔　〈王章陵評：李新著「中國新民主主義革命史講話」〉；國史館編，《中國現代史書評選集（一）—中共書籍—》（台北：國史館，民 75），頁 482-483。

㉕　鄭學稼，《中共興亡史》，第二卷（台北：中華雜誌社，民 68），頁 615-616。

㉖　潘英，《國民黨與共產黨》（台北：明文書局，民 79），頁 11。

多工人提出反對意見，說共產黨實際上已溶化在國民黨內。甚至提出要同國民黨決裂。另外一派人則針鋒相對，要求國民黨加入共產國際。討論的結果是通過了一項決議：繼續留在國民黨內工作，但要鞏固和加強共產黨的組織。**㉗**

1925 年 4 月下旬，魏金斯基從莫斯科寫信給加拉罕（副本抄送鮑羅廷），提到了斯大林的觀感：

> 就在近幾天，在我同斯大林同志的長談中看出，他的印象是共產黨已經溶化在國民黨內了，共產黨已經沒有獨立的組織，完全受到國民黨的「虐待」。斯大林同志對共產黨的這種附庸地位深感惋惜，看樣子他認為中國的這種情況從歷史的角度看，是不可避免的。**㉘**

以上引證的二則原始文獻，出自蘇聯解體後俄德兩國學者在 1990 年代初期整理出版的共產國際有關中國革命的秘密檔案，其

㉗ 第 116 號文件，〈拉斯科利尼科夫的書面報告〉，1924 年 6 月 2 日，莫斯科：見李玉貞譯，《聯共、共產國際與中國（1920-1925）》，第一卷（台北：東大圖書公司，民 86），頁 397。另見郭恆鈺，《俄共中國革命祕檔（1920-1925）》（台北：東大圖書公司，民 85），頁 109 之文件 116：〈拉斯可尼科夫給西諾耶夫、齊契林、史大林、布哈林等關於中共中央五月會議的報告〉。

㉘ 第 147 號文件，〈魏金斯基致加拉罕的信〉，1925 年 4 月 22 日，莫斯科：見李玉貞譯，《聯共、共產國際與中國（1920-1925）》，第一卷（台北：東大圖書公司，民 86），頁 497。按：郭恆鈺引用同一文件，說共產黨像養子一樣被國民黨玩在股掌之上。見郭恆鈺，《俄共中國革命祕檔（1920-1925）》（台北：東大圖書公司，民 85），頁 160。

俄文版編者認為，「國民黨接受中國共產黨人加入國民黨，則又希望將共產黨溶化在國民黨隊伍中並將其吞併」❷。由此，可對照印證「溶共說」的其來有自；而當時國共雙方在「溶化」與「被溶化」之間的想法或感受，亦或能稍有體會。

二、熔共說

　　有學者認為孫中山的「容共」，是想把「共」「熔」掉。❸關於此說，黃季陸有清楚的解釋，他認為孫中山當時在思想上已經建立了與蘇俄不同的體系；而所謂聯俄容共的「容」，實際上是熔化的「熔」，說得明白點，就是「要人家兒子，不要人家老子」。黃季陸回憶說：記得這一時期張溥泉（繼）先生曾到北方見到張作霖，閒談間張作霖即說，中山先生不該容共，張溥泉先生即解釋了容共之容，實即熔化之熔的意思。❸

　　另據李雲漢引證吳敬恆轉述于右任與張作霖的談話，張問于：你們國民黨我贊成，我卻不贊成共產黨。于即回答：中山先生與你同一心理，但異其手段。有人驅逐共產黨，共產黨便想法獨立存在，中山先生把共產黨轉變為國民黨，即共產黨自然不存在。❸

---

❷　李玉貞譯，《聯共、共產國際與中國（1920-1925）》，第一卷（台北：東大圖書公司，民86），〈俄文版編者前言〉，頁12。

❸　潘英，《國民黨與共產黨》（台北：明文書局，民79），頁35。

❸　黃季陸，民65.6.15.在中華民國史料研究中心第60次學術討論會上的綜合評論。中華民國史料研究中心編，《中國現代史專題研究報告》，第11輯（台北：中華民國史料研究中心，民73），頁29。

❸　吳稚暉，〈為總理遺囑真偽問題答鄧家彥書〉；《吳稚暉先生書牘》，頁234。見李雲漢，《從容共到清黨》（台北：中國學術著作獎助委員會，民55），頁8、214。

　　蔣永敬引用了 1927 年孫科在武漢的報告稱，孫中山之聯俄容共在策略上的運用，也是一種深謀遠慮；其目的，「要使共產黨國民黨化，決非國民黨共產黨化」❸。是則，蔣永敬引孫科說和于右任答張作霖說大體無殊。

三、鎔共說

　　有的學者詮釋，孫中山在容共政策之下，用「鎔解」共產黨的組織，「鎔化」共產黨徒的思想，範圍共產黨徒的行動等三個方法，來達到「鎔共」的目的。❸另有謂國父容納共黨份子，欲以三民主義來「鎔化」共產黨徒的思想，又是他主張用「王道」來救國救世，用「和平手段去感化人」的一種表現。❸以上所引，是為「鎔共說」。

四、養共說

　　雖然李雲漢等認為孫中山容共的本意是「溶共」而非「養共」，但鄭學稼從莫斯科的立場看，則認為共產國際要中共加入國民黨，本有兩個目的：第一、完成反帝反軍閥的任務，有助於解除帝國主義的威脅蘇俄；第二、在達到資產階級的民族民主革命之

---

❸　民 16.7.15.武漢中央執行委員會常務委員會第 20 次擴大會議速記；孫科之報告。見蔣永敬，《鮑羅廷與武漢政權》（台北：傳記文學出版社，民 61 再版），頁 2、24。韋慕庭亦認為，孫中山容共的期望是共產黨人國民黨化，而非國民黨人共產化。C. Martin Wilbur, *Sun Yat-sen: Frustrated Patriot*. New York: Columbia University Press, 1976, p182.

❸　楊粹，《聯俄容共政策的研究》（台北：正中書局，民 49）；載崔書琴等著，《孫中山和共產主義》（台北：文星書店，民 54），頁 167-173。

❸　趙振宇，〈國父民國十三年演講三民主義的原因〉；《近代中國》，第 44 期（台北：民 73.12.31.），頁 83-84。

前，以國民黨的力量養大中共，使這幼稚的「螟蛉」（蔣中正《蘇俄在中國》用語，頁 9）能夠迅速長大，奪取政權。僅由國民黨一全大會後中共在國民黨內分得的權力，似已達到以國民黨「養共」的目的。無需說，這種「養共」的目的，恰與孫中山先生和他的老幹部的目的相反。孫先生們希望溶化共產黨。他們以為不合國情的中共，易於轉變為國民黨。如後日歷史的指示，這「溶共」的目的，是難於達到的。㊱也有學者和鄭學稼持相同的看法，認為共產國際是希望透過國民黨的「聯俄」政策，而使中共寄生於國民黨內得到維生的給養。㊲

五、滅共說

李定一認為，孫中山的聯俄，有他山之石可以攻錯之意；容共則有三個用意：㈠增加國民革命陣營的聲勢。㈡瓦解共產黨的組織。㈢最後使共產黨在中國消滅於無形。所以，中山先生的「容共」，主要是在當時情勢下的「滅共」政策。又聯俄容共和清黨，目標實為一個，僅因環境改變而有兩個不同的政策。其目標為聯絡與國和消除共黨，民國十三年時俄人可有助國民革命，而共黨之狼子野心未露，故行聯俄容共政策；民國十六年俄國及共黨的猙獰面目畢現，故實行清共。其方法雖不同，而為達到國民革命之目標則

㊱ 鄭學稼，《中共興亡史》，第二卷（台北：中華雜誌社，民 68），頁 615-616。

㊲ 劉世林，《列寧主義策略——理論與實踐》（台北：中央警察大學出版社，民 88），頁 274。

一也。**㊳**

六、制共說

有學者主張，聯俄是當時國民黨主要的政策，但容共卻是必要的附件。……中山先生也看到這點，但是，假如置中共於國民黨之外，則自然是國民黨眼前大患。若暫且容共，寓「制共」於容共；藉聯俄以張聲勢，這是中山先生高明之處，亦為權宜措施。中共之利用國民黨容共以寄生，既是公開之秘密；國民黨之利用中共之寄生以期溶共，亦為昭然之意欲。可以這麼說，國民黨之容共，乃是因為要解決國共之間的矛盾；而日後國民黨之「清共」，則是為解決當初之容共。**㊴**

「制共說」和上述的「滅共說」，均以辯證邏輯解釋「既然當初容共，何以其後清共？」的合理性與正當性，是國民黨研究傳統中較常見的論證模式。

七、驅共說

李雲漢指出，對於容共問題，中山先生在北上前後，曾經有三次表明他的態度。第一次是中山先生於 13 年 10 月（按：應為 3 月）間所發表的〈通告黨員釋本黨改組容共意義書〉中，對於部分國民黨人之要求「驅共」不表同意；而認為「本總理受之在前，黨人即不應議之於後」，他同時也說明了他的看法是：來者不拒，所以昭吾黨之量能容物，而開將來繼續奮鬥之長途。……團體之內無新舊

㊳ 李定一，《中國近代史》（台北：台灣中華書局，民 73），頁 258、261。

㊴ 劉世林，《列寧主義策略──理論與實踐》（台北：中央警察大學出版社，民 88），頁 273-274。

分子之別，在黨言黨，唯有視能否為本黨為主義負責奮鬥而定其優劣。⓵以上，是為「驅共說」。

八、其他說法

　　張玉法將研究中國國民黨的歷史（就其與中國共產黨的關係而論）劃分為四個時期，即容共時期（1923～1927）、清共和剿共時期（1927～1937）、聯共時期（1937～1945）、抗共時期（1945 到現在）。容共時期，是容許中共以個人資格加入國民黨，企圖轉化之，使獻身於國民革命；清共和剿共時期，是將中共逐出中國國民黨之外，進而清剿企圖消滅之；聯共時期是應中共的要求，與之聯合抗日；抗共時期，是抗拒中共勢力的擴張，進謀恢復失土。⓶但應當注意並釐清的是，張玉法此處所稱的聯共，是指抗戰時期的國共聯合抗日，而不同於共產黨人所說的早期國共關是「聯共」。

　　至於其他的說法，尚有「武漢分共」⓷；國民黨五屆五中全會通過的「溶共、防共、限共」方針；⓸孫科的「降共說」⓹；「容

⓵　李雲漢，《從容共到清黨》（台北：中國學術著作獎助委員會，民55），頁 354、394。按：李書所引民國 13 年 10 月的〈通告黨員釋本黨改組容共意義書〉，其出處為林一廠，《總理史蹟稿》，中央黨史會藏，手稿本。然據國民黨中央黨史會編訂之《國父全集》所載之〈通告黨員釋本黨改組容共意義書〉，發表日期為民國 13 年 3 月 2 日而非 10 月；見《國父全集》，第一冊（台北：中國國民黨中央委員會黨史委員會，民70.8.再版），頁 887-889。不知是否錯引或排版時誤植。

⓶　張玉法，《中國現代史》，下冊（台北：東華書局，民 68），頁 355。

⓷　詳參蔣永敬，《鮑羅廷與武漢政權》（台北：傳記文學出版社，民61），頁 406-412。

⓸　1939.1.國民黨召開五屆五中全會，根據蔣介石的報告和演講，確定了「溶共、防共、限共」的方針。見田克勤，〈國共兩黨在抗日綱領上的分歧與

共非友共，亦非盟共，更非投共」；❹乃至於後來國民黨的「反共」國策，「貶共」立場或傾向，以及「仇共、恨共」心理和「恐共」心態等，不一而足，毋需盡列。

參、駁斥「聯共說」爲統戰陰謀

1979 年，中共發表〈全國人大常委會告台灣同胞書〉❹，標誌著其對台政策由「武力解放」轉向「和平統一」。1981 年葉劍英和新華社記者談話（按：俗稱〈葉九條〉）；其中的第一條就呼籲：「為了盡早結束中華民族陷於分裂的不幸局面，我們建議舉行中國共產黨和中國國民黨兩黨對等談判，實行第三次合作，共同完成祖國統一大業」❹。1983 年，鄧小平會晤外賓時提到了〈中國

「三民主義」論戰〉；《中國現代史》，1994，第七期，頁 79。又毛澤東亦有「限共、溶共、反共」說；見中共中央毛澤東選集出版委員會編，《毛澤東選集》，第二卷（北京：人民出版社，1969.3.，10 刷），頁 650。

❹ 孫科的報告：民 16.7.15.，武漢中央常務委員會第 20 次擴大會議速紀錄。見蔣永敬，《鮑羅廷與武漢政權》（台北：傳記文學出版社，民 61），頁 80-83。

❹ 國父為謀樹立國民革命勢力，徐圖展驥中原，因與（蘇俄）訂為聯合陣線，約曰：本黨為主，共黨為從，容共非友共，亦非盟共，更非投共。見朱春駒，〈國父容共經過談〉；原載華夏聲編，《國父民初革命紀略》（民 49.6.7.台北出版）。引自崔書琴等著，《孫中山和共產主義》（台北：文星書店，民 54），頁 88。

❹ 詳見中共中央台灣工作辦公室、國務院台灣事務辦公室編，《中國台灣問題》（北京：九洲圖書出版社，1998），頁 226-228。

❹ 葉劍英，〈關於實現祖國和平統一的九條方針政策〉，1981.9.30.；載中共中央文獻研究室編，《十一屆三中全會以來重要文獻選讀》，上冊（北京：人民出版社，1987），頁 358-359。

大陸和台灣和平統一的設想〉（按：俗稱〈鄧六條〉），強調「要實現統一，就要有個適當方式，所以我們建議舉行兩黨平等會談，實行第三次合作，而不提中央與地方談判」❹。

　　相對於上述背景，台灣方面則認為：中共信從列寧「堡壘是最容易從內部攻破的」策略原則，在奪取政權的戰略階段，一直以國民黨為主要敵人，但在其有完整策略的 25 年間（1924 至 49 年），有 13 年多時間，是跟它的主要敵人進行兩次「合作」。它利用第二次「合作」（1937 至 47 年），厚植實力，成功的滲透敵體，分化敵人，孤立國民黨與國民政府的領導中心，是其得以佔據大陸的主要原因。現在，由於「武力解放台灣」、「和平解放台灣」皆未能得逞，又想重施故技，叫嚷「和平統一」與「第三次國共合作」。❹

　　1984 年是國民黨一全大會 60 週年。1 月 16 日，中共在北京舉行了「紀念中國國民黨第一次全國代表大會六十週年暨孫中山研究學會成立學術研討會」。大陸學者姜義華等，在研討會的論文中提及：「值此中國國民黨第一次全國代表大會 60 週年紀念之際，我們懇切地希望在台灣的國民黨當局認真地記取這些歷史的經驗與教訓，痛下決心，同中國共產黨第三次合作，共同完成孫中山先生曾

---

❹　鄧小平，〈中國大陸和台灣和平統一的設想〉，1983.6.26.；載中共中央文獻編輯委員會編，《鄧小平文選》，第三卷（北京：人民出版社，1993），頁 31。

❹　姚孟軒，〈中共怎樣處理國共關係——中共統戰策略的理論與應用原則〉；載張鎮邦等著，《國共關係簡史》（台北：政大國際關係研究中心，民 72），頁 6。

為之奮鬥終身的統一祖國、振興中華大業」❺⓿。

　　台海的另一邊，李雲漢在國民黨內部的報告中，針對鄧穎超於研討會上的講話作了批評：

> 周恩來的遺孀鄧穎超在開幕式中再度發表曲解本黨第一次全
> 國代表大會史實的讕言，妄圖對我進行統戰。二月二十二
> 日，中央評議委員主席團主席蔣夫人發表了勸告鄧穎超迷途
> 知返的公開信，澄清了被共匪歪曲的歷史真象，已使共匪的
> 虛偽宣傳為之破產。惟共匪的邪惡政權仍然存在，嗣後利用
> 孫中山研究學會對我進行理論統戰的技倆，必將變本加厲。
> 基於此一情勢，謹將共匪蓄意曲解本黨第一次全國代表大會
> 史實的情形提出報告，藉資參考。❺❶

　　同年 1 月下旬，在台北舉行的相關學術討論會中，馬起華認為

---

❺⓿　姜義華、吳根樑，〈孫中山與三大政策的製定〉；中國史學會編，《中國
　　國民黨「一大」60 周年紀念論文集》（北京：中國社會科學出版社，
　　1984），頁 114。

❺❶　見李雲漢，〈共匪對中國國民黨第一次全國代表大會史實的曲解和利
　　用〉；載中國國民黨北區知識青年第五黨部委員會，民國 73 年 7 月 5
　　日，（73）信組一字第 077 號函（手刻鋼版油印原件）之附件（鉛字油印
　　本），頁 1。（按：此函主旨略以檢送資料一份如副件，請參考運用。而
　　李雲漢當時擔任中國國民黨中央黨史委員會副主任委員、政大歷史研究所
　　教授。相應於 1980 年代初期中共呼籲「第三次國共合作」，以和平方式
　　解除台海兩岸軍事對峙狀態，並以「一國兩制」最終解決國家統一問題，
　　但國民黨方面不予接受，故有李雲漢以專業史家和黨職身份所作的辨正和
　　駁斥。）

共產黨主要為了統戰，因為鄧穎超在開會時講到，過去第一次、第二次國共合作都成功了；現在為什麼不來第三次國共合作？而其所謂成功是共產黨成功，反過來就是國民黨的失敗。馬起華說：「我們已有二次失敗經驗，我們為什麼還來失敗第三次呢？」❺❷在同一場合，崔垂言也說，中共所言是「信口雌黃……從而實施統戰陰謀」❺❸。

　　針對共產黨連續不斷的呼籲「第三次國共合作」，國民黨方面則認為，中共把民國 13 年國民黨的「容共」稱為「聯共」，一字之差，含義大有不同。「容共」是容許共產黨以個人身份加入國民黨，並須信奉三民主義，遵守國民黨的黨章和紀律。而「聯共」則是共產黨以和國民黨同等的地位與國民黨聯合，組織聯合政府，造成共產黨所謂的國共合作。「國共合作」是共產黨的一種統戰方式，其說法是，既有民國 13 年的第一次國共合作，民國 26 年的第二次國共合作，為什麼現在不能搞第三次國共合作呢？所以用「聯共」而不用「容共」是有陰謀的。❺❹

　　另有學者進一步指出，「容共」和「聯共」，此一字之差，顯與史實不符。中共將「容共」訛稱為「聯共」，考其用意，不外乎

---

❺❷　馬起華，民 73.1.27.在中華民國史料研究中心第 106 次學術討論會上的發言；中華民國史料研究中心編，《中國現代史專題研究報告》，第 11 輯（台北：中華民國史料研究中心，民 73），頁 394。

❺❸　崔垂言，民 73.1.27.在中華民國史料研究中心第 106 次學術討論會上的發言；中華民國史料研究中心編，《中國現代史專題研究報告》，第 11 輯（台北：中華民國史料研究中心，民 73），頁 387。

❺❹　馬起華，〈評尚明軒著「孫中山傳」〉；國史館編，《中國現代史書評選集（一）—中共書籍—》（台北：國史館，民 75），頁 25。

為抬高中共地位,並對國民黨進行統戰攻勢。因為,此一說法影響
有二:(1)中山先生既主張「聯俄」,則俄共與中山先生便是同道,
便可以等同;(2)中山先生既主張「聯共」,則中共與國民黨便是同
道,便可以等同。在這兩個等同的基礎之上,再將三民主義區分為
舊三民主義與新三民主義,並宣傳國民黨實行舊三民主義,中共實
行新三民主義。這樣,由於宣傳的導誤,便可使中共從與國民黨共
同領導中國革命的地位,繼而揚棄國民黨,使中共成為繼承中山先
生革命事業的唯一的黨,以完全獨享領導中國革命的地位,使國民
黨對歷史的貢獻化為烏有。此即中共將「容共」改為「聯共」企圖
之所在。㊺

　　直到 1990 年代初期,大陸學者在相關論文中仍然主張:批判
地繼承孫中山的思想,在今天同樣具有重要的現實意義。……孫中
山的新三民主義,是三大政策的三民主義,而「聯共」則是三大政
策的中心環節。孫中山「三民主義與共產主義是好朋友」的論斷,
他的民族主義充滿著愛國主義精神,他的「振興中華」的理想觀等
等,對於促進第三次國共合作,實現「一國兩制」,完成祖國統
一,有著積極的現實意義。㊻

　　綜上所述,可知國民黨方面的立場以及何以斥「聯共說」為統
戰陰謀;而共產黨人則自有其一貫的主張。

㊺　　王章陵,〈評:李新著「中國新民主主義革命史講話」〉;國史館編,
　　《中國現代史書評選集(一)—中共書籍—》(台北:國史館,民
　　75),頁 482-483。

㊻　　宋進,〈論中國共產黨人在抗戰時期對三民主義的研究〉;《華東師範大
　　學學報》(哲學社會科學版),1990,第三期,頁 12。

第二節　共產黨人的一貫主張及其根據

　　共產黨人強調：孫中山他把自己的作法稱為「容共」，即在國民黨中容納共產黨人，使國共兩黨黨員一起進行國民革命。對此，廖仲愷、宋慶齡、何香凝、張繼等國民黨人表示擁護。這就形成了孫中山國民黨的聯共政策。❺又或謂，盡管孫中山著作中沒有「聯共」一詞，但聯共政策是他事實上所堅持和實行的，「聯共」客觀上成為孫中山三大政策的核心內容。❺

壹、孫中山沒有說過「容共」

　　「容共」一詞是誰最先提出來的？

　　共產黨方面有學者認為，「容共」概念是在孫中山逝世後才被人杜撰出來的；而吳稚暉很可能就是「容共」一詞的杜撰者和「容共」概念的創始人。❺對於這一個論斷，台灣方面的相關研究也有同樣的認識。王健民在其大作中指出：1927 年國民黨武漢中央時期，共黨猖獗一時，高呼所謂三大政策——聯俄、聯共、農工及國共合作口號，竟將中共地位與國民黨地位等量齊觀，且有喧賓奪主之勢。是年 4 月，汪兆銘自海外歸國，前往武漢，吳稚暉為文責

❺　王學啟主編，《中國革命史教程》（杭州：浙江人民出版社，1987），頁115-116。

❺　張玉昆，〈孫中山在中國國民黨「一大」期間的思想飛躍〉；《中山大學學報》（社會科學版），1998 年，第二期，頁 19。

❺　林家有、周興樑，《孫中山與第一次國共合作》（成都：四川人民出版社，1989），頁 170-171。

之，提出「容共」名詞，謂國民黨只容納共黨份子，而非聯絡共黨。此後「容共」一詞普遍引用，本書因之。⑥

王健民的說法，應為吳氏在〈汪精衛陳獨秀聯合宣言〉發表後不數日之所言。⑥而在 1927 年 7 月稍後，吳稚暉又提到：

> 現在的委員，那個不曾主張容共過？是呀！容共上了當，儘可反共。所以漢口的人反共了，我們喜極而涕的歡迎的呀！⑥

比 1927 年 4 月及 7 月「吳稚暉說」更早的根據，是 1924 年 3 月的「孫中山說」；但共產黨方面並不同意。

林家有作了史源追溯，其研究指出：在國民黨的官方書籍和史家著述中，都把孫中山的「聯共」說成是「容共」。有謂孫中山三大政策之一「聯共」，純屬虛構，孫中山僅僅說了「容共」。⑥因此他們認為，在「聯共」與「容共」兩個概念之間，只能採用「容共」，不宜使用「聯共」的提法。我們查遍已知的孫中山的全部著

---

⑥ 詳參王健民，《中國共產黨史稿》，第一編：上海時期（台北：作者自印，民 54），頁 91-118。

⑥ 吳敬恆，〈「國共兩黨關係」之說明〉；羅家倫主編，《革命文獻》，第 16 輯，頁 29（總 2801）。

⑥ 吳稚暉，〈弱者之結語〉，民 16；羅家倫、黃季陸主編，《吳稚暉先生全集》，卷 8——國是與黨務（台北：中國國民黨中央委員會黨史史料編纂委員會，民 58），頁 618。

⑥ 林家有此處指的是郭恆鈺的說法；參見郭恆鈺，《共產國際與中國革命——「第一次國共合作」》（台北：東大圖書公司，民 80 再版），頁 80。

作，發現孫中山雖沒有「聯共」的提法，但也沒有「容共」的提法。台灣出版的《國父全集》收有一篇〈通告黨員釋本黨改組容共意義書〉（內有「吾黨之量能容物」），其標題是編者改訂的❻；原題是〈總理致海內外同志訓詞〉，原載於 1924 年 3 月 2 日在廣州出版的《中國國民黨週刊》第 10 期上，廣州《民國日報》1924 年 3 月發表時，題為《總理勸勉黨員》；上海《民國日報》1924 年 3 月 16 日則以《中國國民黨總理勸勉同志書》為題發表。其後林百舉編《總理史跡稿》收入此文，改標題為〈通告黨員釋本黨改組容共意義書〉；《國父全集》編者沿用之。它跟孫中山的「容共」風馬牛不相及。但長期以來，以訛傳訛，不加辨別，認為「容共」這一概念是孫中山提出來的，其實不然。至今，我們遍查孫中山已知的所有著作和孫中山逝世前的國民黨文件，都沒有看到孫中山就共產黨員參加國民黨實現國共兩黨的「黨內合作」是什麼「容共」的提法，至於「容共」是何意義，則更沒有明確的涵義。不知持孫中山僅說了「容共」，並沒有說過「聯共」論者的根據何在？❻

　　不過，林家有在辨明孫中山沒有說過「容共」的同時，也承認

---

❻　《國父全集》的編者承認這個說法；謂「本全集決定底本時，除一經發表即未再修改之文件，採用最初之來源外，餘對國父生前出版之文件，則採用較後修訂者。」又謂「本全集所收之文件，以保持底本標題為原則。……如原標題不甚妥切，則據他本較佳標題改訂之。然增題或改題，均予註明。」詳見國民黨中央黨史會編，《國父全集》，第一冊（台北：中國國民黨中央委員會黨史委員會，民 70.8.1.再版），凡例，頁 2-3；頁 887-889。

❻　林家有、周興樑，《孫中山與第一次國共合作》（成都：四川人民出版社，1989），頁 168-169。

孫中山沒有說過「聯共」。

貳、批評「容共說」是惡意歪曲

共產黨人認為，孫中山採用共產黨員加入國民黨的方式同中國共產黨合作，就是讓願意接受中國國民黨領導的共產黨員，參加國民黨工作。或者說：就是容納共產黨到國民黨內并肩戰鬥，其實際意義是使自己的隊伍增加新戰友。但有人卻把它解釋為是什麼「溶解共產黨的組織」、「導共產黨員於革命正途」，那是惡意的歪曲，同孫中山容納共產黨的原意背道而馳。第一、中國共產黨同孫中山的國民黨合作，建立民主革命聯合戰線，雖然首先是共產國際和中國共產黨提出來的，但是熱烈歡迎和主動介紹共產黨員加入國民黨的則是孫中山。第二、共產國際和中國共產黨雖然接受孫中山的意見，動員和說服共產黨員以個人身份參加國民黨，但堅持必須同時保持自己的組織和旗幟。……而共產黨人同意孫中山的意見，動員自己的黨員加入國民黨，是為了要促國民革命的早期成功，而不是為了別的什麼目的。❻

共產黨人還指出，就孫中山本人來說，基於「三民主義包含共產主義」的錯誤認識，他具有一定的「溶共」思想，這給右派們後來的反共，提供了理論上的藉口。1925 年孫中山的逝世，成為國民黨內形勢變化、國共矛盾明朗化的轉折點。同時，由於左派力量的分化、削弱，聯俄政策的生命力也枯萎了，……聯俄動因的消

---

❻ 林家有、周興樑，《孫中山與第一次國共合作》（成都：四川人民出版社，1989），頁 184-188。

失，也就是反共的公開化。國民黨中有越來越多的人指責中共「圖謀不軌」，「溶共」不成，於是開始「分共」、「清共」。1927年的「四一二」和「七一五」悲劇以劇變的形式宣告了國共聯盟的最後破裂。**⑥⑦**

可以注意到的是，共產黨人在駁斥「容共說」為惡意歪曲的同時，也承認「中國共產黨同孫中山的國民黨合作，建立民主革命聯合戰線，首先是共產國際和中國共產黨提出來的，」「共產黨人同意孫中山的意見，動員自己的黨員加入國民黨，是為了要促國民革命的早期成功，而不是為了別的什麼目的。」

參、強調「聯共」是客觀事實的反映

共產黨人強調說，他們把孫中山生前確定的對待共產黨的政策，正式概括為「聯共」，決不是什麼「虛構」，而是當時兩黨合作共事關係的客觀事實真相的反映。

因為，有學者主張，對比「容共」和「聯共」兩個概念，既有相同之處，又有不同之處。相同之處在於：它們都是對孫中山和國民黨對待共產黨的政策的概括，其內容和本質，都是兩黨合作，共同進行國民革命。不同之處在於：「容共」只是指當時合作的具體方式，即共產黨員加入國民黨的「黨內合作」（或「黨內聯合」）；而「聯共」是拋開具體形式，就兩黨合作關係的本質和內容而言，它可以是「黨內合作」，也可以是「黨外合作」，或其他什麼方式

---

⑥⑦ 孫競昊，〈第一次國共合作動因探析〉：《中國現代史》，1996，第 7 期，頁 26。

的合作。總之,「容共」與「聯共」兩個概念,名詞有異,實質相同,「容共」只是「聯共」的一種方式。如果有人認為孫中山沒有提出過的「聯共」一詞不能使用的話,那麼按照同一標準,孫中山也沒有提出過的「容共」一詞,當然也就不能使用了。既然「容共」、「聯共」都是後人的概括,對比之下,如果在更廣泛的意義上概括國共兩黨合作的關係,我們認為,使用「聯共」比使用「容共」的概念更加確當。❻⓼

綜上所論可知,共產黨人一方面指出孫中山沒有說過「容共」,也沒有說過「聯共」;但承認「聯共」是共產黨人後來的概括。另一方面又主張,「聯共」是當時雙方共事的客觀事實的反映,並特別強調「聯共」的內容和本質,都是兩黨實行合作,共同進行國民革命;故應以「聯共說」概括之為是。

第三節　各方說法的商榷

早在 1950 年代後期,就有學者意識到,研究國共關係存在著受限於史局的困境——曲意迴護還是秉筆直書?

胡秋原指出:由聯俄容共牽涉到兩個問題,一是當年聯俄對照於今日之抗俄,二是早先的容共變成後來的反共;換言之,聯俄容共之在當時和抗俄反共之在今天,都是合理而必要的。在邏輯上和事實上都有困難。對於這一難題,在中國國民黨一方面應取如何態

---

❻⓼　林家有、周興樑,《孫中山與第一次國共合作》(成都:四川人民出版社,1989),頁 173。

度，那除了國民黨的領袖和最高幹部會議以外，非其他任何人所能置喙。但是站在國民的立場，特別是站在思想家或歷史家的立場，要就迴避這一問題，否則他只有說老實話。**⑥⑨**

　　另一方面，共產黨人的若干說法也存在著分歧，甚或有背離史實者；從而顯示其與國民黨一樣，也難以擺脫史局的限制。

壹、由孫中山遺言推斷「容共乃防共說」

　　國民黨方面的研究認為，容共從一開始就具有「防共」的用意；而其背景考量則與聯俄有關。李雲漢指出：「中山先生經過長時間的審思熟慮後決定聯俄，實具有防患與借援的兩重用意。所謂防患，即是防俄，亦即防共」**⑦⓪**。1925 年 3 月 12 日孫中山逝世；之前的 2 月 24 日，國民黨要員汪精衛等在北京協和醫院孫中山之病榻前請留遺言的一段談話（按：以下簡稱〈二二四談話〉），曾被推斷為「容共乃防共說」的根據。

　　崔書琴引證司馬仙島對孫中山遺言所作的解釋，說明孫中山是如何提防著國民黨內的共黨分子。司馬仙島在其名為〈北伐後之各派思潮〉一文中，記載了〈二二四談話〉的情形：

　　（總理於 13 年）12 月 4 日由日來津。12 月 31 日進京入協和醫

---

⑥⑨　胡秋原，〈《中國共產黨之來源》序——論研究中共歷史之必要及其基本原則〉，民 47.12.15.；見沈雲龍，《中國共產黨之來源》（台北：文海出版社，民 67），頁 4-5。

⑦⓪　李雲漢，《從容共到清黨》（台北：中國學術著作獎助委員會，民 55），頁 191-192。

院。及 14 年 2 月 24 日看護婦來告訴國民黨同志說:「病已到極危險時期,如果你們不快向他說話,以後就不容易了。」於是汪精衛、孫科、宋子文等都趨至總理榻前要求他留幾句話,或簽名遺囑。總理說:「好,我看你們是很危險的,我如果死了,敵人是一定要來軟化你們的。你們如果不被敵人軟化,敵人是一定要加害於你們。你們如果要避去敵人的危險,就是一定要被人軟化;那麼,我又有什麼可講呢?」同志們,我們要知道總理當時所說的敵人究竟是誰。許多人猜是軍閥,是帝國主義,是封建勢力。但是現在以我們看來,總理當時所說的敵人,其最著重的,恐怕是指國民黨內的共產黨。黨外的軍閥與帝國主義者自然都是明顯的敵人,而總理尚可以明白的說出。獨共產黨盤據在國民黨內,總理仍是放心不下,明說又不便,因為尚未到清共的時候;不說又不放心,所以極悲痛的說:「危險……人……軟化……加害……」等字樣。**❼❶**

崔書琴認為司馬仙島的這個解釋很合理,也與事實相符。崔氏並進一步申言,「我們相信如果中山先生未逝世,他一定會選擇一個適當的時機實行清黨的」**❼❷**。

上述觀點有可論者二:一是司馬仙島文中所言:「現在以我們

---

❼❶ 崔書琴,《孫中山與共產主義》(台北:傳記文學出版社,民 73),頁 50-51。

❼❷ 崔書琴,《孫中山與共產主義》(台北:傳記文學出版社,民 73),頁 51。

看來，總理當時所說的敵人，其最著重的，恐怕是指國民黨內的共產黨」；屬於推論。二是崔書琴「認為這個解釋很合理，也與事實相符」，「我們相信……」等。其「解釋合理」及「相信」是個別的認知；而「與事實相符」則基本缺乏史證。

再則，李雲漢引用汪兆銘的轉述，也有類似的探討。1925 年 2 月 24 日，汪兆銘等入內請留遺囑時，中山先生說：

> 我如果留下說話給你們，是於你們有許多危險的。現在好多敵人都在圍困著你們，我死之後，他們更向你們進攻。如果你們強硬對他們，是危險很大的。我看還是不說的好，好叫你們能夠對付環境容易一點，我要說出，你們便很難對付險惡的環境了。❼❸

李雲漢分析指出，孫中山在這段話裡所說的「敵人」是誰呢？根據吳敬恆對鄧家彥說，經戴季陶的證明，所謂「仇（敵）人」係指某國。而依戴著《日本論》所述中山先生與桂太郎談話的情形推斷，「某國」實在就是俄國。加以上述司馬仙島說敵人是指國民黨內的共產黨。李雲漢認為就孫中山對共黨的認識與以後事實的發展相印證，戴和司馬二氏的論斷，頗為真確。❼❹

另外，鄭學稼亦根據汪兆銘轉述的〈二二四談話〉，重建了當

---

❼❸ 汪兆銘，〈接受總理遺囑的經過〉，未刊稿；見李雲漢，《從容共到清黨》（台北：中國學術著作獎助委員會，民 55），頁 356。

❼❹ 李雲漢，《從容共到清黨》（台北：中國學術著作獎助委員會，民 55），頁 356-357。

時的情境，孫對汪等說：

> 我何言哉！我病如克痊癒，則所言者多，……設使不幸而
> 死，由汝等任意去作可矣，復何言哉！
>
> 吾若留下說話給你等，對汝等誠有許多危險。當今無數敵人
> 正在圍困汝等，我死之後，彼輩更將向汝等進攻。甚至必有
> 方法，令汝等軟化。如果汝等不被敵軟化，強硬對抗，則又
> 必將加害，危險甚大，故吾仍以不言為佳，則汝等應付環
> 境，似較為容易也。如吾必定說出，汝等將更難應付險惡之
> 環境矣！
>
> 如此，我尚何說。❼⑤

但鄭氏未討論「敵人」是誰。

陳旭麓等編輯出版的《孫中山集外集》，收錄有〈二二四談
話〉，其中提及：

> 總理說：你們想說什麼話呢？
>
> 汪說：我們把總理常說的話，寫了出來，因讀一遍。
>
> 總理點頭說：贊成。
>
> 又說道：你們如此顯明是很危險的，因為政治的敵人，現已
> 預備著等我死後，便來軟化你們，你們如此強硬堅定，必然

---

❼⑤ 汪兆銘講「總理逝世情形」。見鄭學稼，《中共興亡史》，第二卷（台
北：中華雜誌社，民 68），頁 846。

有危險的。

汪說：我們不怕危險，我們一定要照宗旨做去。

總理說：我贊成。**⑯**

這裡，同樣看不出孫中山所說的「敵人」是誰。

1925 年 3 月孫中山逝世後，國民黨一屆三中全會先在北京召開，決議此後開會時，由主席恭讀總理遺囑，全場起立，默致哀思。遺囑原件，由鄒魯帶回，交中委會保存。5 月 18 日，全會續在廣州舉行，24 日決議接受遺囑，並發表宣言稱：

> 當滿洲君政顛覆以後，革命政府為情勢所迫，不得已而與反革命的專制階級謀妥協，此種妥協實間接與帝國主義相調和，遂為國民革命第一次失敗之根源。自是而後，每有一度之成功，必與反革命的專制階級，謀一度之妥協，而每次之妥協，皆足使過去革命之犧牲失其意義。十餘年來始終以不斷之努力，督勵同志，固執三民主義之原理與政策，而不稍讓者，實我總理一人。
>
> 吾人今日唯一之責任，則在完全接受我總理之遺囑。……以竟總理未竟之志。我中華民國之國民，凡能接受我總理之主

---

⑯ 〈與汪精衛等的談話〉，1925.2.24. 陳旭麓、郝盛潮主編，《孫中山集外集》（上海：人民出版社，1991），頁 325-326。編者在註解中說明：1925 年 2 月 24 日，宋子文、孫科、孫婉、鄒魯、汪精衛等受國民黨諸同志所託，至孫中山病榻前請求留下遺囑，這是當時談話的原件，在場者均簽了名。為首次發表。

義政綱，以從事於國民革命之工作，而為國家及民眾謀福利
者，皆為吾人所敬愛之同志，……反之，凡持續反革命的行
動，受帝國主義的列強之嗾使及掩護，以阻礙國民革命之推
行者，皆為吾人之敵，……若夫全世界之國家之民族，凡能
尊重我民族之平等與國家之獨立者，皆為中華民國親善之
友；反之則為我國家之敵。**❼**

依此觀之，國民黨一屆三中全會在決議接受孫中山遺囑的宣言
中，明確地界定了何謂「吾人之敵」與「國家之敵」；但沒有證據
顯示「敵人」就是共產黨。

綜上所述，崔書琴雖認同司馬仙島的推論——孫中山遺言裡所
說的「敵人」是「國民黨內的共產黨」，但仍是推論。而李雲漢及
鄭學稼所引用的汪兆銘轉述之言，或為未刊稿，或未註明出處；對
照《孫中山集外集》的〈二二四談話〉來看，除文字略有出入外，
其原意本旨大體無訛，但均未指明孫中山遺言中的「敵人」是誰。
因此，以孫中山遺言〈二二四談話〉為「容共乃防共說」的根據，
似嫌薄弱。

貳、以「赤禍延後說」證明當年清黨之正確

有些學者從歷史殷鑑的角度，總結了國共兩次合作的教訓。李

---

❼　〈中國國民黨接受總理遺囑宣言〉，民 14.5.24.；載中國國民黨中央黨史
委員會編，《革命文獻》，第 69 輯——《中國國民黨宣言集》（台北：
國民黨中央黨史會，民 65），頁 131、133-134。另參鄭學稼，《中共興
亡史》，第二卷（台北：中華雜誌社，民 68），頁 852-853。

守孔指出，國父之聯俄容共，實具有藉此以「防共」的遠大著眼。……但很不幸的是：很多人誤解了此一遠大的政策著眼，更不瞭解共產黨的滲透顛覆陰謀；致被分化利用，在國共兩次合作中都帶來了慘痛的教訓——第一次幾乎使北伐大業功敗垂成，第二次造成大陸之淪陷。⑱以上所言，是帶有負面意味與遺憾惋惜的歷史教訓說；但另一方面，同樣的情境，卻也有不同的詮釋。

涂子麟主張，從國父的聯俄容共，到後來的全面清黨和對俄絕交，表面上看，這是一個一百八十度的大轉向，可是我們從國民革命本身的利益來講，這反而是一種有利的發展。因為俄共及其傀儡中共的篡竊侵略陰謀既然暴露，則我們正可以放棄「與虎謀皮」的幻想。而其影響所及，不特使國民革命由北伐到抗戰獲得空前的勝利，而且，使中國大陸的赤化因此延遲了 20 多年之久。⑲吳相湘認為，幸民國 16 年 4 月 12 日今總統蔣中正先生採取斷然的「清黨」行動，才將俄帝嗾使共幫推行「革命」的征服陰謀予以有效地遏阻。⑳黃季陸也說，清黨是挽救革命危機的必要過程；而國民政府奠都南京，使國民革命大業得以維持於不墜。否則，中國的共禍早在 50 多年以前便已到了難於收拾的地步，或不必待至民國 38 年

---

⑱　李守孔，〈國父聯俄容共的本旨與「國共合作」的歷史教訓〉：《光復大陸》（月刊），第 217 期（台北：民 74.1.），頁 11-13。

⑲　涂子麟，《國父聯俄容共的主旨》（台北：陽明山莊三民主義研究所，民 52），頁 40。

⑳　吳相湘，《近代史料舉隅》（台北：自由太平洋文化事業公司，民 54），頁 128。

大陸始陷於共黨暴力之下了！⑧

　　李雲漢的《從容共到清黨》（1966）一書，或可說是國民黨的相關研究中最具有代表性的著作。他認為從國民黨開始容共到清黨的五年（1922～1927）間，是國父孫中山先生的忠實信徒們為維護國家獨立與革命正統而從事反共奮鬥的第一回合，是國民革命成敗與中華民國存亡所繫的重大關鍵；也是中國現代史上一個錯綜複雜的環節。近 40 來，中國政局之動亂，外患之入侵，以及社會上時隱時現的赤色波瀾，多半是以這個重要的歷史關鍵為發生的根源。孫中山先生決定聯俄容共，不僅有其深遠的打算，抑且有其防患的謀劃。設非中山先生的繼承人蔣中正先生明決果敢，斷然為定亂清黨的措施，則中國國民黨已早於此時消滅，中華民國也早於此時淪為布爾什維克的實驗場和蘇俄的附庸國。⑧

　　綜觀以上諸說，似應以蔣中正於《蘇俄在中國》一書中之所言：「中國大陸的赤化因此遲延了 23 年」⑧為根據。不過，《蘇俄在中國》出版的前一年（1955），殷海光就先說了：北伐軍事發展到長江中游，共產分子在俄顧問鮑羅廷主使之下，欲「轉變小資

---

⑧　黃季陸，〈清黨運動始末及其歷史意義〉，民 66.4.12.的專題演講。中華民國史料研究中心編，《中國現代史專題研究報告》，第 7 輯（台北：中華民國史料研究中心，民 74），頁 98、102。

⑧　李雲漢，《從容共到清黨》（台北：中國學術著作獎助委員會，民 55），〈導論〉，頁 1。另參蔣中正，《蘇俄在中國——中國與俄共三十年經歷紀要》（台北：中央文物供應社，民 45 出版，民 46 再版），頁 9。

⑧　蔣中正，《蘇俄在中國——中國與俄共三十年經歷紀要》（台北：中央文物供應社，民 45 出版，民 46 再版），頁 55。

產階級的國民革命」而成「無產階級的世界革命」，在武漢發動暴亂，事態至為危急。若非當時主持軍事之當局採取果決之清共措施，則中國於 1927 年即已全部赤化。❽

　　國民黨方面所主張的「赤禍延後說」，固然可見當時最高領袖英明果決、斷然清黨之寓意，但其立論似乎隱含了一個決定性也是關鍵性的假設，就是「赤禍泛濫，在劫難逃」；甚或一如毛澤東之所言：「反共好，反不了」❽。因此，能拖多久拖多久，少輸為贏。並以此反證 1927 年清黨的政治正確和意義深遠，從而為「容共」的一時不察，作了即時且有效的彌捕。

　　但是，對比之下，追溯從頭，當年「容共」的正當性，卻由而必須面臨更嚴格的質疑甚或挑戰；故以「赤禍延後說」證明清黨之正確，似有待商榷。

參、青年黨人說國民黨容共是「自食其果」

　　青年黨人——或可以沈雲龍為代表，認為國民黨容共是誤敵為友，自食其果；並舉證歷歷，強調青年黨比國民黨還早反共，國民黨居然還不分是非皂白的打壓青年黨，令人有「自掘墳墓」之感。而國民黨方面則說，青年黨的看法是一種不正確的見解。

　　李雲漢指出：對於容共政策，過去曾有兩種不正確的見解流行

---

❽　薩爾威多（Massimo Salvadori）著，殷海光譯，《共產國際概觀》（*The Rise of Modern Communism*）（台北：桂冠圖書公司版，殷海光全集之貳，1990；中華文化出版事業委員會，民 44），頁 42 之「譯者按語」。

❽　中共中央毛澤東選集出版委員會編，《毛澤東選集》，第二卷（北京：人民出版社，1969.3.，10 刷），頁 652。

在社會上。其一、認為中山先生之容共，乃係由於遭受陳炯明叛變的挫折之後，想容納共產黨員以固結國民黨的力量。……蓋共黨一向曲解中山先生的容共為「聯共」，並自詡有「功勳」於中山先生與國民黨。他們說陳炯明叛變後，中山先生在上海的處境極為困難，只有他們極力幫助孫先生，為孫先生抱不平；他們之加入國民黨，等於是幫國民黨的忙。其二、有些愛國情殷但卻昧於事實真象的人，眼見今日共產黨徒所帶給國家民族的空前浩劫，悲憤之餘，又往往將共黨坐大而至赤禍氾濫的不幸，歸咎於中國國民黨當年的容共政策，認為是「自食苦果」。❽⑥李雲漢所稱的兩種不正確，前者否定了共產黨的「聯共」說；後者批判「愛國情殷卻昧於事實真象的人」，並引用了崔書琴的研究，證明確有這種不正確的見解。

崔書琴的研究認為，在反共抗俄的今日（按：1954 年），來檢討當年的聯俄容共策略，自然容易對它加以批評，而說如無 30 年前的聯俄容共，便不致有像今日這樣大的赤禍。這種意見，可以拿青年黨人主辦的刊物來代表。崔書琴連續引證了 1950、1951 和1952 年發表於《民主潮》上的三篇文章，說明青年黨如何指責 30年前的聯俄容共是一種錯誤的策略。❽⑦

青年黨人以親歷其事的經驗現身說法，追憶當年其在中國最早反共，實有先見之明。

根據陳啟天的記載是：

---

❽⑥　李雲漢，《從容共到清黨》（台北：中國學術著作獎助委員會，民55），頁 212-213。

❽⑦　崔書琴，《孫中山與共產主義》（台北：傳記文學出版社，民 73），頁44-45。

民國十三、四年間，共產黨怕我們把他們的陰謀完全揭穿，乃向我們提議會商互相停止攻擊，並勸我們亦加入國民黨。會商地點，為上海民厚北里 1719 號我們的寓所。參加會商的，國家主義者為曾琦，左舜生，陳啟天，楊效春，共產黨為鄧中夏，惲代英，楊賢江、另外有無黨派方東美等數人。此十餘人在民國十四年冬某日早晨起，辯爭至深夜。共產黨要我們對他們停止攻擊，我們絕對不肯。我們所持的理由是：㈠共產黨受蘇俄及第三國際的指揮，不是純粹的中國政黨；㈡依據馬克斯主義的理論，共產主義須在工業發達後的國家始能實行，而中國工業尚未發達，顯然沒有具備實行共產的前提條件；㈢共產黨只把人當物看，而不把人當人看待，不合於中國文化的根本精神；㈣共產黨加入國民黨，陰謀赤化國民黨，違反政黨道德。共產黨對於這些理由，無法反駁，惟有狡辯而已。最後又勸我們加入國民黨，我們答復說：「我們不能學共產黨一樣不講政黨道德，加入國民黨去進行陰謀。」原來當民國十二、三年間國民黨實行改組時，少中會內共產分子，即曾勸我們加入國民黨，聯合奪取黨權。我們以為當時國民黨既經聯俄容共，便易起糾紛，不願加入國民黨。到了十四年，自更不願投機取巧了。他們見我們的態度如此堅定，不為他們的狡辯和詭計所動，遂於深夜不歡而散。當他們離去我們的寓所時，鄧中夏與我們握別說：「與諸君再相見於戰場。」可見他們恨我們之深。民國十六年國民黨清黨以後，原屬少中會員的十幾個共產黨，多被犧牲，只剩下毛澤東、張聞天等二、三人，現在還為禍於

中國大陸。由此可證我們在中國最早反共，不無先見之明。**88**

　　沈雲龍則進一步指出，國民黨聯俄容共是「誤敵為友自食其果」；其政策決定固然有如鄧澤如所言，出諸孫中山的「乾綱獨斷」，但廖仲愷主張最積極，戀愷亦最力；其他參與決策者，也不能不負相當的責任。因當時孫中山左右的重要幹部，大都存有一個自我陶醉足以使人迷惘的說法，就是國民黨在同盟會時代即包含有無政府主義份子，並未受到任何侵害，而且深得其助力。那麼，以此為例，容納共產主義份子，還不是一樣沒有什麼可怕之處！其實，不僅慣於投機取巧八面玲瓏的汪精衛是如此的目光短淺，就是素以態度方嚴胸襟狹隘排他性最強著稱的胡漢民，亦復如此輕率的主張。胡之始而贊成容共，繼而堅決反共，完全出自一人之口的妙論，在革命要人中類此不惜以今日之我與昨日之我挑戰者，頗不乏其人。而尤其荒謬的，是他在國民政府立法院長任內，先後制定「反革命條例」及「危害民國緊急治罪法」，把堅決反共信仰國家主義的中國青年黨人，與共產黨視同一律，同樣的科以「宣傳與三民主義不相容之主義」的罪刑，如此的皂白不分，是非不明，又怎得不令人有「自掘墳墓」之感呢？不過，我們所最感慨的，就是由於當政樞軸自始即對共產黨缺乏一貫的正確認識，因而影響到對付

---

88 啟天，〈「少中」與中國最早的反共運動〉；見陳啟天，《寄園回憶》（台北：台灣商務印書館，民 54），頁 138-139。另沈雲龍引自《張君勱先生七十壽慶紀念論文集》的陳啟天文，字句略有出入，然本旨無訛；見沈雲龍，《中國共產黨之來源》（台北：文海出版社，民 67），頁 73-74。

共產黨整個措施之舉棋不定，而終於全盤崩潰。⑧

　　胡秋原也同意，青年黨不但反共，而且是有組織的反共，比國民黨反共還早，是最早反共的政黨。胡指出：平心而論，中國青年黨與中國共產黨恰恰是同時起來，而前者之立黨，實對後者而發。若說中國有組織的反共運動，當推青年黨為先，確為不爭之事實。當青年黨宣傳反共之時，西山會議之運動尚未起來。而國民黨內之反共運動是西山會議以後之事，亦為不爭之事實。⑩

　　青年黨人的批評，是在和國民黨競爭居於劣勢、甚至受到相當程度打壓的情況下所發出的；其心境和感受可以理解。而陳啟天義正辭嚴地說「共產黨加入國民黨，陰謀赤化國民黨，違反政黨道德。我們不能學共產黨一樣不講政黨道德，加入國民黨，去進行陰謀」等，誠然凸顯了青年黨的理想主義色彩和政治道德標準。但就史論史，其人固將「反共」先知化和神聖化，也還是不能證明孫中山容共政策的必然結局。或許，如同桂崇基所言：「國民黨容共，共產黨得其掩護，固蔓延滋長，一日千里。國民黨不容共，共產黨仍有其生存與發展之客觀環境。今日大陸變色，實未可歸咎於容共之一幕」⑪。不過沈雲龍所發「由於當政樞軸自始即對共產黨缺乏

<hr>

⑧　沈雲龍，《中國共產黨之來源》（台北：文海出版社，民 67），頁 69-72。

⑩　胡秋原，〈《中國共產黨之來源》序——論研究中共歷史之必要及其基本原則〉，民 47.12.15.；沈雲龍，《中國共產黨之來源》（台北：文海出版社，民 67），頁 7。

⑪　桂崇基原著，沈世平譯，《中國國民黨與中國共產黨》（台北：台灣中華書局，民 67），頁 22。

一貫的正確認識，因而影響到對付共產黨整個措施之舉棋不定，而終於全盤崩潰」等語，倒是頗發人深省。

肆、共產黨人的若干說法和史實的對比

共產黨人在主張「聯共」的同時，其若干具體的說法，亦有待商榷。例如，說國民黨一大通過提案，把聯共案寫入了國民黨章程，國共合作的政策被國民黨承認。或者，說孫中山的著作中盡管沒有「聯共」一詞，但聯共政策卻是他事實上所堅持和實行的，故「聯共」客觀上成為孫中山三大政策的核心內容等等。這些論述，對照史實，不無差異。

一、國民黨一大沒有「聯共案」

1998 年，由韓泰華主編在北京出版的《中國共產黨——從一大到十五大》（按：以下簡稱〈韓書〉）這本書裡說：中國國民黨第一次全國代表大會的召開，標誌著國共合作的正式建立。這是中國共產黨開始實踐民主革命綱領和統一戰線的過程中所取得的重大勝利，也是孫中山推進中國革命的的巨大歷史功績。……國民黨一大通過提案把聯共案寫入了國民黨章程，國共合作的政策被國民黨承認。但是這個聯共案是經過了一番激烈的鬥爭才獲得通過的，反對勢力來自國民黨右派。從聯共案的交鋒中我們可以看出國共合作所遭受的阻力。[92]

上舉說法之可注意者在於，其書緊接著對所謂「聯共案」的描

---

[92] 韓泰華主編，《中國共產黨（1921-1997）：從一大到十五大》，上（北京：北京出版社，1998），頁 108-109。

述，竟然和李雲漢的記載相符。**❸**因此，真相是，1924 年舉行的國民黨一全大會，在 1 月 28 日審查黨章時，方瑞麟對稍早孫中山同意共產黨員以個人身份加入國民黨一事提出質疑，並要求修改黨章，具體規範黨員不得加入他黨。經熱烈討論後，最終表決通過的，是主席胡漢民在現場歸納的臨時提案——「黨員不得加入他黨，不必用明文規定於章程，惟申明紀律可也」。

　　不過，至少，從共產黨的立場來看，這樣就無異於在國民黨的最高權力機關上，認可了共產黨員加入國民黨的事實。故〈韓書〉言：國共合作正式形成。**❹**而李雲漢則說：國民黨的容共政策遂告確定。**❺**國共說法的大異其趣，由此可見一斑；但史料證明，國民黨一大確實沒有共產黨人所稱的「聯共案」，當然也就沒有什麼「寫入章程」云云。

二、毛澤東的詮釋為「聯共說」之所宗

　　「聯共」一詞是誰首先出的？

　　有學者指出，「聯共」二字是由陳獨秀在北伐前後首先提出的。孫中山的「容共」確實不是「聯共」，中山艦事變後事實上造成了既容共又聯共的矛盾現象，而首先把「聯共」說成孫中山三大

---

❸ 詳請參閱李雲漢，《從容共到清黨》（台北：中國學術著作獎助委員會，民 55），頁 177-183。

❹ 韓泰華主編，《中國共產黨（1921-1997）：從一大到十五大》，上（北京：北京出版社，1998）頁 112。

❺ 李雲漢，《從容共到清黨》（台北：中國學術著作獎助委員會，民 55），頁 183。

政策之一的可能是陳獨秀。**96**

　　較具體的是郭恆鈺的研究，根據其說，「聯共」這個名詞是陳獨秀於 1926 年 9 月北伐後才第一次提出來的。此後，中共始終堅持「聯共」的說法。聯共是指國共兩黨基於平等地位的一種合作。不過，顧名思義，聯共是指國民黨有求於中共，要與它聯合；即國民黨是求的一方，中共是給的一方。史料證明，這是不符合史實的。不僅在 1926 年 9 月以前無論國民黨還是中共的文獻中，都沒有出現過「聯共」的字樣、說法。**97**

　　比 1926 年 9 月「陳獨秀說」稍晚的，是 1927 年 4 月的「汪精衛說」。蔣永敬指稱鮑羅廷於 1926 年底建立武漢政權，利用汪精衛為中心，為其推行所謂聯俄、聯共、農工「三大政策」。遂致國父孫中山先生原擬以國民黨為主體而來運用的聯俄容共政策，根本發生了變質的情況。**98**蔣永敬引用了 1927 年 4 月的〈汪陳聯合宣言〉，認為汪精衛將孫中山的容共政策變為「聯共政策」。宣言中說：「中國所需要的是建立一個各被壓迫階級的民主獨裁來對付反革命，不是什麼無產階級獨裁。……中國國民黨多數同志凡是瞭解中國共產黨的革命理論及其對於中國國民黨真實態度的人，都不會

96　潘英，《國民黨與共產黨》（台北：明文書局，民 79），頁 29-30。

97　陳獨秀，〈讀者之聲：討論北伐問題〉：《嚮導》，第 171 期（1926.9.20.），頁 1749。見郭恆鈺，《共產國際與中國革命──「第一次國共合作」》，「第一次國共合作」辯（代序），頁 4。

98　蔣永敬，《鮑羅廷與武漢政權》（台北：傳記文學出版社，民 61），頁 1。

懷疑孫總理的聯共政策」❾❾。而孫科當時在武漢的國民黨中央常為上就抱怨這種「聯」法，「將幾十年來總理的遺訓一概拋棄；將國民黨的性質、組織、歷史，根本推翻。這也不是聯，也不是容，乃是降！……那末，三大政策變成了兩大政策：降俄！降共！」⓿⓿

　　值得注意的是，共產黨方面的研究者，對「陳獨秀說」和「汪精衛說」，都沒有相關的討論和引伸發揮；其原因，固然在集中突出「聯共」是孫中山所堅持和實行的。但最主要還是毛澤東於1940 年 1 月在延安發表的〈新民主主義論〉，對「聯共」作出了關鍵性詮釋，成為其後共產黨人主張「聯共說」之所宗：

　　　　革命的三民主義，新三民主義，或真三民主義，必須是聯共
　　　　的三民主義，如不聯共，就要反共。……今日的三民主義，
　　　　必須是聯共的三民主義，否則，三民主義就要滅亡。這是三
　　　　民主義的存亡問題。聯共則三民主義存，反共則三民主義
　　　　亡。⓿❶

　　質言之，「聯共說」無非是想通過歷史論證來將國共兩黨並舉，說明共產黨在當時已是一股不可忽視的力量，足以與國民黨等量齊觀，同為中國革命的主流。根據共產黨人的概括──實際上是

---

❾❾　羅家倫主編，《革命文獻》，第 16 輯，總頁 2799。

⓿⓿　民 16.7.15.武漢中央常務委員會第 20 次擴大會議速紀錄。詳見蔣永敬，
　　　《鮑羅廷與武漢政權》（台北：傳記文學出版社，民 61），頁 80-83。

⓿❶　中共中央毛澤東選集出版委員會編，《毛澤東選集》，第二卷（北京：人
　　　民出版社，1969.3.，10 刷），頁 651、652。

毛澤東的詮釋，蔣介石等國民黨右派不但在行動和實踐上背叛了革命，在思想和理論上也悖離了三民主義，否認以「聯共」為核心的新三民主義，最終使共產黨人繼承了孫中山的事業，成為中國革命的主流。

三、孫中山堅持和實行「聯共」的辨疑

對於共產黨人之一貫主張「聯共」是孫中山事實上所堅持和實行的，「聯共」客觀上成為孫中山三大政策的核心內容等，也有學者持相同的看法。

潘英指出：「聯共」二字，其實在蔣介石的整理黨務案中已正式出現於國民黨的公文書上；而李雲漢提到的三次「反共護黨運動」（按：指 1924 年 6 月的張繼案；1925 年 11 月的西山會議和 1926 年 5 月的整理黨務案），其實都沒有「反共」。其中，張繼的彈劾案，目的是反對「容共」；西山會議派則是一貫反對「容共」，主張「聯共」的具體化；而整理黨務案，則是蔣介石與鮑羅廷妥協的產物，更在國民黨的公文書上第一次出現「聯共」字樣，甚至還有了「聯共」之實。⓰李劍農也早有提醒說：整理黨務案為調處兩派當時的糾紛情形，固為應時的救濟辦法，但「容共」的政策，卻從此變為「聯共」了，是宜注意。⓱

以上種種，可對照吳稚暉在 1927 年 4 月之所言：

> 我總理所謂聯俄，汪君所謂聯共，皆有相當之範圍，無人不

⓰　潘英，《國民黨與共產黨》（台北：明文書局，民 79），頁 9、29-30。
⓱　李劍農，《中國近百年政治史》（台北：台灣商務印書館，民 66），頁 686。

知者也。聯共二字，本不見條文；我們國民黨之條文上止有容納共產黨員入國民黨而已。汪君說去年有國共兩黨員聯席會議，聯字或由此而出。然聯席會議亦止是合一切之共產黨，友誼的解說誤會，並非定相聯之名義。⓪

另外，日本學者狹間直樹主張「聯共是在容共關係下開始的一個側面」，也有參考價值。他指出：國共兩黨聯席會議在國民黨二屆二中全會就已被採用。該機構本來是蔣介石為了控制共產黨而提出的。但由此，第一次國共合作開始形成「聯共」這一側面，雖然它是在「容共」關係下開始的。在這種情況下，黃埔軍校的共產黨員們創造了聯俄、聯共、工農的「三大政策」的有名口號。當然，我們應該注意，除非取消「黨內合作」形式，兩黨關係仍是以「容共」關係為基本特徵的。⓪

因此，如果要將 1926 年的「國共聯席會議」簡單化約為「聯共」，實有探討餘地；遑論其事已在孫中山辭世之後。郭恆鈺亦認為，從國共的實質關係來看，把 1923 年到 1927 年 7 月（武漢分共）的國共關係籠統地稱之為「聯共」，是值得商榷的。⓪

⓪ 吳敬恆，〈「國共兩黨關係」之說明〉；羅家倫主編，《革命文獻》，第 16 輯，總頁 2801。

⓪ 狹間直樹，〈武漢時期國共兩黨關係與孫中山思想——以農民問題和革命領導權、共產黨武裝問題為中心〉；《中國現代史》，1995，第五期，頁 80。

⓪ 郭恆鈺，《共產國際與中國革命——「第一次國共合作」》，「第一次國共合作」辯（代序），頁 4。

結 語

　　早期的國共關係，由於雙方理念的南轅北轍，從一開始就扞格難容。孫中山在世的時後，憑藉其地位聲望及威信，基本可以壓服來自黨內的質疑或反彈，使爭議固有但不致擴大失控。他辭世後，隨著西山會議揭諸反共旗幟，中山艦事件的發生和蔣介石的日益崛起，原就潛在對立和緊張的國共關係，遂開始表面化和尖銳化。再加上 1927 年的南京清黨與武漢分共，導致國共的完全絕裂。雖然其後抗日戰爭時，雙方又再度妥協，但 1949 年的變局說明，兩黨最後終必一戰，並歷史地形成了隔海對峙迄今的局面。

　　以上述背景為襯托，國民黨人之所以堅稱「容共」，或可說是從 1927 年吳稚暉公開駁斥汪精衛「聯共說」後的約定俗成；也是孫中山的忠實信徒為保護及突顯其革命正統地位的宣示。至於由此引伸而出、並與之相關的其他 20 餘種說法，或者是對容共政策目標的肯定與詮釋，如溶共、熔共、鎔共、弭共、養共、滅共、制共、驅共；或者是當時確有其事的歷史見證，如清共、分共、剿共等措施，以及防共、限共等方針；又或者是源於慘痛教訓的恐共心態；或者是基於對敵思想鬥爭所需要的前提與立場，如仇共、恨共、貶共；或由而衍生的抗共、反共國策；以及辨明容共非友共、投共、盟共、降共等說法。

　　國民黨認為，當年容共和清共，都是正確而且必要的；先前容共，是防患於未然；後來清共，是弭禍於已然；尤有甚者，清共之斷然，使大陸的赤化延遲了 20 餘年，否則老早不堪。領袖英明之處，正在於其見微知機，乃能制其肇端，使底於成而敗無由致。歷

史使命感越強,逐漸引伸幻化出的控制力道就越大,就越是無遠弗屆,無所不在;甚至掌控史料的閱讀權和解釋權。而國民黨的研究傳統也由是而形成。

　　共產黨人則把國民黨分成孫中山的國民黨和蔣介石的國民黨;前者是以偉大的革命先行者孫中山為代表的國民黨左派,是進步的、要革命的,堅持反帝反封建;而後者是以蔣介石為代表的國民黨右派,是頑固的、反革命的,是帝國主義的代理人和封建統治的化身。共產黨人自認從一開始就堅持了孫中山的民族和民主革命事業,並以中國人民在 1924 年作出的選擇,證明孫中山所領導的國民革命,為共產黨人所繼承。所以毫無疑問,共產黨才是革命的正統;追本溯源,孫中山晚年採取的就當然是「聯共」政策,而不是也不能是「容共」。

　　以 1924 年為基準,如從 1894 年算起,國民黨已 30 歲;由1921 年算起,共產黨三歲。就當時的情況論,前者以「容共」定主從,難說不符實際;但是,就後來的形勢發展言,共產黨稱之為「聯共」,也無可厚非。國民黨退居台灣後的處境,反映在相關研究中,是一種可以理解的情緒抒發,是基於正統立場的漢賊不兩立、敵我不並存,是惡紫之奪朱,鄭聲之亂雅樂。而共產黨雖然贏得政權,但還是留下了一點未竟全功的遺憾,因此,在完成祖國統一大業的神聖使命召喚下,還是難以避免的要古為今用,以論帶史,歷史為政治服務。

　　歷史上的正統觀念,雖然常體現為後世史家站在本朝立場敘事論斷的筆法;但當時當世的人要爭革命正統、爭歷史主流,既缺乏足夠的距離,也受限於史局。有些當時不敢講的後來有機會再講;

政治情境中有顧慮的，在學術研究中發揮。一如 19 世紀德國的思想家，在現實世界無可作為的時候，曾在思想上報仇！結果開闢了他們的康莊大道。❿

　　國共雙方的革命實踐，其意識型態的終極關懷和最後目標或者相同，但各自印證理論和貫徹信念的途徑、方法與手段，可以也的確不同；因此，其歷史解釋的差異也必然。準此以觀，是能瞭解革命的正統與偏統，歷史的主流與支流之爭，以及諸如匪、逆、僭、偽、竊、閏的貶義，乃至「明漢賊之辨」等等，在政治現實和歷史研究之間，雖然有模糊的一面，但也可以有毫不含糊的另一面。

　　證據顯示，孫中山的確是沒有說過「容共」，也沒有說過「聯共」。1924 年 3 月的〈通告黨員釋本黨改組容共意義書〉，是《國父全集》的編者沿用的改訂標題；原題中沒有「容共」字樣。共產黨方面也承認，「聯共」一詞是後來共產黨人所概括的；而毛澤東在〈新民主主義論〉中的詮釋，則是其概括之所宗。

　　因此，「容共說」與「聯共說」的史實，由而辨明。但如果還要處理其歷史解釋何以仍然爭議不斷的課題，就必須再進一步追問：共產黨人為什麼要加入國民黨？

---

❿　林一新，〈五四運動的歷史意義〉；載《中華文化復興月刊》（台北），第十卷，第六期，頁 22。

第六章
共產黨人何以要加入國民黨

　　早期國共關係之錯綜複雜，影響深遠，是研究者普遍承認的；尤以國共雙方史論之分歧為然。相對於國民黨所說的「容共」，共產黨則堅持說應當是「聯共」；其方式為共產黨員以個人身份加入國民黨，從而實行「黨內合作」，並以 1924 年 1 月國民黨的一全大會為標誌。

　　巧合的，恰恰也正是 1924 年 1 月，中共早期的領袖、一大代表陳公博，似乎就已經預見了這個歷史的「變點」：

> 國共合作，對以後的歷史家來說，當然是一項極其重要而巨大的轉變。……他們的計劃能否實現，取決於該兩黨的耐心與堅持。至於兩黨合作的結局，沒有人可以預測，吾人只有等待時間來答覆了。❶

---

❶　Ch'en Kung-po, *The Communist Movement in China*. New York: East Asian Institute of Columbia University, 1960, p.99. 按：本書為陳公博於 1924 年 1 月在美國哥倫比亞大學完成的碩士論文；後由哥大教授韋慕庭（C. Martin Wilbur）在圖書館發現並予以研究刊印。韋慕庭在本書的介紹語中說，這

　　而後來國共間的密切互動以及終至殊途，的確肇因於早期的關鍵性轉折；也連帶影響了雙方對這一段歷史的解釋，形成各說各話的局面。

　　國民黨方面較具有代表性的說法是，容共係國民黨接受共產黨提出加入之請求及採行的措施。而共產黨又何以主動要求參加國民黨？其原因不外兩點：一、奉行第三國際的命令；二、假藉國民黨的旗幟以維持其生存。❷第二個原因最典型的註腳則是蔣中正的「螟蛉說」❸。國民黨說當時容共乃策略運用，目的有三：一是削弱瓦解共黨組織；二是同化或消滅共黨組織；三是規範或約束共黨行動。❹簡單說，就是要間接消滅共產黨。既然如此，共產黨為什麼要奉行第三國際的命令；「主動請求」加入國民黨？難道是等著被消滅？當然不是；事實上也沒有。

　　而共產黨方面則認為，採取「黨內合作」的方式與中國國民黨聯合，是在當時的歷史條件下，所作出的正確的歷史抉擇，是推進中國革命事業的最好途徑；也是中國共產黨人幫助國民黨改組的最

篇論文之特別重要，是因為在其附錄中包含了 6 篇中共的早期文獻，其中 4 篇為當時他處尚未發現者。……同時，本文另一重要處，在於本文一直未被歷史學者所引用，故能保持其「獨立證據」的地位，而可用以衡量其他出版品的真實可靠與否。詳見 p.1。

❷　李雲漢，《從容共到清黨》（台北：中國學術著作獎助委員會，民55），頁 92。

❸　蔣中正，《蘇俄在中國——中國與俄共三十年經歷紀要》（台北：中央文物供應社，民 45），頁 9。

❹　涂子麟，《國父聯俄容共的主旨》（台北：陽明山莊三民主義研究所，民52），頁 32-39。

好形式。是中國共產黨在新的歷史環境下，盡快發展壯大自己，開創革命工作新局面的好辦法。是符合馬列主義的策略原則的。❺

　　顯然，國共雙方的歷史解釋大相逕庭；國民黨說「容共」是策略運用，目的是要消滅共產黨；但共產黨則似乎有迫於現實卻將計就計、因利趁便的意味。而「當時」的真相到底如何？

　　共產黨人所謂「當時的歷史條件，新的歷史環境」指的是什麼？共產黨人後來為什麼說和國民黨採取黨內合作，既是正確的歷史抉擇，又是最好途徑、最好形式、好辦法；是符合馬列主義的策略原則的。對共產黨人而言，加入國民黨，可不可以說是當時「唯一的選擇」？

第一節　正確的抉擇：客觀環境的制約

　　1922 年春，中國共產黨領導人沒有採納馬林關於共產黨員加入國民黨的建議。於是，馬林在 4 月下旬返回莫斯科，向共產國際匯報，以尋求支持。共產國際接受了馬林的建議，並於 7-8 月間兩次作出指示，要中國共產黨同國民黨實行「黨內合作」。❻

　　共產國際的「七月決定」和「八月指示」，打印在馬林的襯衣上，秘密帶到中國。❼此時中共二大剛結束，馬林得知二大仍堅持

---

❺　唐培吉等，《兩次國共合作史稿》（杭州：浙江人民出版社，1989），頁31-32。

❻　唐培吉等，同上書，頁29。

❼　王功安、毛磊主編，《國共兩黨關係史》（武漢：武漢出版社，1988），頁22。

「黨外合作」的主張，便建議召開會議，專門討論與國民黨合作的形式問題；故而有 8 月底中共中央杭州西湖特別會議（以下簡稱西湖會議）的舉行。

大約與此同時的另一方面，孫中山以陳炯明事變再次由粵返滬，途中考慮此後動向，認為必須改弦更張，爭取外援。聯德尚無下文，聯俄已見眉目。八月中，孫抵上海，陳獨秀、馬林及越飛的代表先後來見，談及聯俄容共；容共則為聯俄的第一步。❽故此可以說，就國民黨言，容共由聯俄而來；是由聯俄所促成。❾於是，共產黨人為什麼要加入國民黨的客觀情境，由而形成。

壹、共產國際的策略取向

1919 年，共產國際成立。翌年的二大，開始了關於中國革命和國民黨在其中地位的理論發展；二大關於東方問題的決議，是共產國際為其後來制訂國民革命理論作出的最大貢獻。儘管〈民族與殖民地問題提綱〉的政策理論十分矛盾，但還是指導國際共產主義運動去支持國民革命運動。❿

1920 年，列寧在共產國際二大上提出，以蘇俄社會主義國家的力量、西方各先進國家的無產階級運動，以及殖民地半殖民地國家的反帝民族解放運動，聯合組成世界革命的統一戰線。其中重要

---

❽　郭廷以，《近代中國史綱》（香港：中文大學出版社，1980），頁 535。

❾　詳參涂子麟，《國父聯俄容共的主旨》（台北：陽明山莊三民主義研究所，民 52），頁 10-12。

❿　馬馬耶娃著，路遠譯，〈二十年代的共產國際與中國國民黨〉；《中共黨史研究》，1998，第 4 期，頁 73-74。

的一環，即西方先進國家的無產階級運動日趨低落，東方各國的民族解放運動卻日益高漲。為此，列寧轉而把反帝鬥爭的前沿陣地，放到了東方的民族解放運動上。他認為東方各國的反帝力量不僅是工人、農民和小資產階級，而且資產階級中的民主派也是反帝的，共產黨和無產階級在進行反帝反封建的民族民主革命中，應當聯合資產階級民主派，和他們建立臨時的民主聯合戰線，但是無產階級必須保持自身組織的獨立性。根據列寧的這一原則，共產國際派出的代表馬林和少共國際代表達林，先後到達中國；馬林幫助中國的共產主義組織建立了中國共產黨。❶時為 1921 年 7 月。

　　1921 年底，馬林輾轉於桂林會晤了孫中山，建議國共兩黨合併，未獲具體回應；馬林繼又傳達了共產國際的意旨，力促國民黨與之聯盟。❷孫乃鄭重答覆：「蘇聯革命甫四載，其事績世罕能言者，文獻闕然，莫由聞知焉。……革命之主義，各國不同，甲能行者，乙或扞格而不通，故共產之在蘇俄行之，而在中國則斷乎不能。況吾師次桂林，志在北伐。……為安全計，今僅能與蘇俄作道義上之聯絡。一俟義師北指，直搗黃龍，再謀具體合作，未為晚也。」❸是則孫中山對馬林的建議審慎而保留。

---

❶　楊振亞，〈評國共「黨內合作」的形式〉；《中國現代史》，1993，第 11 期，頁 13-14。

❷　桂崇基英文原著，沈世平譯，《中國國民黨與中國共產黨》（台北：台灣中華書局，民 67），頁 6。

❸　鄧家彥，〈馬丁謁總理實紀〉；羅家倫主編，《革命文獻》，第九輯（台北：中國國民黨中央委員會黨史史料編纂委員會，民 44），頁 204-205（總 1410-1411）。

　　1922 年起，共產國際受到華盛頓會議的召開和香港海員大罷工的影響，積極地想要在中國建立一個以國民黨為中心的、反帝的國共統一戰線。對共產國際而言，建立反帝統一戰線的任務尤為重要。莫斯科方面深信，在孫中山領導下的廣東，應該是「中國工人運動的中心」和「中國反帝民族革命運動的基地」；孫中山應該是這個革命運動的領袖，所有中國的革命勢力都應該在孫的領導下聯合起來，共同反帝。❹由於當時世界和中國內部形勢的變化，俄國人更加確認了中國革命的重要性以及孫中山與國民黨在中國革命中的領導地位。

　　1922 年 1 月，共產國際在莫斯科召開第一屆遠東人民代表大會（又稱遠東勞動者大會），通過了關於共產黨與民主革命派合作的決議，號召遠東各民族殖民地國家的共產黨同資產階級民主派聯合起來，組成民主聯合戰線。這個決議，帶給中國共產黨人極大的啟發與幫助。❺

　　開會後幾天的一個晚上，列寧接見了中國共產黨代表張國燾和國民黨代表張秋白等。列寧詢問，中國國民黨和中國共產黨是否可以合作？張秋白未多說明即作肯定表示；張國燾則告以，國共兩黨應當密切合作，而且可以合作。列寧對張國燾的回答，似乎很滿意。二張都覺得列寧的問話表示了他希望國共兩黨能夠合作的意

---

❹　郭恆鈺，《共產國際與中國革命——第一次國共合作》（台北：東大圖書公司，民 80），〈第一次國共合作〉辯（代序），頁 10-11。
❺　韓泰華主編，《中國共產黨——從一大到十五大》，上（北京：北京出版社，1998），頁 70。

向；也都認為中國當時的革命，確應從國共兩黨合作做起。**⓰**

　　遠東人民代表大會對中國革命影響重大；會議在正式和非正式的商討中，確定了中國革命的反帝國主義的性質；「反帝國主義的聯合戰線」這個新觀念也在會中形成。這些成就，曾以各種不同的方式傳達到中國；張國燾返國後即報告中共中央，並為中共中央欣然接納。**⓱**

　　在上述背景下，共產國際經過考慮，在 1922 年 7 月接受了馬林的建議，明確要求中國共產黨人加入國民黨，共同從事以國民黨為中心的民族和民主革命。但是，中國共產黨又何以要服從共產國際的指示呢？

貳、中共何以必須服從共產國際

　　中共一大通過的〈黨綱〉，明訂要「聯合第三國際」；而一大同時通過的〈決議〉中，也規定了與第三國際的關係：主要是「中央機關應每月向第三國際報告。如有必要，應派一正式代表前往第三國際駐依可欺卡（Irkuchika；按：即 Irkutsk，通譯作「依爾庫茨克」）之遠東書記處報告，並派代表赴遠東各國商討聯合階級鬥爭之進一步計劃。」**⓲**但是，中國共產黨人當時卻不願意明確承認自己是共

⓰　張國燾，《我的回憶》，第一冊（香港：明報月刊出版社，1971），頁196-198。

⓱　張國燾，《我的回憶》，第一冊（香港：明報月刊出版社，1971），頁207-208。

⓲　Ch'en Kung-po, *The Communist Movement in China*, New York: East Asian Institute of Columbia University, 1960, p.106、pp.109-110.

產國際的支部。以陳獨秀為例，他基於建黨過程中的經驗，發現只要接受了國際的經濟援助，就很難避免國際代表的頤指氣使和過分干預；故陳獨秀一直強調共產黨人應追求經濟上的獨立自主。**⑲**共產黨人在一大後，對於經費問題曾有激烈的爭議，被稱為「中共中央第一次大爭吵」；甚至還常遇到「盧布黨」的譏諷。**⑳**但形勢比人強，中共二大還是通過了加入共產國際的決議，明文確認自己是共產國際在中國的一個支部。

　　事實上，中共一大後面臨的第一個困難也正是經費問題。馬林曾向張國燾解釋說，站在國際主義的立場，共產國際有幫助各國共產黨的義務，而中共也應當坦然接受。張表示贊成，稍後他根據馬林的提示，草擬了必要的工作計劃和預算，總共預計 30 人要按月領用生活津貼，每人約需 20 元至 35 元；勞動組合書記部的全部開支及出版費用等每月約需 1,000 元。馬林表示就按計劃進行，全部費用都由共產國際補助。另一方面，陳獨秀因 1921 年 10 月被捕入獄的痛苦遭遇，使他放下了虛矯的民族自尊。出獄後第二天，便首次以書記身份召集中央會議，討論通過了上述計劃草案，修正工作人員的待遇，不再稱薪給或工資，統稱之為生活費；其標準減低到以 25 元為最高額；另外又具體規定了接受共產國際補助經費的辦法。此後，中共接受共產國際的經費支持，便成為經常性質。**㉑**

---

⑲　詳參陳永發，《中國共產革命七十年》（上）（台北：聯經出版公司，2001，二版），頁 74-75。

⑳　張國燾，《我的回憶》，第一冊（香港：明報月刊出版社，1971），頁 151-162、166。

㉑　張國燾，同上書，頁 151-154、165-167。

　　1922 年 8 月底，中共的西湖會議決定接受共產國際指示，加入國民黨，參加國民革命。當時，共產國際每年補助中共 20 萬元，每個幹部每月 20 元到 30 元不等。❷根據共產國際的絕密檔案，1923 年中國共產黨的費用預算總計每年是 1 萬 2,000 元金盧布。❷ 1925 年 3 月下旬，陳獨秀向共產國際報告，要求再撥款用於 17 項開銷的共 1,400 美元。報告最後還強調：

> 預算必須增加到這個數目，請予批准。我們還希望，從四月起，連同以前批准之預算，你們能按月及時寄來 3,650 元（中國元）。
>
> 再者，按照以前的 2,250 美元的預算，我們於一、二、三月應收到 6,750 美元，可你們只寄來 2,423 美元，折合 5,887 中國元，因此，還欠 863 元，請補齊這一數目。今後，請給我們寄金盧布或美元（含追加數）。❷

---

❷　李守孔，〈國父聯俄容共的本旨與「國共合作」的歷史教訓〉；《光復大陸》，第 217 期（台北：民 74.1.），頁 10。

❷　第 54 號文件，〈1923 年中國共產黨費用預算〉，1922.12.，莫斯科，絕密；李玉貞譯，《聯共、共產國際與中國（1920-1925）》，第一卷（台北：東大圖書公司，民 86），頁 145-146。

❷　第 142 號文件，〈陳獨秀給共產國際執行委員會的第二號報告〉，1925.3.20.，上海；李玉貞譯，《聯共、共產國際與中國（1920-1925）》，第一卷（台北：東大圖書公司，民 86），頁 483-486。按：陳獨秀在這個報告裡用 6,750 美元去減 5,887 中國元，而說還欠 863 元。不知何故？如依原文所述，應當用 6,750 美元減掉共產國際已寄到的 2,423 美元，尚欠 4,327 美元。兩者相差遠矣。

　　其實，在中共二大以後，莫斯科就開始根據中共的發展和工作需要，逐漸將黨費與團費、工運費、農運費、兵運費、反帝費、濟難費、以及特別費等等區分開來，分別提供。以 1927 年為例，中共所得黨費不過 30 萬中國元左右，而這一年來自俄共、共產國際、赤色職工國際、少共國際、農民國際、濟難國際等，用於幫助中共的各種經費，總數就有百萬元之多；但該年度中共的自籌經費，卻只有大約 3,000 元。㉕因此，說中國共產革命後來的成功，在很大的程度上得益於莫斯科的財政幫助，應不為過。

　　除了經濟上的原因以外，還有組織紀律的問題。

　　根據 1920 年共產國際二大所通過的、加入共產國際的 21 項條件，每個加入的各國黨，其綱領都必須由共產國際代表大會或國際的執行委員會批准（第 15 條）；共產國際代表大會及其執行委員會的一切決議，所有加入者必須執行（第 16 條）；凡願意加入共產國際的黨，都應該稱為：某某國家的共產黨（共產國際支部）（第 17 條）；各國黨員中如有在原則上拒絕共產國際的條件和提綱者，應即開除黨籍（第 21 條）。㉖

　　由於中共二大決議完全承認共產國際的 21 項條款；㉗再加上

㉕　詳請參閱楊奎松，〈關於共產國際與中共關係史研究的進展問題〉；見楊奎松個人主頁http://yangkuisong.vip.sina.com，2003/10/5，頁 6-8。

㉖　加入共產國際的 21 項條件全文見鄭學稼，《第三國際史》，上冊（台北：台灣商務印書館，民 66），頁 323-327。另參郭恆鈺，《共產國際與中國革命——第一次國共合作》（台北：東大圖書公司，民 80），〈第一次國共合作〉辯（代序），頁 2-3。

㉗　Ch'en Kung-po, *The Communist Movement in China*, New York: East Asian Institute of Columbia University, 1960, p.128.

共產黨人本來就有「以俄為師」的心理，㉘故服從共產國際要其加入國民黨的訓令也就理所當然。而中國共產黨人在聽命於共產國際的同時，也受到當時國內客觀因素的影響。

參、共產黨人的弱點：二七慘案的啓示

早先，中共根據共產國際的意向，除了交好陳炯明外，亦曾採取過聯合吳佩孚的政策，以發展工人運動。1921 年 2 月，在中共建黨之前，李大釗就通過其天津法政專門學校同學白堅武的介紹，赴河南洛陽會見過吳佩孚，促成其通電主張保護勞工。1922 年 4 月，李大釗又通過吳的御用內閣交通總長，把共產黨員安體成、陳為人、張昆弟、何孟雄、顏昌頤、包惠僧等人，安排在京漢、津浦、京奉、京綏、隴海及正太六條鐵路線上，名義上是鐵路密查員，實際上是中共職工運動的特派員。他們在各路建立工人組織，開展工人運動，取得很大成績。僅京漢鐵路沿線就成立了 16 個工人俱樂部，會員達三萬餘人。㉙而根據共黨早期職工運動領袖鄧中夏的描述，其意義更見彰顯：

> 1922 年直奉戰爭，直勝奉敗，交通系內閣隨之倒臺，代之而起的為直系軍閥吳佩孚御用內閣。吳佩孚新勝之餘，收買人心，通電發表四大政治主張，其中一項便是「保護勞

㉘　詳參陳永發，《中國共產革命七十年》（上）（台北：聯經出版公司，2001，二版），頁 75。

㉙　中共北京市委黨史研究室，《李大釗與第一次國共合作》（北京：北京出版社，1989），頁 17-18。

工」。吳佩孚知道交通系在鐵路上有長遠的勢力，同時又知道共產黨在鐵路上有新興勢力，於是他就企圖利用共產黨剷除交通系。當時共產黨北京黨部明知道吳佩孚的利用，然而亦樂得相互利用一下，因為在剷除交通系這一點上對於工人階級是有利的。經過李守常（大釗）向吳佩孚御用內閣交通總長高恩洪建議：每路派一密查員，得其允許。於是京漢、京奉、京綏、隴海、正太、津浦六條鐵路都有一個密查員（守常薦去的共產黨員）。這樣一來，第一、我們可以免票來往坐車不用花錢，並且任何同志都可利用免票乘車。第二、六個密查員都有百元以上的薪水，除一定生活費外其餘歸黨，此時正因職工運動費用支絀，得此不無小補。第三、密查員是各路現任職員最害怕的，因此共產黨員得著護符，不僅不怕人，而且使人怕，得以往來各路，通行無阻。……這樣一來，我們在鐵路上的工作得到順利的發展，差不多六條鐵路都建立了相當的基礎。❸⓿

上述情況，共產黨人稱之為中國工人運動的第一個高潮。

　　但是，1923 年 2 月 7 日，吳佩孚在漢口、長辛店等地對工人實行強力鎮壓，發生流血事件，史稱「二七慘案」；致工人運動一敗塗地，幾乎瓦解。

　　經過此一嚴重打擊，中國共產黨人意識到，工人階級如果沒有

---

❸⓿　　鄧中夏，《中國職工運動簡史》（北京：人民出版社，1954），頁 25-27。

強力的同盟軍，如果沒有自己的武裝力量，就無法在毫無民主權利的條件下戰勝全副武裝的反動派；要推翻帝國主義和軍閥在中國的統治，僅僅依靠工人階級自己的力量是不夠的。隨後，共產黨採取了積極的步驟，去聯合孫中山所領導的國民黨，希望經過國民黨來實現工人階級與其他民主力量的同盟。**❸①**

　　共產黨人的積極聯絡孫中山和國民黨，是迫於客觀現實；相對比較下，國民黨的優勢也因而格外突顯。

肆、國民黨的優勢和孫中山的堅持

　　雖然，共產黨人強調，第一次國共合作的形成，決不是偶然的政治現象。國共兩黨作出聯盟的決策，是順乎歷史發展的潮流，適乎中國革命之需要，體現了歷史的必然。首先，兩黨面臨著反帝反封建的共同任務；其次，兩黨對當時中國社會變亂原因有著比較一致的認識；第三，雙方都有聯合的需要。**❸②**

　　但是，真正關鍵的原因，還在於國共兩黨的實力基礎。

　　共產黨人認為，孫中山領導的國民黨在當時並沒有多少實力，而且成分複雜，嚴重地脫離群眾；但也不諱言其有不容忽視的優點。第一、這個黨在中國社會上還是有威信的。第二，這個黨已經在中國南方建立了一塊可貴的革命根據地。第三，孫中山在幾經挫

---

❸①　胡喬木，《中國共產黨的三十年》（北京：人民出版社，1953），頁 9-10。另可參中共中央黨史研究室著，《中國共產黨歷史》，上卷（北京：人民出版社，1991），頁 90。

❸②　唐培吉等，《兩次國共合作史稿》（杭州：浙江人民出版社，1989），頁 64-67。

敗後，深感國民黨內許多人已經日趨腐敗，中國革命必須改弦易
轍。他開始同中國共產黨人建立聯繫，真誠地歡迎共產黨員同他合
作，歡迎蘇俄對中國國民革命的援助。因此，共產黨在準備建立統
一戰線時，首先考慮同國民黨合作是很自然的。㉝

以當時的情況，特別是對照孫中山的心境來看，國民黨亦有補
充新血的需要。根據宋慶齡回憶，孫中山曾對她說：

> 國民黨裡有中國最優秀的人，也有最卑鄙的人。最優秀的人
> 為了黨的理想與目的而參加黨，最卑鄙的人為了黨是升官的
> 踏腳石而加入我們這一邊。假如我們不能清除這些寄生蟲，
> 國民黨又有什麼用處呢？㉞

當宋慶齡問「為什麼要共產黨人加入國民黨」時，孫中山回答：

> 國民黨正在墮落中死亡，因此要救活它就需要新血液。㉟

1924 年元月間，黃季陸以加拿大區國民黨代表身份返國，準備參
加一全大會，據其回憶，也有類似的「新血說」：

> 抵達廣州當天已很晚。總理正在寓所同中央委員們開會，聽

㉝　中共中央黨史研究室著，胡繩主編，《中國共產黨的七十年》（北京：中
　　共黨史出版社，1991），頁 38-39。

㉞　宋慶齡，《宋慶齡選集》（北京：人民出版社，1966），頁 109。

㉟　同前註。

見我們到達，便通知前往參加，並讓我報告美國黨務情形。
散會後總理留我們談話，在談話中他表示：目前革命工作情
緒低沉，需要新血刺激，所以這次黨中吸收了更多的智識青
年共同從事革命工作。當時我以為所謂新血是從五四運動中
出來的一批青年學生。可是當總理告訴我是指共產黨員時，
簡直使我大吃一驚，我立即表示反對。**㊱**

黃季陸縱然立即反對，但也沒有改變孫中山同意共產黨人加入國民
黨的事實。尤有進者，甚至在 1925 年孫中山辭世後，國民黨內的
元老還深有感慨；戴季陶曾寫信給蔣介石提及：

三月二十九日，祭黃花岡歸，與（譚）平三（山）及香凝夫人
同車到廖宅，是日所感特深。弟（戴自稱）云今日最能奮鬥之
青年，大多數皆為共產黨，而國民黨舊同志之腐敗退嬰，已
無可諱。**㊲**

不過，孫中山固然有甄補新血，以壯大革命隊伍的想法和實際
措施，但也有其無可動搖的堅持；這一點，共產黨人亦頗有領悟。

㊱ 黃季陸，〈談當年容共一幕〉，原載《聯合報》（台北），民 46.6.29.；
　　引自崔書琴等著，《孫中山和共產主義》（台北：文星書店，民 54），
　　頁 99-100。（按：黃之回憶原稱「1923 年元月間」，有誤；似應指 1924
　　年而非 1923 年。）

㊲ 〈戴季陶致蔣中正函〉，民 14.12.12.；轉引自李雲漢，《從容共到清黨》
　　（台北：中國學術著作獎助委員會，民 55），頁 399。

張國燾回憶說：

> 西湖會議時，馬林曾很有信心的指出，孫中山贊成共產黨員
> 加入國民黨。當時，我們根據與孫先生接觸的經驗，相信他
> 這種說法不是信口開河，很可能還是出於孫先生的主動。孫
> 先生素來自視為中國革命唯一領袖，在他的革命旗幟下可以
> 包容一切革命份子。他只要求人們擁護他的革命，並不十分
> 注重其所信仰的革命主義究竟是什麼。他在我們沒有組織中
> 共以前，明知我們信仰馬克思主義，即曾向我和其他以後成
> 為中共要人的朋友們說過，既要革命，就請加入國民黨。後
> 來，他對於中共黨員加入國民黨的事，也有同樣的解釋，彷
> 彿他代表革命的「大圈子」，應當將共產主義的革命「小圈
> 子」，放在他那個大圈子裡面，不可讓它在大圈子外面。❸

更何況，當時中國共產黨成立不久，勢單力薄；故有謂中共之
建黨是「人為的早產」❸。一如馬林早就強調的：改組國民黨和使
它發展成為一個革命的民族主義政黨的可能性，如果以同兩年前過
早地組織起來的共產黨人合作為基礎的話，那麼前景是遠大的；❹

---

❸ 張國燾，《我的回憶》，第一冊（香港：明報月刊出版社，1971），頁
248。

❸ 郭恆鈺，《共產國際與中國革命：第一次國共合作》（台北：東大圖書公
司，民80），頁30-35。

❹ 《馬林檔案》，第3065號；轉引自楊雲若，〈共產國際和第一次國共合
作的形成〉；見《黨史通訊》，1987，第2期，頁12。另見林家有、周

而共產黨方面也承認：孫中山領導的國民黨在群眾中是一面通俗的有影響的旗幟。「黨內合作」也是孫中山當時唯一能接受的方式；孫中山歡迎國共合作，但力主「容共」，他視國民黨為中國唯一之革命黨，是建設中華民國的真正力量。孫中山是國內外享有崇高聲譽的革命領袖，國共合作的組織形式只有在他的同意下才有可能付諸實踐。**❹**

因此，共產黨人後來說，三大正確地估計了孫中山的革命立場和國民黨進行改組的可能性，決定共產黨員以個人身分加入國民黨，用這種形式實現國共合作。這是孫中山和國民黨當時所能接受的唯一合作形式。**❷**

但所謂「三大正確地估計了……」云云，是共產黨人後來為其「一貫正確」的找補性詮釋；與當時的情況有所出入。事實上，中共同意加入國民黨而成為「黨內合作」的聯盟形式，是其三大僅以半數通過而勉強順從的。**❸**而也正因為如此，共產黨人在自我說服的過程中，才會歷經了極大的掙扎。

　　興樑，《孫中山與第一次國共合作》（成都：四川人民出版社，1989），頁 158。

❹　唐培吉等，《兩次國共合作史稿》（杭州：浙江人民出版社，1989），頁 31。

❷　中共中央黨史研究室著，胡繩主編，《中國共產黨的七十年》（北京：中共黨史出版社，1991），頁 40。

❸　John K. Fairbank and Edwin O. Reischauer, *China: Tradition and Transformation*, Taipei: Caves Books. LTD., 1988, p.443.

第二節　最好的選擇：主觀意圖的考量

　　1921 年，中共一大通過的〈決議〉曾明確規定：「對現有各政黨，應採取獨立、攻擊、排他的態度。在政治鬥爭中，反對軍閥主義及官僚主義，並要求言論、出版與集會之自由，當吾人必須宣示我們的態度時，本黨應堅守無產階級的立場，並不准與其他黨派建立關係。」❹❹

　　其後，中共到二大前夕，隨著中國革命──特別是工人運動的發展，並由於列寧和共產國際在理論上的幫助，才進一步確立了中國革命的性質是反對帝國主義和封建主義的民主革命，也明確了無產階級在領導中國革命中必須聯合資產階級民主派。❹❺所以，後來有 1922 年 8 月陳獨秀與馬林等在滬與孫中山之會晤。

　　共產黨人何以在短短一年內，由堅持排他的立場，轉而妥協要聯合資產階級民主派？這中間有一個變化的過程。

壹、共產黨人立場的轉變

　　早先，中國共產黨人是不願意加入國民黨的；尤以陳獨秀為然。1922 年 4 月 6 日，陳獨秀寫信給魏金斯基，說明反對共產黨人加入國民黨的理由：

　　㈠共產黨與國民黨革命之宗旨及所據之基礎不同。㈡國民黨聯

---

❹❹　Ch'en Kung-po, *The Communist Movement in China*, New York：East Asian Institute of Columbia University, 1960, p.106、pp.109-110.

❹❺　中共北京市委黨史研究室，《李大釗與第一次國共合作》（北京：北京出版社，1989），頁 17。

美國、聯張作霖、段祺瑞等政策和共產主義太不相容。㈢國民黨未曾發表黨綱，在廣東以外之各省人民視之，仍是一爭權奪利之政黨，共產黨倘加入該黨，則在社會上信仰全失（尤其是青年社會），永無發展之機會。㈣廣東實力派之陳炯明，名為國民黨，實則反對孫逸仙派甚烈，我們倘加入國民黨，立即受陳派之敵視，即在廣東亦不能活動。㈤國民黨孫逸仙派向來對於新加入之分子，絕對不能容納其意見及假以權柄。㈥廣東、北京、上海、長沙、武昌各區同志對於加入國民黨一事，均已開會決議絕對不贊成，在事實上亦已無加入之可能。❹

由是可見，陳獨秀當時立場之鮮明，態度之堅決。

1922 年 4 月底，青年共國際代表達林抵粵，與中國共產黨人在廣州開會（以下簡稱廣州會議）。達林根據是年初遠東人民代表大會的精神，詳細解釋了建立反帝民族統一戰線的必要性，指出工人階級應該支持孫中山。會上，關於同國民黨建立民主聯合戰線的爭論「持續了好幾天」，最後，「大多數與會者同意了（附有很多保留意見）統一戰線的策略，但沒有通過一定的決議，會議決定繼續討

---

❹　中共中央黨史研究室第一研究部編，《共產國際、聯共（布）與中國革命檔案資料叢書》，第二卷──《共產國際、聯共（布）與中國革命文獻資料選輯（1917-1925）》（北京：北京圖書館出版社，1997），頁 222-223。中共中央檔案館編，《中共中央文件選集》，第一冊（1921-1925）（北京：中共中央黨校出版社，1989），頁 15。另參唐培吉等，《兩次國共合作史稿》（杭州：浙江人民出版社，1989），頁 28-29。

論。」**④**

廣州會議後，共產黨開始調整對國民黨的政策；從先其排斥一切其他黨派的立場，轉變為同意在一定條件下與國民黨進行平等合作。

1922 年 5 月下旬，陳獨秀在《廣東群報》上發表了〈共產黨在目前勞動運動中應取的態度〉一文；主張共產黨在當時中國勞動運動極幼稚的現狀之下，應該加倍努力，站在中國勞動運動的第一線，同無政府黨、國民黨及其他黨派，在勞動運動的工作上互相提攜，結成一個聯合戰線，才免得互相衝突，才能夠指導勞動界作有力的戰鬥。共產黨人認為，這篇文章是中國共產黨第一次關於建立民主聯合戰線策略思想的基本概述，成為發起民主聯合戰線的開端。**⑱**該文呈現了陳獨秀──作為當時中共的最高領導人，其立場改變的軌跡；他在兩個月內的態度轉向，既說明了知識份子雖然懷抱理想，但終究必須向現實低頭的無奈與必然；也影響了中共的決策。

1922 年 6 月中，共產黨發表對時局的主張，宣稱無產階級在當時最切要的工作，還應該要聯絡民主派共同反對封建式的軍閥革命，……中國共產黨的方法，是要邀請國民黨等民主派及革命的社會主義各團體開一個聯席會議，在上列原則的基礎上共同建立一個

---

④ 達林，《中國回憶錄》（北京：中國社會科學出版社，1981），頁 91。另可參韓泰華主編，《中國共產黨──從一大到十五大》，上（北京：北京出版社，1998），頁 70-71。

⑱ 韓泰華主編，同上書，頁 72。

民主主義的聯合陣線。❹這是共產黨人首次向全國倡議共同建立一個民主主義聯合戰線。第一次公開承認國民黨是革命的民主派，從而糾正了過去對國民黨的片面認識。❺

　　7 月下旬，中共舉行二大；由於正當局勢有所變化（按：指陳炯明事變），與會者一改以往對其他黨派不妥協的立場，為了建立一個真正民主獨立的國家，他們決定和民族主義者合作，共同抗拒封建主義和帝國主義的壓迫。但他們也不肯放棄黨籍，還強調工人階級不要忘記他們自有獨立的組織。二大決議還提出了實現民主聯合戰線的具體步驟，反映了共產黨人當時的構想：建立以國共合作為基礎的、有全國各革命團體和民主人士參加的廣泛的聯合戰線。在這一條聯合戰線中，國共兩黨是一種平行的關係。❺應當注意也必須指出的是，此時共產黨要和國民黨建立的是平等合作關係，而不是加入國民黨。

貳、「黨內合作」與「黨外聯合」的爭議

　　中共二大關於建立統一戰線的合作方式，其本來的設想：是實行「黨外合作」。另一種則是由馬林倡議並得到共產國際贊同的

---

❹　〈中國共產黨對時局的主張〉，1922.6.15.；中共中央檔案館編，《中共中央文件選集》，第一冊（1921-1925）（北京：中共中央黨校出版社，1989），頁 44-46。

❺　韓泰華主編，《中國共產黨——從一大到十五大》，上（北京：北京出版社，1998），頁 73。

❺　韓泰華主編，同上書，頁 74。

「黨內合作」；❷這兩種主張，在共產黨內引起極大的爭議。

1922 年 3 月，馬林曾向中共提出過加入國民黨的建議；為陳獨秀所拒。❸但共產黨人在 4 月底的廣州會議上，經過達林的解說，基本同意了統一戰線的策略。7 月，中共二大在要不要同國民黨合作的問題上，雖然統一了認識；但對於採取什麼具體形式實行聯合，存在著很大的分歧。馬林主張「黨內合作」；即中國共產黨員及社會主義青年團員均加入國民黨，而不是中共二大原先設想平行對等式的「黨外聯合」。

馬林何以力主共產黨加入國民黨，有三個因素作根據。第一是他本人在爪哇得來的經驗❹。……第二是共產國際二大的戰術和策略的結論，他感覺這些結論特別可以運用，因為——這也是第三個因素——在南方，國民黨與方興未艾的工人運動已建立關係，南方的工會在孫中山影響之下，已參加了民族運動，同時給予共產黨一個最膏腴的園地來擴大活動。❺

1922 年 8 月下旬，在關鍵的西湖會議上，馬林是主要的發言

---

❷ 中共中央黨史研究室著，胡繩主編，《中國共產黨的七十年》（北京：中共黨史出版社，1991），頁 39-40。

❸ 詳參陳永發，《中國共產革命七十年》（上）（台北：聯經出版公司，2001，二版），頁 96-98。

❹ 詳參鄭學稼，《中共興亡史》，第二卷（台北：中華雜誌社，民 68），頁 1049-1060。

❺ 伊羅生（Harold R. Isaacs）著，劉海生譯，《中國革命的悲劇（*The Tragedy of Chinese Revolution*）》（上海：嚮導書局，1947 年 3 月初版；香港重排本，1973），頁 114。作者在附註中指明，這個說法根據的是 1935 年在阿姆斯塔敦（Amsterdam）和馬林談話的記錄。

者；他堅持共產黨員必須加入國民黨，是國共建立聯合戰線唯一可行的具體步驟。其主要理由大致是：

　　第一、中國在一個很長的時期內，只能有一個民主的和民族的革命，絕不能有社會主義的革命；而且當時無產階級的力量和其所能起的作用，都還很小。第二、孫中山領導的國民黨是中國當時一個有力量的民主和民族革命的政黨，不能說它是資產階級的政黨，而是一個各階層革命分子的聯盟。第三、孫中山可以而且只能容許共產黨加入國民黨，絕不會與中共建立一個平行的聯合戰線。第四、中共必須學習西歐工會運動中，共產國際所推行的各國共產黨員加入社會民主黨工會的聯合戰線的經驗；中共須尊重共產國際的意向。第五、共產黨員加入國民黨既可以謀革命勢力的團結；又可以使國民黨革命化；尤其可以影響國民黨所領導的大量工人群眾，將他們從國民黨手中奪取過來等等。❺❻

　　對於馬林的主張，張國燾與蔡和森反對；他們並非要求同國民黨來個平行的聯合戰線，只是不要喪失獨立性。陳獨秀也反對馬林，而且發言甚多。他強調，國民黨主要是一個資產階級的政黨，不能因為國民黨內包容了一些非資產階級的份子，便否認它的資產階級的基本性質。一個共產黨員加入國民黨後，會引起許多複雜而不易解決的問題，其結果將有害於革命勢力的團結。但他聲言，如果這是共產國際不可改變的決定，中共應當服從。而李大釗卻採取

---

❺❻　張國燾，《我的回憶》，第一冊（香港：明報月刊出版社，1971），頁243。

了調和的立場；❺實際上是支持馬林。

李大釗強調：第一、國民黨是一個「鬆懈的組織」，共產黨員很容易加入進去，從內部「去改變國民黨的策略」，並且「容易促進群眾運動的發展」。他舉例說，無政府主義者加入國民黨已經多年，掛著國民黨黨籍，依然進行無政府主義宣傳，並未受到任何的約束。即單純的國民黨員也抱有各自不同的政見，單獨從事政治活動的例子也不少，足見共產黨員加入國民黨，同樣不會受到約束。第二、根據他的判斷，如果採取黨外合作形式，孫中山不易接受。這是他多次接觸孫中山的印象。他認為，以共產黨員個人身份加入國民黨的方式，是實現聯合戰線易於行通的辦法。在李大釗耐心地說服和疏通下，除了個別人（如張國燾）有異議外，會議原則上接受了共產國際關於國共合作的建議，奠定了中共實行國共合作的基礎；在這個會議上，李大釗發揮了重要的作用。❺

陳獨秀在 1929 年 11 月被中共開除黨籍；12 月，他發表了〈告全黨同志書〉，這是一篇極具參考價值的文獻；其中提到：1922 年初的遠東人民代表大會決議，在東方殖民地國家應進行民主革命的鬥爭，中共二大遂議決了民主革命的聯合戰線，並據此發表了對時局的主張。同時青年團國際代表大林（按：即達林）來中國，向國民黨提出民主革命派聯合戰線政策，國民黨的總理孫中山嚴詞拒絕了，他只許中共及青年團員分子加入國民黨，服從國民

---

❺ 張國燾，同上書，頁 243-244。

❺ 中共北京市委黨史研究室，《李大釗與第一次國共合作》（北京：北京出版社，1989），頁 21-22。

黨，而不承認黨外聯合。大會散會不久，共產國際即派代表馬林來中國，要求中共中央全體委員在西湖開會，提議加入國民黨的組織，力言國民黨不是一個資產階級的黨，而是各階級聯合的黨，無產階級應該加入去改進這一黨以推動革命。當時中共中央五個委員，李守常、張特立（按：即張國燾）、蔡和森、高君宇及陳獨秀都一致反對，其主要的理由是，黨內聯合乃混合了階級組織和牽制了中共的獨立政策。最後，國際代表提出中國黨是否服從國際議決案為言，於是中共中央為尊重國際紀律，遂不得不接受國際提議，承認加入國民黨。❺❾

結果，西湖會議並未以文字而是以一種互相諒解的形式，通過了陳獨秀所提，國民黨取消打手模以後，中共的少數負責同志可以根據黨的指示加入國民黨為黨員的決定。這種決定顯然對馬林原有的中共黨員無條件無限制加入國民黨的主張，已作了相當的修正。❻⓿

西湖會議後，馬林在與孫中山會面時告訴他，蘇俄已建議中國共產黨員以個人身份加入國民黨；孫中山同意了。李大釗第一個被允許保留共黨身份加入；隨後，陳獨秀等亦循同樣模式；由孫中山主盟，正式加入中國國民黨。❻❶

---

❺❾　陳獨秀，〈告全黨同志書〉，1929.12.10.；載王健民，《中國共產黨史稿》，第二編，江西時期（台北：作者自印，民60），頁105。

❻⓿　張國燾，《我的回憶》，第一冊（香港：明報月刊出版社，1971），頁245。

❻❶　汪兆銘，〈武漢分共之經過〉，1927.11.5.在廣州中山大學講；羅家倫主編，《革命文獻》，第16輯，總頁2854。另可參張國燾，《我的回憶》，第一冊（香港：明報月刊出版社，1971），頁249。John K. Fairbank, Edwin O. Reischauer, Albert M. Craig, *East Asia: The Modern*

　　1923 年 6 月，中國共產黨在廣州舉行三大，主要議程是討論共產黨員加入國民黨的問題。大會接受了共產國際的建議，決定採取其黨員以個人身份加入國民黨的形式實現國共合作。這是當時能夠為孫中山和國民黨所接受的唯一合作方式。❻❷三大同時亦做出明確規定，在共產黨人加入國民黨時，黨必須在政治上、思想上、組織上保持自己的獨立性。❻❸

　　至此，中共關於同國民黨「黨外聯合」或「黨內合作」的爭議告一段落，而其以個人身份加入國民黨一事可算塵埃落定。

參、共產黨人加入國民黨是另有打算

　　共產黨人之加入國民黨，西湖會議是關鍵的轉折點；而馬林的主張固然是討論重心，但李大釗的意見則相對格外突出。共產黨人推崇他說，1922 年 8 月至 1924 年 2 月間，李大釗「五跨長江」，「四赴上海」，「兩下廣州」，千里迢迢，不辭勞累地奔走於大江

　　Transformation. London: George Allen and Unwin LTD., 1965）, pp.679-680. 另據《國父年譜增訂本》記載：「共產國際派馬林來華，召集共產黨中委會於杭州西湖，決定加入國民黨。馬林因請先生允許共產黨個別加入國民黨，先生許之。張繼介紹共產黨中委李大釗來謁，對先生表欽仰之忱，當即聲言願以個人資格加入國民黨，致力國民革命。此為國民黨容納共產黨人之始。」中國國民黨中央黨史會編，羅家倫主編，黃季陸增訂，《國父年譜增訂本》，下冊（台北：黨史會，民 58），頁 908。

❻❷　《三大宣言》；中共中央黨史研究室著，《中國共產黨歷史》，上卷（北京：人民出版社，1991），頁 91-92。

❻❸　中共中央黨史研究室著，胡繩主編，《中國共產黨的七十年》（北京：中共黨史出版社，1991），頁 40。

南北，同孫中山先生多次交談，積極幫助國民黨改組。❻❹

　　不過，李大釗當時受限於歷史條件，仍存在「小組織、大聯合」和「橫的聯合」的想法。他盼望全國各種職業各種團體，都有小組織，都有大聯合，立下真正民治的基礎。並認為以前的社會組織，是分上下階級的豎立系統，現在所需要的，是打破上下階級，為平等聯合的組織。以前是以富佣貧，以資主掠奪勞工，以地主奴役佃戶，是縱的組織。現在勞工階級、無產階級聯合起來，為橫的組織，以反抗富權階級、資本階級。❻❺因此，李大釗先前的想法，在實質上還是勞動者階級的聯合，並沒有聯合資產階級民主派的思想。

　　但是，李大釗在西湖會議上的意見，則明顯地已有改變。不久後的 1923 年春，他在北京蘇俄大使館約集北方黨組織的負責人，詳細討論了國共兩黨的聯合戰線問題。對於共產黨內存在著的如果同國民黨聯合，會失掉無產階級立場和純潔性的疑慮，李大釗再次作了精闢而透徹的分析。共產黨人認為，此舉對於提高黨員幹部的思想水平，統一黨內認識，順利地貫徹國共合作的方針，起了決定性的作用。❻❻

　　1924 年 1 月 28 日，李大釗在國民黨一全大會討論到應否於黨章中明文規定黨員不得加入他黨的時候，作了著名的發言：

---

❻❹　中共北京市委黨史研究室，《李大釗與第一次國共合作》（北京：北京出版社，1989），頁 31。

❻❺　李大釗，《李大釗文集》（北京：人民出版社，1984），頁 174。

❻❻　中共北京市委黨史研究室，《李大釗與第一次國共合作》（北京：北京出版社，1989），頁 24-25。

> 我們環顧國中，有歷史、有主義、有領袖的革命黨，只有國
> 民黨；只有國民黨可以造成一個偉大而普遍的國民革命黨，
> 能負起解放民族、恢復民權、奠定民生的重任，所以毅然投
> 入本黨來。……我們加入本黨是來接受本黨的政綱，不是強
> 本黨接受共產黨的政綱，試看本黨新定的政綱，絲毫沒有共
> 產主義在內。……我們留在本黨一日，即當執行本黨的政
> 綱，遵守本黨的章程及紀律，倘有不遵守本黨政綱，不守本
> 黨紀律者，理宜接受本黨的懲戒。❻❼

李大釗的聲明可說是語多動聽，詞亦懇切；尤其是肯定國民黨的地
位，強調國民黨的作用，接受國民黨的政綱，遵守國民黨的紀律，
等等，基本符合當時的客觀情況———特別是國民黨不少資深黨員的
心理，故能引起普遍共鳴而得到支持。

但回顧前此，可以發現，陳獨秀說李大釗在西湖會議上是反對
馬林的；而張國燾則說李採取了調和的立場；實際上，李在西湖會
議上強調的是：利用國民黨的鬆懈組織，發揮共產黨人的槓桿作
用，從內部去撬動並扭轉國民黨的策略和促進群眾運動的發展。據
此，對照李大釗於國民黨一全大會上的聲明，前後判若兩人。難道
共產黨人在三大決定加入國民黨，是另有打算？

西湖會議之前，中共的二大決議就指出：

---

❻❼ 〈李守常對共產分子加入國民黨之聲明〉：中華民國史料研究中心編，
《中國國民黨第一次全國代表大會史料專輯》，陸、容共與反共問題（台
北：中華民國史料研究中心，民 73），頁 522-525。另見《革命文獻》，
第九輯，頁 37-40（總 1243-1246）。

當共產黨員在由國民黨、無政府主義者，或基督教團體所組織的工會中活動時，不得命令其他工人離開此工會。共產黨的策略是，在這些工會中增長自己的勢力，直到能推翻國民黨、無政府主義者及基督教團體的領導權，並能確實控制為止。⑱

西湖會議後，1922 年 11 月，陳獨秀應邀率團赴俄出席共產國際四大。大會再次強調了殖民地半殖民地國家建立反帝統一戰線的必要性，並在通過的〈關於東方問題的總提綱〉中說明：殖民地半殖民地國家的工人運動，可以「而且有必要同資產階級民主革命派達成暫時的妥協」；但這種妥協，必須是建立「在整個反帝戰線中爭取成為一個獨立的革命因素」的基礎上。⑲在大會上，中共代表劉仁靜作了〈關於中國形勢的報告〉：

現在我來談談中國共產黨最近的政治活動。要在中國消滅帝國主義，就必須建立反帝的統一戰線，我們黨根據這一原則，已決定和國民革命的政黨即國民黨建立統一戰線，其形式是我們共產黨員以個人名義參加國民黨。通過這樣的形式，我們想要達到兩個目的：第一、我們希望通過我們在國

⑱　Ch'en Kung-po, *The Communist Movement in China*, New York: East Asian Institute of Columbia University, 1960, pp.133-134.

⑲　中國社會科學院近代史研究所翻譯室編譯，《共產國際有關中國革命的文獻資料》（1919-1928），第一輯（北京：中國社會科學出版社，1980），頁 62、73。

民黨內許多有組織的工人中進行宣傳，把他們爭取到我們這
邊來；第二、我們只有把自己的力量同小資產階級和無產階
級的力量結合起來，才能打擊帝國主義，我們打算在組織群
眾和通過宣傳說服群眾方面和國民黨競爭。如果我們不加入
國民黨，我們就會孤立，我們所宣傳的共產主義就會是一種
雖然偉大崇高，卻不能為群眾接受的理想。群眾會寧可追隨
小資產階級政黨並且被該黨利用來達到自己的目的。如果我
們加入國民黨，我們就可以向群眾說明我們也是贊成革命的
民主的，但是這種革命的民主，對我們來說，只是為了達到
目的的一種手段。而且我們還能夠指出，雖然我們是為了這
一尚為遙遠的目標而奮鬥，但是我們並不忽視群眾的日常要
求。我們能夠把群眾團結在我們周圍，並分化國民黨。❼⓿

　　1924 年 1 月的國民黨一全大會後，周佛海寫信給陳獨秀，一
問共產黨員加入國民黨，究竟是什麼作用？二問共產黨加入國民
黨，就要受兩種黨紀的束縛，如果兩黨的紀律發生衝突，共產黨究
竟應該服從那一黨的紀律？陳獨秀當時回答說：

　　這是第三國際定的策略，令中國共產黨實行的。……共產黨
　　加入國民黨，有兩個作用：第一步，利用國民黨的招牌，發

---

❼⓿　劉仁靜，在共產國際第四次代表大會（1922.11.5.-12.5.）〈關於中國形勢
　　的報告〉：載中國社會科學院近代史研究所翻譯室編譯，《共產國際有關
　　中國革命的文獻資料》（1919-1928），第一輯（北京：中國社會科學出
　　版社，1980），頁 62-63。

展共黨的勢力；因為如果拿著共產黨的招牌去活動，一定到
處碰釘子，因為人家一見到「共產黨」三個字，就要望而卻
步，拿國民黨的招牌，就可和各方接近。拿國民黨的名義，
做共產黨的工作，這便是第一個作用。第二，就是使國民黨
共產化，因為共產黨黨員既取得國民黨員的資格，就可以在
國民黨內掌握黨權，操縱黨務，製造黨論，煽動黨員，而使
國民黨漸變為共產黨，因為事實上，國民黨本來的主張和政
策，既然無形消滅，徒有國民黨的空名，事實上等於亡黨。❼

綜上所舉，並比較二大決議、劉仁靜、李大釗和陳獨秀四者的說
法，再對照中共黨員加入國民黨後的實際情況來看，無怪乎國民黨
的部分高級幹部深恐共產黨人喧賓奪主，一再檢舉，指其為志在借
國民黨的軀殼，注入共產黨的靈魂。❼ 1926 年初，國民黨在廣州
開二大，通過制裁西山會議派或開除或警告的決議。3 月的中山艦
事件後，國共雙方雖然暫時妥協，中共並保證不再於軍隊中發展共
產黨組織。但就國民黨來說，「容納」共黨變成「容忍」共黨；而
反共派不能再忍，終於造成了國民黨的分裂。❼不過，直到 1927
年「四一二」的前夕，共產國際方面似乎尚無警覺一場風暴之即將

---

❼ 中共一大推選陳獨秀為中央執行委員會委員長，周佛海為副委員長；據周
   所言如此。見周佛海，〈我逃出了赤都武漢〉；載張玉法等主編，中國現
   代自傳叢書，第三輯，周佛海著，《周佛海回憶錄》（台北：龍文出版
   社，民 82），頁 43-44。
❼ 郭廷以，《近代中國史綱》（香港：中文大學出版社，1980），頁 540。
❼ 張玉法，《中國現代史》，下冊（台北：東華書局，民 68），頁 395。

來臨。

1927 年 4 月 5 日，斯大林在莫斯科自信地公布，為了莫斯科的計劃，他們將壓縮國民黨的蔣介石及其追隨者，如壓檸檬一樣至最後一滴的可用性。等到國民黨演完「有用的白痴」的角色之後，就會被丟進歷史的垃圾堆裡去了。**⑭**

1927 年 4 月，國民黨南京方面發動了清黨；5 月，汪精衛向國民黨武漢中央常會報告說，各國駐華外交官率直的表示：「武漢政府是俄國的，南京政府是中國的。」**⑮**因此武漢方面亦強調革命領導權應當統一；並抨擊共產黨居然發揮兩黨建國論，「在莫斯科同志中更昌言中國國民黨是由共產黨領導，是則不但共產黨間接要分裂本黨的領導權，並且直接要奪取中國國民黨革命的領導權了。」**⑯**

根據以上的分析，是能瞭解共產黨人之所以加入國民黨，至少在其主觀上，不能說是沒有打算。

---

⑭ Leon Trotsky, *Problems of the Chinese Revolution*. New York, 1931, S. 388-89. 引自金德曼，〈在中國歷史經驗照耀之下孫逸仙的意識型態和其非凡的領導力〉：中華民國建國史討論集編輯委員會編，《中華民國建國史討論集》，第一冊，辛亥革命史（台北：中華民國建國史討論集編輯委員會，民 70），頁 57。另見古貫郊，《三十年來的中共》（香港：亞洲出版社，1955），頁 27。

⑮ 武漢中央常務委員會第 11 次擴大會議速記汪兆銘報告，民 16.5.13.。轉引自李雲漢，《從容共到清黨》（台北：中國學術著作獎助委員會，民 55），頁 17、24。

⑯ 〈武漢中央執行委員會告中國共產黨書〉，民 16.7：《革命文獻》，第十六輯，總頁 2833。

第三節　唯一的選擇：若干命題的商榷

　　共產黨人何以要加入國民黨？既有客觀環境制約的實然，也有主觀考量運用的應然；而依共產黨人後來的解釋，則為順乎歷史發展的潮流，適乎中國革命之需要，體現了歷史的必然。但其解釋中涉及的若干命題，例如：認為「黨內合作」符合馬列主義的策略原則；第一次國共合作的動議是由列寧首先提出的；共產黨人加入國民黨反而受到限制；以及國民黨在一大後成為在共產黨領導下的四個階級聯盟的統一戰線的組織形式等等；對照史實，並不相符。由而從反面證明了，當時共產黨人加入國民黨，可說是唯一的選擇。

壹、「黨內合作」並不符合馬列主義的策略原則

　　黨內合作的方法是否符合馬列主義的策略原則？至少牽涉兩個問題：一是中國共產黨人加入國民黨後所扮演的角色及其任務為何？二是如何劃分革命進程中民主革命和社會革命的界限，也就是根據什麼標準而訂定「最低綱領」和「最高綱領」的問題。中國共產黨人一貫承認共產國際對中國革命的理論指導和實質幫助；但也不諱言加入共產國際之後，「從而不能不給中國革命帶來既有積極方面、也有消極方面的後果」[77]；特別是理論的矛盾及由而導致的實踐混亂。

---

[77]　中共中央黨史研究室著，《中國共產黨歷史》，上卷（北京：人民出版社，1991），頁73。

一、共產黨人加入國民黨後的角色及任務

　　共產國際根據其二大〈關於民族與殖民地問題的決議〉，首先是要在中國推行從屬於世界革命範疇的、反帝的「民族革命運動」。其次，這個運動是一個多階級的民主的資產階級革命，所以要建立一個聯合各種革命勢力的統一戰線。第三、這個統一戰線要由一個資產階級政黨──國民黨來領導，所以國民黨必須改組成為一個具有戰鬥力的工農政黨，並建立自己的革命武裝。第四、中共要參加這個革命運動和統一戰線，因為中國的無產階級還不成氣候，不是一個獨立的社會力量；另外也要監督國民黨不要與帝國主義妥協，而脫離革命路線。以上四點，被稱為「列寧遺教」**⑱**；是共產國際指導東方民族革命的重要原則。當時，中共尚未建黨；因此，與其說「列寧遺教」是單獨指導中國共產主義運動的策略，不如說是指導國際共產主義運動的普遍原則；而這個原則，在很大的程度上參考也汲取了歐洲的經驗；馬林在西湖會議上就曾重申此義。

　　共產國際二大之所以通過由列寧提出、關於英國共產黨員參加英國工黨的決定，是有原因的。

　　列寧解釋說：我們在英國工黨內遇到了非常特殊的情況……工黨允許英國社會黨附屬於它，並且允許工黨黨員在社會黨的機關刊物上自由和公開地說，他們黨的領袖是社會主義叛徒……如果共產黨人有這樣的自由，那麼他們就有責任參加工黨──如果他們考慮

---

⑱　郭恆鈺，《俄共中國革命祕檔（1920-1925）》（台北：東大圖書公司，民 85），頁 1。

的是一切國家的、而不是俄國革命者的經驗；因為我們這裡不是一個俄國代表大會，而是一個國際代表大會。⑲

　　因此，共產國際二大做出決定：英國共產黨員必須參加工黨，「……只要這個黨允許附屬它的組織擁有現在的批評自由，擁有為了無產階級專政和蘇維埃政權而進行宣傳、鼓動和組織活動的自由……」。⑳列寧基於英共特殊情況的觀點和主張，可以說是共產國際解決中國革命最重要的前提，特別是中國共產黨和國民黨的關係的一般前提；但是在後來卻被忽略了。

　　最初由馬林提議，繼而得到共產國際同意的中國共產黨員以個人身份加入國民黨實行「黨內合作」的這種形式，在內容上和列寧主張的民主聯合戰線不同，在中共中央也受到質疑。孫中山的「容共」政策，是以中國共產黨員接受國民黨的思想信仰和紀律約束為前提，李大釗在國民黨一全大會上也公開承認。但比起英共參加英國工黨得以享有的自由，顯然有所差異；尤其是在 1926 年中山艦事件之後，共產黨人還繼續留在國民黨內，違背了列寧的基本教導。㉑但無可諱言，共產國際對中共的指示，本身就存在矛盾，也是導致中共在實踐上混亂的原因。

---

⑲　《共產國際第二次代表大會會議記錄》；轉引自郭恆鈺，《共產國際與中國革命——（「第一次國共合作」）》（台北：東大圖書公司，民80），頁 7-8。

⑳　《共產國際第二次代表大會會議記錄》；轉引自郭恆鈺，同上書，頁 8、423。

㉑　郭恆鈺，《共產國際與中國革命》（台北：東大圖書公司，民 80），頁 8、425。

　　1922 年底，共產國際四大通過〈關於東方問題的總提綱〉，提出了建立反帝統一戰的口號。[82]而依靠群眾運動和改變國民黨發展方向的政策，則見之於其執委會東方部對中共的建議性和指示性文件，並想要通過共產國際駐華代表和加入國民黨的中共黨員來實施。旨在「從內部」改變國民黨，並奪取黨和軍隊領導職位此一政策的基本內容，即體現在共產國際四大的決議中。[83]

　　不過，應當注意到的是，共產國際四大關於建立反帝統一戰線的口號，兩年前在其二大中就已提到，但兩者卻大異其趣。

　　1920 年的共產國際二大，曾界定中國革命的屬性是民族的與民主的革命，並決議中共所應扮演的角色是「參加」，而非「節目主持人」；其任務是「幫助」國民黨，而非取代之。因此，也就不存在無產階級爭取領導權的問題，更談不上中共要有自己的武裝力量。[84]中國共產黨人在後來批判陳獨秀沒有爭取革命領導權，是右傾機會主義投降路線；又說加入國民黨卻忽視了建立武裝，以致大革命失敗等等，對照共產國際二大的階段性策略原意來看，是有出入的；更何況當時中共尚未建黨，共產國際的考慮實際上是以國民黨為中心。

---

[82] 中國社會科學院近代史研究所翻譯室編譯，《共產國際有關中國革命的文獻資料》（1919-1928），第一輯（北京：中國社會科學出版社，1980），頁 72。

[83] 馬馬耶娃著，路遠譯，〈二十年代的共產國際與中國國民黨〉：《中共黨史研究》，1998，第 4 期，頁 74。

[84] 郭恆鈺，《俄共中國革命祕檔（1920-1925）》（台北：東大圖書公司，民 85），頁 1。

　　1921 年 7 月中共建黨；1922 年 8 月的西湖會議決定加入國民黨。但稍早——1922 年初——的遠東人民代表大會，和同年底舉行的共產國際四大，卻已改變了國際二大的策略原則，不但要中國共產黨人「參加」革命，而且還要「從內部」去改變國民黨的發展方向並奪取黨和軍隊的領導權。

　　面對上述狀況，幼年中國共產黨的無所適從，不難想像。這也就是說，加入國民黨的政策本身，是一切毛病的根源。

　　據張國燾回憶說，當時，莫斯科對於中共的指導事實上很混亂。共產國際的首腦們只知道「國民革命的重要」和「革命勢力必須集中」這兩個空泛的原則，不顧國共兩黨的實情，硬要將它們混合為一。❽❺而所謂的「實情」，根據國民黨元老胡漢民在 1927 年清黨後說，當時就有很多同志懷疑：一個媳婦有個婆家尚且不易對付，何況一個人同時做兩個主義不同的黨員呢？❽❻張國燾也說加入國民黨的策略，是糾紛之源，鬧得天翻地覆。甚至有人譏諷中共黨員加入國民黨，不過是想很快求得一官半職。❽❼而國民黨一般老黨員多具有門戶之見，他們對黨內的後起者也往往抱有輕視的觀念，即使中共黨員加入國民黨後完全放棄原有的共產色彩，循規蹈矩的

---

❽❺　張國燾，《我的回憶》，第一冊（香港：明報月刊出版社，1971），頁 300。

❽❻　胡漢民，〈清黨之意義〉，1927.5.；羅家倫主編，《革命文獻》，第九輯（台北：中國國民黨中央委員會黨史史料編纂委員會，民 44），頁 106（總 1312）。

❽❼　張國燾，《我的回憶》，第一冊（香港：明報月刊出版社，1971），頁 216-217。

為國民黨工作，也不免要被視為是身家不清白的異端，那裏會允許他們在國民黨內自由活動？而且一般共產黨員多是自命不凡的青年，其中有些還是原具有國民黨籍而轉加入中共的。當他們過去在國民黨時，多對國民黨的成規表示不滿，現在這些中共黨員又都加入到國民黨去，那裏會做安份守己的「小媳婦」？因此，張國燾認為很有理由說這一政策在先天上就是主觀的幻想。❽❽而窮究幻想之源，正是共產國際的指示。

因此，單就「馬列主義的策略原則」而言，列寧先已修正了馬克思不贊成無產階級同民主資產階級聯合的立場，而主張採取有條件的、暫時的結盟與合作；特別是能享有某些自由的前提已經具備。但中國共產黨人之加入國民黨，卻恰恰缺少這些必要的前提；此一當時的情況，雖然不能完全歸責於中國共產黨人，但要說「黨內合作」符合馬列主義的策略原則，顯然不符史實。

二、中共二大尚未制定最低綱領和最高綱領

中國共產黨人在建黨前後，許多早期的共產主義者由於理論水平不高和缺乏革命鬥爭的實際經驗，一時還分不清社會主義革命和民主主義革命的界限，認為中國革命一開始就應當是社會主義性質的；既然是社會主義革命，那麼資產階級包括它的民主派都是革命對象，因此不存在同資產階級的聯合問題。❽❾故而建黨初期的共產黨人，以代表未來而過於自信，在「社會革命」的口號下，排除同

---

❽❽　張國燾，同上書，頁 301。

❽❾　中共北京市委黨史研究室，《李大釗與第一次國共合作》（北京：北京出版社，1989），頁 16。

其他革命階級——尤其是民族資產階級和小資產階級合作。但1922 年 7 月，共產黨二大調整了政策，主動提出與孫中山的國民黨建立民主聯合戰線，並以國民黨作為國民革命的中心，聯合其他民主的革命階級共同開展反帝反軍閥的鬥爭。**⑩**次年的三大更進一步確認：中國工人階級尚未成為一個獨立的社會勢力，中國國民黨應該是國民革命之中心勢力，更應該立在國民革命之領袖地位。**⑪**

　　以上，是共產黨人說明其一大決定排斥他黨的政策是錯誤的，並藉此相對突顯二大的策略轉變及三大通過加入國民黨的正確。不僅如此，共產黨人後來在回答當年何以要加入國民黨這個問題上，特別還對二大的策略調整，賦予了重要的理論意義。

　　1983 年，由中共中央編輯出版的《關於建國以來黨的若干歷史問題的決議注釋本》（以下簡稱注釋本）說，1922 年 7 月，中共二大根據列寧關於民族和殖民地問題的理論和中國社會的實際情況，制定了黨的最高綱領和最低綱領。最低綱領就是黨在民主革命階段的主要綱領：反帝國主義、反封建軍閥和統一中國本部（東三省在內）為真正的民主共和國。然後再進行「第二步奮鬥」，以實現黨的最高綱領：「建立勞農專政的政治，鏟除私有財產制度，漸次達到一個共產主義社會。」二大制定的最低綱領和最高綱領，反映了中國革命發展的客觀規律，為中國各族人民指明了奮鬥目標和遠大

---

⑩　林家有、周興樑，《孫中山與第一次國共合作》（成都：四川人民出版社，1989），頁 110-111。

⑪　《三大宣言》；中共中央黨史研究室著，《中國共產黨歷史》，上卷（北京：人民出版社，1991），頁 91-92。

的革命理想。**❷**

　　這是中共官方根據二大宣言的詮釋。但是，細查其二大宣言原典，不但沒有「最低綱領」和「最高綱領」的字樣，而且其詮釋在理論概念的內涵表述上，也和二大宣言的原意有所混同。更何況，這些概念的逐漸成熟和全面總結乃至提出，至少就中國共產黨人而言，是在二大之後 17 年的事。

　　根據《毛澤東思想辭典》解釋：黨的綱領即黨的奮鬥目標，包括近期目標和最終目標。中國共產黨對自己綱領的制定和完善，經過了一個歷史發展過程。抗日戰爭時期，毛澤東全面總結歷史經驗，在《中國革命和中國共產黨》、《新民主主義論》等著作中，系統闡述了新民主主義革命的理論；把黨的綱領區分為最低綱領和最高綱領兩部分，最低綱領是實行資產階級民主革命，最高綱領是實行社會主義和共產主義；闡明了新民主主義革命和社會主義革命的區別和聯繫，豐富和發展了列寧關於民族和殖民地革命的理論。**❸**由此對比可知，1991 年出版的《毛澤東思想辭典》，否定了 1983 年出版的《注釋本》所言。

　　毛澤東在 1939 年 12 月發表的《中國革命和中國共產黨》一文中說：現階段的中國革命究竟是一種什麼性質的革命呢？資產階級民主主義的革命，還是無產階級社會主義的革命呢？顯然地，不是

---

❷ 中共中央文獻研究室編，《關於建國以來黨的若干歷史問題的決議注釋本》（北京：人民出版社，1983），頁 106-107。

❸ 中國毛澤東思想理論與實踐研究會理事會編，《毛澤東思想辭典》（北京：中共中央黨校出版社，1991），頁 183-184。

後者，而是前者。**❾❹**

　　1940 年 1 月，毛澤東在著名的《新民主主義論》中進一步指出：中國革命的歷史進程，必須分為兩步，其第一步是民主主義的革命，其第二步是社會主義的革命，這是性質不同的兩個革命過程。……中國革命的歷史特點是分為民主主義和社會主義兩個步驟，而其第一步現在已不是一般的民主主義，而是中國式的、特殊的新式的民主主義，而是新民主主義。……很清楚的，中國現時社會的性質，既然是殖民地、半殖民地、半封建的性質，它就決定了中國革命必須分為兩個步驟。第一步，改變這個殖民地、半殖民地、半封建的社會型態，使之變成一個獨立的民主主義的社會。第二步，使革命向前發展，建立一個社會主義的社會。中國現時的革命，是在走第一步。**❾❺**

　　毛澤東非常清楚地在理論概念上界定了中國革命發展的歷史進程，分兩步走，最低綱領就是第一步，就是近期目標，就是資產階級民主革命；最高綱領就是第二步，就是無產階級社會革命，並最終實行共產主義。

　　再對照 1922 年中共二大宣言的第三節來看，

---

❾❹　毛澤東，〈中國革命和中國共產黨〉，1939.12.；中共中央毛澤東選集出版委員會編，《毛澤東選集》，第二卷（北京：人民出版社，1969），頁 609-610。

❾❺　毛澤東，〈新民主主義論〉，1940.1.；中共中央毛澤東選集出版委員會編，《毛澤東選集》，第二卷（北京：人民出版社，1969），頁 626-627。

三、中國共產黨的任務及其目前的奮鬥

（一）

無產階級去幫助民主主義革命，其意義不是無產階級降服於資產階級，而是為了不讓封建制度延長壽命和培養無產階級實力的必要步驟。

我們無產階級有我們自己階級的利益，民主主義革命成功了，無產階級不過得到一些自由與權利，還是不能完全解放。而且民主主義成功，幼稚的資產階級便會迅速發展，與無產階級處於對抗地位。因此無產階級便需對付資產階級，實行「與貧苦農民聯合的無產階級專政」的第二步奮鬥。如果無產階級的組織力和戰鬥力強固，這第二步奮鬥是能跟著民主主義革命勝利之後即刻成功的。

（二）

中國共產黨是中國無產階級政黨。他的目的是要組織無產階級，用階級鬥爭的手段，建立勞農專政的政治，鏟除私有財產制度，漸次達到一個共產主義的社會。**96**

根據並分析以上的引證，由㈠的部分可知，中共在二大宣言中所指的「第二步奮鬥」，自然是接續第一步來的（雖然宣言中沒有提到第一步）；而其第一步，就是當時正在實行的聯合資產階級。第二步奮鬥，則是對付資產階級；但那是將來民主主義革命成功以後的

---

96 Ch'en Kung-po, *The Communist Movement in China*, New York: East Asian Institute of Columbia University, 1960, p.121.

事。第一步的目標，是要幫助資產階級進行民主主義革命，以推翻封建統治；第二步目標，是通過與貧苦農民的聯合，實行無產階級對資產階級的專政。二大宣言並假設、或者說期望——如果無產階級的力量夠強，第二步奮鬥的成功，則有可能在第一步的勝利之後即刻達成。簡單說，第二步奮鬥的目標，就是由無產階級奪得政權；也是屬於民主主義革命階段的任務。

至於㈡所描述的，建立勞農專政，鏟除私有制度，漸次達到共產社會等等，則是包括了無產階級由資產階級手中奪取政權，以及奪得政權之後的社會主義革命，乃至最後建立共產主義的社會等，其呈現的固然是共產革命歷史進程的理論圖像，但是和㈠所指涉的、屬於資產階級民主主義革命範疇的第一步與第二步奮鬥，實在無關。

綜上所論，《注釋本》說二大制定了黨的最高綱領和最低綱領，反映了中國革命發展的客觀規律等等，是把後來由毛澤東在 1940 年詮釋的理論概念，提前擺進了 1922 年的歷史，是對二大宣言的混同；對照原典，並不相符；考其原意，也有出入。

因此，如果是為了要賦予二大更高的理論意義，並彰顯其正確，而把當年共產黨人何以加入國民黨的問題，解釋為二大制定了「最低綱領」和「最高綱領」後的決策轉變，是難以成立的。

貳、第一次國共合作由列寧首先提出的疑義

就無產階級世界革命的範疇與通案原則來看，說國共合作的念頭可以追溯到 1920 年 7 月列寧在共產國際第二次代表大會提出的

〈民族和殖民地問題提綱初稿〉，基本是可以接受的。[97]但是從中國反帝反封建的民族與民主革命運動的個案來看，而說「第一次國共合作的動議是列寧首先提出的」[98]；則有待商榷。

列寧在上述提綱初稿中指出：

> 共產國際應當同殖民地和落後國家的資產階級民主派結成臨時聯盟，但是不要同他們混為一體，甚至當無產階級運動還處在萌芽狀態時，也絕對要保持這一運動的獨立性。[99]

細查共產國際二大關於民族和殖民地問題的討論，無論是列寧起草的〈提綱初稿〉，或羅易（M.N. Roy）的〈補充提綱〉乃至〈決議〉，[100]都找不到「第一次國共合作」的字樣以及相關的根據。不過，共產黨人如果是為了國共合作的濫觴，尋找共產主義運動史上——特別是革命導師——的正統理論依據，則又另當別論。

1923 年 1 月 1 日，國民黨發表宣言，陳述「國家建設計劃及

---

[97] 陳永發，《中國共產革命七十年》（上）（台北：聯經出版公司，2001），頁 94-95。

[98] 楊振亞，〈評國共「黨內合作」的形式〉；《中國現代史》，1993，第 11 期，頁 13。

[99] 列寧，〈關於民族和殖民地問題的提綱初稿〉；中國社會科學院近代史研究所翻譯室編譯，《共產國際有關中國革命的文獻資料》（1919-1928），第一輯（北京：中國社會科學出版社，1980），頁 53。

[100] 詳見中國社會科學院近代史研究所翻譯室編譯，《共產國際有關中國革命的文獻資料》（1919-1928），第一輯（北京：中國社會科學出版社，1980），頁 15-54。

現所采用之政策」⑩；郭廷以指出，其說雖與共產黨的主張仍有距離，然已具有反帝國主義與社會革命的意義。⑩ 1 月 12 日，共產國際執委會通過了〈關於中國共產黨與國民黨的關係的問題的決議〉，認為「中國唯一重大的民族革命集團是國民黨，……國民黨與年青的中國共產黨合作是必要的。因此，在目前條件下，中國共產黨黨員留在國民黨內是適宜的。……只要國民黨在客觀上實行正確的政策，中國共產黨就應當在民族革命戰線的一切運動中支持它。但是，中國共產黨絕對不能與它合併，也絕對不能在這些運動中捲起自己原來的旗幟。」⑩

　　其後不久，發生「二七慘案」。共產黨人說，正在此時，共產國際的「一月指示」傳到中國，對於促進國共合作，起了積極的作用。⑩這個在文字上模稜兩可，在內容上前後矛盾的「一月指示」，在國共統一戰線史，也就是第一次國內革命戰爭時期的國共關係史上，是一個具有歷史意義的文獻；是共產國際此後對中國問題決議或指示的標準樣板。也曾被共產黨人引證當作「第一次國共合作」的根據。

---

⑩　詳參〈中國國民黨宣言〉；蕭繼宗主編，《革命文獻》，第 69 輯——中國國民黨宣言集（台北：中國國民黨中央委員會黨史委員會，民 65），頁 67-71。

⑩　郭廷以，《近代中國史綱》（香港：中文大學出版社，1980），頁 536。

⑩　中國社會科學院近代史研究所翻譯室編譯，《共產國際有關中國革命的文獻資料》（1919-1928），第一輯（北京：中國社會科學出版社，1981），頁 76-77。

⑩　中共中央黨史研究室著，《中國共產黨歷史》，上卷（北京：人民出版社，1991），頁 90。

　　1979 年底，北京大學學報發表了向青的大作──〈關於共產國際與中國革命問題〉，主要解答「第一次國內革命戰爭時期」的國共關係，究竟是不是如中共所強調的「第一次國共合作」？這是 1949 年後中共史學界第一篇相關課題的重要論著；向青把「一月指示」寫成「共產國際關於國共合作的決議」。但是，無論對照俄文原題還是英譯，都沒有「國共合作」的字樣與涵義。如果不是誤譯，而是為了「第一次國共合作」尋找文獻上的根據，那就值得商榷。❶不過，向青在 1988 年終究作了調整，把「一月指示」改正，寫為「共產國際關於國共關係的決議」。❶但無獨有偶地，1988 年出版、頗具有代表性的林家有和周興樑的大作，卻還是把「一月指示」寫成「共產國際關於國共合作的決議」❶。誠如郭恆鈺評向青所言，如果因為東望臺灣，期待實現「第三次國共合作」，於是在史論中強調「第一次國共合作」，那就不是「實事求是」，不無「以論帶史」之嫌。❶

---

❶　向青，〈關於共產國際和中國革命問題〉；《北京大學學報》（哲學社會科學版），1979，第 6 期，頁 25-38。參見郭恆鈺，《共產國際與中國革命：第一次國共合作》（台北：東大圖書公司，民 80），〈第一次國共合作〉辯（代序），頁 2、12-14。

❶　向青編著，《共產國際和中國革命關係史稿》（北京：北京大學出版社，1988），頁 41。

❶　林家有、周興樑，《孫中山與第一次國共合作》（成都：四川人民出版社，1989），頁 187。按：本書註明引證的是魏宏遠主編，《中國現代史資料選編》（1），第 414 頁。

❶　郭恆鈺，《共產國際與中國革命：第一次國共合作》（台北：東大圖書公司，民 80），〈第一次國共合作〉辯（代序），頁 17-18。

　　因此，說「第一次國共合作的動議是列寧首先提出的」；或者將 1923 年 1 月「共產國際關於國共關係的決議」寫成「共產國際關於國共合作的決議」；都不符史實。

參、共產黨員加入國民黨反而受到限制

　　共產黨人一方面不諱言，按照共產國際原先的計劃，是要通過共產黨員加入國民黨，以實行黨內合作的方式改造國民黨。但另一方面卻強調，這種形式給大革命帶來了統一戰線內部的矛盾；對革命的發展起到了遲滯作用。如果，當時兩黨採用了黨外聯合的形式，中國共產黨在領導革命中就不會受到那麼多的限制，至少在蘇俄的支持之下可以建立比較多的武裝力量，有了較強的武裝力量，大革命的結局可能要好得多。[109]

　　據此以觀，雖然共產黨人強調「受到那麼多的限制」，是以突出「中國共產黨是革命的領導者」為前提；故而以「如果……就不會」的論證模式表述。不過，共產黨人畢竟承認：中國共產黨同國民黨相比，還是一個歷史很短（成立才兩年多）、人數很少的黨，當時黨內一般來說對於無產階級在資產階級民主革命中的領導權問題，還缺乏完整的認識，但是，共產黨採取黨內合作的辦法，盡可能團結國民黨中的革命派，是有可能爭取「站在國民黨中心地位」發揮領導作用的，後來實際上也在一定時期一定程度內做到了。[110]

---

[109]　楊振亞，〈評國共「黨內合作」的形式〉；《中國現代史》，第 11 期，1993，頁 19-20。

[110]　中共中央黨史研究室著，《中國共產黨歷史》，上卷（北京：人民出版社，1991），頁 96。

　　換言之，以當時的情況論，共產黨人主觀上還沒有意識到領導權的問題，客觀上也不具備領導革命的條件，因此，唯一的選擇是：加入國民黨先培養蓄積實力，以待轉機。其二大宣言說得很清楚：

> 我們無產階級審視今日中國的政治經濟狀況，我們無產階級和貧苦農民都應該援助國民革命運動。我們相信，在鬥爭中，要使真正的國民革命加速發生，唯一的途徑就是無產階級的革命力量和國民革命的力量合作。[111]

而共產黨人說他們同意孫中山堅持黨內合作的意見，是為了要促國民革命的早期成功，而不是為了別的什麼目的。[112]則顯然與當時的情況不符。二大決議中「有關國民黨聯合戰線之決議」說：

> 中國虛有共和之名，……同時受到國內國外的雙重壓迫，無產階級因為別無他途可以獲得自由，但又必須為自由而戰，故而參加國民革命運動。我們必須明瞭「參加」並非向代表資產階級的國民黨投降，做他們的附屬品，……而事實是，我們為了打倒敵人的壓迫——內在的封建軍閥，外在的國際帝國主義——不得不暫時與國民黨聯合，……此項聯合戰線

---

[111] Ch'en Kung-po, *The Communist Movement in China*, New York: East Asian Institute of Columbia University, 1960, p.120.

[112] 林家有、周興樑，《孫中山與第一次國共合作》（成都：四川人民出版社，1989），頁188。

並不是為了國民黨的利益而奮鬥，我們也不為國民黨而犧牲
自己，而是為了獲得暫時的自由。無產階級在戰鬥進行中，
必須不要忘記自己的獨立組織。❶❸

　　在共產黨人的相關史論中，通常只強調加入國民黨後不要忘記
組織的獨立性，而不提上述二大聯合戰線的決議；特別是迴避了
「此項聯合戰線並不是為了國民黨的利益而奮鬥，我們也不為國民
黨而犧牲自己，而是為了獲得暫時的自由。」因為，這一段話恰恰
是其所謂加入國民黨，「是為了要促國民革命的早期成功，而不是
為了別的什麼目的」的反證。事實上，共產黨人加入國民黨，就當
時的主客觀素因言，可以說是迫於現實不得不爾的唯一途徑，如果
又能因此而獲得暫時的自由，並伺機發展，確是反被動為主動的好
方法。

肆、國民黨不是共產黨領導下的階級聯盟

　　1954 年出版，由何幹之主編的《中國現代革命史》，有一段
涉及早期國共關係且為他處所未見的史論，特別引人注目：

　　1924 年 1 月，國民黨在廣州召開了第一次全國代表大
會。……從此，國民黨開始成為在中國共產黨領導下的四個
階級（工人階級、農民階級、小資產階級、民族資產階級）聯盟的統

---

❶❸　Ch'en Kung-po, *The Communist Movement in China*, New York: East Asian
　　Institute of Columbia University, 1960, pp.127-128.

一戰線的組織形式。⓵

　　這段史論，把成立不到三年的中國共產黨，一下子提到了領導中國
革命、領導中國國民黨的高度。

　　由於《中國現代革命史》一書具有普遍的代表性，被共產黨人
推崇為優秀的教科書和史學著作；發行逾160萬冊，流傳極廣，

　　影響可觀。⓵但上引其說，證之史實，落差頗大，可論者至少
有二：一是「國民黨在中國共產黨領導下」；二是國民黨的階級成
份。

　　先看第一點。

　　與《中國現代革命史》同樣的年代背景，先後發行逾 200 萬

⓵　何幹之，《中國現代革命史》（北京：高等教育出版社，1954），頁
　　59。

⓵　《中國現代革命史》全書29萬字，1954年底出版；1965年修改稿完成，
　　但不久以文革爆發，故未及翻譯出版。後經作者夫人劉煉教授略作修定，
　　於 1985 年 8 月由上海人民出版社出版。該書以自己的特點構成了獨具的
　　優勢，從1954年底出版到1960年，發行數超過160萬冊，並被譯成俄、
　　英、越等國文字在國外發行。它被指定為全國高等院校的政治理論課教
　　材。它為宣傳中國共產黨的光輝歷史，為中國共產黨對廣大幹部和青年學
　　生進行中國近現代社會發展規律的教育，……作出了重要貢獻。同時它又
　　為我國高等院校中共黨史課程的建設作出了重要貢獻。由於事實證明它是
　　一本經得起時間檢驗的史書，因此在 60 年代、70 年代、直至 80 年代出
　　版的若干中共黨史、中國現代史、中國革命史教科書或專著中，都可以看
　　出《中國現代革命史》在體系、體例、史料選擇運用、理論分析，甚而至
　　於行文風格等方面的優點被繼承、被發展。詳張靜如等主編，《中共黨史
　　學史》（北京：中國人民大學出版社，1990），頁 183-186；192-193。

冊，堪稱等量齊觀的另一本書是 1959 年首版，1979 年和 1980 年修訂再版，由胡華主編的《中國革命史講義》⓶，其說法是：

> 由於改組前的國民黨的政治方向極不明確，其組織內部又非常複雜和不統一，為了把這個黨改造成為工人、農民、城市小資產階級和民族資產階級四個階級的聯盟，並保證無產階級及其政黨在國民黨內外的領導作用，從而領導這個革命的統一戰線組織，共產黨員和社會主義青年團員以個人資格加入國民黨，實行黨內合作，這是必要的、正確的。⓷

顯然，《中國革命史講義》之所言和《中國現代革命史》有所不同。前者主要在肯定共產黨人加入國民黨是必要和正確的；至於要改造國民黨為階級聯盟和領導這個革命的統一戰線組織，則是共產

⓶　1950 年，以華北大學為基礎創辦起來的中國人民大學成立。「新民主主義革命史」是全校最重要的政治理論課程之一。為適應形勢需要，中國人民大學承擔了為各高等院校培養中國革命史教學師資的任務，因此教材建設十分重要。胡華於 1953 年著手主持編寫《中國革命史講義》。全書 50萬言，自 1959 年初正式出版後，一再重印，到 1966 文革前，發行 100 多萬冊；文革結束後，修訂再版，又發行達 100 多萬冊。這是一本在我國史學界，特別是在高等教育界影響巨大的史學著作，因此在中共黨史學史上佔有相當的地位。文革後的修定本於 1979 年 9 月和 1980 年 5 月由中國人民大學出版社分上下兩冊出齊。此後多次再版發行，全書約 56 萬字，仍分 5 編 14 章。詳張靜如等主編，《中共黨史學史》（北京：中國人民大學出版社，1990），頁 319-323。

⓷　胡華主編，《中國革命史講義》，上冊（北京：中國人民大學出版社，1980），頁 107。

黨人當時單方面的主觀設想；並以「改造國民黨的可能性」為核心，而其最初的詮釋，則可追溯到 1951 年胡喬木寫的《中國共產黨的三十年》：

> 三大正確地估計了孫中山反對帝國主義和封建軍閥的民主主義的立場，以及使國民黨改造為工人、農民、小資產階級、民族資產階級革命聯盟的可能性。⑬

比較上引三種說法，依其具體指涉時間點的先後排列觀察：

書　　名	出版年代	作(編)者	指涉時間點
《中國革命史講義》	(1959)	胡　華	1922 年 8 月
《中國共產黨的三十年》	(1951)	胡喬木	1923 年 6 月
《中國現代革命史》	(1954)	何幹之	1924 年 1 月

再對照史實可知，從 1922 年 8 月西湖會議後共產黨人加入國民黨起，到 1923 年 6 月三大，估計改造國民黨有可能性；再到 1924 年 1 月國民黨的一全大會，前後約 1 年半的時間。當時，共產黨人也不是全體而是部分領導者個別加入國民黨，由而形成了極特殊的情形：一方面，是「黨內有黨」的黨內合作；另一方面，則是「黨外有黨」的黨際競爭。共產黨人固然在國民黨內造成相當程度的衝擊

---

⑬　胡喬木，《中國共產黨的三十年》（北京：人民出版社，1953），頁 11。

與影響，也確有參與機要的情形，但要說國民黨在一全大會後成為在共產黨領導下的一個統戰組織形式，則是擴大解釋，言過其實。

細查 1950 到 90 年代共產黨方面編著出版的相關史著，除了何幹之的《中國現代革命史》外，沒有一本如是說。試（依其刊行順序）看：

1950 年——改組了國民黨……這樣就形成了國共兩黨的合作。形成了工人、農民、小資產階級、資產階級的統一戰線。⑲

1957 年——三大決定共產黨員以個人身份加入國民黨，把國民黨轉變成為一個工人階級、農民階級、城市小資產階級和民族資產階級的革命聯盟，同時保持共產黨在組織上和政治上的獨立性。⑳

1984 年——改組後的國民黨實際上成為工人、農民、小資產階級、民族資產階級革命聯盟的統一戰線組織形式，它為我黨領導工農運動，推動革命發展，創造了有利的條件，成為中國革命第一次高潮的起點。㉑

1988 年——改組後的國民黨由於注入了新血液，它從一個缺乏戰鬥力的鬆散組織，改造「為團體奮鬥」的、「黨律既嚴」的革命政黨，成為工人、農民、小資產階級和民族資產階級的民主革命

---

⑲　王向升、劉毅編，《中國革命基本問題》（天津：知識書店，1950），頁18。

⑳　黃河編寫，《中國共產黨三十五年簡史》（北京：通俗讀物出版社，1957），頁18。

㉑　郝夢筆、段浩然主編，《中國共產黨六十年》（北京：解放軍出版社，1984），頁51。

聯盟。⑫

1989 年──由於國共實現了合作，國民黨改組任務勝利完成，國民黨的成份也發生了變化，由原來的資產階級政黨變成了有工人、農民、小資產階級和民族資產階級參加的革命聯盟，國民黨顯示了新的生命力。⑫

1989 年──國民黨一大最大的功績是重新解釋了三民主義，……改組了國民黨成為工人、農民、小資產階級和資產階級的革命統一戰線的組織形式。⑫

1989 年──國民黨一大通過了同意共產黨人和青年團員以個人身份加入國民黨的決議；……這就標誌著中國國民黨由一個資產階級性的政黨開始轉變為工人、農民、城市小資產階級和資產階級的民主革命聯盟，從而成為國共合作的革命統一戰線的組織形式。⑫

1991 年──中國共產黨那時是比中國國民黨年輕得多的黨，黨員數量也少得多，並處於秘密狀態，活動不能不受到很大的局限。如果共產黨人加入國民黨，就有可能使國民黨實際上成為資產階級、小資產階級和無產階級的民主革命的統一戰線組織，為革命的發展開闢廣闊的道路。因此，中國共產黨接受共產國際的建議並

---

⑫ 李友仁、郭傳璽主編，《中國國民黨簡史（1894-1949）》（北京：檔案出版社，1988），頁 28。

⑫ 林家有、周興樑，《孫中山與第一次國共合作》（成都：四川人民出版社，1989），頁 254。

⑫ 唐培吉等，《兩次國共合作史稿》（杭州：浙江人民出版社，1989），頁 61。

⑫ 中國人民大學中共黨史系編，《中國革命史》（北京：中國人民大學出版社，1989），頁 185。

作出西湖會議的決定是正確的。**⑫**

　　1993 年——國民黨內部情況雖然仍相當複雜，但確已開始成為工人、農民、城市小資產階級和民族資產階級的民主革命聯盟，成為第一次國共合作的統一戰線的組織形式。**⑫**

　　1994 年——（一大後）國民黨基本成為工人、農民、小資產階級和民族資產階級的革命聯盟。**⑫**

　　由以上所舉的例證可知，共產黨人自己對於《中國現代革命史》這樣的歷史詮釋，基本上是有所保留的；而其中 1991 年由中共中央黨史研究室著《中國共產黨歷史》的說法——特別是「如果……就有可能……」的表述模式，則是比較準確和相對嚴謹的。

　　再論第二點——國民黨當時的階級成份。以 1924 年的一全大會為界，也很難說之前國民黨就是資產階級的黨，之後就變成了四個階級的聯盟。

　　早在 1922 年 7 月馬林向共產國際執委員會的報告中，就已明確指出國民黨不是一個資產階級的黨，而是各階級的聯盟。（詳見本書第三章第三節）1923 年 10 月間，譚平山對剛抵達中國的蘇俄顧問鮑羅廷說：

---

⑫　中共中央黨史研究室著，《中國共產黨歷史》，上卷（北京：人民出版社，1991），頁 77。

⑫　蓋軍主編，《新編中共黨史簡明教程》（北京：中共中央黨校出版社，1993），頁 21。

⑫　曹軍，《共產國際和中國革命關係若干問題》（西安：陝西人民出版社，1994），頁 31-32。

> 通常共和派人士與保皇黨人士都是國民黨員，而且商人、資
> 本家也與工人一起為國民黨員。⑫

再看國民黨一全大會廣東省的黨務報告：

> 計（按：民國）十年（1921）至十一年（1922）間，新入黨者，
> 其數約四萬人，泰半工人，就中以海員為最多。此項工人，
> 全是因罷工歸國，……至十二年（1923）春，……按本黨改
> 組新章，新舊黨員，一律加盟。……是時仍以工人為
> 多，……⑬

因此，要說國民黨原本是一個資產階級（包括城市小資產階級和民族資產階級）的政黨，改組後就變成了包括工農等無產階級在內的四個階級的聯盟，恐怕難以成立；更遑論國民黨在共產黨領導之下。

共產黨人從階級分析的觀點出發來解釋歷史，原本就是馬列主義的方法論原則，毋須贅言；但由於界定及區分階級屬性在實際上所存在的困難，反過來制約了階級分析的方法，因此不能不採取簡單化和機械化的處理以繞過這個障礙。共產黨人論證的重點，在強調其加入國民黨後所產生的作用──使國民黨的階級成份發生了變化，群眾基礎也隨之擴大；有利於國民革命的動員和推進。其最關

---

⑫　Lydia Holubnychy, *Michael Borodin and the Chinese Revolution, 1923-1925*, New York: East Asian Institute, Columbia University, 1979, p.275.

⑬　《廣東文史資料》，第 42 輯，頁 98。轉引自劉健清等主編，《中國國民黨史》（南京：江蘇古籍出版社，1992），頁 213。

鍵的，則是要突顯共產黨人在資產階級民主革命中取代了國民黨，由從屬地位提高到領導層級，並最終繼承了孫中山的革命事業從而成為時代的主流。

結　語

早期的國共關係，在現象上，是圍繞著外以反抗帝國主義的壓迫和內以推翻封建軍閥的統治而發展的；在本質上，則是由當時的中國知識分子所領導、但路向不同、卻又辯證統一的救國革命行動。因此，革命行動的本身——不管是稱為國民革命運動也好，共產主義運動也好，在形式上，都充滿了濃厚而鮮明的理想主義色彩；在內涵上，也具有強烈而堅定的理想主義性格。國民黨的領袖們如此，共產黨的領袖們亦復如此。

在基本上同樣要改造現狀以臻美善的理念驅使下，國共的早期互動，固然有競爭的一面，也有合作的一面。就處於列強宰制和軍閥亂國的共同歷史情境而言，有時候，雙方的合作需要，甚至超越了競爭意識。如果說他們彼此之間有什麼不共戴天的深仇大恨，那是 1927 年乃至 1949 年以後的事；不過，也正因為後來的殊途，形成了政治上的針鋒相對，從而影響到歷史解釋上的各說各話。

共產黨人的優勢，在於其奪得大陸政權的事實和配備了可以解釋這個事實的理論；相對的，退處台灣的國民黨人的辯駁，有時就顯得蒼白無力。但是，解釋歸解釋，事實是事實；歷史真相的探求只能建立在事實的基礎上。因此，要處理當年共產黨人何以要加入國民黨這個問題，就只能在當時的歷史情境和條件中找答案。

　　概括言之，1920 年代初期的情況是，在外環境因素方面，俄共和共產國際根據實踐經驗，修正了理論，其注意力由歐洲轉向東方，既幫助了中共的建黨，也選擇了支持孫中山。在以莫斯科和廣州聯線為主軸的前提下，共產國際指示中國共產黨人加入國民黨。再就內環境言，國民黨──特別是其領袖孫中山──仍然享有推翻滿清、建立民國的崇高聲望和威信，她有歷史、有影響；在中國南方有基地、也還有實力；而最重要的，是孫中山繼續堅持他從未動搖的革命理想和目標，以及俄國人對他的實際支持和寄予期望。

　　但國民黨也有限制，其組織鬆散、宣傳無方、黨人渙散；理想主義色彩漸次洗落，逐步向現實妥協而沉淪，甚而與社會脈動脫節，從而不易引起廣大的共鳴；故陷入了革命動員困難的窘境。共產黨則是初生、人少、力弱，需要扶持和保護。其黨人固然年輕熱情、素質齊整，滿懷理想與抱負，也有俄國人的理論指導和實質幫助，又長於組織、宣傳、重視紀律；但其資源仍然短缺，且革命手段相對激進，令人疑懼，故革命動員也不容易。兩相對照比較之下，國共雙方在當時可以說具備了革命訴求的同一性和動員需求的互補性。

　　事實上，中國共產黨早期的領袖們已經認識到，孫中山先生素來自視為中國革命的唯一領袖，他視國民黨為中國唯一之革命黨，在他的革命旗幟下可以包容一切革命份子。當時，「黨內合作」是孫中山唯一能接受的方式；國共合作的組織形式，只有在他的同意下才有可能付諸實踐。

　　1921 年 4 月，共產國際執行委員會秘書索科洛夫在向莫斯科的報告中就舉證說明，「近幾年來，國民黨幾乎是唯一有能量的政

黨。」（詳見本書第三章第二節之參）

1922 年 7 月，中共二大宣言說：我們相信，在鬥爭中，要使真正的國民革命加速發生，唯一的途徑就是無產階級的革命力量和國民革命的力量合作。

1922 年 8 月，在西湖會議上，馬林堅持共產黨員必須加入國民黨，因為這是國共建立聯合戰線唯一可行的具體步驟。

1923 年 1 月，共產國際的「一月指示」認為：中國唯一重大的民族革命集團是國民黨，……國民黨與年青的中國共產黨合作是必要的。因此，在目前條件下，中國共產黨黨員留在國民黨內是適宜的。

1923 年 6 月，中國共產黨在廣州舉行三大，決定採取共產黨員以個人身份加入國民黨的形式實現國共合作。因為，這是當時能夠為孫中山和國民黨所接受的唯一合作方式。

1924 年 1 月，國民黨一全大會認可了共產黨員以個人身份加入國民黨的事實。

凡此，在在說明了當時共產黨人之加入國民黨，可以說是唯一的選擇。

共產黨人後來解釋說，以個人身份加入國民黨，採取「黨內合作」的方式與中國國民黨聯合，是在當時的歷史條件下所作出的正確的歷史抉擇，是推進中國革命事業的最好途徑。也是中國共產黨人幫助國民黨改組的最好形式。是中國共產黨在新的歷史環境下，盡快發展壯大自己，開創革命工作新局面的好辦法，等等，則是從共產革命的視角出發，是以共產黨為歷史主體，並聯繫到最終奪得政權的主觀詮釋；是「因為成功，所以正確，也是最好」的邏輯；

是勝利者的宣言書；不難理解，也無可厚非。

但是，另一方面，史實卻證明了：一、共產黨人宣稱的「黨內合作」，並不符合、甚且悖離了馬列主義的策略原則；二、沒有證據支持第一次國共合作的動議是由列寧首先提出的；三、共產黨人加入國民黨固然受到限制，但「國民黨站在明處，共產黨站在暗處，加上黨團的運用與活動」❸，共產黨其實也的確可以說另有打算；她有意識地強調了其組織上和政治上的獨立性，並爭取到暫時的自由和迴旋的空間，進而發展壯大；四、國民黨在一大完成改組整合後，攀向了革命事業的巔峰，而不是如《中國現代革命史》所言，成為在共產黨領導下的四個階級聯盟的統一戰線的組織形式。

當然，如果說共產黨人堅決不加入國民黨，就會迫使俄國人在國共之間作出選擇，也不無可能。因為，以當時的情況論，與其說莫斯科在乎的是推展無產階級世界革命，消滅資本主義，就不如說俄國人重視的是聯合一切可能的力量，以保護其本身的利益。在當時，俄共要事半功倍，較傾向支持的是孫中山，而未必是中國共產黨。但也不能就此武斷地說，必要時，俄國人一定會取國捨共、或者是棄國就共。不過，就中國共產黨人而言，走到這一步所可能面臨的風險，是遠超過加入國民黨的；因此權衡利害，加入國民黨可以說是共產黨人當時唯一的選擇。

而共產黨人之加入，也導致了國民黨內的擾嚷紛爭；其如何處理，則甚為棘手。

---

❸ 呂芳上，〈早期國共關係的新解釋〉；《歷史月刊》，第 20 期，台北：民 78，頁 125。

第七章
國民黨如何處理共產派問題

　　1922 年秋，中國共產黨員在孫中山的同意下，開始以個人身分加入國民黨，並參與部分實質工作。

　　由於年輕的共產黨人懷抱理想、活力十足、積極進取又任勞任怨，沒有老國民黨員的官僚暮氣，致國共合作後，不少共產黨員如魚得水，並不覺得同時向兩個黨效忠有何困難。以毛澤東為例，他在跨黨黨員中，既無蘇俄背景，亦無國民黨淵源，但對工作就極為興奮專注、異常投入，而被共產黨的同志譏諷，說他是替胡漢民提皮包的。❶

　　尤有進者，跨黨的共產黨人不但把國民黨分成左派、右派、中派，還似乎於有意無意之間，營造了一種後來居上、反客為主的氛圍；在國民黨一全大會後，甚至「以主人翁的態度來對待和處理國民黨的問題」❷。也正因為如此，引發了國民黨內一連串強烈的質

---

❶　陳永發，《中國共產革命七十年》，（上）（台北：聯經出版公司，2001修訂版），頁 101-102。

❷　苗建寅主編，《中國國民黨史》，1894-1988（西安：西安交通大學出版社，1990），頁 134。

疑和反彈。

國民黨從 1923 年起，歷經「聯俄」政策的實施，1924 年的一全大會；1925 年孫中山逝世、廖仲愷被刺；到 1926 年的中山艦事件、蔣介石崛起、二屆二中全會通過「整理黨務案」及誓師北伐，乃至 1927 年的清黨分共。數年之間，國民黨人——尤其是一些老黨員——對於「共產派」❸的越俎代庖，深感憂慮和不安。隨著黨內蘊釀瀰漫的反共氣氛日益濃厚，出現了接二連三的反制行動，其方式或檢舉、或警告、或要求制裁、彈劾或查辦等。從現象看，是對共產派的口誅筆伐和糾舉不斷；以本質言，則是國民黨內部的反共勢力，意圖在紛爭擾嚷中，限制、壓縮進而排除共產派的一系列具體行動。國共之間的緊張，基本和雙方早期由合作到破裂的關係相終始。

回首往事，國民黨方面的研究強調：共產黨從一開始即視國民黨為敵體，其黨徒加入之後就秘謀顛覆——先是壟斷黨務，肢解組織；繼之分化挑撥，製造所謂「左派」、「右派」、「中派」等名稱；進而盤據中央機關，並策動「倒蔣」。鑒於共產黨竊奪的危機，國民黨人遂不得不為相對之反制，以「反共護黨」。就整個反共鬥爭的里程上看，15 年 3 月的廣州定亂，實是 16 年 4 月全面清

---

❸ 共產黨人自稱：「我們共產派」。詳見和森，〈何謂國民黨左派？〉；1925.5.3.《嚮導週報》，第 113 期。引自中華民國開國文獻編纂委員會、國立政治大學國際關係研究中心編，《中華民國開國五十年文獻——附錄——共匪禍國史料彙編，第一冊》（台北：國立政治大學國際關係研究中心，民 65），頁 52、54。

黨的前奏。❹

　　而共產黨方面則認為：上述期間兩黨鬥爭的錯綜複雜，大體可分兩個階段——從國共合作的正式建立到國民黨「二大」，是中共和國民黨左派，共同反對國民黨右派，並取得勝利的階段；其後，到北伐戰爭前夕，是中共對蔣介石大讓步的階段。❺在前一階段的起始，國民黨內部就逐漸分化為左、中、右三派；❻在後一階段，蔣介石策劃中山艦事件，向共產黨人開刀了。而整理黨務案的根本意義，就是蔣介石集團陰謀篡奪國民黨的黨權。❼

　　凡此種種論述，再次呈現出國共對雙方早期關係的歷史解釋完全不同。

　　到底，國民黨內有沒有左、中、右派？何時出現的？是客觀的存在？還是共產黨人在主觀上的認定？共產黨人為什麼要把國民黨分為這派那派，其定義標準或內涵指涉是什麼？國民黨人面對共產黨以派別來區分革命與反革命以致糾紛層出不窮，又如何因應？而國民黨為化解內部之國共爭議，發出了對其黨員的三次訓令，其理論脈絡和實際效果如何？「整理黨務案」最終達到目的否？本章追溯史源亦兼論史義。

---

❹　李雲漢，《從容共到清黨》（台北：中國學術著作獎助委員會，民55），頁 9-11、14。

❺　王功安、毛磊主編，《國共兩黨關係史》（武漢：武漢出版社，1988），頁 105。

❻　胡華主編，《中國革命史講義》（北京：中國人民大學出版社，1980），頁 115。

❼　何幹之主編，《中國現代革命史》（北京：高等教育出版社，1956），頁78。

第一節　國共各自的不同解讀

　　1925 年 3 月孫中山辭世，國民黨失去足資服眾的靈魂人物，隨後發生的五卅慘案和省港大罷工，導致國內反對帝國主義的情緒普遍高漲，客觀環境遂更有利於革命的發展，而國共兩黨的勢力，也都因為有工人的加入而擴大。另一方面，共產黨稍早於 1 月間在上海召開四大，明確提出了無產階級領導權的問題，以致雙方在爭取群眾、進而爭奪革命領導權上的競逐日益激烈。

　　1926 年 7 月，國民黨開始北伐。隨著軍事行動的推進，國共之間原本就存在的齟齬也加速發酵；故而先後有寧漢分裂，蔣介石的斷然清黨，以及汪精衛的分共措施等，雙方終致反目成仇而分道揚鑣。此一背景，提供了理解國共之所以在歷史解釋上各說各話的途徑。

壹、國民黨的反共護黨運動

　　國共合作之初，國民黨內一部分老同志──即共產黨人後來所稱之右派者，對共產黨員加入國民黨就頗有疑慮；尤其是以對陳獨秀為然，因為他曾公開表示此生絕不加入國民黨。1920 年 12 月中旬，陳獨秀應廣東省長兼粵軍總司令陳炯明之邀，赴粵「整頓」教育而擔任教育委員會委員長時❽，粵人即盛傳他提倡共產公妻，並主張「萬惡孝為首，百善淫為先」，甚至改其名為「陳毒獸」，足

---

❽　李雲漢，《從容共到清黨》（台北：中國學術著作獎助委員會，民55），頁 64。

見其為輿情之不滿。❾而陳獨秀領導之共產黨在當時的社會形象，亦或由此可見一斑。

　　從國民黨方面的研究立場看，認為共產黨人自始即視國民黨為敵體，其黨徒加入國民黨之後，即進行了三個階段的秘密顛覆活動。第一階段，自國民黨開始容共到孫中山逝世；第二階段，自孫辭世到廖仲愷被刺；第三階段，自廖被刺到中山艦事件。

　　共產黨人在第一階段（1924 年 1 月到次年 3 月）的基本策略是對國民黨中央和省區黨務工作的壟斷，使國民黨的組織系統為之肢解。不過，由於孫中山仍健在，共黨份子表面上還不敢顯露出背叛國民黨的痕跡，一部分國民黨人雖然也發現了共黨的陰謀，亦由於完全信服孫中山「有我在，共黨必不敢跋扈」❿的信念，故未能重視此一危機。在第二階段（1925 年 3 月到 8 月）的 5 個月間，共產黨人顛覆國民黨的主要策略，是分化國民黨領導階層，製造所謂「左派」、「右派」、「中派」等名稱，高唱「革命的向左轉」的口號，挑撥汪兆銘、胡漢民間的感情；終於激起廖案慘劇。之後，鮑羅廷藉口肅清「反革命之右派份子」，嗾使汪兆銘集黨政全權於一身而排除異己；但實際上則由鮑羅廷操持主導。到第三階段（1925 年 8 月到 1926 年 3 月），共黨份子已成功的竊據了國民黨的中央機關，國民黨至此已面目全非；進而再激化汪、蔣矛盾，並秘密策動「倒蔣」。有遠見的國民黨領袖們，鑒於共黨竊奪顛覆的危機，早

❾　沈雲龍，《中國共產黨之來源》（台北：文海出版社，民 67），頁 34。

❿　鄒魯，〈清黨之經過〉；見《澄廬文集》。引自李雲漢，《從容共到清黨》（台北：中國學術著作獎助委員會，民 55），頁 10。

於孫中山健在時，即已開始謀求防禍之策。但共產黨徒的顛覆活動變本加厲，忠於三民主義的國民黨人，遂亦不得不為自動的結合，揭出反共護黨的旗幟。⑪

在上述期間，國民黨內曾經湧現過三次聲勢雄壯的「反共護黨」浪潮；一次在孫中山逝世前的 1924 年 6 月；另外兩次，則分別在孫中山逝世後的 1925 年 11 月——即西山會議，和 1926 年 5 月之後啟動，到 1927 年執行的南京清黨與武漢分共。

第一次反共護黨行動發生於 1924 年 6 月至 8 月。當時的中央監察委員鄧澤如、張繼、謝持三人，發現共黨秘密印行之陰謀文件後，即於 6 月 18 日正式向孫中山及中央執行委員會提案彈劾，而各地知青黨員、工人領袖及黨部工作人員等，亦紛紛提出對共產黨的控訴與檢舉；孫中山乃決定召集中執委全體會議討論解決之道。開會時，張繼要求大會考慮與共黨「和平分立」，而瞿秋白則代表共黨答辯，強辭掩飾。

第二次是 1925 年 11 月——即通常所謂「西山會議派」——的反共運動。是年初，孫中山在北上赴京途中路過上海時，對迎接他的國民黨同志說：「我老了！列寧也死了！不知道命在今年，還在明年呢！但俄國已經有了組織的黨，失一領袖，卻無妨礙，至於我們呢？所以從今日起要把這重大責任交給你們去做了。」⑫孫中山

---

⑪　參見李雲漢，《從容共到清黨》（台北：中國學術著作獎助委員會，民55），頁 9-11。

⑫　葉楚傖，〈追悼中山先生哀詞〉；《孫中山評論集》（上海：三民公司，民 14），頁 61；引自李雲漢，《從容共到清黨》（台北：中國學術著作獎助委員會，民55），頁 352。

似乎對自己的來日無多已有預感，不料一語成讖。但是被寄予重責大任的國民黨同志們，卻未必有所體會和領悟，反而掀起了陣陣波濤，爭議不斷。

　　1925 年 11 月下旬，西山會議在北京召開，決議開除共產黨份子，解除鮑羅廷的顧問職務，懲戒汪兆銘，並決定中央執行委員會暫移上海。12 月 14 日，即以中央執行委員會名義，正式於環龍路 44 號上海執行部原址開始辦公，簡稱上海中央。❸於是，國民黨遂有兩個中央執行委員會出現，成粵滬對立之局。

　　桂崇基——曾任國民黨上海中央的秘書長、宣傳部長、二大江西代表、二屆中執委，他在半世紀後回憶說：

> 民國十四年國內掀起三種反共高潮。一是國立廣東大學十數位教授因反對共產黨攘奪最高學府，而憤然離粵。一是孫文主義學會在廣州成立，以與由共黨份子以及所謂左傾軍人所組織的青年軍人聯合會相對抗。一是中國國民黨十數位中央委員在北京西山總理靈前舉行四中全會，議決使共黨份子一律退出國民黨。……四中全會閉幕後，接著在上海成立中央黨部，我亦曾參與其間。民國十四年，先後實際參加這三種

---

❸　李雲漢在其大作中說：為避免混淆起見，本書對原設廣州之中央委員會，依黨統逕稱中央執行委員會，對上海反共之中央執行委員會，稱上海中央執行委員會。見李雲漢，《從容共到清黨》（台北：中國學術著作獎助委員會，民 55），頁 434。

運動，只有我一個人。❹

　　當時，上海中央仍本諸西山會議前此所作決定——驅共產份子
於國民黨組織之外的和平分離原則，但仍待之以友黨，並希望蘇俄
能改變其侵略中國的政策，且無意與之決裂。然而共產黨卻視西山
會議諸人為結有血海深仇之大敵，並無端擴大西山會議的範圍，凡
是不同意共產黨及蘇俄的個人及團體，統視為「西山會議派」，加
以「勾結軍閥的帝國主義的走狗」的惡名。❺

　　1926 年 1 月，國民黨第二次全國代表大會在廣州召開；但另
一方面，3 月底，上海中央亦逕自在滬召開國民黨二全大會，並選
出第二屆中央執行委員。從國民黨的法統與黨紀看，西山會議諸人
採取的行動路線，不無商榷餘地，自難見容於廣州；但其反共號召
所給予國民黨反共黨員的鼓勵，卻是不可漠視的。在國民黨反共奮
鬥史上，西山會議是頗為生動的一章。

　　第三次反共護黨運動，是 1926 年 3 月 20 日中山艦事件蔣中正
的緊急定亂措施；及二中全會通過整理黨務案後，蔣中正、張人傑
所作驅逐共黨於中央機構以外的奮鬥。如果從國民黨的立場看：民
國 15 年的中山艦事件——亦即當時中外報刊所謂的「三月二十日
事件」，或可說是共黨份子「拉汪」、「排胡」、「刺廖」、「倒

---

❹　桂崇基，民 66.4.12.在中華民國史料研究中心第 67 次學術討論會上的發
　　言。中華民國史料研究中心編，《中國現代史專題研究報告》，第 7 輯
　　（台北：中華民國史料研究中心，民 74），頁 104-105。

❺　李雲漢，《從容共到清黨》（台北：中國學術著作獎助委員會，民
　　55），頁 442。

蔣」的整個陰謀的高峰。❻

　　以上所述，代表國民黨方面對 1924 年初到 1926 年中這兩年多期間國共雙方互動的基本認識。❼而從其所普遍使用的詞彙如敵體、黨徒、秘密、顛覆、壟斷、肢解、背叛、陰謀、挑撥、嗾使、竊奪……等等，是能了解國民黨人在情緒上的翻湧，直到數十年後仍然起伏不已。

　　1926 年 7 月 9 日，國民黨在廣州誓師北伐。7 月 12 日，共黨中央召集其第二次擴大會議，決定「擴大左派，打擊右派」的策略，企圖在北伐期間對國民黨中央及蔣介石進行「反攻」。11 月間，共產國際執行委員會指令中共黨人，要在北伐期間積極展開以「建立鄉村蘇維埃政權」與「農民武裝」為中心目標的「農民革命」──這就是共黨在北伐期間陰謀叛亂的基本依據。❽

　　約此同時，國民政府決定了北遷的計劃，相關人員隨即分兩批出發，經江西轉赴武漢。但是，第一批的五人──鮑羅廷、宋子文、徐謙、陳友仁與孫科，於 12 月 10 日到達武漢後，卻逕自成立了「中國國民黨中央執行委員會與國民政府委員臨時聯席會議」，聲稱要執行「黨的最高職權」。繼之，第二批人員──包括國民政

---

❻　冷欣，民 66.4.12.在中華民國史料研究中心第 67 次學術討論會上的發言。中華民國史料研究中心編，《中國現代史專題研究報告》，第 7 輯（台北：中華民國史料研究中心，民 74），頁 110-111。

❼　以上關於三次反共護黨的情況，除個別註解者外，大體依據李雲漢，《從容共到清黨》（台北：中國學術著作獎助委員會，民 55），頁 11-14。

❽　李雲漢，《從容共到清黨》（台北：中國學術著作獎助委員會，民 55），頁 14-15。

府代理主席譚延闓、國民黨中央常會代理主席張人傑等──到達南昌後，發現鮑羅廷在武漢別有所謀，因而召集中央政治會議，決定國民政府及中央黨部暫留南昌。然鮑等並不聽從，反而於 1927 年 3 月在武漢召開二屆三中全會，倡議提高黨權，公開反蔣；導致後來所謂的寧漢分裂。

　　1927 年 4 月 2 日，國民黨中央監察委員在滬舉行全體委員會議，一致通過了吳敬恆的提案──咨請中央執行委員會懲辦共產黨徒；9 日，中監委聯名發表護黨救國通電。4 月 12 日，駐滬之北伐軍圍繳共產黨組織的上海總工會糾察隊槍械；18 日，國民政府正式奠都南京，並頒令通緝共黨首要，清黨運動遂在中南各省全面展開。國民黨方面認為，清黨之舉乃歷史轉折的重要關鍵；象徵其護黨救國的真誠與決心。❶❾自此，國共關係完全破裂；而共產黨人相對於國民黨的敵視和斷然清黨的激烈措施，遂將其矛頭對準了蔣介石。

貳、右派向左派進攻了

　　相對於上述國民黨人所說的三次反共護黨運動，共產黨人則將之全部歸結為國民黨內右派向左派、向共產黨的進攻。

　　以國民黨人所稱的第一次反共護黨浪潮而言──即在 1924 年 6 月間，有國民黨廣州市黨部執行委員黃季陸、孫科向國民黨中央提出制裁共產黨活動的「檢舉案」。而國民黨中央監察委員鄧澤如、張繼、謝持於 6 月 18 日，向孫中山和國民黨中央提出「彈劾

---

❶❾　李雲漢，同上書，頁 16-17。

共產黨案」；其證據是：中共三大通過的「關於國民運動及國民黨問題的決議案」，中共三屆二中全會通過的「同志們在國民黨工作及態度決議案」，青年團二大的「關於中國共產黨第三次大會報告決議案」，以及共產黨所屬《新青年》、《嚮導》所刊登的一些文章。

共產黨方面指稱：彈劾案一出，漢口、北京、上海、廣州、港澳等地的國民黨右派勢力糾集起來，紛紛上書攻擊「跨黨」的中共黨員和青年團員。而國民黨中央執行委員會為了及時解決這一個嚴重的問題，遂於 1924 年 7 月 3 日、7 日，連續召開了兩次會議，並通過宣言昭告全黨，對於規範黨員，不問其平日屬何派別，惟以其言論行動能否一依本黨之主義政綱及黨章為斷。

共產黨人認為，彈劾案是國共合作後，右派進行的第一次大規模反共活動；但是，在國民黨一屆二中全會發出對《全體黨員之訓令》後宣告破產。❷而 1925 年 8 月廖仲愷被刺，則是國民黨右派打擊左派、破壞國共合作的第二次重大行動；使左派喪失了一個主要的領導人物，加深了國共之間的裂痕。❷

再看國民黨人所說的第二次反共護黨浪潮——即 1925 年 11 月的西山會議。共產黨人認為這是以張繼、謝持等為代表的老右派，公開分裂國民黨，打擊共產黨的行徑。根據共產黨方面的研究說：國民黨中有鄧澤如等老右派，在統一戰線中每每製造事端，以「彈

---

❷ 唐培吉等，《兩次國共合作史稿》（杭州：浙江人民出版社，1989），頁 136-137。

❷ 唐培吉等，同上書，頁 138-139。

劾」共產黨為能事；有的新右派如戴季陶等，在孫中山逝世後拋出反動理論，為國共分裂張本；還有的老右派如張繼、謝持等，則公開從國民黨中分裂出去，另樹一幟。當時，由於中共鬥爭策略的基本正確，以及國民黨左派的努力，上述國民黨右派打擊共產黨、分裂國民黨的行動，均遭到不同程度的失敗。㉒

　　共產黨方面對於戴季陶其人及其主張，似乎特具敵意並猛烈抨擊。據國民黨人黃季陸回憶說，孫中山逝世後，在廣州發現一項共產黨內部傳播的祕密文件。其中有一項是鮑羅廷對共產黨員分析時事的報告。鮑認為當時共黨的敵人有五個，他名之為五個魔鬼：第一個是帝國主義，第二是軍閥，第三是買辦資本家，第四是國民黨右派，第五則是「戴季陶鬼」。為什麼叫做戴季陶鬼呢？據鮑羅廷說：自殺是懷疑的結果，而戴季陶這個人，竟連自殺都懷疑，所以他是一個最大的魔鬼，也是共產黨最大敵人之一。㉓

　　共產黨人認為，戴季陶以反對國共合作為核心內容的反動理論，人們稱之為「戴季陶主義」。㉔他的觀點和主張是：共產黨員加入國民黨，形成了國民黨內的「兩個中心」；這是一切混亂和糾紛的根源，因為，「共信不立，互信不生；互信不生，團結不固。」國共既無共同的政治基礎，亦無共同的政治信仰；國民黨如

㉒　王功安、毛磊主編，《國共兩黨關係史》（武漢：武漢出版社，1988），頁 105-106。

㉓　黃季陸，〈戴季陶先生與早期反共運動〉，《臺灣新生報》（台北），民 48 年 7 月 19 日。引自李雲漢，《從容共到清黨》，頁 404-405。

㉔　王功安、毛磊主編，《國共兩黨關係史》（武漢：武漢出版社，1988），頁 112。

果要鞏固，就應當排他。要麼共產黨員退出國民黨；要麼共產黨員放棄共產主義，作一個單純的國民黨員。㉕共產黨人強調：在戴季陶主義的旗幟下，國民黨新老右派沆瀣一氣，結成了反共聯盟；而公開扯起叛旗的西山會議派，就是以戴季陶主義為思想指導的。爾後的「中山艦事件」和「整理黨務案」的拋出，也都是蔣介石發揮戴季陶主義的惡果。㉖

　　而國民黨人所稱的第三次反共護黨運動，則尤為共產黨人所切齒。1926 年 3 月中山艦事件後蔣介石崛起；由於其在共黨意料之外的立場轉變，導致國共關係隨即開始緊繃。共產黨人在後來的檢討中批判自己的領袖陳獨秀——說他錯誤地把蔣介石說成是中國民族革命運動中的「柱石」，凡是反對蔣介石的就成為帝國主義的「工具」；而陳獨秀機會主義者為了所謂「統一」，給人家戳了一刀，也不敢還手，甚至沒有還手的意思。㉗

　　綜觀 1926 年，1 月國民黨召開二大、3 月發生中山艦事件、5 月通過了整理黨務決議案，這三件大事，都在北伐開始前不到半年的時間內發生。而蔣介石在這個關鍵時刻，毫不猶豫地接連發動進攻，在中國共產黨的節節退讓下，逐個奪取陣地，把權力一步一步地集中到自己手裡，從而為日後發動反共政變做了重要準備。㉘

㉕　王功安、毛磊主編，同上書，頁 114-115。

㉖　王功安、毛磊主編，同上書，頁 115。

㉗　何幹之主編，《中國現代革命史》（北京：高等教育出版社，1956），頁 79。

㉘　中共中央黨史研究室著，胡繩主編，《中國共產黨的七十年》（北京：中共黨史出版社，1991），頁 53。

　　而共產黨人所稱的「大革命」或「第一次國共合作」，也因此以失敗告終。

　　共產黨人對國民黨所稱的三次反共護黨運動，概以右派向左派進攻詮釋之；而西山會議派的公然分裂，以及蔣介石繼起的進攻，則顯然於共產黨是為禍更烈。共產黨人又如何解讀這一個變化？

參、孫中山以乾綱獨斷頂住右派壓力

　　對於孫中山的堅持理想、永不放棄，國共的評價是一致的；但雙方在一致當中，似乎又有著不同的寓意。

　　就國民黨人的立場來看，其容共實由聯俄起，「而不論容共與聯俄，都是出於中山先生的決斷」[29]。而國民黨改組的動機，用鄧澤如等人的話來說，就是「出自我總理之乾綱獨斷」[30]。孫中山在1923年11月間對呈文檢舉共產黨人的鄧澤如等說：

> 你們不贊成改組，可以退出國民黨呀！
> 你們若不贊成，我將來可以解散國民黨，我自己一個人去加

---

[29]　李雲漢，《從容共到清黨》（台北：中國學術著作獎助委員會，民55），頁191。

[30]　鄧澤如等，〈廣東支部彈劾共產黨文〉，民12.11.29.：載中國國民黨中央委員會黨史委員會編訂，《國父全集》，第四冊（台北：中國國民黨中央委員會黨史委員會，民70再版），頁916-919。另，本件又稱〈鄧澤如等呈總理檢舉共產黨文〉；見羅家倫主編，《革命文獻》，第九輯（台北：中國國民黨中央委員會黨史史料編纂委員會，民44），頁65-67。兩者除極少數標點及文字稍有出入外，餘均相同。

入共產黨。❸❶

稍早，譚平山也對鮑羅廷說過：

> 國民黨的思想，或者更正確地說，國民黨靈魂人物孫先生的
> 思想，是各個不同份子——甚至經常衝突的份子——團結一
> 致的中心。……唯有孫先生的權威能使他們團結在一起。❸❷

　　1924 年 2 月 16 日晚，孫中山召集馮自由等人到大本營，告以
「反對中國共產黨即是反對共產主義，反對共產主義即是反對國民
黨的民生主義，便即是破壞紀律，照黨章應當革除黨籍及槍斃。」❸❸
孫中山訓斥馮自由等：

---

❸❶　〈與鄧澤如等的談話〉；據何湘凝，〈對中山先生的片段回憶〉；《人民
　　日報》，1956.11.29.。陳旭麓、郝盛潮主編，《孫中山集外集》（上海：
　　人民出版社，1991），頁 294。編者註：鄧澤如、馮自由、劉成禹、胡毅
　　生等人為反對改組國民黨，1923 年 11 月，聯袂往謁孫中山，要求取消改
　　組提議，遭到孫中山指責。

❸❷　鮑羅廷來華後，於 1923 年 10 月和 11 月間在廣州同譚平山有過兩次會晤
　　交談。見丁言模，《鮑羅廷與中國大革命》（銀川：寧夏人民出版社，
　　1993），頁 27、42。Lydia Holubnychy, *Michael Borodin and the Chinese
　　Revolution, 1923-1925*, New York: East Asian Institute, Columbia University,
　　1979, p. 275.

❸❸　〈馮自由致孫中山先生函稿〉；《檔案與歷史》，1986，第 1 期。引自陳
　　旭麓、郝盛潮主編，《孫中山集外集》（上海：人民出版社，1991），頁
　　309-310。

> 姑念汝等效忠本黨已久，對本總理尚能服從；否則，定將汝
> 等打靶。此案交中央執行委員會裁判，裁判結果，最低現度
> 亦須將汝等革除黨籍。❸

1924 年 8 月底，孫中山親自主持了國民黨中央執行委員一屆
二中全會的最後一次全體會議；宣佈開除馮自由。孫在會中講辛亥
革命的歷史，提到黃克強和宋教仁的妥協態度，說他們兩人的搖擺
不定和沒有紀律，阻礙了革命的勝利。孫還強調：

> 我們連這個黨都不能統一起來，遑論國家！黨員必須徹底服
> 從領袖和他的領導。以前，我們創立了「中華革命黨」，當
> 時每人都要宣誓。不久事實證明，黨員宣誓是一回事，但都
> 不聽從我的指揮。我們的黨員和軍隊一樣，只有在對他們有
> 利的時候，才聽我命令，否則就拒絕服從。如果國民黨人都
> 是這樣的話，那我就不要這個國民黨，我就加入共產黨。❸

而反觀宋教仁對孫亦有微詞，「蓋逸仙素日不能開誠佈公，虛心坦
懷以待人，做事近於專制跋扈，有令人難堪處故也」❸。由此或可

---

❸ 馮自由在國民黨一大期間因帶頭反對國共合作，被孫中山訓斥。見陳旭
麓、郝盛潮主編，同上書，頁309-310。

❸ 《俄共祕檔》，文件 124：〈國民黨中央執行委員會二中全會關於討論共
產派問題的資料〉（廣州，不早於 1924 年 8 月 30 日）。見郭恆鈺，《俄
共中國革命祕檔（1920-1925）》（台北：東大圖書公司，民 85），頁
117。另見〈孫中山在國民黨最後一次中央全會上的講話〉，1924 年 8 月
30 日，廣州；載李玉貞譯，《聯共、共產國際與中國（1920-1925）》，
第一卷（台北：東大圖書公司，民 86），頁 433。

❸ 宋教仁，《我之歷史》（台北：文星書店，民 51），頁 153。

知國民黨的同志對其領袖的感受與評斷；對照世人對孫中山的刻板
印象，似乎有些落差。

　　但就共產黨人的觀感——如果以陳獨秀為代表而言，則孫中山
可說是世界上最忠於革命事業的人，一生唯革命是志，從來不以愛
憎親疏易其志。

　　陳獨秀在孫中山逝世後不久發表的一篇文章中說：

> 　　民國六七年，京滬間的官僚甚至於國民黨黨員，對於中山先
> 生有一個很流行的批評道：「孫中山是一個有革命癖的人，
> 無論到何時他總要革命，恐怕他的兒子孫科做了總統，他還
> 是要革命咧。」他們以為這幾句話是譏誚孫中山的，殊不知
> 這幾句話卻真能將孫中山先生可尊敬的人格表現出來了。中
> 山先生是世界上最忠實於革命事業的一個人，只要贊成他革
> 命，雖巨惡如徐樹錚梁士詒，他也肯與之週旋，若不忠於革
> 命，雖多年共患難的同志如黃興陳炯明，他也不惜與之決
> 裂，若孫科為總統而不忠於民國，他當然起來革命。中山先
> 生一生唯革命是志，從來不以愛憎親疏易其志，在怕革命的
> 東方民族中，他的確是傑出的人物，在國內一切主義不同的
> 革命派都欽佩中山先生，也就在這一點。[37]

---

[37]　陳獨秀，〈今年雙十節中之廣州政府〉，1925.10.12.《嚮導週報》，第
　　　133 期。引自中華民國開國文獻編纂委員會、國立政治大學國際關係研究
　　　中心編，《中華民國開國五十年文獻——附錄——共匪禍國史料彙編》，
　　　第一冊（台北：國立政治大學國際關係研究中心，民 65），頁 72。

　　先前，當國民黨正在準備改組的時候，中央監察委員鄧澤如就呈文於孫中山，檢舉指控陳獨秀等共產黨人秘議「借國民黨之軀殼，注入共產黨之靈魂」**❸❽**，雖經孫中山當即批示「陳如不服從吾黨，我亦必棄之」**❸❾**；但其後，各種強烈的質疑和反對聲浪仍然層出不窮。孫中山面對黨內的沸沸揚揚，雖然義正辭嚴加以駁斥，或費心盡力地進行說服，或者順應眾意而召集會議討論化解之；但最終或至少在表面上能統一矛盾，還是靠他的權威。誠如費正清的觀察，國共諒解從一開始就不穩定；其維繫力量是彼此的利用價值、共同的敵人——帝國主義，以及孫中山在世之時對國民黨內反共較激烈分子的駕御力。**❹❶**

　　孫中山當時之容納共產分子，其意圖是「防災避難」，他希望為數不多的共產黨員，隨著時間的流逝逐漸消化在國民黨內。為了維護共產國際和孫中山的權威，對於這種「黨內合作」形式的任何反抗，不僅在共產黨內，也在國民黨內，都一次一次地被壓制下去

---

❸❽　鄧澤如等，〈廣東支部彈劾共產黨文〉，民 12.11.29.；載中國國民黨中央委員會黨史委員會編訂，《國父全集》，第四冊（台北：中國國民黨中央委員會黨史委員會，民 70 再版），頁 916-919。

❸❾　孫中山，〈批廣東支部鄧澤如等彈劾共產黨文〉，民 12.11.29.；載中國國民黨中央委員會黨史委員會編訂，《國父全集》，第四冊（台北：中國國民黨中央委員會黨史委員會，民 70 再版），頁 915-916。

❹❶　費正清（John K. Fairbank）著，薛絢譯，《費正清論中國：中國新史（*China: A New History*）》（台北：正中書局，民 83），頁 318-321。另可參閱 John K. Fairbank, Edwin O. Reischauer, *China: Tradition and Transformation*, Taipei: Caves Books. LTD. 1988, pp.443-444.

了。**④**而這種壓制，固可顯示孫中山的威信，不僅出自其本人主觀的成竹在胸，亦為當時及後來被普遍承認的一種客觀存在。但是，也正因為如此，或許能夠從另一個側面說明：沒有權威，難以服眾；只有權威，難免後患。孫中山死後，國民黨內的紛爭便一發不可收拾。

在國民黨人的心目中，孫中山是「乾綱獨斷」；但共產黨則認為這是他「不易其志」，堅持革命和奮鬥不懈的具體表現。尤其重要的，是共產黨人將其在這一點上對孫中山的肯定，作了進一步引伸及轉換，不但藉以對比彰顯孫中山堅守和支持左派的立場，並強調突出他當時頂住國民黨內右派壓力的大無畏精神和勇氣。

第二節　國民黨內有沒有左、中、右派

從國民黨人的立場看，所謂國民黨內的什麼什麼派，都是共產黨的分化技倆；而好好的一個國民黨，也就因此被搞得四分五裂了。胡漢民的話可以為證：

> 共產黨對付國民黨的策略多得很，祇要舉出幾種作證明就夠了。他們第一個策略，就是憑空造出「左派」、「右派」、「新左派」、「新右派」一類的口號，加到國民黨同志的頭上。一般人平日也不知道甚麼是「左派」，甚麼是「右

---

④　郭恆鈺，《共產國際與中國革命：第一次國共合作》（台北：東大圖書公司，民 80 再版），頁 425。

派」，聽了人家怎麼喊，他們也就怎麼傳。傳喊了幾陣，便把國民黨整個的黨分拆成幾個互相懷疑的派別。無論甚麼「右派」、「左派」，乃至新甚麼派，都上了當；尤其是整個的國民黨上了大當。因為整個的黨中了共產黨「虱處褌中」的毒計，便給他們拆散了。如此他們才能到國民黨的各級黨部去握取黨權。㊷

國民黨內到底有沒有左派、右派、中派？何時出現的？根據什麼標準劃分？如果說真是共產黨的分化策略，其所為何來？

壹、國民黨何時出現左、右派

1925 年底，陳獨秀撰文指出，有些人不相信國民黨有什麼左右派之分別，可是在事實上，國民黨左右派之分化，及其歷來右派之自成一系，都非常明顯：最初是孫、黃分裂，右派由歐事研究會變為政學會；其次便是孫、陳分裂，右派變為聯治派；再其次便是去年國民黨第一次大會後，右派變為國民黨同志俱樂部；最近從中山先生死後到現在，又漸漸形成戴季陶一派。……戴季陶派或者可以說是國民黨右派在思想上最後完成了；同時，左派的思想亦因之明瞭而正確了。㊸

㊷　胡漢民，〈革命的要義是要在破壞之後能夠建設〉；中國國民黨黨史會編，《胡漢民先生文集》，第三冊（台北：中國國民黨黨史會，民67），頁 270。

㊸　陳獨秀，〈什麼是國民黨左右派？〉；1925.12.3.《嚮導週報》，第 137期。引自中華民國開國文獻編纂委員會、國立政治大學國際關係研究中心

　　據陳獨秀當時的分析，國民黨早就有、而且有過四次的派別分化。第一次，是孫中山在 1914 年 7 月以「中華革命黨」為名準備討伐袁世凱的時候，黃興等人就是右派了；第二次是 1922 年 6 月，陳炯明叛離孫中山的時候，右派成為聯治派；第三次是 1924 年 1 月國民黨一全大會後，右派變為國民黨同志俱樂部；第四次是 1925 年 3 月孫中山逝世後，漸漸形成了戴季陶一派。依陳獨秀之言，國民黨內出現分裂而形成派別，是其來有自的。

　　而根據國民黨方面的研究，中共黨員對國民黨的滲透，是利用國民黨進行改組的時機積極進行的；是在 1923 年 10 月鮑羅廷到達廣州以後的事。當時，共產黨人就提出了向國民黨右派鬥爭的任務。1923 年 11 月 18 日，中共廣州市委員會與中共廣州市團委會舉行聯席會議，討論了對國民黨改組工作的總結，通過了兩項決議：一為在國民黨內部的工作應更加努力；一為應向國民黨右派（反對改組及反共者）積極鬥爭。❹關於後者，為了討論對國民黨右派鬥爭的問題，會議決定唯一的途徑，是要加強在民眾中的工作。❹

　　共產黨方面認為，1924 年 1 月統一戰線建立後，各地群眾革命運動一日千里的發展，使帝國主義、軍閥、買辦、豪紳都感到恐

　　編，《中華民國開國五十年文獻——附錄——共匪禍國史料彙編》，第一冊（台北：國立政治大學國際關係研究中心，民 65），頁 54-55。

❹　詳參蔣永敬，〈胡漢民與清黨運動〉；張玉法主編，《中國現代史論集》，第 10 輯，國共鬥爭（台北：聯經出版公司，民 71），頁 151-152。

❹　趙列潘諾夫（Cherepanov）原著，王啟中、呂律譯，《蘇俄在華軍事顧問回憶錄》，第一部（台北：國防部情報局譯印，民 64），頁 42-43。

懼，他們起來喧騰叫嚷「孫中山赤化」，竭力設法破壞革命統一戰線和廣東革命根據地。這時，革命和反革命之間的界限日益明顯，國民黨內部逐漸分化為左、中、右三派。**⑯**而共產黨在處理與國民黨的關係上，開始產生對國民黨右派遷就等現象；與此同時，國民黨右派卻開始從事破壞國共合作的活動。1924 年 2、3 月間，鄧澤如、劉成禺、謝英伯和馮自由等提出「警告書」，叫嚷李大釗不得「攘竊國民黨黨統」；一些國民黨右派製造國民黨已經被「赤化」的謠言。**⑰**

另據蔡和森當時聽北方來的朋友轉述說：

> 許多國民黨青年黨員不僅以右派為恥，而且聽著中派這個名
> 詞亦很不高興。他們現在覺得只有兩途：不左即右，沒有中
> 立之餘地。**⑱**

蔡和森認為：群眾心理是革命的寒暑表，國民黨青年黨員這種直覺是很正確的！1917 年以來，西歐革命的運動史，早已證實了這種「不左即右」的真理：不僅各國社會黨右派是革命的敵人，中派也

---

⑯ 胡華主編，《中國革命史講義》（北京：中國人民大學出版社，1980），頁 115。

⑰ 王功安、毛磊主編，《國共兩黨關係史》（武漢：武漢出版社，1988），頁 106。

⑱ 和森，〈何謂國民黨左派？〉；1925.5.3.《嚮導週報》，第 113 期。引自中華民國開國文獻編纂委員會、國立政治大學國際關係研究中心編，《中華民國開國五十年文獻——附錄——共匪禍國史料彙編》，第一冊（台北：國立政治大學國際關係研究中心，民 65），頁 53。

是革命主要的障礙；結果中派與右派終歸同趨於一個反革命的營壘。……革命潮流愈高，「不左即右」的真理便愈要被證明。中國國民黨自去（1924）以來已重新入了這個試驗時期；中山死後這個試驗將愈加嚴重。所以我們不僅希望國民黨一切青年分子之左化，而且希望一切中堅分子領袖人物之左化。然則這種左化的意義，是同化於共產派麼？不是的，絕不是的。只是真正的同化於革命的反帝國主義的中山主義。中山主義與共產主義顯然是兩個不可混淆的標幟；不過共產主義者願意幫助中山主義之實現。㊾

　　早在 1924 年 4 月，中國共產黨人就對國民黨內左派和右派之間的派系鬥爭加以報導。共產黨人常以一種貶斥的語氣，把任何一個反對孫中山的親俄政策，或對蘇聯模式的革命採取對抗態度的國民黨領導人，都稱為「右派份子」。一般說來，廖仲愷和他的「左派」盟友，都贊同這種簡單化的區分。㊿而共產黨方面的研究也指稱，1925 年 1 月中共舉行四大，批判了一年來統一戰線工作中的「左」、右傾機會主義的錯誤。大會指出，國民黨改組以來已經形成了左、中、右三派，並確定了擴大左派、批評中派、反對右派的

㊾　和森，〈何謂國民黨左派？〉：1925.5.3.《嚮導週報》，第 113 期。轉引自中華民國開國文獻編纂委員會、國立政治大學國際關係研究中心編，《中華民國開國五十年文獻──附錄──共匪禍國史料彙編》，第一冊（台北：國立政治大學國際關係研究中心，民 65），頁 53-54。

㊿　汪精衛，〈悼廖仲愷同志勖諸同志〉：載《廖仲愷先生哀思錄》（無出版者，1926），頁 21。轉引自陳福霖，《孫中山廖仲愷與中國革命》（廣州：中山大學出版社，1990），頁 219、231。

方針。㊶

根據以上的引證和分析，共產黨人認為國民黨內出現分化而以右派稱之，最早可追溯自 1914 年的「中華革命黨」時代。

其後，在國民黨一大之前——即 1922 年秋到 1923 年準備改組時，就有以鄧澤如、馮自由等為代表的右派，起而反對共產黨人之加入國民黨。

再則，就是到國民黨一全大會之後，左、中、右三派的分化日益明顯；另或有謂國民黨之分化，是在孫中山逝世——即 1925 年 3 月以後的事。但是，這些說法究竟那一種準確？似乎很難斷定。不過，國民黨之分為這派那派，和共產黨人之加入脫不了關係，應當是可以確定的。

貳、如何區分左、右派

國民黨改組後，中共中央通過決議，提醒其同志在國民黨內的工作及態度「不要過於樂觀，不要認為那些比較不接近我們的分子都是右派，以免惹起反感，促成他們的實際聯合與團結。我們應採種種策略，化右為左，不可取狹隘態度，趨左為右」。㊷而共產黨人說國民黨內有左、右派之分，究竟根據什麼標準？歸納言之，大致有經濟背景、政治立場、時間先後、策略運用及具體實踐等等。

㊶ 何幹之主編，《中國現代革命史》（北京：高等教育出版社，1956），頁 62-63。

㊷ 李秀然等 41 人彈劾共產黨文附件，〈請看共產黨對付國民黨之證據——七黨之痛〉；原件存國民黨中央黨史會，轉引自李雲漢，《從容共到清黨》，頁 291-292。

一、依據經濟背景分

　　早在 1922 年 9 月，亦即孫中山同意共產黨員以個人身分加入國民黨，並已實際參與工作的時候，剛剛在上海創刊的共產黨第一個機關報《嚮導》❸，就已刊登有分析國民黨階級成分的文章。

　　這篇以筆名發表的文章指出：國民黨中的知識者（舊時所謂士大夫，現在的職業是議員、律師、新聞記者和教員、官吏、軍人等）居半數以上，華僑及廣東工人約居十之二、三；另有小資本家和無職業者各約十之一。故中國國民黨是一個代表國民運動的革命黨，不是代表那一個階級的政黨；因其黨綱所要求者，乃是國民的一般利益，不是那一個階級的特殊利益；黨員中代表資產階級的知識者和無產階級的工人幾乎勢均力敵。❹

　　共產黨方面的研究認為，對於國民黨在政治上分化為左、中、右三派的必然現象，共產黨人在會議和刊物上曾多次分析和論述；而陳秋潭的《國民黨底分析》一文，代表了當時共產黨人的一般認識。❺

　　1924 年 12 月，陳秋潭首開先河，分析了國民黨內各階級的經濟背景，認為國民黨內存在有左派、中派、右派。他指出，國民黨

---

❸　詳參夏宏根主編，《黨史知識珍聞錄》（北京：解放軍出版社，1988），頁 72-73。

❹　隻眼，〈國民黨是什麼？〉；1922.9.22.《嚮導週報》，第 2 期。引自中華民國開國文獻編纂委員會、國立政治大學國際關係研究中心編，《中華民國開國五十年文獻——附錄——共匪禍國史料彙編》，第一冊（台北：國立政治大學國際關係研究中心，民 65），頁 51-52。

❺　唐培吉等，《兩次國共合作史稿》（杭州：浙江人民出版社，1989），頁 135。

本是各階級聯合組織的政黨。因各階級的經濟背景不同，故其階級性也必然不同，所以黨內分出派別是必然的現象。這並不是各階級主觀上故意分出來的。

陳秋潭遂根據各階級的經濟背景，確定其階級性；再依其階級性，分析其派別：

㈠左派——代表工人、手工業者、農民、小商人。他們是被剝削的階級，其經濟地位是最低的，其階級最富革命性。這一派黨員大半是改組後加入的，完全接受黨的宣言和政綱，竭力為黨切實工作，反對軍事行動，反對帝國主義及一切軍閥，主張用民眾的力量以實現國民革命，不與任何反動勢力妥協。

㈡中派——代表知識階級、工商業家和一部分小資產階級。其經濟地位不固定，其階級性也是動搖的，所以最富妥協性。這一派多是舊黨員及其中所謂的元老派（大半是知識階級），人數較右派少。他們也能看清革命的正當途徑，他們也察覺了以前的錯誤，但終因其無固定的階級性，又因實力太差，所以不得不屈服於右派包圍之下，時與反動勢力妥協。

㈢右派——代表與帝國主義有關係之大商人（如華僑）、地主、軍人、政客及洋行買辦等。其經濟地位雖不免有時被剝削，但同時他們也居於剝削者的地位，其階級最富於反革命性。這一派黨員，多系舊黨員中所謂太子派。他們大半直接或間接依附於帝國主義及封建的軍閥以圖存。他們忘不了軍事行動，利用軍閥以打倒軍閥，與帝國主義者妥協等傳統的政策，他們時常利用惡勢力，做出

反革命的行動來。**⑤**

　　準此，以陳秋潭為代表的共產黨人，在當時的一般認識為：左派最富革命性；中派具有妥協性；而右派則是反革命。顯然，這已經牽涉到政治傾向的問題。

二、按照政治立場分

　　什麼是左派？左派在哪裡？

　　胡漢民轉述了當時汪兆銘的話：「黨無論左傾右傾，有傾側的意思總不妥當，右傾固然不好，左傾也未見得高明。……左派左派，誰是左派，我將夢寐以求之，旁皇以覓之。」**⑤**

　　國民黨人認為，共產黨對於國民黨的組織，最初並不求完全控制；第一步是滲透，第二步才是為分化。而所謂左派的領袖汪兆銘，在孫中山逝世後開始受鮑羅庭廷利用，至廖案發生後，他的左傾已達公開倡言要國民黨員「向左去」的程度。**⑤**

　　據說，汪兆銘在悼念廖仲愷時就曾宣稱：「我們反對帝國主義的同志們，向左轉！願意在不平等條約下生活，想要中國永遠淪為

---

⑤　陳秋潭，〈國民黨底分析〉，原載共產主義青年團機關報《中國青年》第59期，1924.12.27.；引自彭明主編，《中國現代史資料選輯》，第二冊，1924-1927（北京：中國人民大學出版社，1988），頁37-39。

⑤　胡漢民，〈以親愛精誠的精神鞏固我們黨的基礎〉；中國國民黨黨史會編，《胡漢民先生文集》，第四冊（台北：中國國民黨黨史會，民67），頁930-931。

⑤　李雲漢，《從容共到清黨》（台北：中國學術著作獎助委員會，民55），頁459。

半殖民地、擁護全世界帝國主義勢力萬世不絕的人們，向右轉！」❺⁹

西山會議的第六次會議（1925 年 12 月 4 日）決定處分汪兆銘；會後發表的通告說：

> 到了追悼廖先生的那天，（汪）竟公然說，我們同志要什麼
> 什麼的變向左去，要什麼什麼的變向右去。我們同志，只有
> 向孫總理指導的那條路上去，那裡有向左向右的餘地？不叫
> 同志向孫總理所指導的那一條大路去，卻要叫同志向左向
> 右，這不是汪精衛背叛了孫總理，還要叫同志和他一起做叛
> 徒嗎？這又是一罪。❻⁰

1927 年 4 月 5 日，汪兆銘與陳獨秀在上海發表聯合宣言，強調國共兩黨合作；4 月 12 日，汪兆銘在漢口舉行的歡迎大會上向群眾演講，高呼：「革命的向左邊來，不革命的滾出去。」自是成為武漢方面最響亮的口號。❻¹

其實，陳獨秀前於 1924 年 4 月，就已經公開把國民黨劃分為左右派，他說「將來國民黨左右派之不同的觀念，即不同的出發點

---

❺⁹ 汪精衛，〈悼廖仲愷同志勖諸同志〉；載《廖仲愷先生哀思錄》（無出版者，1926），頁 21。引自陳福霖，《孫中山廖仲愷與中國革命》（廣州：中山大學出版社，1990），頁 219、231。

❻⁰ 〈西山會議為懲戒汪精衛告同志之通告〉，民國 14 年 12 月。轉引自李雲漢，《從容共到清黨》（台北：中國學術著作獎助委員會，民 55），頁 424-425、452。

❻¹ 此為王健民根據其當時的親歷所記憶；見王健民，《中國共產黨史稿》，第一編，上海時期（台北：自印本，民 54），頁 268。

是什麼？我們可以說，採用革命方法的是左派，採用妥協方法的是右派，……左派乃是真的國民黨真的國民主義者，右派乃是拋棄了國民主義，實際上可以說不算是國民黨了。」㊷從而，革命與不革命，也成為劃分左派與否的標準。

　　另外，蔡和森則提出了左派的必要條件至少有四個：㈠徹底的反抗一切帝國主義及其附屬物軍閥買辦階級……；㈡恪守中山先生引導中國民族與世界無產階級革命領袖蘇俄攜手的方針；㈢與一切反革命右派分子決絕；㈣遵行保護革命中堅勢力的工農群眾利益之政綱。這四點也就是中山主義最重要的內容。必須具備這四個條件才是真正的國民黨左派——才是真正的中山主義的國民黨員。㊸在蔡和森提出上述區分標準的當時，共產黨人還沒有將左派聯繫到「三大政策」或「新三民主義」，但提出了「中山主義」的概念，而且其內涵指涉也具有明確的方向性；對共產黨人後來詮釋三大政策及新三民主義，產生了一定程度的啟發作用。

　　在共產黨方面，除了靜態的區別左、右派以外，還有根據時間先後、從各層面或角度切入的動態分析；就目前所知的公開文獻而言，以陳獨秀為最早、最透徹、最全面也最具有代表性，他在

㊷　陳獨秀，〈國民黨左右派之真意義〉，《嚮導週報》，第 62 期，1924 年
　　4 月 23 日。轉引自郭華倫，《中共史論》，第一冊（台北：國立政治大
　　學國際關係研究中心、東亞研究所，民 71），頁 121。

㊸　和森，〈何謂國民黨左派？〉：1925.5.3.《嚮導週報》，第 113 期。引自
　　中華民國開國文獻編纂委員會、國立政治大學國際關係研究中心編，《中
　　華民國開國五十年文獻——附錄——共匪禍國史料彙編》，第一冊（台
　　北：國立政治大學國際關係研究中心，民 65），頁 53。

1925 年底發表於《嚮導》的文章中指出⑭：

國民黨的左、右派，究竟有什麼分別？

首先，從時間上看。在國民黨一大前後，反對帝國主義與軍閥政治、信仰三民主義的是左派；反之即是右派。但現在（1925 年 12 月）的左右派，卻不是這樣簡單分別了。以前不反帝不反軍閥、不信仰三民主義的右派，已經公然反革命，而實際上脫離國民黨了（按：指「西山會議」派）；現在新的右派，雖然口頭上也說反帝反軍閥，並高掛三民主義的招牌以自重，可是實際上他們反帝、反軍閥之理想與策略，以及如何實行三民主義之方法，都與左派完全不同。

其次，在理想上，就反對帝國主義而言，左派之反帝，乃根本反對國際資本帝國主義──這一制度本身，是壓迫全世界弱小民族及勞動平民擾亂人類和平的怪物；但右派之反帝，並不是根本反對帝國主義這一制度，而只是反對帝國主義壓迫中國民族，並企圖使中國也發展到帝國主義。就反對軍閥言，左派之目的在去掉軍閥政治，代以民主政治；右派之目的在去掉軍閥後代以仁愛的保育政治，即古代所謂仁政，現代所謂賢人政治。

復次，就策略上言，左派懂得要實現反帝反軍閥的國民革命，國外有聯合蘇俄，國內有聯合工農階級及共產黨之必要；右派則反

---

⑭　以下的動態分析，大體根據陳獨秀所寫的文章──〈什麼是國民黨左右派？〉：1925.12.3.《嚮導週報》，第 137 期。詳參中華民國開國文獻編纂委員會、國立政治大學國際關係研究中心編，《中華民國開國五十年文獻──附錄──共匪禍國史料彙編》，第一冊（台北：國立政治大學國際關係研究中心，民 65），頁 55-57。

對蘇俄，反對共產黨，反對為工農階級之利益而鬥爭。

　　再從實踐的角度檢視，右派雖然口頭上也反帝反軍閥，也說要國民革命，但只能口裡說說，而反帝反軍閥、要國民革命的實際工作，卻一步也不能動手去做。他們口中所說的「反帝反軍閥」、所說的「國民革命」，都和不能兌現的支票一樣。他們的專門工作只是反對蘇俄、反對共產黨、反對階級鬥爭這三件大事，除此以外，只有吃飯睡覺，頂多只能閑來無事時做幾句孫文主義三民主義的頌聖文。他們雖然掛著革命黨的招牌，可是不曾為革命流一滴血、坐一次牢，不曾為反帝反軍閥舉行過一次示威運動、散過一次傳單；他們不但自己不做這些革命工作，還極力不斷的攻擊廣東、上海、北京正在革命戰線上拼命的左派，袖著手不革命的，還算是右派的好分子。

　　最後，從旗幟上看，右派所謂的「真正三民主義」、「三民主義的信徒」，也只不過是一塊不實行的、騙人的招牌。而左派知道，三民主義不是一個宗教，單單信仰，就只是一個主義者、一個信徒，是不夠的，也不是革命家；左派也知道，光宣傳三民主義，而不能指陳其實行的政策，就是胡適之所譏誚的「名詞運動」。所以，左派為了要實行三民主義，便不得不採用「聯俄」，「與共產黨合作」，「不反對階級鬥爭」這些實際需要的政策。

　　陳獨秀的結論是：國民黨中現在的左右派之分別，已經不是口頭上反帝反軍閥、信仰三民主義與否的問題，而是在實際行動和政策上是否真能反帝反軍閥、真能實行三民主義的問題。左派是實行反帝反軍閥，實行三民主義的革命派；右派則反之，是不想實行的非革命派。因此，我們不得不承認：在國民革命運動中，必須贊助

國民黨的左派，而反對其右派。

以上是陳獨秀對國民黨內左派與右派的分析，其基本脈絡可說清清楚楚。而在明確辨別了左、右派之後，就必須回答下一個問題——共產黨人為什麼要把國民黨區分為左派右派？

參、共產黨人何以要將國民黨分派

共產黨人主張——一如毛澤東所言，分清敵友是革命的首要問題。他在 1926 年撰文分析中國社會各階級，提醒人們注意：民族資產階級對於中國革命具有矛盾的態度，是動搖不定的，他們既需要革命，又懷疑革命，其右翼可能是我們的敵人，其左翼可能是我們的朋友。我們要時常提防他們，不要讓他們擾亂了我們的陣線。毛澤東依據階級鬥爭觀點的分析，一方面具有馬列主義理論的外貌，另一方面也具有現實的和歷史的雙重意義。㊻毛澤東在當時所使用的概念——「左翼」和「右翼」，成為後來中共黨人區分敵友

㊻　據《毛澤東選集》的編者註記：毛澤東同志此文是為反對當時黨內存在著的兩種傾向而寫的。當時黨內的第一種傾向，以陳獨秀為代表，只注意同國民黨合作，忘記了農民，這是右傾機會主義。第二種傾向，以張國燾為代表，只注意工人運動，同樣忘記了農民，這是「左」傾機會主義。這兩種機會主義都感覺自己力量不足，而不知道到何處去尋找力量，到何處去取得廣大的同盟軍。毛澤東同志指出中國無產階級的最廣大和最忠實的同盟軍是農民，這樣就解決了中國革命中的最主要的同盟軍問題。毛澤東同志並且預見到當時的民族資產階級是一個動搖的階級，他們在革命高派時將要分化，其右翼將要跑到帝國主義方面去，1927 年所發生的事，證明了這一點。見中共中央毛澤東選集編輯委員會編，《毛澤東選集》，第一卷（北京：人民出版社，1970 第 11 刷），頁 3。

的標準，而在分析客觀環境，形勢任務，工、農、學、兵運及黨內傾向等，也都普遍運用，並逐漸形成傳統和慣例。

在毛澤東發表上述文章前不久，陳獨秀也公開指出：我們要明白國民黨中的左右派是什麼，這不但是國民黨的重要問題，而且也是中國國民革命運動的重要問題。我們若是把國民黨看做整個的而無左右派的分別，便無由判定國民黨是革命的不是革命的了；我們若是懂得國民黨中有左右派之區別，左派是革命的，右派不是革命的，然後擁護國民黨的人，才不致受人指摘，非難國民黨的人，才不致一概抹殺。❻❻

毛澤東和陳獨秀分別不約而同的回答了「共產黨人為什麼要區分國民黨的左、右派？」這個問題。因為，左派是革命的、是朋友；右派則是反革命，是敵人。

其實，早在陳獨秀撰文分析什麼是國民黨左右派之前一年半，鮑羅廷就已教導共產黨人運用左、右派來分化國民黨了。據周佛海言，「鮑羅廷授給我們戰術」是：

> 民 13 年 4 月，我應戴季陶先生之命，赴粵工作，當時我還沒有正式脫離共產黨，所以還得參預共產黨黨務，而出入於廣州東山鮑羅廷的住宅。譚平山每遇重要的事情，常約我和張崧年同赴鮑宅商量。老實說，不是「商量」，實是「請

---

❻❻　陳獨秀，〈什麼是國民黨左右派？〉；1925.12.3.《嚮導週報》，第 137 期。轉引自中華民國開國文獻編纂委員會、國立政治大學國際關係研究中心編，《中華民國開國五十年文獻──附錄──共匪禍國史料彙編》，第一冊（台北：國立政治大學國際關係研究中心，民 65），頁 54。

　　　　示」。……鮑羅廷當時告訴我們的策略，最重要的就是把國

　　　　民黨分做左右兩派，他把當時國民黨中央黨部當作左派的機

　　　　關，把廣州市黨部，當作右派的機關，使這兩級黨部暗中互

　　　　相排擠。他叫我們以國民黨員的名義，攻擊不接近共產派的

　　　　黨員，以捏造所謂左派右派的名義，攻擊胡漢民、廖仲愷諸

　　　　先生「賣黨」，必須國民黨自己分裂，以便共產派乘機壟斷

　　　　黨務。**⑥⑦**

1925 年間，中共中央擴大會議通過了〈國共兩黨關係的決議〉，
要對國民黨實行「幫助左派，打擊右派」**⑥⑧**的策略，即可與上述周
佛海所言對照參證。

　　國民黨方面則針對上述的策略指控說：共黨份子在本黨革命陣
營中竭力製造左右兩派口號，指胡漢民先生、戴季陶先生及反共的
本黨同志為右派；指汪精衛、廖仲愷及本黨親共份子為左派。換言
之，反共的是右派，是不革命的；親共的是左派；是革命的。而那
時候的青年都有滿腔熱血，誰也不願背「不革命」的醜名，他們
說：「革命的向左來」，因而吸收了許多青年。**⑥⑨**

---

⑥⑦　周佛海，〈我逃出了赤都武漢〉；載張玉法、張瑞德主編，《中國現代自
　　　傳叢書》，第 3 輯──周佛海著，《周佛海回憶錄》（台北：龍文出版
　　　社，民 82），頁 47。

⑥⑧　C. Martin Wilbur and Julie Lien-ying How, ed., *Documents on Communism,
　　　Nationalism and Soviet Advisers in China, 1918-1927*, New York: Columbia
　　　University Press, 1956, pp.234-237.

⑥⑨　冷欣，民 66.4.12.在中華民國史料研究中心第 67 次學術討論會上的發言。
　　　中華民國史料研究中心編，《中國現代史專題研究報告》，第 7 輯（台
　　　北：中華民國史料研究中心，民 74），頁 110-111。

共產黨人蔡和森在當時的近距離觀察和親歷體驗，又可以和上述國民黨方面的指控相印證。

蔡和森在 1925 年 5 月發表文章指出：中山先生逝世後，國民黨中有一種最好的現象，就是黨員群眾之左傾，不僅廣東如此，上海、北京以及其他各處亦莫不然。他們左傾的程度，恰好與右派反革命和段祺瑞政府招降納叛、破裂國民黨的陰謀成正比。近日好幾個從北方南來的朋友都說，現在國民黨最大多數的青年黨員，不僅不願為右派，而且不願為中派；但他們又懷疑——「我們既不是共產黨，怎好自居於左派呢？」這可謂是一個誤會。我敢鄭重的申明一句：我們共產派不願居（自然更不願獨佔）國民黨左派的美名，但願一切革命的中山主義者成為國民黨本身的左派；我們共產派是時時刻刻準備幫助國民黨左派的，並且希望全體忠實的國民黨員都是左派，成功無派別的整個的國民黨，以完成中山主義和國民革命的偉大使命。(70)蔡和森強調，共產主義者既無赤化國民黨的奢望，更無赤化國民黨的妄想，……所以我說，我還應再說：共產派不願居國民黨左派的美名，但願一切革命的中山主義者，都成為國民黨本身的左派；我們共產派時時刻刻準備幫助國民黨左派，並且希望全體忠實的國民黨員都是左派，成功無派別的整個的國民黨，以完成

(70) 和森，〈何謂國民黨左派？〉：1925.5.3.《嚮導週報》，第 113 期。引自中華民國開國文獻編纂委員會、國立政治大學國際關係研究中心編，《中華民國開國五十年文獻——附錄——共匪禍國史料彙編》，第一冊（台北：國立政治大學國際關係研究中心，民 65），頁 52。

中山主義和國民革命的偉大使命！(71)

蔡和森說明了兩件事，一、孫中山逝世後，國民黨中有黨員群眾普遍左傾的現象；二、國民黨左派和共產派完全不同。

而陳獨秀對第二點也有相同的看法，他當時指出：有人以為共產黨是國民黨左派，這是非常大的錯誤。加入國民黨的共產黨員在其黨內的行動，固然站在左派的政策上面；然而共產黨是共產黨，國民黨是國民黨。國民黨自有他自己的左派，如何能以共產黨做國民黨的左派呢？國民黨左派的思想與政策，無論如何左傾如何急進，終究是國民黨不是共產黨。(72)陳獨秀並進一步舉證說，就現有事實而論，國民黨左派的領袖，如汪精衛、蔣介石、胡漢民、譚延闓、程潛、于右任、徐謙、吳稚暉、李石曾、顧孟餘、丁惟汾、王勵齋等一班人，沒有一個是共產黨員。(73)

以上陳獨秀列舉的國民黨左派領袖中，特別值得注意的是蔣介石；因為，他隨即以行動證明了，他當然不是共產黨員，而且也不

---

(71) 和森，〈何謂國民黨左派？〉；1925.5.3.《嚮導週報》，第 113 期。引自中華民國開國文獻編纂委員會、國立政治大學國際關係研究中心編，《中華民國開國五十年文獻——附錄——共匪禍國史料彙編》，第一冊（台北：國立政治大學國際關係研究中心，民 65），頁 54。

(72) 陳獨秀，〈什麼是國民黨左右派？〉；1925.12.3.《嚮導週報》，第 137 期。引自中華民國開國文獻編纂委員會、國立政治大學國際關係研究中心編，《中華民國開國五十年文獻——附錄——共匪禍國史料彙編》，第一冊（台北：國立政治大學國際關係研究中心，民 65），頁 55。

(73) 陳獨秀，〈什麼是國民黨左右派？〉；1925.12.3.《嚮導週報》，第 137 期。引自中華民國開國文獻編纂委員會、國立政治大學國際關係研究中心編，《中華民國開國五十年文獻——附錄——共匪禍國史料彙編》，第一冊（台北：國立政治大學國際關係研究中心，民 65），頁 55。

是共產黨人所謂的革命的國民黨左派。這一點，共產黨人在歷經波折、幾番驚濤駭浪之後，才終於醒悟。

1926 年 7 月 9 日，蔣介石在廣州誓師北伐；而共產黨也在此時對國民黨開始轉守為攻，要「聯合左派並逼中派向反動的右派進攻，同時防止中派之發展，迫其離右向左」(74)。

1926 年 11 月，共產國際第七次擴大執委會的決議指出：共產黨離開國民黨的觀念，是錯誤的。中國革命的整個發展過程，他的性質及其前途，均需要共產黨留在國民黨，並加緊在其中的工作。……共產黨必須照以下幾點行動：甲、有系統的堅決的反對國民黨右派及戴季陶思想，反對他們想把國民黨變成資產階級的企圖。乙、形成左派而與之親密合作，並不企圖以共產黨份子代替左派之領導工作。丙、徹底的批評在左派右派之間搖動，在繼續革命或和帝國主義妥協之間搖動的中派。(75)

但是，有另外的證據顯示——與上述蔡和森、陳獨秀、共產國際的主張相反，當時共產黨人認為，而且是在中央會議的高度上認為，國民黨的左派與右派之爭，其實是「我們」和國民黨右派之爭。

共產黨方面的研究指出：在國共合作的最初幾個月中，由於共

---

(74) 中共第二次中央擴大執行委員會議決案；北京首都警察廳調查局編譯委員會編，《蘇聯陰謀文證彙編》——五（北京：民 17），頁 33。

(75) 〈中國問題決議案〉，1926 年 11 月底共產國際第 7 次擴大執行委員會議；引自中華民國開國文獻編纂委員會、國立政治大學國際關係研究中心編印，《中華民國開國五十年文獻》附錄——共匪禍國史料彙編，第一冊（台北：國立政治大學國際關係研究中心，民 65），頁 32。

產黨人對於國民黨的複雜情況認識不足，許多黨員對於如何執行統一戰線、對於在國民黨內如何工作又缺乏經驗，因而在實際活動中出現了一些過於忍讓遷就的右的偏差。(76)於是，為了總結經驗，中共中央執委會於 1924 年 5 月在上海召開了第一次擴大會議（又稱「五月會議」(77)），通過了《共產黨在國民黨內的工作問題議決案》；決定要加強在國民黨內——特別是要加強左派的工作，擴大左派勢力，以推動國民革命的發展。會議認為國民黨有各階級的分子在內，左右兩派的產生是不可避免的，而且隨著鬥爭的深入，兩派的分化將日趨明顯。會議指出：

> 照現在的狀況看來，國民黨的左派是孫中山及其一派和我們的同志——我們同志其實是這派的基本隊；因此所謂國民黨左右派之爭，其實是我們和國民黨右派之爭。所以，假使現在我們因為鞏固擴大國民黨起見而取調和左右派的政策，那就是一種錯誤。(78)

會議並確定了共產黨員在國民黨內工作的方針是：

---

(76) 中共中央黨史研究室著，《中國共產黨歷史》，上卷（北京：人民出版社，1991），頁 105。

(77) 韓泰華主編，《中國共產黨——從一大到十五大（1921-1997）》，上（北京：北京出版社，1998），頁 119-121。

(78) 中共中央檔案館編，《中共中央文件選集》，第一冊（1921-1925）（北京：中共中央黨校出版社，1989），頁 186。

> 鞏固國民黨左翼和減殺右翼勢力，利用各種機會批評右派與帝國主義妥協的錯誤。(79)

而關於「減殺右翼勢力」，會議解釋為：批評右派錯誤，削弱其力，並非主張立刻要求開除右派，也不是對右派進行人身攻擊與打擊。

共產黨的「五月會議」之後不久——1924 年 6 月 18 日，國民黨中央監察委員鄧澤如等，提出了對共產黨的彈劾，國民黨內的共產派問題再度浮上檯面。7 月中旬，陳獨秀從上海寫信給魏金斯基說：

> 國民黨中央執行委員會將於 8 月 10 日在廣州召開會議，根據國民黨中央執行委員廣州市黨部的聲明，要在這次會議上討論和解決所謂共產派問題。據說，孫中山雖不致馬上放棄我們，但又毫無跡象顯示他想制止反動派對我們的進攻。……致於國民黨內現狀，我們認為，這個黨內只有右派即反共分子，如果說有一定數量左派的話，那也是我們自己的同志。孫中山與別的幾位領導人是中派，不是左派（甚至戴季陶也不過是個左翼理論家而已）。因此，現在支持國民黨——

(79) 中共中央檔案館編，《中共中央文件選集》，第一冊（1921-1925）（北京：中共中央黨校出版社，1989），頁 187。另可參閱國防大學黨史黨建政治工作教研室編，《中國共產黨七十年大事簡介》（北京：國防大學出版社，1991），頁 43。

就只能是支持國民黨右派，因為他們掌握黨的全部機關。(80)

從陳獨秀寫給俄國人的信和他後來發表於《嚮導》的文章來看，他當時和他自己後來對國民黨內派別的認識，完全不同。

如再以 1924 年中共中央執委會「五月會議」的時間看，比之蔡和森在《嚮導》周刊上申明「我們共產派不願居國民黨左派的美名」，要早了一年；而相較於陳獨秀在《嚮導》上撰文強調的「共產黨是共產黨，國民黨是國民黨。國民黨自有他自己的左派，如何能以共產黨做國民黨的左派呢？」要早一年半多。至於比起 1926 年 11 月的共產國際第七次擴大執委會，更早了兩年半之久。但是，為什麼「五月會議」先前的決定，到後來卻變成了完全相反的主張？

從靜態角度分析，以「五月會議」認為國民黨內的左右派之爭，其實是「我們」和國民黨右派之爭，比較於「如何能以共產黨做國民黨的左派」，兩者的確不同。其原因在於，共產黨人固然根據左派或右派來分清敵友，以便運用和集中力量傾注於革命工作——亦即聯合是朋友的左派，打擊右派敵人；但共產黨人也早就強調，其黨員加入國民黨後，還是要保持自己的獨立性和組織活動，以及共產黨和國民黨分別在其各自所依據的革命理論上有基本差異；所以，共產黨和國民黨左派，當然是不能等同的兩回事。

---

(80) 第 119 號文件，〈陳獨秀致魏金斯基的信〉，1924 年 7 月 13 日，上海，秘密。見李玉貞譯，《聯共、共產國際與中國（1920-1925）》，第一卷（台北：東大圖書公司，民 86），頁 415。

但另一方面，如以動態觀點考察，孫中山在 1925 年 3 月的辭世，則是導致其後整體環境改變的關鍵。先是同年底西山會議的宣示反共；繼之，有 1926 年 1 月國民黨二全大會上左派與右派的激烈攻防，再次是 3 月的中山艦事件，乃至 5 月的通過「整理黨務案」等。因此，國共之間出現了革命領導權之爭。

1928 年 3 月起擔任共產國際東方部副部長兼莫斯科中山大學校長的米夫（Mif）(81)，在 1933 年回顧說：自上海事件（即五卅慘案）和香港罷工後，開始了勝利的北伐。因北伐而掀起的中國革命狂潮，在最初只遭到帝國主義者的輕視和微笑，但在事實上卻有非常的歷史意義。……中國革命每一個新的勝利，都隱藏了革命營壘內部新的分化的萌芽，隱藏了革命暫時和部分失敗的萌芽；這雖然非常奇怪，卻是事實。其原因，就是在革命營壘中存在著兩個對立的階級——無產階級和中國民族資產階級。這兩個階級參加革命聯合戰線的事實，不僅沒有減緩他們中間的矛盾，而且相反的，正是加深了他們的矛盾。這是當然的；這並不是工人和資本家為爭取某一部分剩餘價值的鬥爭，而是爭奪中國革命之領導權的鬥爭，是中國革命的「無產階級傾向」和「資產階級傾向」之間的鬥爭。(82)以上，是米夫後來根據階級鬥爭理論所做的分析，而當時的共產黨人並未得見。

但是，對於現實情況，共產黨人也逐漸意識到，其所謂國民黨

---

(81) 米夫當時 27 歲；詳參韓泰華主編，《中國共產黨——從一大到十五大（1921-1997）》，上（北京：北京出版社，1998），頁 229-230。

(82) 米夫（Mif），《中國革命》（莫斯科：蘇聯外國工人出版社，1933），頁 121。

內左派與右派的根本分歧，在於由誰掌握革命領導權。這種分歧，隨著工農運動的發展和共產黨力量的壯大而日益尖銳。(83)而國共之間圍繞著「由誰掌握革命領導權」的鬥爭狀況，則可以由國民黨如何處理其黨內共產派問題的這一個側面窺知。

第三節　國民黨如何因應黨內共產派問題

國民黨內由於共產黨員加入後的紛紛擾擾，分別反映在一些老黨員的憂心忡忡上。面對這批新進的革命小將，其有類於喧賓奪主的積極投入，似乎變成了鳩佔鵲巢的躍躍欲試；國民黨內開始湧現出一屢屢由驚詫錯愕演化而生的危機意識，其具體表現是接二連三提出的檢舉案、彈劾案等，並要求立即查處懲辦。

國民黨高層——先是孫中山，後有蔣介石，均曾努力嘗試化解同志們的質疑與紛爭，其方法或批示呈文、或集會討論，或是對黨員發出訓令，又或者是通過整理黨務的提案；但結果卻未必盡如人意。

壹、三大要案之處理

還在國民黨一全大會前的準備改組之際，就有中央監察委員鄧澤如首開其端，以查獲共黨密件而呈文於孫中山，檢舉鮑羅廷之操弄和陳獨秀等「奸人謀毀吾黨，其計甚毒」。到一全大會之後，因

---

(83) 唐培吉等，《兩次國共合作史稿》（杭州：浙江人民出版社，1989），頁136。

又查得密件而有中監委正式提案彈劾共黨；繼之於 1927 年 4 月初，以汪蔣對立、寧漢分裂，情勢愈見緊張，而第三度有吳敬恆檢具事證，函請中央執行委員會要求查辦共黨。國民黨面對——至少在當時、至少在理論上——都是自己的同志，該如何處裡這些棘手的問題。

一、鄧澤如等檢舉案

1923 年 8 月 28 日，國民黨中央監察委員鄧澤如、張繼、謝持等人，查到了 3 天前出版刊行的〈中國社會主義青年團第二次大會議決案及宣言〉。11 月 29 日，鄧澤如等呈文於孫中山，檢舉共產黨：

> 竊以本黨改組，其動機雖出自我總理之乾綱獨斷，惟組織法及黨章、黨綱等草案，實多出自俄人鮑羅廷之指揮。然此表面文章，尚無大害，惟探聞俄人替我黨訂定之政綱政策，全為陳獨秀之共產黨所議定，陳於蘇俄本有密切之關係，其所組織之共產黨，為蘇俄政府所給養。……陳獨秀本為陳逆炯明特別賞識之人，曾自言：「寧死不加入國民黨。」……陳獨秀此次之加入吾黨，乃有系統的、有組織的加入，當未加入之先，曾在北方某地（似是海參崴）開大會議，決定利用我黨之方法，其大前提，則借國民黨之軀殼，注入共產黨之靈魂，……我黨對於軍閥之攻擊，祇限定於曹錕、吳佩孚，今陳獨秀派替我黨立言，則連及於張作霖、段祺瑞，務使國中實力派因此而與我黨決裂，使我黨陷於孤立無援之地，此陳獨秀共產黨對於我黨陰謀之綱領也，其他種種詭譎行為，實

> 不勝數。……故此回改組，陳獨秀實欲借俄人之力聳動我總理於有意無意之間，使我黨隱為彼共產黨所指揮，成則共產黨享其福，敗則吾黨受其禍。……要之奸人謀毀吾黨，其計甚毒，不可不防，黨員等心所謂危，不得不揭發其詭計，密陳於鈞座之前，冒昧陳詞，伏維鑒察。(84)

觀此鄧澤如等呈文，其滿紙憂黨之情，溢於言表；而對照實際情況，似也非空穴來風。

緣於 1923 年 6 月中共三大決定正式加入國民黨後，中共中央執行委員會第一次會議於 11 月 24 日在上海召開，通過了《國民運動進行計畫決議案》，決定幫助國民黨擴大組織，凡國民黨有組織的地方，中共黨員一並加入；凡國民黨無組織的地方，則為之建立。決議除了要求：「我們的同志在國民黨中為一秘密組織，一切政治的言論行動，須受本黨之指揮。」還特別強調中共黨員要努力爭取「站在國民黨中心地位」。1923 年 12 月間，中共中央發布《第 13 號通告》，指示全體黨員積極幫助國民黨進行改組。(85)因此，鄧澤如等之所言，亦有其脈絡可循。

---

(84) 鄧澤如等，〈廣東支部彈劾共產黨文〉，民 12.11.29.；載中國國民黨中央委員會黨史委員會編訂，《國父全集》，第四冊（台北：中國國民黨中央委員會黨史委員會，民 70 再版），頁 916-919。

(85) 張靜如、王朝美編，《中共黨史自修講義——新民主主義革命時期》〈北京：光明日報出版社，1984〉，頁 29。韓泰華主編，《中國共產黨——從一大到十五大（1921-1997）》，上（北京：北京出版社，1998），頁 105。

而孫中山對呈文當即批示：

> 交鄧澤如，照所批約各人會齊細心研究，如尚有不明白者，可於星期日再來問明。此稿為我請鮑君所起，我加審定，原為英文，廖仲愷譯之為漢文。陳獨秀並未聞其事，切不可疑神疑鬼。……對吾黨俄國欲與中國合作者只有與吾黨合作，何有於陳獨秀，陳如不服從吾黨，我亦必棄之。我國革命向為各國所不樂聞，故嘗助反對我者以撲滅吾黨，故資本國家斷無表同情於我黨，所望同情只有俄國及受屈之國家及受屈之人民耳。此次俄人與我聯絡，非陳獨秀之意也，乃俄國自動也，若我因疑陳獨秀而連及俄國，是正中陳獨秀之計，而力云得志矣。(86)

孫中山的批示，毫不含糊；尤以「切不可疑神疑鬼」一語，可謂切中要害，顯示他對當時情況之成竹在胸、智珠在握。又或誠如李雲漢所言，國民黨人由於完全信服孫中山「有我在，共黨必不敢跋扈」的信念，故未能重視此一危機。但是，風波並未就此平息，反而愈演愈烈。

二、中央監察委員會的彈劾案

1924 年 6 月 18 日——時當國民黨一全大會正式認可共產黨人

---

(86) 孫中山，〈批廣東支部鄧澤如等彈劾共產黨文〉，民 12.11.29.；載中國國民黨中央委員會黨史委員會編訂，《國父全集》，第四冊（台北：中國國民黨中央委員會黨史委員會，民 70 再版），頁 915-916。

之加入已有數月之久；中央監察委員鄧澤如、張繼、謝持等共同具名，再次向中央執行委員會提出彈劾書稱：

> 中央執行委員公鑒：現查得「中國社會主義青年團第二次大會議決案及宣言」（1923 年 8 月 25 日刊行），「團刊第七號，即擴大執行委員會特號」（1924 年 4 月 11 日刊行），及其他印刷事實，經本委員會審查，認為中國共產黨員及中國社會主義青年團員之加入本黨為黨員者，實以共產黨黨團在本黨中活動，其言論行動皆不忠實於本黨，違反黨義，破壞黨德，確於本黨之生存發展，有重大妨害。……不敢忽視，特列舉事實，加具意見，提出貴會，希即從速嚴重處分，俾本黨根本不致動搖，不勝迫切企望之至。(87)

鄧澤如等在〈彈劾書〉中列舉的事實，主要計有：

一、中國社會主義青年團第二次大會議決案及宣言，包括：甲、中國社會主義青年團關於中國共產黨第三次大會報告決議案；乙、中國共產黨關於國民運動及國民黨問題的決議。其中青年團的決議，明確要求「本團團員加入國民黨，當受本團各級執行委員會之指揮；但本團之各級執行委員會，當受中共中央及其各級執行委員會對於團員加入國民黨問題之種種指揮。本團團員在國民黨中，應贊助中國共產黨員之主張，與其言語行動完全一致。本團應保存

(87) 羅家倫主編，《革命文獻》，第九輯（台北：中國國民黨中央委員會黨史史料編纂委員會，民 44），頁 72。

本團獨立的嚴密的組織。……我們加入國民黨，但仍舊保存我們的組織，並須努力從各工人團體中，從國民黨左派中吸收真有階級覺悟的革命分子，漸漸擴大我們的組織，嚴謹我們的紀律，以立強大的群眾共產黨之基礎。」⑧⑧

二、團刊第七號（即擴大執行委員會特號）；擴大執委會的會期是從 1924 年 3 月 22 日起，至同年 4 月 1 日止，共議決 16 案。其中關於「同志們在國民黨工作及態度決議案」規定，「我們的同志在參與國民黨每種組織每種工作時，應於該項組織或工作詳加討論辦法，以為我們的一致努力的根據，以免臨時慌張分歧，不能收良好的效果。」「在發展國民黨組織之時，關於本黨之發展，當然不能停止。」⑧⑨

三、其他。查國民黨第一次全國代表大會召開之日期，是今年 1 月，距離中國社會主義青年團第二次大會決議案及宣言之發佈（1923 年 8 月），業已過了數月。但李大釗等明知其決議，且遵行此冊附錄之中國共產黨決議，而仍於國民黨一全大會上發表意見書，以欺蒙本黨總理及全國代表，其不忠不德，險詐不信，真令人不可想像。青年團之擴大執行委員會議，是今年三月，第七號團刊發行是今年四月，距李大釗在本黨第一次全國代表大會發表意見書之期，亦過數月矣。大會代表中，有原為社會主義青年團團員若干人，皆耳聞李大釗之演說，目睹李大釗之「意見書」，何為其擴大

---

⑧⑧　羅家倫主編，《革命文獻》，第九輯（台北：中國國民黨中央委員會黨史史料編纂委員會，民 44），頁 73-74。

⑧⑨　羅家倫主編，《革命文獻》，第九輯（台北：中國國民黨中央委員會黨史史料編纂委員會，民 44），頁 75。

委員會議之決議又如此？合先後而觀察之，其用心積慮，令人不寒而慄。**⑩**

　　鄧澤如等根據以上列舉的事實，在〈彈劾書〉中強調指出，其意見並不是反對共產黨或青年團之加入國民黨這件事，也不是反對或排斥共產黨員或青年團員之加入國民黨為黨員者之特定的個人；而是完全為國民黨之生存發展起見，認為絕對不宜黨中有黨。共產黨員社會主義青年團團員之加入國民黨為黨員者，純係共產黨在國民黨中之一種黨團作用。既有黨團作用，則已失其為國民黨黨員之實質與精神，完全不忠於國民黨，且其行為尤不光明。……而本黨總理允許共產黨員社會主義青年團員跨黨，係為聯絡世界革命起見，然界限極明。觀李大釗在本黨第一次全國代表大會所發表之意見書，足見當時彼等之陳說於總理者，亦確如此。在彼等之計，以為共產黨之議決、社會青年團之議決，皆屬秘密。今既為本黨查得，詐謀畢露，與准其跨黨之旨完全相反，欺蒙總理，以求售其計劃，可為陰狠極矣。……即退一步言，不課彼等以本黨黨員應具之義務與責任，而但言合作，則此種行動，已破壞合作之界限，妨害合作之精神。因認為關係重大，非速求根本解決，不足以維持本黨之存在與發展，故提出報告書，希貴會從速處分，是為公便。**⑪**

　　但共產黨方面的史論，則對上述鄧澤如等的〈彈劾書〉有不同的解讀；有相關研究指出，〈彈劾書〉中所列的資料，其內容無非

---

⑩ 　羅家倫主編，中國國民黨中央委員會黨史史料編纂委員會編，《革命文獻》，第九輯（台北：中央文物供應社，正中書局，民44），頁77。

⑪ 　羅家倫主編，中國國民黨中央委員會黨史史料編纂委員會編，《革命文獻》，第九輯（台北：中央文物供應社，正中書局，民44），頁78-79。

是兩個方面：一是國共合作很有必要，共產黨員應努力於國民黨的工作，並積極發展國民黨的組織；二是共產黨和青年團要保持自己的獨立性，即在加入國民黨後，應保存和發展自己的組織，批評國民黨只注意軍事而忽視對民眾宣傳以及政治上妥協的傾向。這些，不僅不能成為右派彈劾書中指控中共黨員和青年團員「違反黨義、破壞黨德」的證據，相反，卻有利於國民黨進行國民革命，而且也是在建立兩黨合作時雙方都同意的原則。❾❷這裡，共產黨方面淡化或者說有意迴避了「黨團作用」的質疑。

鄧澤如等提出〈彈劾書〉後的七天——1924 年 6 月 25 日下午，鮑羅廷（以下簡稱「鮑」）在自己位於廣州的東山寓所，會晤了來訪的國民黨中央監察委員張繼和謝持（以下簡稱「監」），談話兩個半小時，由孫科任翻譯。言談之間，雙方一來一往，脣槍舌劍；其大要如下：

> 監曰：今天我們二人以中央監察委員的資格與你說話。
>
> 鮑曰：我以中國國民黨訓練員的資格與你們說話。
>
> 監曰：你見過這些小冊子嗎？（指中國社會主義青年團第二次大會決議案及宣言——1923 年 8 月 25 日中國社會主義青年團中央執行委員會印行；及 1924 年 4 月 11 日出版的團刊第七號。）
>
> 鮑曰：沒見過。……
>
> 監曰：你認為共產黨加入國民黨，而在黨內作黨團活動合理

---

❾❷　王功安、毛磊主編，《國共兩黨關係史》（武漢：武漢出版社，1988），頁 108。

嗎？

鮑曰：國民黨已死，國民黨已不成黨，只可說有國民黨員，不可說有國民黨。加入像共產黨這樣的新分子，組織黨團，可引起舊黨員的競爭心，則黨可復活。

鮑又曰：小冊子何時發行的？

監曰：一個是去年8月，一個是今年4月。

鮑曰：不錯。共產黨加入國民黨三個月之後，見國民黨不振作，中央執行委員會提不起來，並有許多右派分子加雜其中，所以不得不組織黨團。

監曰：依我們的見解，你所用的想要讓國民黨復活的方法，實際上足以使國民黨死亡。使多數小團體在一個範圍內相互傾軋競爭，就是致死之道。

鮑曰：是的，這樣或可致國民黨於死命，但不希望如此結果，希望右派和左派相爭，產生一個中央派，作黨的中心。

監（張繼）曰：我個人素來贊成共產黨加入國民黨，共同從事革命，這次問題發生，仍主張友誼解決，但今天聽到你的言論，則不能不改變主意。國民黨是一個腐敗的革命黨，我也不能完全否認，假設如你所說的共產黨是新生革命團體，則兩黨性質不相容，不如分道揚鑣，腐敗者團結起來，加以改良，新生者一往直前，兩無阻礙，分做兩起，豈不是更好？

鮑曰：第三國際認定，中國革命只能用國民黨黨綱，不能用其他的主義，所以使中國共產黨及社會主義青年團全

部加入國民黨，如有不服從的，則視為違反命令。……

鮑又曰：假如將共產黨分出去，共產黨或者更換黨名，而主義仍與國民黨相同，徒然分離革命實力而已，前途必不利。

監曰：我們也不是絕對主張分離，但黨團作用萬不能容許。

鮑曰：今日兩者本來就是互相利用，國民黨利用共產黨，共產黨利用國民黨，兩相利用的結果，國民黨得利更多。

監曰：這是一個重要的問題，正願意同你說明白。中國革命與俄國革命，互相提攜，或可得互相利用之好結果。如果只有中國共產黨加入國民黨，自今年春天以來，只見有害，不見有利。

鮑曰：中國共產黨歷史很短，在中國社會沒有什麼實力，假如只有一個共產黨人，為國民黨計，也應當招之來，而不可揮之去。

監曰：中國共產黨原無足輕重，因其不過受第三國際之差遣，第三國際為蘇俄所創，俄國對中國革命的政策，將由中國共產黨人加入中國國民黨予以操縱左右之，俄國認為中國共產黨為俄國之子；但中國國民黨或許可以成為俄國之友，尚不可知，我們的觀察如此。

鮑曰：誤會了。但我知道國民黨人許多反對與俄國共產黨合作。

監曰：社會主義青年團決議案及團刊第七號所登載有關於國

民黨的部分，你是否認為正當？

鮑曰：這兩種印刷，沒有經過莫斯科本部審查認可，還不能
承認。

監曰：如你所說，國民黨已成待斃之人，中國共產黨及社會
主義青年團為一復活劑，將打注射針而救活國民黨
嗎？

鮑曰：事情相類似而話不是這樣說。……

監曰：……照這兩種印刷物看來，共產黨抱持永久的計劃，
而將國民黨作一相對，天天以如何對付國民黨為切要
目的，故國民黨不能不認為共產黨團為本黨本體上的
大問題。

鮑曰：無妨，凡黨皆有左右派之分。

監曰：國民黨與共產黨只能說是兩黨，不能說是兩派，你如
認之為合理，我們不料所謂組織者竟然如此，真是欺
人之譚。

鮑曰：中國國民黨宗旨最適用，中國尚可應用一百年。假如
國民黨改為共產黨，我也不贊成，只有提皮包離開廣
州。

監曰：誠如你所說，表面上講在中國實行共產主義，還需要
等到一百年之後。但共產黨全體既加入國民黨，實行
國民革命主義，又何必另掛中國共產黨招牌，保留共
產黨組織呢？

鮑曰：國民黨的中央幹部還沒有組織完好，不能指揮全體黨
員，又不能對全國最有關係之問題，時時有所主張，

共產黨不能取消自己的組織。

　　鮑又曰：國民黨依照多數決議，可以自由的驅逐共產黨員
　　　　黨，但不希望如此。

　　監曰：今天就談到這裡，改天再繼續討論。 **93**

由上述雙方的談話可知，張繼、謝持對鮑羅廷頗有責問詰難之意；
而鮑之回答亦振振有詞。鮑不但承認確有黨團運作之事；且強調新
分子加入能引起舊黨員的競爭心，則國民黨可復活。

　　1924 年 7 月 3 日，國民黨中央執行委員會召開第 40 次會議討
論彈劾案，決議：㈠須有表示態度宣言；㈡開中央執行委員全體會
議；㈢呈請總理決定。此外，並加說明如下：凡入黨者，如具有革
命決心及信仰三民主義之誠意者，不問其從前屬於何派，均照黨員
待遇。有違反大會宣言及政綱者，均以紀律繩之。黨中同志不必懷
疑，仍須依前奮鬥，同時並請總理召集中央執行委員會全體會議討
論辦法，推定汪精衛、邵元冲兩委員擔任起草宣言。 **94**

　　繼之，中執委再於 7 月 7 日召開第 41 次會議，通過了《中國
國民黨關於黨務宣言》，針對鄧澤如等所提之彈劾案指出：「數月
以來，黨內黨外間多誤會。以為已加入本黨之共產派黨人，其言論
行動尚有分道而馳之傾向。於是反對派得藉此而肆其挑撥，同志間

93　詳參羅家倫主編，《革命文獻》，第九輯（台北：中國國民黨中央委員會
　　黨史史料編纂委員會，民 44），頁 80-85。

94　羅家倫主編，《革命文獻》，第九輯（台北：中國國民黨中央委員會黨史
　　史料編纂委員會，民 44），頁 80。另可參王功安、毛磊主編，《國共兩
　　黨關係史》（武漢：武漢出版社，1988），頁 108-109。

遂由懷疑而發生隔閡。」於是，宣言遂鄭重聲明：「本黨既負有中國革命之使命，即有集中全國革命分子之必要。故對於規範黨員，不問其平日屬何派別，惟以其言論行動能否一依本黨之主義政綱及黨章為斷。」**⑤**

　　1924 年 8 月 23 日，國民黨一屆二中全會通過決議，對全體黨員發出訓令，強調「經此決議之後，黨內共產派問題，已告解決」**⑥**。8 月 30 日，國民黨二中全會再次集會於廣州，但是，孫中山卻對問題是否真能解決，持保留態度；並質疑於參加全會的同志。更進而說明馮自由因為沒有當選中央委員，便掀起了反對共產派的運動，故當場宣布開除馮自由。**⑦**這是孫中山生前最後一次在國民黨中央全會上講話；不到一年，他去逝了。其後，歷經約兩年多的風風雨雨、起伏轉折，國共間的緊張關係，已發展到一觸即發的地步。

三、吳敬恆致函中監委請查辦共產黨

　　1927 年 4 月初，國民黨中央監察委員吳敬恆，正式具函向中

---

⑤ 蕭繼宗主編，中國國民黨中央委員會黨史委員會編，《革命文獻》，第 69 輯──《中國國民黨宣言集》（台北：中國國民黨中央委員會黨史委員會，民 65），頁 97。

⑥ 秦孝儀主編，中國國民黨中央委員會黨史委員會編，《革命文獻》，第 79 輯──中國國民黨歷屆歷次中全會重要決議案彙編（一）（台北：中央文物供應社，民 68），頁 18。

⑦ 〈孫中山在國民黨最後一次中央全會上的講話〉，1924 年 8 月 30 日，廣州。李玉貞譯，《聯共、共產國際與中國（1920-1925）》，第一卷（台北：東大圖書公司，民 86），頁 431-432。

央監察委員會要求查辦共產黨。❾❽

　　該函首先指出：國民黨改組，容納共產黨分子加入，……不料共黨分子積漸謀逆。迨總理逝世，尤逐步日肆陰謀。去年國慶後，本委員接到漢口方面寄來共黨湖北區執行委員會、及中國共產主義青年團湖北執行委員會雙十節敬告同志宣言，並請本委員以監察員資格，有所注意，或加以彈劾，以止叛亂。本委員以諸如此類之叛逆印物，近年以來時有發見，非密加訪察，得其真相，不欲輕為口舌之爭。蓋彼輩兇狡無賴，……一擊不中，更張其燄。

　　其次，吳敬恆在函中引述了前此月餘和陳獨秀等人的談話：本委員於本年 3 月 6 日晚間 8 時，偕同鈕永建委員及上海特別市黨部執行委員會楊銓委員，在上海環龍路 26 號鈕委員辦公處晤見了中國共產黨首領陳獨秀、中國共產黨上海首領羅亦農，談話甚多。本委員告訴陳首領：「研究共產學說，自為共產黨之責；若實行共產，五、六年前蘇俄代表越飛在廣州語孫總理，當在二百年之後；以我理想，二百年尚嫌不足。」陳首領笑我太迂。我言：「急切輕掛招牌，只是贗鼎。」陳說：「你更瘋癲，請問中國現在的共和不是偽的麼？但你以為康有為之復辟，與偽共和孰優？」本委員遂知中國共產黨於實行偽共產，意在言外。因即突然根問陳首領：「你定中國實行列寧式共產主義是若干年？」彼不遲疑而答曰：「二十年。」余作駭極之情狀。並即將陳首領所定二十年中國可實行列寧

---

❾❽　〈吳敬恆致中央監察委員會請查辦共產黨函〉，1927 年 4 月 2 日：羅家倫主編，中國國民黨中央委員會黨史史料編纂委員會編，《革命文獻》，第九輯（台北：中央文物供應社，正中書局，民 44），頁 95-98。按：本節所述，皆以此函為據。

式共產主義一語,請隔座的楊委員特別注意。此時,羅首領似怪陳首領直率,合座默然。本委員隨即亂以閩語曰:「如此,國民黨生命只剩十九年了。前時總理答越飛:國民黨國民革命完成,應需三十年。若你們共產黨急迫至此,未免取得國民黨的生命太快了一點,應當通盤商量才好。」因共強笑而罷。

接著,吳敬恆以親自在陳獨秀口中聽到的「二十年中國實行列寧式共產主義」一語,核對於前一年雙十節湖北共產黨敬告同志宣言;該宣言的大要曰:

> 雙十節本當慶賀,而無慶賀之價值,……因為內部奸賊,仍未澈底剷除,那裡趕得上蘇俄革命紀念日,值得我們真誠的慶賀啊。
>
> 同志們,……我們最近決議案,是有辦法的,是有步驟的,祇須放大膽量,秘密進行,圖我們的新生命,自有剷除奸賊真正成功之一日,那真值得熱烈的慶賀。
>
> 我們的步驟就是:
>
> ㈠第一步,我們老實不客氣說的,我們現在勢力未充,應該利用別人想做新軍閥的心理機會,貌合神離的幫助他,以打倒原來的一般舊軍閥。
>
> ㈡第二步,我們根據最近決議的精神,以黨團監督政治,以政治監督軍事方案,切實督責想做新軍閥的人。倘若還要難為我們,那就用快刀斬亂麻的手段,痛痛快快的來解決他,

以求最後的澈底吧。❾❾

　　吳敬恆則根據上述的對比說：他們借乙打甲，借丙打乙，借丁打
丙，抽繭剝蕉的方法，已施於國民黨者，已可完全證實。他們不認
無產階級人們為同志，足見工呀、農呀，都是他們的貓腳的爪，最
後打盡了中國大部分人，止剩他們的同志，就實現清一色的共產世
界。所以，現在擁汪倒蔣，過些時又必擁鮑倒汪，再過些時又必擁
列寧倒孫文，罵孫文思想不澈底，送他照相到歷史博物館；規規矩
矩是二十年，痛痛快快起來，二年二個月，只看機會。但他們這種
喪失信用的利用別人，他們終有給人覺悟機會。蘇俄的陰謀施諸土
耳其而不效，還要拿同樣失敗的方法，再來試試中國，……總理在
民族主義第一講讚美蘇俄抑強扶弱幫土耳其革命，但是土耳其反了
蘇俄，為什麼呢？總理不說，暗示我們留意罷了。

　　再次，吳敬恆以前引湖北共產黨敬告同志宣中所訂之步驟，參
合陳獨秀二十年之定期，認為二十年內中國國民黨滅亡，中國實行
列寧式共產主義（或只是掛出招牌），似已為難逃之巨禍。加以彼輩
明言雙十節無價值，值得他們熱烈慶賀的，乃蘇俄革命紀念日。

　　接著，吳敬恆又進一步指證說，最近湖南省黨部已有擁護鮑羅
廷之口號。查有歐人李德爾致陳同志友仁書，曾言鮑羅廷從前化名
犯罪，屢更其國籍。鮑羅廷之名本非彼之真名，彼在蘇俄共產黨內

---

❾❾　詳參〈吳敬恆致中央監察委員會請查辦共產黨函〉，1927 年 4 月 2 日；
　　羅家倫主編，中國國民黨中央委員會黨史史料編纂委員會編，《革命文
　　獻》，第九輯（台北：中央文物供應社，正中書局，民 44），頁 97-98。

為煽動委員會之委員，故挑撥離間，手段惡劣萬狀。對人情厚貌深，乃是中俄共產黨普遍訓練而成之同一面孔。他們閒談交際是溫溫和和，說起關係話來是結結硬硬，做出事來是惡惡辣辣，說誑話是載在他們聖經第一章。（此想當然，他們有無聖經，則吾不知。）鮑在廣州時，有廣東皇帝之號，我們鄙夷他，以為不配。今觀其把持漢口中央黨部及國民政府之情形，老成痛心者不敢異同，歸化希旨者甘為傀儡，鮑羅廷已支配國民政府下之中國，曾無疑義，則到共產黨勢力統一在中國實現共產主義之時，中國全歸蘇俄支配，又無疑義。

最後，吳敬恆總結而得兩項結論，並強調此乃其身為中央監察委員所不能不舉發，而中央監察委員會所不能不過問者：

一、共產黨決定剗除國民黨之步驟，有以黨團監督政治等之言，則明明為已受容納於國民黨之共產黨員同預逆謀，此本黨不願亡黨，在內部即應當制止者也。

二、現在中國國民政府，以為俄國的煽動員──鮑羅廷個人支配而有餘，則將來中國果為共產黨所盜竊，豈能逃蘇俄之直接支配？乃在變相帝國主義下，為變相之屬國，揆之總理遺囑「聯合世界上以平等待我之民族」，大相剌謬。此又應當防止不平等，而早揭破一切賣國之陰謀者也。

因此，吳敬恆認為情事非常重大。……似此逆謀昭著，舉凡中央執行委員會內叛逆有據之共產黨委員及附逆委員，應予查辦，未便尚聽其行使職權，恐為顛倒。應再召集中央執行委員會全體會議，或產生全國代表大會處分。但變故非常，一時不及等待，故本委員會不能不集會摘發。是以本委員特將亡黨賣國之逆謀，十萬急

迫，提呈中央監察委員會，伏祈迅予公決，……可否出以非常之處置，護救非常之巨禍，則國民黨幸甚，中國幸甚。⑩

　　國民黨的中央監察委員會於接獲吳敬恆之請求查辦共黨函後，即召開全體緊急會議，到會者三分之二，全場一致決議，咨請中央執行委員會共議處分。並強調指出：所有漢口聯席會議及第二屆第三次全體中央執行委員會會議，皆徐謙、鄧演達、顧孟餘等受俄國顧問鮑羅廷之指揮所顛倒，所有由該會議產生之機關，其所發命令，本會亦認為發生疑問，並請貴委員會等應按著事實，分別接受與否。⑩

　　吳敬恆函請查辦共產黨後 10 天──1927 年 4 月 12 日，國民黨斷然清黨；繼之，7 月中旬，武漢方面實施分共。國共關係全面決裂。

　　自 1923 年 11 月鄧澤如呈文於孫中山檢舉共產黨，歷 1924 年 6 月他再次提案彈劾，到 1927 年 4 月吳敬恆要求查辦，國民黨內可說是風波不斷。

　　而國民黨對其黨內共產派問題的處理，除了集會討論做出決議外，更從黨中央的高度，三度發出了對黨員的訓令；並寄望於其訓令可以化解黨內的紛爭；甚至認為黨內共產派的問題已經解決。

---

⑩　詳見羅家倫主編，中國國民黨中央委員會黨史史料編纂委員會編，《革命文獻》，第九輯（台北：中央文物供應社，正中書局，民 44），頁 99-100。

⑩　詳見〈中央監察委員會咨請中央執行委員會檢舉共產分子文〉；羅家倫主編，中國國民黨中央委員會黨史史料編纂委員會編，《革命文獻》，第九輯（台北：中央文物供應社，正中書局，民 44），頁 100-101。

貳、國民黨中央發訓令以解決共產派問題

孫中山健在時，國民黨為了解決中央監察委員會提出的彈劾共黨案，曾於 1924 年 8 月發出了第一個對全體黨員的訓令。孫中山逝世後，國民黨為重申其容共之要義，在於集中力量，共謀國民革命之成功，乃於 1925 年 5 月發出第二個訓令。其後，以廖仲愷被刺、西山會議之分裂、國民黨召開二全大會，以及中山艦事件與蔣介石的崛起，國共關係愈趨緊張；國民黨遂於 1926 年 5 月第三度發出訓令，試圖解決黨內之共產派問題。

這三個訓令，一是呈現了國民黨試圖通過「由上而下」的途徑，以指導勸戒的方法來解決問題的模式；二則表示了國民黨對共產黨員之參加國民革命，仍具有信心、仍抱持寄望；三則，是最關鍵也無庸諱言的，反映出當時的國民黨中央，對共產黨的一般認識——其組織、其黨義、其理論根據以及其終極關懷等等，存在著相當的侷限性。

一、第一個訓令與四個「相信」

1924 年 8 月 23 日，孫中山生前最後一次親自主持中國國民黨第一屆中央執行委員會第二次全體會議，通過了〈中國國民黨中央執行委員會對全體黨員之訓令〉。這個訓令，係針對 6 月 18 日中央監察委員鄧澤如等所提對共產黨的〈彈劾書〉而發；也為後來國民黨關於解決其黨內共產派問題的兩次訓令，奠定了基調。訓令指出：

> 本會前因黨內共產派問題，建議　總理召集中央執行委員全

體會議，以期妥籌解決。自 8 月 15 日開會以來，綜合中央監察委員之報告暨各級黨部及各黨員之提議或報告，經詳細之討論，為鄭重之決議，呈請　總理裁可，特發訓令如左：……

中國共產黨員之加入本黨，其事遠在改組以前。溯其加入之原因，在於灼知中國今日軍閥與帝國主義勾結之現況，非國民革命，無繇打破；而國民革命，惟本黨負有歷史的使命，非加入本黨，無由為國民革命而盡力。且當國民革命時代，一心一德，惟本黨之主義是從；其原有之共產主義，固不因之拋棄，而鑑於時勢之關係，初不遽求其實現，故與本黨主義亦無所衝突。至於加入本黨以後，仍不脫離中國共產黨，則以中國共產黨為第三國際之一支派，與國內角立之政黨，性質不同；故其黨員之跨黨，亦與元年以來國內政黨黨員以跨黨為風氣者，異其旨趣。且本黨為代表國內各階級之利益而奮鬥；中國共產黨則於各階級中之無產階級，特別注意，以代表其利益。無產階級在國民中為大多數，加以特別注意，於本黨之主義精神，無所違反。中國共產黨員李大釗等加入本黨之始，曾以此義陳　總理，得　總理之允許。全國代表大會第一次開會之際，有提出黨員跨黨問題者，及其決議，卒不執此以繩黨內共產派，職此故也。

如上所述，則黨內當不致因有共產派而發生問題。蓋中國共產黨在本黨之外，其黨員之加入本黨者，本黨以本黨黨員待遇之，未嘗有所歧視。謂本黨因有共產黨員之加入，而本主義遂以變更者，匡謬極戾，無待於辯。即謂本黨因有共產黨

員之加入，而本黨團體將以分裂者，亦有類於杞憂，證之本
黨改組以後發展情形，益可以無疑。其足以發生問題而有待
於解決者，蓋數月以來，迭次發現「中國社會主義青年團第
二次大會決議案及宣言」暨「青年團團刊第七號」等印刷
品。前者發行於 12 年 8 月 25 日，後者發行於 13 年 4 月 11
日。就於此等印刷品，黨員之觀察各有不同：其一、以為共
產派加入本黨之後，不應再加歧視本黨之見，且李大釗同志
於全國代表第一次大會曾鄭重宣言，共產黨員之加入本黨，
得謂之跨黨，不得謂之黨中有黨。今按之此等印刷品所載，
則顯然為黨團作用，應不許其存在。其二、則以為中國共產
黨於其黨員加入本黨之後，施以告誡，俾知對於本黨何者當
為，何者不當為，此不能視為惡意，毋寧謂出於善意。以此
之故，而被以黨團作用之稱，實為過枉。此兩種觀察，既趨
紛歧，遂致爭議起於黨內，謠言興於黨外，一時若甚囂塵
上。中央監察委員認為情節重大，故搜集證據，提出報告，
並擬具辦法，以期解決。……本會討論結果，以為黨內共產
派所以有黨團作用之嫌疑者，由於此等印刷品，其性質非屬
公開，而屬於秘密。既屬於秘密，則無論其對於本黨懷有善
意，抑懷有惡意，而當易被認為惡意。……倘使中國共產黨
關於此等決議不付之秘密，本會敢信黨團作用之嫌疑，必無
從發生；而今者補救之方法，亦惟對於此點而求處置。顧中
國共產黨員對於中國共產黨之關係，有守秘密之必要，而中
國共產黨對於第三國際之關係，亦有守秘密之必要。本會有
見於此，故決議在中央執行委員會政治委員會內，設國際聯

絡委員會，其職務之一，即在直接協商中國共產黨之活動，與本黨有關係者之聯絡方法。如是則本黨之最高黨部一方面對於中國共產黨，負保守其秘密之義務；一方面對於本黨黨員，負了解本黨與中國共產黨之關係之義務，黨內之共產派所被黨團作用之嫌疑，必無形消釋，而黨員之對於共產派，亦無所其猜忌。此本會為解決糾紛計，所願自進而負此全責者也。

自經此決議之後，黨內共產派問題，已告解決。凡我黨員當知所負革命責任之重大，與同志間之感情固結，為團體生命所不可缺之條件，前此爭議，付之澹忘，惟相與努力於將來，已完成國民革命的工作，本會對於黨員，不勝厚望。⓴

縱觀全篇訓令，可知其論述精義，是建立在四個「相信」的基礎上：第一、相信共產黨員之加入國民黨是為了國民革命；第二、相信共產黨以及共產國際或俄國人所抱持的理想，並不違背國民黨的主義與精神；第三、相信共產黨在國民黨內搞黨團本無惡意，誤會是肇因於其秘密運作；第四、相信成立國際聯絡委員會，問題即可解決。因此，遂通令全體黨員，宣布「自經此決議之後，黨內共產派問題，已告解決。」當時國民黨精英的與人為善或失之天真，固可存而不論；但是，誠如孫中山於 7 天後之所言──也是他生前最

⓴　秦孝儀主編，中國國民黨中央委員會黨史委員會編，《革命文獻》，第79 輯──中國國民黨歷屆歷次中全會重要決議案彙編（一）（台北：中央文物供應社，民 68），頁 14-18。

後一次在中央全會的講話：

> 諸位是否確有把握，在全會做出決議後，就不會再發生與共
> 產派的摩擦和爭論了？[103]

李烈鈞和程潛回答說：「如果從此所有同志同心同德努力做國民革
命工作，我們想，那樣的摩擦就不會再有了。」而張繼卻回答說，
這要「走著瞧！」[104]以後來的事實證之，孫中山和張繼，可說是先
知先覺。

二、第二個訓令和第五個「相信」

1925 年 5 月 25 日，孫中山逝世後兩月餘，中國國民黨第一屆
中央執行委員會第三次全體會議，於通過接受總理遺囑的宣言後，
又通過了一個〈對全體黨員之訓令決議案〉；重申前一年 8 月一屆
二中全會關於處理黨內共產派問題的訓令，其言曰：

> ⋯⋯當總理在時，曾經屢次剴切曉喻說明本黨所以容納共產
> 黨員加入之故。去年 8 月中央執行委員會第二次全體會議，
> 關於此事曾有決議其要如下：

---

[103] 〈孫中山在國民黨最後一次中央全會上的講話〉，1924 年 8 月 30 日，廣
州。李玉貞譯，《聯共、共產國際與中國（1920-1925）》，第一卷（台
北：東大圖書公司，民 86），頁 431。

[104] 〈孫中山在國民黨最後一次中央全會上的講話〉，1924 年 8 月 30 日，廣
州。李玉貞譯，《聯共、共產國際與中國（1920-1925）》，第一卷（台
北：東大圖書公司，民 86），頁 431。

㈠現在中國處於半殖民地之下，各階級中自有力求解放中國，要求獨立，脫離帝國主義壓迫之共同傾向，中國國民黨即為代表此等階級之共同傾向，從事於國民革命運動之三民主義政黨。故凡一切之真正革命份子，不問其階級屬性為何，吾黨皆應集中而包括之。

㈡本黨章程規定：「凡志願接受本黨黨綱，實行本黨決議，加入本黨所轄之黨部，依時繳納黨費者，均得為本黨黨員。」故凡黨員之行動，並未違反此章程之規定者，本黨殊無干涉之必要。至於行動違反黨綱章程，不願積極從事於三民主義之革命運動，既不反對軍閥及帝國主義，又不贊助勞動平民者，則不問其思想上屬何派別，概當以本黨紀律繩之。

㈢中國共產黨並非出於何等個人之空想，亦非勉強造作以人力移植於中國者，中國共產黨乃中國正在發展之工業無產階級自然的階級鬥爭所湧現之政治組織。中國共產黨之組織，既係如此，則自不能不為國際無產階級政治組織之一部。即使吾人能以人力解散現存之中國共產黨，中國無產階級必不能隨之消滅，彼等必將另行組織。故中國國民黨，對於加入本黨之共產主義者，只問其行動是否合於國民黨主義政綱，而不問其他。因本黨無論在任何地點，任何時間，只應就本黨政綱與章程以管理一切黨員。共產主義者之接受本黨黨綱，而加入本黨，即當視為本黨黨員，以管理之。

我全體同志，讀此決議，便可明瞭中國共產黨黨員之加入中國國民黨，係為接受本黨之主義與政綱，而負實行國民革命

> 之責任者。本黨為使國民革命迅速成功，不能拒絕任何派別
> 之革命主義者加入。從前中國革命同盟會時代，即係如此。
> 惟既加入本黨者，在取得本黨黨籍中，其責任與義務，完全
> 與一般黨員無殊，此為至為重要者也。**⑩**

可以注意到的是，國民黨中央這次所發出的第二個訓令，在第一次訓令「四個相信」的基礎上，又增加了第五個——相信當時即便以人為的強力解散共產黨，中國無產階級也會另外再成立新的組織。故與其如此，不如收共產黨員共謀革命，而只看其實際行動，不問其他。

第二個訓令的效果如何呢？那就是：3 個月後廖仲愷被刺身亡；半年後西山會議開於北京，國民黨內反共力量湧上檯面，公開挑戰容共政策，造成粵滬對峙之局。

1926 年 1 月，國民黨召開第二次全國代表大會於廣州，主題之一是討論懲罰參加西山會議諸人的問題。1 月 10 日，蔣介石在黃埔軍校歡宴出席代表的致詞中說，應該「以總理之心為心，以總理之意為意。」後來，蔣介石於 1931 年 11 月間召開的國民黨四全大會報告中，追憶他當年說這句話的用意是：

> 第二次全國代表大會開會的時候，很顯明的已為共產黨的空

---

⑩　秦孝儀主編，中國國民黨中央委員會黨史委員會編，《革命文獻》，第79 輯——中國國民黨歷屆歷次中全會重要決議案彙編（一）（台北：中央文物供應社，民 68），頁 27-28。

氣所籠罩，……共產黨就用所謂西山會議派的名義，把許多老同志統統排除淨盡。但在二全大會的時候，我不能不負起責任，使黨不致破裂，……我不顧一切的說：「諸君現在來開第二次全國代表大會，我們中國國民黨是由總理遺交下來的，我們應該以總理之心為心，以總理之意為意，不要使我們第二次全國代表大會的結果，以致使總理天天在天上哭。」我講出這句話，多少共黨色彩的代表，完全取反對的態度。我仍貫澈主張的繼續講：「我們如果一定要排斥老同志，想由自己去壟斷，把持中國國民黨，我們中國國民革命功敗垂成，就是二全大會所種的因子。」⑯

當然，1931 年時，國共早已分道揚鑣，蔣出此言也必然；但 1926 年國民黨二全大會時——至少在陳獨秀的眼裡，蔣介石還是國民黨的左派領袖之一；而共產黨人也曾經稱他為「紅色將軍」。後來中共官方史論說，蔣介石在骨子裡是反共的，但一定時期內他在表面上曾表示贊成聯俄容共；甚至到 1926 年 5 月，他還繼續宣稱：「我對共產主義，不但不反對，並且很贊成的。」⑰不過，中山艦事件後，蔣介石憑藉武力迅速崛起，實際上超越汪精衛、胡漢民

---

⑯　蔣中正，〈中國國民黨第四次全國代表大會報告詞〉，原件；轉引自李雲漢，《從容共到清黨》（台北：中國學術著作獎助委員會，民 55），頁 465、519。

⑰　蔣介石，〈關於中山艦對全體黨代表演講詞〉，1925 年 5 月；引自中共中央黨史研究室著，胡繩主編，《中國共產黨的七十年》（北京：中共黨史出版社，1991），頁 50-51、53。

等，基本掌握了國民黨；直到隔年春天斷然清黨，共產黨人才算是真正認識了這位「紅色將軍」。

三、第三個訓令是補充說明

1926 年 5 月，國民黨召開二屆二中全會；22 日，通過了〈關於整理黨務之訓令案〉，第三度闡釋對黨內共產派問題的處理：

> 本黨之容納中國共產黨分子，為總理所特許，其時同志有因疑惑而起糾紛者，屢經總理剴切曉喻，說明本黨所以容納共產黨員加入之故。13 年 8 月中央執行委員會第二次全體會議，關於共產黨員加入問題，曾有極明瞭之決議。其要點：第一說明本黨為代表各階級共同從事於國民革命運動之三民主義政黨，故凡屬一切真正革命份子，不問其階級的屬性為何，本黨皆應集中而包括之。第二說明本黨章程規定「凡志願接受本黨黨綱實行本黨決議加入本黨所轄之黨部，依時繳納黨費者，均得為本黨黨員。」故黨員之行動，並未違反此章程之規定者，本黨殊無干涉之必要。若其行動違反黨綱章程，則不問其思想上屬何派別，概當以本黨紀律繩之。第三說明中國共產黨並非出於何等個人之空想，亦非勉強造作以人力移植於中國者，乃正在發展之工業無產階級自然的階級鬥爭所湧現之政治組織，故不能不為國際無產階級政治組織之一部。吾人即能以人力解散現存之中國共產黨，中國無產階級必不能隨之消滅，彼等必將另行組織。故中國國民黨對於加入本黨之共產主義者，只問其行動是否合於本黨之主義政綱，而不問其他。14 年 5 月中央執行委員會第三次全體

會議，於宣言接受　總理遺囑以後，又發布關於共產黨員加入本黨之訓令，引證上述之三要點而加結論，謂本黨為使國民革命迅速成功，不能拒絕任何派別之革命主義者加入。……蓋兩年以來，因共產黨加入本黨而引起之疑慮與糾紛，始終不絕，……至本年 1 月，本黨第二次全國代表大會，又於中央黨務總報告決議案第 8 項，為下列之規定：「革命的勢力集中，為促進國民革命成功之不二原則，所以承認先　總理容納共產黨員加入本黨，共同努力以後，凡有此類爭議，須在黨部指導與監督之下，用公開的形式，共同討論，務使一切誤解得到合理與滿意之解決，惟不容有感情攻詰的行為，致危及革命勢力集中根本政策。」我全體同志能依此進行，本不難在國民革命事業中，收同力合作之效，乃數月以來，黨員間之糾紛仍未盡除，疑慮亦未盡釋，而環境之險惡，則更甚於前。第二屆中央執行委員會第二次全體會議，痛念本黨與國民革命前途之艱巨，又深知我同志並非漠視本黨三令五申之原則，而實以未有具體之辦法，足以消釋其疑慮，杜絕其糾紛。乃經過極鄭重之討論，成立整理黨務案凡四，此次決議案之精神，固完全根據　總理容納革命份子之政策，與本黨歷次之決議，而其擁護本黨最高原則，改善黨員合作辦法，統一革命指揮機關，尤為促進國民革命之必要條件也。

……我全體同志，於接受此整理黨務各案之際，必以最親愛互信之精神，確定各階級共同奮鬥之基礎，永絕黨內之紛爭，以應付目前最嚴重之時局，第二屆中央執行委員會第二

次全體會議，深切感受我同志之能否改善精進，實本黨存亡
與國民革命成敗所關，深不願於整理黨務既有具體辦法之
後，而猶有執持私見，以梗阻國民革命進行者。不幸而竟有
之，則亦惟執紀律以繩其後，願我全體同志共勉之。[108]

據此以觀，則前兩個訓令顯然未見其效，原因在「未有具體之辦
法，足以消釋疑慮，杜絕糾紛」。故而國民黨二屆二中全會，乃經
過極鄭重之討論，通過整理黨務案，並在其第三個訓令中詳為解
說，以求消弭黨內的共產派問題。

參、整理黨務案的意義及其效果

1926 年中山艦事件後，蔣介石曾與鮑羅廷面商整理黨務辦
法。鮑初持異議，繼接受之，但以反對右派，打擊右派，消滅右派
為條件，且須以此點列入國共臨時協定事件；而國民黨主張的北伐
案亦列入其中。[109]鮑羅廷之所以同意，乃源於中山艦事件一週前
——3 月 13 日，共產國際執行委員會第六次全體會議通過之中國
問題決議案，認為國共兩黨仍有合作之必要。[110]

---

[108] 秦孝儀主編，中國國民黨中央委員會黨史委員會編，《革命文獻》，第
79 輯——中國國民黨歷屆歷次中全會重要決議案彙編（一）（台北：中
央文物供應社，民 68），頁 51-52。

[109] C. Martin Wilbur and Julie Lien-Ying How, ed., *Documents on Communism,
Nationalism and Soviet Adviser in China, 1918-1927*, New York: Columbia
University Press, 1956, p.228.

[110] C. Martin Wilbur and Julie Lien-Ying How, ed., *Documents on Communism,
Nationalism and Soviet Adviser in China, 1918-1927*, New York: Columbia
University Press, 1956, p.225.

　　1926 年 5 月，在蔣介石的主導下，國民黨二屆二中全會訂定
處理黨內共產派問題的相關規範——通過了〈整理黨務案〉。表面
上看，對共產黨員加入國民黨後所造成的衝擊與影響，似乎發揮了
一定程度的防堵作用；國民黨至少在形式上完成了黨內的初步整
合。但實際上，卻未必如此。

　　5 月 15 日，國民黨二屆二中全會開於廣州，通過了蔣介石所
提的整理黨務案；全會修正為整理黨務第一至第四決議案。

　　5 月 17 日，首先通過〈整理黨務第一決議案〉（原為「整理黨事
案」），揭示了何以必須整理黨務的原由，主要在於國民黨內之國
共紛爭，「非合作之咎，乃不善合作之咎也」；故提議組織兩黨聯
席會議解決之。其言曰：

　　　　吾人為求革命勢力之集中，與革命工作之完成，深信有與國
　　　內各階級革命份子聯合進行之必要，……中國共產黨為革命
　　　集團，中國國民黨亦為革命集團，共產黨員認國民革命必經
　　　之過程，毅然加入於國民黨，國民黨員信共產黨員能努力於
　　　國民革命，欣然許其加入。持此光明正大之心理以合作，本
　　　無牽制誤會之可言。乃兩年以來，實際之表示，竟不如此，
　　　此非合作之咎，乃不善合作之咎也。吾人需遵守　總理之主
　　　張，不忍兩黨合作之美意，至此失墜，革命勢力之集中，至
　　　此分裂，特提出整理黨務案如左：
　　　一、改善中國國民黨與共產黨間之關係。
　　　二、糾正兩黨黨員防礙兩黨合作之行動及言論。
　　　三、保障中國國民黨黨綱黨章的統一權威。

　　四、確定共產黨員加入國民黨之地位與意義。

　　以上四事，吾人認為合作之理論基點，為實現此基點之意
義，解除本黨內部之糾紛計，特提議組織國民黨共產黨之聯
席會議，其組織大綱別定之。總期兩黨黨員，不致有違背規
約之行為，而後革命集團之合作，得臻於圓滿之境焉。**⑪**

同日，根據第一決議案中「組織國民黨共產黨之聯席會議，其組織
大綱別定之」的規定，隨即通過了〈聯席會議組織大綱案〉：

　　㈠本會議以國民黨代表五名，共產黨代表三名組織之。

　　㈡本會議之議題範圍，為審查兩黨黨員防礙兩黨合作之行動
　　　言論及兩黨黨員之糾紛問題，並協定兩黨有連帶關係之各
　　　種重要事件。

　　㈢國民黨黨員對於共產黨員，或共產黨黨員對於國民黨員，
　　　有懷疑或不滿之處，應呈訴或報告於各該黨中央執行委員
　　　會，提交本會審查後，交各該黨中央執行委員會分別執
　　　行。

　　㈣聯席會議之代表，有代表其黨之全權。

　　㈤聯席會議聘第三國際代表為顧問。

　　㈥國民黨或共產黨中央執行委員會，對聯席會議議決案不滿

---

⑪　　秦孝儀主編，中國國民黨中央委員會黨史委員會編，《革命文獻》，第
　　　79 輯──中國國民黨歷屆歷次中全會重要決議案彙編（一）（台北：中
　　　央文物供應社，民 68），頁 46-47。

意時得提交覆議一次。

㈦聯席會議之代表，任期一年。

㈧聯席會議無修改整理黨務案之權。**⑫**

於是，國民黨隨後根據上列規定之第一項，推定張人傑、譚延闓、蔣中正、吳敬恆、顧孟餘等 5 人為代表；共產黨之代表為 3 人，但其名冊遲未提交。**⑬**而最關鍵的是第㈢項；也是最大的盲點所在。因為，它假設聯席會議的決議對國共都有拘束力；它也相信，兩黨真的會按照決議去執行。

同日，還通過了〈整理黨務第二決議案〉——「國民黨與共產黨協定事項」，原案 8 條，後來修正為 9 條，其規定為：

一、凡他黨黨員之加入本黨者，各該黨應訓令其黨員明瞭國民黨之基礎為總理所創造之三民主義，對於總理及三民主義，不得加以懷疑或批評。

二、凡他黨黨員之加入本黨者，各該黨應將其加入本黨黨員之名冊，交本黨中央執行委員會主席保存。

三、凡他黨黨員之加入本黨者，在高級黨部（中央黨部、省黨部、特別市黨部）任執行委員時，其額數不得超過各該黨

---

⑫　秦孝儀主編，中國國民黨中央委員會黨史委員會編，《革命文獻》，第79 輯——中國國民黨歷屆歷次中全會重要決議案彙編（一）（台北：中央文物供應社，民 68），頁 47-48。

⑬　桂崇基英文原著，沈世平譯，《中國國民黨與中國共產黨》（台北：台灣中華書局，民 67），頁 45-46。

部執行委員總數三分之一。

四、凡他黨黨員之加入本黨者，不得充任本黨中央機關之部
　　長。

五、凡屬於國民黨籍者，不許在黨部許可以外，有任何以國
　　民黨名義召集之黨務集會。

六、凡屬於國民黨籍者，非得有最高級黨部之許可，不得有
　　別有政治關係之組織及行動。

七、對於加入本黨之他黨黨員，各該黨所發之一切訓令，應
　　先交聯席會議通過，如有特別緊急事故，不及提出通過
　　時，應將此項訓令請求聯席會議追認。

八、本黨黨員未受准予脫黨以前，不得加入其他黨籍，如既
　　脫離本黨黨籍而加入他黨者，不得再入本黨。

九、黨員違反以上各項時，應立即取消其黨籍，或依其所犯
　　之程度加以懲罰。⑭

　　實際上，在第二決議案中只有第三項和第四項規定──「凡他
黨黨員之加入本黨者，不得充任本黨中央機關之部長」，是國民黨
可以單獨而且也的確做到的。據此規定，國民黨改推蔣中正為組織
部長（嗣又任命為軍人部長），邵元沖為青年部長，顧孟餘為宣傳部
長（取代毛澤東），甘乃光為農民部長等。決議案之其餘各項則多流

---

⑭　秦孝儀主編，中國國民黨中央委員會黨史委員會編，《革命文獻》，第
　　79 輯──中國國民黨歷屆歷次中全會重要決議案彙編（一）（台北：中
　　央文物供應社，民 68），頁 48-49。

為形式，如第二條規定：「凡他黨黨員之加入本黨者，各該黨應將其加入本黨黨員之名冊，交本黨中央執行委員會主席保存。」惟共黨名冊迄未交出，其訓令亦未事先提交或事後追認。⑪⑤

　　5 月 19 日與 20 日，全會又先後通過了整理黨務第三和第四決議案；分別是關於中央執行委員會設常委會主席等事項，以及關於黨員重新登記之規定。

　　以上一系列的決議，相對重要而具體的是第一案——聯席會議組織案，以及第二案；至於第三案和第四案，則屬於細節和技術問題，居於補充之地位。

　　在共產黨看來，國民黨二屆二中全會通過的整理黨務案，是繼中山艦事件之後，公開對共產黨發起的再一次進攻。但就國民黨而言——依蔣介石後來的說法，該案之通過「是我們中國國民革命成敗的關鍵，也就是本黨與共黨消長的分水嶺。」⑪⑥但西山會議諸人認為，整理黨務案是「約束共產黨則不足，限制國民黨則有餘。」⑪⑦鄒魯更說：「15 日之大會，其效等於零。」⑪⑧

　　不過，最後似乎仍然以蔣介石所言為準。因為，共產黨人在一年多後面對反共的國民黨人對其打擊和限制的關鍵時刻，竟然一籌

---

⑪⑤　桂崇基英文原著，沈世平譯，《中國國民黨與中國共產黨》（台北：台灣中華書局，民 67），頁 45-46。

⑪⑥　李雲漢，《從容共到清黨》（台北：中國學術著作獎助委員會，民 55），頁 510。蔣中正，《蘇俄在中國》，頁 42。

⑪⑦　〈上海中央執行委員會告同志書〉，原件；引自李雲漢，《從容共到清黨》（台北：中國學術著作獎助委員會，民 55），頁 510、523。

⑪⑧　鄒魯，《回顧錄》，（上），頁 191。引自李雲漢，《從容共到清黨》（台北：中國學術著作獎助委員會，民 55），頁 510、523。

莫展？⑪米夫的說法可以為證：

> 中共和民族資產階級建立了革命的聯合戰線。這路線是正確
> 的，因為沒有這個聯合戰線，就不能在反對強有力的全副武
> 裝的帝國主義的鬥爭中得到迅速的勝利。……但是，中共在
> 實行這一策略時，曾犯了許多非常嚴重的錯誤；……中共不
> 去參加政權機關，來抓得政治上的領導，卻採用了不參加國
> 民政府的路線，採用了「從下」打擊的路線，採用了在野黨
> 的路線。
>
> 中國共產黨差不多完全沒有從事於奪取武裝力量，沒有為自
> 己造成忠實於革命事業的軍事幹部。年青的、沒有經驗的，
> 在廣闊無邊的中國只有一千多黨員的中國共產黨，沒有充分
> 組織性和政治經驗的，在極複雜的環境下工作的中國共產
> 黨，雖然進行許多英勇的鬥爭，雖然在許多部分運動中得到
> 了很大的成功，雖然在群眾運動中得到了壟斷和領導權，可
> 是黨在當時還沒有充分的力量來在政治上領導整個解放運
> 動，來奪取革命政權和軍隊中的領導權。⑫

米夫此見誠非虛言；在國共的早期關係行將破裂之際，國民黨能佔
得上風，是槍桿子提供了保證。

---

⑪　陳永發，《中國共產革命七十年》，上（台北：聯經出版公司，2001），
　　頁 61。
⑫　米夫，《中國革命》（莫斯科：蘇聯外國工人出版社，1933），頁 122-
　　123。

　　1928 年 2 月，國民黨二屆四中全會決議，授權中央執行委員會和中央監察委員會的常務委員會，對寧、漢分裂期間雙方之決議案，依據兩個原則審查：一、凡是與聯俄容共政策有關之決議案，一律取消。二、凡因反共關係而開除黨籍者，一律無效。[121]這個決議，為國民黨處理解決其黨內共產派問題劃下句點。

結　語

　　中國共產黨人原本自視甚高，且多抱持著懷道濟世的態度獻身革命；初時，也認為其建黨理念和國民黨的主張有所不合，但當時迫於共產國際的指示和客觀環境的壓力，才選擇加入國民黨。因此，就革命的理論基礎和實踐途徑而言，雙方可說是油水兩層皮，難以交溶。

　　早在 1923 年 11 月 26 日──亦即鄧澤如呈文孫中山檢舉共產黨的三天前，共產國際主席團主席季諾維也夫在莫斯科就對蔣介石說：

　　　　國民黨領袖孫中山的名字在各國革命工人中，特別是在俄
　　　　國，家喻戶曉，享有盛譽。……共產國際要求中國共產黨加
　　　　入國民黨，並與之合作。但是，自然會有一些齟齬，我們希

---

[121]　中國國民黨第二屆中央執行委員會第四次全體會議（民國 17 年 2 月 2 日-7 日，南京）記錄原件。引自李雲漢，《從容共到清黨》（台北：中國學術著作獎助委員會，民 55），頁 21、24。

望，國民黨將盡量把國共之間發生的各種難題和誤解減少到最低限度。⑫

1924 年 1 月，陳公博在美國哥大撰寫的碩士論文中也說過：

> 事實上，民族主義就是民族主義，共產主義就是共產主義，兩者從無機會混合成一體。共產黨急欲與國民黨合作的理由，是民族主義可能予無產階級有所裨益。而孫博士不是一個社會主義者，也不會經由「赤化」的方法來改革中國。⑬

不過，要說共產黨人從一開始就視國民黨為敵體，就是要滲透顛覆並密謀取國民黨而代之，恐怕也有商榷餘地。史家之所以有類此的認知，是將早期國共互動置於其後來殊死鬥爭的脈絡中論斷，較之當時的真相，似有落差。

另一方面，國民黨人在起初，似乎也沒有意識到共產黨員加入所可能造成的影響或潛在的干擾。而在當時黨內沒有足夠威信的其他人能夠挑戰、質疑或制衡的情況下，一以孫中山的乾綱獨斷為依歸——這也正是孫中山受到自己的理念、本能、慾望、個性和外力

---

⑫ 第 96 號文件，〈有國民黨代表團參加的共產國際執行委員會會議速記記錄〉，1923 年 11 月 26 日，莫斯科。見李玉貞譯，《聯共、共產國際與中國（1920-1925）》，第一卷（台北：東大圖書公司，民 86），頁 273-274。

⑬ Ch'en Kung-po, *The Communist Movement in China*, New York: East Asian Institute of Columbia University, 1960, p.99.

驅使，以及長期革命經驗所累積的慣性和行為模式。故伴隨其一味壓制所產生的反彈，似也難以避免。

孫中山對黨內肇因於共產派問題所導致的危機，雖然親自主持處裡，也在相當程度上憑藉其自信與權威，大體尚能穩住局面；但實際的客觀效果卻日有遞減。其事態於孫中山健在時仍可控制，但孫辭世後則一發不可收拾。國民黨在共產黨的刻意強調下，出現了左派、中派、右派的區別，共產黨人並採取了鞏固左派、拉攏中派、打擊右派的策略。初看之下，共產黨人似乎操控了局勢，但細查之卻也未必。

在國共心結已深之際，國民黨雖然曾經藉由中央監察委員會和中央執行委員會共商議決的名義，或者是用對黨員發出訓令的方式，或者是通過「整理黨務案」等途徑，試圖以道德勸說，用制度和紀律約束去化解雙方的齟齬。但是，以國民黨當時的領袖們而言，其對共產革命的理論與實踐，似乎並沒有深入準確的理解和有效的掌握，證諸對黨員所發三次關於解決黨內共產派問題的訓令可知，國民黨承認，共產黨的存在是客觀需要使然，即便人為地用強力將之消滅，也會有其他以無產階級為基礎的政黨出現。因此，在國民革命第一優先的前提下，國民黨——特別是以孫中山為代表——雖然想要體現的是有容乃大；奈何事與願違。

孫中山辭世後，在國民黨中央數度宣稱其黨內共產派問題已告解決的同時，也在似乎帶有一點粉飾太平意味的表象之下，不僅共產黨人不服，國民黨員也不服。國共雙方非一日之寒所形成的敵意，遂日益加劇，終致反目。

而早期國共關係在事實上的全面破裂，也導致了日後兩黨在歷

史解釋上的分歧，並集中體現為關於「三大改策」和「新三民主義」的各說各話。

第八章
三大政策的起源及其影響

　　在國共的早期互動中——亦即國民黨所稱的「聯俄容共」時期，或是共產黨人所稱的「第一次國共合作時期」、「大革命時期」、又或者所謂的「第一次國內革命戰爭時期」，最足以象徵革命正統，而又極具爭議性的歷史命題是「三大政策」——聯俄、聯共、扶助農工。

　　史料顯示，共產黨人至少在 1927 年就已經大量宣傳並廣泛使用「三大政策」的口號，並且說它首先由孫中山所提出，是在 1924 年 1 月國民黨一全大會所訂定通過的重要政策；是「新三民主義」的主要內容。

　　但相反的，國民黨方面卻始終否認「三大政策」是孫中山所言、所訂，更沒有在一全大會通過，並多方舉證加以批駁說：

　　「三大政策」這個名詞當時是由鮑羅廷首先喊出來的。❶

　　「三大政策」是共產黨的越俎代庖。❷

---

❶　桂崇基英文原著，沈世平譯，《中國國民黨與中國共產黨》（台北：台灣中華書局，民67），頁59。

　　中共中央特別會議承鮑羅廷之意，撮合聯俄、聯共、工農三者，定為「三大政策」；共產黨人強說這三大政策為孫中山、廖仲愷所創立，藉以欺矇國民黨員；❸其實是鮑羅廷及共產黨徒代國民黨所製造，用以欺騙國民黨人及一般軍民。❹

　　共產黨人捏造了「三大政策」，污衊和曲解三民主義。❺美國哥倫比亞大學教授韋慕庭（C. Martin Wilbur）也認為「三大政策這個名詞是共產黨的一個創造」❻。

　　而共產黨方面的史論，亦針對國民黨否認其事反駁說：台、港和國外一些學者在評述孫中山晚年思想時，閉口不提他確定的三大政策。有人還斷然否認有三大政策，說這是共產黨人替我們想出來的，是共產黨代我們定的，也是共產黨在替我們宣傳。這是一種不

---

❷　武漢國民黨中央宣傳部長顧孟餘的報告，民 16.7.15.；武漢國民黨中央常務委員會第 20 次擴大會議速紀錄。見蔣永敬，《鮑羅廷與武漢政權》（台北：中國學術著作獎助委員會，民 52 初版；傳記文學出版社，民 61 再版），頁 81-82、88。另見李雲漢，《從容共到清黨》（台北：中國學術著作獎助委員會，民 55 初版；民 76.8.影印二版），頁 557-558、602。

❸　李雲漢，《從容共到清黨》（台北：中國學術著作獎助委員會，民 55 初版；民 76.8.影印二版），頁 552-556。

❹　蔣永敬，《鮑羅廷與武漢政權》（台北：中國學術著作獎助委員會，民 52 初版；傳記文學出版社，民 61 再版），頁 81。

❺　李雲漢，〈共匪對中國國民黨第一次全國代表大會史實的曲解和利用〉；載中國國民黨北區知識青年第五黨部委員會，民國 73 年 7 月 5 日（73）信組一字第 077 號函（手刻鋼版油印原件）之附件（鉛字油印本），頁 2。

❻　C. Martin Wilbur and Julie Lien-ying How, ed., *Documents on Communism, Nationalism, and Soviet Adviser in China, 1918-1927*, New York: Columbia University Press, 1956, pp.392-393.

尊重歷史事實的說法。❼

　　但與此同時，一樣是出自共產黨人的研究卻指出：我們通常所說的三大政策這個概念，是我們黨和國民黨領導人，嗣後根據國民黨一大的基本精神和客觀事實概括出來的，而為國民黨所認可所接受。❽三大政策的概念確實是共產黨人首先使用的；❾「三大政策」作為一個規範的完整的概念的提出，確非出自孫中山本人，而是由共產黨人和國民黨左派，在與國民黨右派的鬥爭中逐漸明確和完成的。❿

　　以上的舉證說明，國共各自的研究結論和歷史解釋，存在極大的差異。

　　「三大政策」究竟是何時？由誰提出的？

　　為什麼共產黨人原先一貫堅持說是孫中山提出了「三大政策」，後來卻又修正其傳統觀點？

　　多年來，國共均深知革命正統誰屬的歷史命題，基本取決於對

---

❼　林家有、周興樑，《孫中山與第一次國共合作》（成都：四川人民出版社，1989），頁 116-117。

❽　王學啟，〈三大政策這個概念的產生和作用〉，《黨史資料通訊》，1982，第 15 期；詳見方曉主編，《中共黨史辨疑錄》（太原：山西教育出版社，1991），頁 126-127。另見宋進，〈論中國共產黨人在抗戰時期對三民主義的研究〉；《華東師範大學學報》（哲學社會科學版），1990年，第 3 期，頁 11。

❾　林家有、周興樑，《孫中山與第一次國共合作》（成都：四川人民出版社，1989），頁 123。

❿　吳劍杰，〈孫中山的三大政策與新三民主義的內在聯繫〉；《武漢大學學報》（哲學社會科學版），1996 年，第 3 期，頁 89。

「三大政策」的詮釋，故雙方間的針鋒相對也必然。但證據顯示，國共各自從其本身立場和認識出發所分別建構的論述，也有若干不符史實以及理論或概念的混淆，而有待釐清與商榷者；本章就以上問題詳為探討。

第一節　三大政策的起源

國民黨方面的研究認為，孫中山從來沒有說過、1924 年的一全大會也沒有通過什麼三大政策；之有所謂其事，乃共產黨人的張冠李戴強加。而共產黨方面則普遍主張，三大政策是由孫中山首先提出的，並在國民黨一全大會確定。

細查可考的文獻，歸納國共雙方的各有堅持，至少有十種說法；本節依據史源，按照時序，一一辨明之。

壹、1923 年 1 月說

根據所能掌握的現有史料，共產黨方面提出的 1923 年 1 月說，是關於三大政策何時出現的最早說法。

1957 年在北京出版的《中國共產黨三十五年簡史》記載：

1922 年底，在共產黨的建議下，孫中山召開了有共產黨人參加的、研究改組國民黨的會議，發表了宣言，規定了民主主義的綱領。1923 年 1 月，孫中山和蘇聯代表越飛簽訂了著名的「孫文越飛協定」，孫中山的聯俄、聯共、扶助工農的三大政策已經奠定

了。⓫這是共產黨人關於三大政策最早起源的說法。

另外，廖仲愷的夫人何香凝，也在 1927 年 4 月的公開演講中說：「越飛到滬，彼此共談革命，總理與廖同志遂於那時決定聯俄、聯共、聯農工三大政策。」⓬亦可與上述說法相對照，但二者均有待商榷。

1923 年 1 月 26 日發表的〈孫越宣言〉，固為世人所熟知，且被普遍視為孫中山「聯俄」的起點和標誌，⓭也和「容共」確實相關。但主張〈孫越宣言〉發表時「三大政策」已經奠定，至少有三點可議：

第一、就時間的先後言，國民黨在 1922 年秋天開始的「容共」措施，實際上要早於「聯俄」約半年⓮；而依照國民黨內的議事程序來看，其容共則要到 1924 年的一全大會才告確立。故嚴格說，容共政策在國民黨內得到公開而正式的認可，是在〈孫越宣言〉發表之後約一年。

第二、就術語之使用而論，「容共」一詞做為具有特定指涉的概念，是在孫中山逝世兩年以後——1927 年春，經由吳稚暉的首

⓫　黃河編寫，《中國共產黨三十五年簡史》（北京：通俗讀物出版社，1957），頁 16。

⓬　何香凝，民 16.4.2.在歡迎國際工人代表團大會演講詞；引自李雲漢，《從容共到清黨》（台北：中國學術著作獎助委員會，民 55 初版；民 76.8.影印二版），頁 558。

⓭　苗建寅主編，《中國國民黨史（1894-1988）》（西安：西安交通大學出版社，1990），頁 121。

⓮　桂崇基英文原著，沈世平譯，《中國國民黨與中國共產黨》（台北：台灣中華書局，民 67），頁 8。

先使用，才逐漸流傳、約定俗成。而共產黨人也不諱言，其所謂的「聯共」是後來的概括；在〈孫越宣言〉發表的當時，並無「聯共」一詞。

其三、就〈孫越宣言〉的具體內容看，也沒有涉及到關於「扶助農共」的種種。

因此，把「聯俄、聯共、扶助農工」三者合而為一，說「三大政策」在〈孫越宣言〉發表的時候已經奠定，就時間先後、術語使用和具體內容來檢視，均嫌牽強。

貳、1923 年 11 月說

中共建政初期，從官方立場出發且具代表性的《中國現代革命史》指稱：孫中山在中國共產黨的支持和蘇聯的幫助下，1923 年 3 月在廣東成立了革命政府。10 月（按：應是 11 月 25 日）發表了國民黨改組宣言和黨綱草案，並確定了聯蘇、聯共、扶助農工的三大政策。**⓯**

另外，由邵傳烈所撰，在 1980 年出版的《孫中山》一書也提到：1923 年 11 月孫中山發表了國民黨改組宣言和黨綱草案，確定了聯俄、聯共、扶助工農的三大政策。**⓰**

但細查〈中國國民黨改組宣言〉**⓱**，其內容中並無「三大政

⓯ 何幹之，《中國現代革命史》（北京：高等教育出版社，1954），頁 59。

⓰ 邵傳烈，《孫中山》（上海：人民出版社，1980），頁 156。

⓱ 詳見蕭繼宗主編，《革命文獻》，第 69 輯──中國國民黨宣言集（台北：中國國民黨中央委員會黨史委員會，民 65），頁 80-81。

策」的字樣；也看不出和「三大政策」有何關聯。而當時由國民黨臨時中央執行委員會擬定公布的〈中國國民黨黨綱草案〉後來也被否決，故而才有孫中山再委託鮑羅廷另行起草新黨綱。⑱因此，說1923 年 11 月國民黨發表改組宣言時，就確定了「三大政策」，有待商榷。

參、1924 年 1 月說

中國共產黨人——實際上以 1940 年毛澤東發表的〈新民主主義論〉為根據——最普遍的說法是：1924 年 1 月，國民黨於廣州召開第一次全國代表大會，孫中山在大會《宣言》中重新解釋了三民主義，區分了三民主義的兩個歷史時代；這種新時期的革命的三民主義，就是聯俄、聯共、扶助農工三大政策的三民主義。⑲

1950 年代以降，從中共中央黨史研究室、中共中央黨校、中國人民解放軍國防大學，到中共各省委和各級學校黨史教研室⋯⋯等單位組織編寫的書刊，乃至個別的專著或論文，幾乎無不如是說。例如：

中共中央黨史研究室編的《中國共產黨歷史大事記》1924 年 1 月 20 日至 30 日條：在孫中山主持下，中國國民黨在廣州舉行第一次全國代表大會；通過了有中國共產黨人參加起草的、以反帝反封

---

⑱　詳參劉健清等主編，《中國國民黨史》（南京：江蘇古籍出版社，1992），頁 190-191。

⑲　毛澤東，〈新民主主義論〉，1940.1.；中共中央毛澤東選集出版委員會編，《毛澤東選集》，第二卷（北京：人民出版社，1969 第 10 刷），頁 650。

建為主要內容的宣言，確定了聯俄、聯共、扶助農工的三大政策，從而把舊三民主義發展為新三民主義。❷⓪

　　國民黨一大在事實上確立了聯俄、聯共、扶助農工的三大革命政策。審議並通過〈中國國民黨第一次全國代表大會宣言〉，對三民主義作出適應時代潮流的新解釋。❷①

　　中共中央黨校出版的黨史簡明教程記載：大會實際上確定了聯俄、聯共和扶助農工的三大政策。這就使舊三民主義發展為新三民主義；其政綱同中國共產黨的民主革命綱領在基本原則上是一致的，因而成為國共合作的政治基礎和革命統一戰線的共同綱領。❷②

　　大會接受了中國共產黨反帝反封建的主張，重新解釋了三民主義，確定了聯俄、聯共、扶助農工的三大政策。❷③

　　研究中共黨史的早期權威廖蓋隆指出：1924 年，孫中山接受了共產國際的幫助和中國共產黨的建議，在廣州召集了有共產黨人參加的第一次國民黨全國代表大會，訂出了聯俄、聯共、扶助農工的三大政策，重新解釋了三民主義，實現了國共兩黨及各界人民的統一戰線。❷④

❷⓪　中共中央黨史研究室編，《中國共產黨歷史大事記（1919.5.-1990.12.）》（北京：人民出版社，1991），頁 22。

❷①　中共中央黨史研究室著，胡繩主編，《中國共產黨的七十年》（北京：中共黨史出版社，1991），頁 41。

❷②　蓋軍主編，《新編中共黨史簡明教程》（北京：中共中央黨校出版社，1993），頁 20。

❷③　中國人民解放軍國防大學黨史黨建政治工作教研室編，《中國共產黨七十年大事簡介》（北京：國防大學出版社，1991），頁 42。

❷④　廖蓋隆，《新中國是怎樣誕生的》（上海：海燕書店，1952），頁 8-9。

何幹之在其著作中也說：1924 年 1 月，國民黨在廣州召開了第一次全國代表大會，發表了具有重大歷史意義的中國國民黨第一次全國代表大會宣言，重新解釋了三民主義。這就是以三大政策（聯蘇、聯共、扶助農工）為基礎的三民主義，即新三民主義。㉕

這次大會在共產黨員和國民黨左派的共同積極努力下，通過與國民黨右派份子的辯論和鬥爭，確定了孫中山提出的「聯俄、聯共、扶助農工」的三大革命政策。㉖

60 年前，國民黨一大，會上，孫中山先生提出了「聯俄、聯共、扶助工農」的三大政策，把舊三民主義發展到新三民主義，並在中國共產黨的幫助下，完成了對國民黨的改組，使中國國民黨和中國共產黨的第一次合作最後形成。㉗

國民黨一大宣言接受了中國共產黨提出的反帝反封建的主張，對孫中山的三民主義作了新的解釋。大會確定的政策，後來統稱為聯俄、聯共、扶助農工的三大政策。㉘

國民黨一大通過了有共產黨人和蘇聯顧問參加起草的，以反帝反封建為主要內容的宣言，確定了聯俄、聯共、扶助農工的三大政

㉕ 何幹之，《中國現代革命史》（北京：高等教育出版社，1954），頁 59。

㉖ 尚明軒，《孫中山傳》（北京：北京出版社，1981，二版），頁 270。

㉗ 閻戈，〈孫中山「三大政策」是怎樣提出的〉；《瞭望》（北京），1984 年，第 11 期，頁 40。本文末尾註記，「民革中央宣傳部供稿」，見頁 42。

㉘ 郝夢筆、段浩然主編，《中國共產黨六十年》（北京：解放軍出版社，1984），頁 51。

策,從而把舊三民主義發展為新三民主義。㉙

　　國民黨一大宣言接受了中國共產黨提出的反帝反封建的主張,對孫中山的舊三民主義重新作了解釋,確立了聯俄、聯共、扶助農工的三大政策,從而發展成為新的革命的三民主義。㉚

　　凡此種種,不勝枚舉。

　　除了上述例證外,最形象生動且言之鑿鑿地,要屬閔戈 1984年在北京《瞭望》周刊發表的文章:

> 在討論宣言草案時,馮自由三次發言反對「三大政策」,均遭廖仲愷嚴詞駁斥。在他第三次起立發言時,孫中山很不客氣地把桌上的按鈴拍得叮噹直響,並大聲喊到:「馮自由,你坐下來!」接著就對馮自由的言論做了批駁。
>
> 在通過國共合作決議時,有人歪曲孫中山先生當時提的「聯俄、容共、扶助工農」三大政策,提議改「容共」為「溶共」。孫中山先生為此針鋒相對地明確將提法改為「聯俄、聯共、扶助工農」。㉛

㉙　杜魏華,〈第一次國共合作時期斯內夫利特(馬林)在華紀事〉;中共中央黨史研究室編,《中共黨史資料》,第 36 輯(北京:中共黨史資料出版社,1990),頁 252。

㉚　李良明等主編,《中共黨史知識 200 題》(廣州:暨南大學出版社,1991),頁 37。

㉛　閔戈,〈孫中山「三大政策」是怎樣提出的〉;《瞭望》(北京),1984年,第 11 期,頁 41-42。(按:作者於此並未註明其資料來源。)

　　另外也有個別的研究說：國民黨一大召開期間，孫中山作過多次演講；他總結了 1911 年後的歷史經驗，一再提到因為沒有正確的革命方法，革命也就沒有成功。他所說的革命方法，就是革命政策，即「聯俄、聯共、扶助農工」三大政策。**❸❷**

　　綜而言之，共產黨人說得最多、最普遍、也最為世人所熟知的是 1924 年 1 月說。但歷史不是多數決；多數亦不必然就是真相。事實證明，共產黨人後來修正了自己的傳統觀點。

肆、1925 年 12 月說

　　根據蔣永敬的研究，陳獨秀於 1925 年 12 月在《嚮導》所發表的〈什麼是國民黨左右派？〉一文，即有替國民黨製造「三大政策」的意思。蔣永敬引述了陳的文章說：在策略上，左派懂得要實現反對帝國主義與軍閥的國民革命，國外有聯合蘇俄、國內有聯合工農階級及共產黨之必要，右派則反對蘇俄，反對共產黨，反對工農階級。左派為了要實行三民主義，便不得不採用聯俄，與共產黨合作，不反對階級鬥爭這些實際需要的政策。**❸❸**

　　蔣永敬認為，這顯然是「三大政策」的最早根源；也是陳獨秀

---

❸❷　尚明軒，《孫中山傳》（北京：北京出版社，1981，二版），頁 268。另見苗建寅主編，《中國國民黨史（1894-1988）》（西安：西安交通大學出版社，1990），頁 128。

❸❸　詳見陳獨秀，〈什麼是國民黨左右派？〉：1925.12.3.《嚮導週報》，第 137 期。引自中華民國開國文獻編纂委員會、政大國際關係研究中心編，《中華民國開國五十年文獻──附錄──共匪禍國史料彙編》，第一冊（台北：國立政治大學國際關係研究中心，民 65），頁 55-56。

故意將三民主義與「三大政策」混而為一。其後毛澤東把「新三民主義」稱為「聯俄、聯共、扶助農工三大革命政策的三民主義」，顯然是拾取陳之牙慧。❸

　　而大陸學者林家有也提到，三大政策概念的雛型大約形成於1925 年 12 月陳獨秀發表的上述文章；其文雖然還沒有明確地指出這就是孫中山所確立的「三大政策」，但「聯俄」、「聯共」已經是明確的概念。❸

　　上引蔣永敬和林家有的說法可對照參考。

　　就在陳獨秀發表前述文章的次日——1925 年 12 月 4 日，國民黨中央發出了〈對全國及海外全體黨員解釋革命策略之通知〉；強調「若吾黨之革命策略不出於聯合蘇俄，不以占大多數之農工階級為基礎，不容納主張農工利益的共產派分子，則革命勢力陷於孤立，革命將不能成功。」❸林家有認為，這是至今我們見到國民黨文件把孫中山的「重要政策」概括為聯合蘇俄，以農工階級為基

---

❸　蔣永敬，〈孫中山先生與「三大政策」〉：《珠海學報》（香港），第15 期，1987，頁 56。另見蔣永敬，〈論北伐時期的一個口號：「三大政策」〉：《近代中國》（台北），第 66 期，民 77.8.31.，頁 138-139。

❸　林家有、周興樑，《孫中山與第一次國共合作》（成都：四川人民出版社，1989），頁 118。

❸　見《政治週報》，第一期，1925 年 12 月 5 日。引自林家有、周興樑，《孫中山與第一次國共合作》（成都：四川人民出版社，1989），頁118。另據韋慕庭的研究，這個通知是由毛澤東所起草的。見韋慕庭，〈中國國民黨第二次全國代表大會〉：中華民國建國史討論集編輯委員會編，《中華民國建國史討論集》，第三冊（台北：中華民國建國史討論集編輯委員會，民 70），頁 56。

礎，容納共產派分子三個方面加以說明的最早的文字。**㊲**

　　另外，陳獨秀此文刊出之前，1925 年 10 月，中共中央執行委員會第二次擴大會議，將國民黨「一大」宣言的內容概括為五條，其中就包括「贊助工農運動」、「聯絡蘇俄與共產黨」。**㊳**

　　再則，於陳獨秀此文發表後一個月──1926 年 1 月 3 日，鄧中夏在中華全國總工會歡迎國民黨二大代表的講話中，認為國民黨一大所決定的政策是「對外之聯俄政策，對內之農工政策，和共產黨合作政策」。**㊴**

　　綜上所舉，共有四條線索，都近似或涉及三大政策；但均未明確提出「聯俄、聯共、扶助農工」或「三大政策」的字樣。因此，如要以陳獨秀的文章為代表，做為專有名詞「三大政策」最早的根源，固可參考，但相對於其他史證，仍欠說服力。

伍、1926 年 10 月說──根源所在

　　根據日本京都大學教授狹間直樹的研究，依其當時（按：其論文發表於 1988 年）所見，最早公開將「聯俄」、「聯共」、「農工」三項政策統稱為「三大政策」的，是吳善珍發表於 1926 年 10

㊲　林家有、周興樑，前揭書，頁 118-119。

㊳　宋進，〈新三民主義概念的提出過程考析〉；《中共黨史研究》，1990年，第 5 期，頁 48。

㊴　宋進，〈新三民主義概念的提出過程考析〉；《中共黨史研究》，1990年，第 5 期，頁 48。林家有、周興樑，《孫中山與第一次國共合作》（成都：四川人民出版社，1989），頁 119。

月 3 日出版的《黃埔潮》周刊❹第 11 期的文章；題目為〈我們對總理的聯俄聯共政策懷疑嗎？〉。狹間直樹指出，聯俄聯共政策是經理科大隊第一隊的國民黨部同志，在廣州進行實地演習時所用的宣傳口號；其在黃埔同學間，最晚到 1926 年 9 月已被公開使用。吳善珍在文章裡說：自總理決定聯俄、聯共、農工三大政策以後，黨內新舊的右派，……如西山會議、上海偽中央、孫文主義學會，——他們的宣言決議案，完全以反對此三大政策為骨幹。……但是黃埔學生有始終擁護此三大政策的精神，並且以之作評判革命反革命的根據。……我們應當站在黨（按：指國民黨）的觀點上去擁護此三大政策。❹

　　而同一期的《黃埔潮》，還刊有余洒度和游步瀛兩人提倡「三大政策」的文章。

　　宋進引用《黃埔軍校史料》等文獻，也有相同的說法。他指出，從現有史料來看，最早把聯俄、聯共、農工政策統稱為「三大政策」的公開性文章，是中共黃埔特別支部組織幹事、黃埔同學會創立時的宣傳科長余洒度在〈黃埔潮〉第 11 期所發表的文章——〈黃埔同學會目前重要的工作〉。該文提出要「確遵總理對革命的

---

❹　《黃埔潮》周刊（北京大學藏）是黃埔軍校黃埔同學會的機關雜誌，由同學會宣傳科編輯股編輯出版。參閱狹間直樹，〈「三大政策」與黃埔軍校〉：《歷史研究》，1988 年，第二期，頁 132。另可參閱劉鳳翰考評：中共廣東革命歷史博物館編「黃埔軍校史料」：載國史館編，《中國現代史書評選集（一）—中共書籍—》（台北：國史館，民 75），頁 334。

❹　狹間直樹，〈「三大政策」與黃埔軍校〉：《歷史研究》，1988 年，第二期，頁 132。

三大政策。A.聯俄、B.聯共、C.擁護農工利益」。另同期〈黃埔潮〉還刊有共產黨員游步瀛的文章〈孫文主義與列寧主義之比較觀〉，其文指出：為了完成國民革命運動，必須接受「孫文主義和孫中山所手訂的『聯俄』、『聯共』、『農工』三政策。」宋進強調：引人注目的是，游步瀛該文所署的寫作日期為 1926 年 8 月 20 日。❷

游步瀛是黃埔一期的學生、共產黨員，黃埔同學會創立時擔任總務科文書股長，《黃埔潮》上幾乎每一期都有他的一兩篇文章。上述 8 月 20 日的文章，除了有續篇外，他在 9 月 25 日到 10 月 9 日之間，還連續在《黃埔潮》第 12 到 14 及 15、16 期合刊上發表了四篇文章。游步瀛對「聯俄、聯共、農工」，試用了「三政策」、「三個政策」、「三個偉大政策」等統稱之後，從第 14 期起，他開始並在後來最終選用了吳善珍的提法——「三大政策」。❸狹間直樹認為：

> 這種四字一句的提法，給人一種穩定的感覺，而且大概還因為它與「三民主義」相對稱、音調和諧而最終被確定下來。當我們一說到「三大政策」，就很容易會想到這與當時稱孫文的民族、民權、民生三主義為「三大主義」是一致的。❹

---

❷ 宋進，〈新三民主義概念的提出過程考析〉；《中共黨史研究》，1990，第 5 期，頁 48。

❸ 狹間直樹，〈「三大政策」與黃埔軍校〉；《歷史研究》，1988 年，第二期，頁 133。

❹ 狹間直樹，〈「三大政策」與黃埔軍校〉；《歷史研究》，1988 年，第二期，頁 133。

上舉狹間直樹和宋進的研究，兩者都注意到游步瀛的文章所註明的寫作日期為 1926 年 8 月 20 日。

狹間直樹認為：一、至少在 1926 年的 8、9 月間，黃埔軍校內已經有人開始將聯俄、聯共、農工三項政策作為一個整體看待；這個情況，說明了概括孫文革命政策本質的觀點已被確立。二、其最初表述方法的散亂又表明，在概念上所具有的共同認識，比名稱使用上的統一要早一些。三、作為特指名稱，「三大政策」一詞逐漸地普及起來。❹❺

狹間直樹進一步指出，當時的蔣介石固然掌握了國民黨及國民革命的領導權，但在他要從以前的妥協姿態向以後「清黨」的過渡狀態「半轉變」的時候，對於共產黨方面將孫文的革命政策簡化為三項內容，也不得不給予承認。從而證明了至遲在 1926 年夏秋期間，「聯俄」「聯共」及「農工」三項，已經一般地被認為是孫文革命政策的根本點了。❹❻

林家有等在引證並分析過狹間直樹的研究後認為：就目前所能看到的材料，狹間教授的結論看來論據是較為充分的。❹❼這個認識，基本上可以接受；而事實上也的確如此。故 1926 年 10 月說，應是「三大政策」最早出現的根源所在。

---

❹❺ 狹間直樹，〈「三大政策」與黃埔軍校〉；《歷史研究》，1988 年，第二期，頁 134。

❹❻ 狹間直樹，〈「三大政策」與黃埔軍校〉；《歷史研究》，1988 年，第二期，頁 138、143。

❹❼ 林家有、周興樑，《孫中山與第一次國共合作》（成都：四川人民出版社，1989），頁 121。

陸、1926 年 11 月說

中國大陸不少的學者認為，「三大政策」的完整概念，最早見之於陳獨秀在 1926 年 11 月 4 日中共中央政治局會議上所做的報告——〈關於國民黨問題〉。陳獨秀在回答「國民黨中究竟有沒有左派可以做為聯盟的對象？」時說，「我們可以肯定說是有的」；左派的政綱是「迎汪復職，繼續總理聯俄、聯共、扶助農工三大政策」。[48]

而另外有研究則強調指出，陳獨秀的這一個報告，為以後（毛澤東）提出「三大政策的三民主義」、「新三民主義」的概念，奠定了紮實的認識基礎。[49]

在陳獨秀報告之後三天——1926 年 11 月 7 日，任卓宣——當時擔任中共廣東省委宣傳部長——於省委機關報《人民周刊》上發表了〈我們對於十月革命應有的認識〉一文，指出近幾年國民革命的發展都是孫中山「聯俄、聯共及農工三大政策」之結果；提出（或說公開使用）了作為三項政策統稱的「三大政策」一語。[50]狹間

---

[48] 林家有、周興樑，《孫中山與第一次國共合作》（成都：四川人民出版社，1989），頁 119-120。

[49] 宋進，〈新三民主義概念的提出過程考析〉；《中共黨史研究》，1990，第 5 期，頁 48-49。張靜如主編，周一平著，《中共黨史研究七十年》（長沙：湖南出版社，1991），頁 344。

[50] 《人民周刊》（廣州），第 30 期，1926 年 11 月 7 日（人民出版社 1982 年影印）；見吳劍杰，〈孫中山的三大政策與新三民主義的內在聯繫〉；《武漢大學學報》（哲學社會科學版），1996 年，第三期，頁 90、95。另參狹間直樹，〈關於「三大政策」的幾點考察〉，1986 年在孫中山研究國際學術討論會發表的論文；他後來再發表論文修正了其原先的主張。

直樹認為：雖然沒有證據顯示任卓宣是在收到陳獨秀的報告之後，才使用這一提法；而當時從上海傳送文件到廣州只需數日時間這一點，也讓人難以想像；但陳獨秀報告的主要內容，是以黃埔軍校共產黨員的活動報告為依據的。**🐠**再對照本節所舉的第五種「1926年 10 月說」來看，則陳獨秀的報告和任卓宣的文章之間，應有關聯。

換言之，至少從同年 10 月《黃埔潮》周刊第 11 期刊載相關文章開始，或在當時的黃埔軍校，「聯俄、聯共、農工」作為「三大政策」的說法已經存在了。

柒、1926 年 12 月說

根據王學啟的研究，1926 年 12 月中旬，中共中央在漢口舉行特別會議，討論了區別國民黨左派和右派的標準問題。會議認為「贊成繼續孫中山、廖仲愷的聯俄、聯共、扶助工農這三個政策的分子是左派，反對者便是右派」。王學啟指出，這是中共中央在文件中第一次出現的「三大政策」概念。後來，國民黨廣東省黨部規定的平民學校常識訓練大綱的主要內容之一，就是「關於國民黨三大政策」，要求學員學習和理解國民黨實行「聯俄政策」、「聯共政策」、「農工政策」的「理由」、重要性及其效果，這是在國民

見狹間直樹，〈「三大政策」與黃埔軍校〉；《歷史研究》，1988 年，第二期，頁 131-132。

🐠 狹間直樹，〈「三大政策」與黃埔軍校〉；《歷史研究》，1988 年，第二期，頁 131-132。

黨文獻中第一次出現「三大政策」的概念。⑤

　　另外，宋進和周一平也認為，「三大政策」首次正式出現於1926 年 12 月中共中央會議的決議案中。⑤又《中國共產黨七十年大事簡介》明載：1926 年 12 月 13 日，黨中央政治局在漢口召開了特別會議，中心議題是解決我黨和國民黨的關係問題，以鞏固革命聯合戰線。會議通過的〈關於國民黨左派問題決議案〉明確指出：「贊成繼續孫中山、廖仲愷的聯俄、聯共、扶助農工這三個政策的分子是左派，反對者是右派。」⑤

　　而國民黨方面的研究也有相同的觀點。

　　李雲漢指出：1926 年 12 月，中共中央特別會議承鮑羅廷之意，認為擁護汪兆銘為領袖只是暫時的口號，不能構成為政策，因而擷合聯俄、聯共、工農三者，定為「三大政策」，並強說這三大政策為孫中山、廖仲愷所創立，藉以欺矇國民黨的黨員。⑤

　　張玉法亦認為，三大政策是在漢口特別會議上提出的，共黨加以宣傳，當時武漢國民政府受共黨控制，部分受武漢國民政府控制

---

⑤　王學啟，〈三大政策這個概念的產生和作用〉，《黨史資料通訊》，1982，第 15 期；方曉主編，《中共黨史辨疑錄》（太原：山西教育出版社，1991），頁 126-127。

⑤　宋進，〈新三民主義概念的提出過程考析〉；《中共黨史研究》，1990，第 5 期，頁 49。張靜如主編，周一平著，《中共黨史研究七十年》（長沙：湖南出版社，1991），頁 344。

⑤　中國人民解放軍國防大學黨史黨建政治工作教研室編，《中國共產黨七十年大事簡介》（北京：國防大學出版社，1991），頁 82-83。

⑤　李雲漢，《從容共到清黨》（台北：中國學術著作獎助委員會，民55），頁 556。

的地區以為此政策來自國民黨中央，遂以訛傳訛。❺❻張玉法此說可以和《毛澤東選集》的記載對照參證。

毛澤東在 1927 年 3 月發表〈湖南農民運動考察報告〉；《毛澤東選集》第一卷的編者在此文敘述到「國民黨縣黨部」時加以註解說：

> 當時在武漢國民黨中央領導下的各地國民黨縣黨部，很多是屬於執行孫中山聯俄、聯共、扶助農工三大政策的組織，是共產黨人、左派國民黨員和其他革命分子的革命聯盟。❺❼

故上述張玉法認為三大政策是「以訛傳訛」，以當時國民黨的組織脈絡來看，不無可能。

1926 年 12 月 11 日，周恩來在中共兩廣區委的機關報《人民周刊》上，發表了〈現時政治鬥爭之我們〉一文，說「國民革命是各階級聯合的革命，不同的階級性反映到國民黨內自也形成了各派。過去，右派很顯然地做了許多反共、反俄、反工農以及勾結舊勢力的工作，而左派很堅決地努力於國民革命和民主政治之實現，實行聯俄，聯共和擁護工農利益的三大革命政策。」❺❽周恩來的文

---

❺❻　張玉法，《中華民國史稿》（台北：聯經出版公司，1998），頁 206。

❺❼　毛澤東，〈湖南農民運動考察報告〉，1927.3.；中共中央毛澤東選集出版委員會編，《毛澤東選集》，第一卷（北京：人民出版社，1970），頁 43。

❺❽　中共中央文獻編輯委員會編，《周恩來選集》，上卷（北京：人民出版社，1981），頁 3-4。

章發表於 13 日的漢口特別會議之前，雖然迄無證據顯示兩者間有何關聯，但已反映出當時共產黨人對「三大政策」所具有的共同認識。

捌、1927 年 1 月 3 日說

據蔣永敬研究，1927 年 1 月 3 日，中共中央在上海發出「區祕通訊七號」，始有「三個政策」名詞的出現；李雲漢引證相同的史源亦認為，這是「三大政策」一詞首次出現於共黨的祕密文件上。❺❾不過，上述主張和本節所舉的第七種說法——1926 年 12 月說，實際上指的是同一件事；因為該秘密通訊所傳達的是「最近中央特別會議（按：即漢口特別會議）關於國民黨左派問題決議案」。

另外，李雲漢還強調，對外公開叫出這一口號的，不是共黨，而是實際製造「三大政策」的鮑羅廷。李雲漢進一步引據顧孟餘的報告稱：當時鮑羅廷所謂的三大政策是反帝、聯俄、農工；後來才變成聯俄、聯共、工農。可見三大政策的涵義在 1927 年 1 月還沒

---

❺❾　朱紳秘書處（中共中央代名），「區秘通訊七號」，1 月 3 號（1927）。見吳敬恆，〈再以真憑實據與汪精衛商榷書〉，民國 16 年；《吳稚暉先生全集》，卷九（台北：中國國民黨中央黨史會，民 58），頁 893。引自蔣永敬，〈孫中山先生與「三大政策」〉；《珠海學報》（香港），第 15 期，1987，頁 56。另見蔣永敬，〈論北伐時期的一個口號：「三大政策」〉；《近代中國》（台北），第 66 期，民 77.8.31.，頁 138-139。李雲漢亦引用《吳稚暉先生書牘》（138-146 頁）之附件〈共黨上海區祕密通訊第七號〉，提及中共中央特別會議所作關於國民黨左派問題決議案。見李雲漢，《從容共到清黨》（台北：中國學術著作獎助委員會，民 55 初版；民 76.8.影印二版），頁 556-558、599。

有完全確定。但是，在鮑羅廷的影響以及共產黨的喧囂與左派份子的附和下，武漢只有三大政策的宣傳，而無人敢再提起三民主義！⑩李雲漢此言和前節張玉法「以訛傳訛」的觀點又可相參證；而且進一步追溯到「實際製造三大政策的鮑羅廷」。

玖、1927 年 1 月 11 日說

國民黨方面的研究否認「三大政策」為孫中山所提，其主要依據是「汪（精衛）的同志顧孟餘」⑪以國民黨中央宣傳部長的身分，於 1927 年 7 月 15 日在武漢中央執行委員會上的報告：

> 國民黨在歷次的宣言中，本來是有許多政策。但外間宣傳的所謂三大政策，卻找遍了總理的遺教、歷次宣言、以及各種決議案，找不出這麼一個東西。實在說：三大政策短，不過只有七個月。何以知道只有七個月呢？因為三大政策的內容，在七個月以前還沒有定。今年正月，本席由江西到武漢來，才聽見鮑羅廷同志說起三大政策，並勸大家要遵守；而當時他所說的三大政策，是反帝、聯俄、農工。同現在天天

---

⑩ 李雲漢，《從容共到清黨》，頁 557-558。

⑪ 張玉法，《中國現代史》（台北：東華書局，民 68），頁 411。顧孟餘當時是有名的北京大學經濟學教授，在五四運動時非常活躍，但在國民黨圈子內是後進。1926 年 1 月國民黨二大時，左翼勢力由於徐謙、陳友仁、顧孟餘、彭澤民及朱季恂等人之當選而增強。詳見韋慕庭，〈中國國民黨第二次全國代表大會〉；中華民國建國史討論集編輯委員會編，《中華民國建國史討論集》，第三冊（台北：中華民國建國史討論集編輯委員會，民 70），頁 52。

嚷的不同。可見得三大政策的內容，在正月時還沒有定，而且未經過任何會議決定，是共產黨替我們想出來的。於是各軍政治部、各報館、各團體的宣傳，只有三大政策，絕不提起三民主義。但我們要知道：第一、所謂三大政策的歷史很短，不出七個月；第二、所謂三大政策，未經過任何會議決定，是共產黨的越俎代庖。本來政策要靠宣傳，不過這個政策是共產黨代我們定的，也是共產黨在替我們宣傳，所以弄得外間對於本黨很是懷疑。人民方面，有人民方面的聯絡；黨部方面，有黨部方面的聯絡；用什麼主義而聯絡？以什麼關係而聯絡？這都是要研究的。至於說容共，究竟是有條件的容，還是無條件的容？也須加以考慮。還有農工政策，也要以這樣的態度來研究。總而言之，所謂政策，一定要將他們的內容解釋清楚；不然，使一般人聽了，只是迷離徬徨，不知所從。⑫

　　顧孟餘在上引報告中所說的「今年正月，本席由江西到武漢來，才聽見鮑羅廷同志說起三大政策。」這句話，提供了進一步追溯三大政策起源的線索。

　　1927 年 5 月，上海出版的《進攻週刊》，載有梁紹文的一篇

---

⑫ 顧孟餘的報告；民 16.7.15.，武漢中央常務委員會第 20 次擴大會議速紀錄。見蔣永敬，《鮑羅廷與武漢政權》，頁 81-82。又李雲漢亦引用相同史證，但註其出處為「武漢中央執行委員會第 20 次擴大會議紀錄」；和蔣永敬之註記略有出入。見李雲漢，《從容共到清黨》，頁 557-558、602。

文章，記述了鮑羅廷這年 1 月 11 日，在武昌的國民革命軍總司令部歡迎蔣總司令席中演說的一段話：

> 今日能夠得到武漢，今日能夠在這個地方宴會，是誰的力量呢？並不是因為革命軍會打仗。所以能夠到這裡的，乃是因為孫中山先生定下了三大政策，依著這三大政策做去，所以革命的勢力才會到這裡的。什麼是中山先生的三大政策呢？第一是聯俄政策，第二是聯共政策，第三是農工政策。㊚

而梁紹文在 5 月所發表的文章，又可和 1927 年 6 月 24 日漢口《民國日報》刊載的一篇董必武的報告相參證。該報告說：1927年 1 月中，蔣介石由南昌到達武漢期間，蘇聯顧問鮑羅廷針對蔣介石軍事獨裁傾向的發展，在一次「會議席上，說明三大政策之重要」㊛；「並勸大家要遵守」㊜。

林家有指出：其後，在全國特別是武漢地區掀起了宣傳「三大政策」的熱潮。由此可見「三大政策」完整的概念確實是共產黨人首先使用的，但「三大政策」概念提出後，許多國民黨領導人，國

㊚ 梁紹文，〈三大政策的來源〉；《進攻週刊》（上海），第二期，民16.5.14.。引自李雲漢，《從容共到清黨》，頁 599。

㊛ 林家有引用了董用威（必武），〈在湖北省第一次省縣市黨部聯席會議上的政治報告〉；漢口《民國日報》，1927 年 6 月 24 日。林家有、周興樑，《孫中山與第一次國共合作》（成都：四川人民出版社，1989），頁123。

㊜ 林家有在此處引用的是顧孟餘 1927.7.15 的報告。林家有，前揭書，頁123。

民黨的各級組織、各群眾團體和各界人士都普遍承認和採納。**⑥**

　　林家有此說可聯繫到上述張玉法說的「以訛傳訛」；也可以和孫科在顧孟餘報告的現場反應相對照。孫科當時就說：「將幾十年來總理的遺訓一概拋棄；將國民黨的性質、組織、歷史，根本推翻。這也不是聯，也不是容，乃是降！……那末，三大政策變成了兩大政策：降俄！降共！」**⑥**孫科的憤慨與不滿，固然反映了部分國民黨人的觀感——對所謂的「三大政策」頗不以為然；但也從另一側面顯示出，當時國民黨人的腦海中已經存在著「三大政策」的印象。

　　比較以上所舉的三項史料，雖然沒有證據顯示梁紹文的 5 月文章、董必武的 6 月報告和顧孟餘的 7 月報告之間，有必然的關聯；但三者均指向鮑羅廷 1 月在武昌的演說。而國民黨方面的相關研究——主要以蔣永敬、李雲漢為代表，也都引用了梁紹文的記述和顧孟餘的報告，以證明三大政策並非孫中山所提出，而是最早出自鮑羅廷 1927 年 1 月 11 日在武昌的演說。

　　又根據桂崇基說，武漢黨政機關所發的宣傳大綱，末尾常附二三十條的口號，內容應有盡有，獨難看到「擁護中國國民黨」，「實行三民主義」的口號。替代這兩個口號的，只是「擁護總理的三大政策」。其意圖以為國民黨的歷史，可以盡情誣蔑，三民主義亦可忘掉，唯有總理的「三大政策」則不能不緊緊抱著。但遍查中

---

⑥　林家有、周興樑，前揭書，頁 123。

⑥　民 16.7.15.，武漢中央常務委員會第 20 次擴大會議速紀錄。見蔣永敬，《鮑羅廷與武漢政權》（台北：傳記文學出版社，民 61），頁 80-83。

山先生的著作，以及國民黨的歷次宣言、決議，迄未找出這一個名詞。這個名詞當時是由鮑羅廷首先喊出來的。最初是：「反帝」、「聯蘇」、「農工」，後來改作「聯俄」、「容共」、「農工」。❻❽

　　蔣永敬亦指出：寧漢分裂後，武漢仍在共黨的宣傳和勢力範圍籠罩之下；當時的宣傳口號頗受共黨影響；其傳佈最廣和影響最為深遠，且屬耳熟口順恬不為怪的，莫若所謂「三大政策」這一口號，當時到處充滿「擁護三大政策」、「擁護總理三大政策」或「反對拋棄三大政策」種種標語或口號；否則即為總理之「叛徒」。所謂「三大政策」為孫中山先生所制定之說，不僅當時一般民眾深信不疑，即一些國民黨人亦多「隨聲呼唱」。在南京的國民黨中央委員胡漢民有鑒於此，乃提出「統一口號案」，希圖有所挽救。❻❾

　　亦有學者的研究顯示，據不完全統計，漢口《民國日報》從1927 年 1 月到 7 月上旬所報導的國共兩黨領導人的演說、文章、題詞，國民黨各級組織和人民團體制定的文件，發表的宣言、通電，群眾集會呼喊的口號，通過的決議，張貼的標語等，正式講到「三大政策」的地方，不下百處。❼❶

---

❻❽　桂崇基英文原著，沈世平譯，《中國國民黨與中國共產黨》（台北：台灣中華書局，民 67），頁 59。

❻❾　詳見蔣永敬，〈論北伐時期的一個口號：「三大政策」〉；《近代中國》，第 66 期（台北：民 77.8.31.），頁 137。

❼❶　魯振祥，〈孫中山三大政策研究中的幾個問題〉；《北京師大學報》，1986 年，第 6 期。據魯振祥，〈三大政策研究中的幾個問題〉；紀念孫中山 120 週年誕辰孫中山研究國際學術討論會論文。引自林家有、周興樑，《孫中山與第一次國共合作》（成都：四川人民出版社，1989），頁 123。

就以上分析看，鮑羅廷在 1927 年 1 月的演說，與武漢地區在 1927 年上半年廣泛傳播及普遍使用「三大政策」的情況，基本是一致的。但是，要說鮑羅廷的演說是「三大政策」的最早根源，對照本節之研究，恐難成立。

拾、1927 年 2 月 10 日說

根據蔣永敬研究，1927 年 2 月 10 日，中共北京地方區委（渤海）的〈北京地方國民運動報告〉中，「三大政策」名詞始被正式使用，且指出「三大政策」為其中央所制定。報告中說：「無論那一個民校（按：指國民黨）分子，要辨別他是左是右，但看他的行動與思想是否違反孫中山遺留的三大政策。這是我們中央最近所決定的左派的標準。」❼❶

韋慕庭亦引證了相同的史源指出，蘇俄和中共也利用人們對於「三大政策」堅守和反對的程度，作為分辨敵友的標準。中國共產黨人 1927 年 2 月 10 日的一項文件對這一點說得相當明白：「要想確定一個人是左派或右派，只需觀察他的言行是否違反孫中山先生的三大政策即可。本黨中央委員會最近（按：指的即是 1926 年 12 月 13 日的漢口特別會議）通過，以這三大政策作為左派的標準。」❼❷

---

❼❶　此一文件來自北京蘇俄大使館，收入民國 17 年（1928）北京首都警察廳調查局編譯委員會編印的《蘇聯陰謀文證彙編》。詳參蔣永敬，〈論北伐時期的一個口號：「三大政策」〉；《近代中國》（台北），第 66 期，民 77.8.31.，頁 139。另見蔣永敬，〈孫中山先生與「三大政策」〉；《珠海學報》（香港），第 15 期，1987，頁 56。

❼❷　C. Martin Wilbur and Julie Lien-ying How, ed., *Documents on Communism,*

不過，韋慕庭和蔣永敬所引用的 1927 年 2 月 10 日中共北京地方區委文件，都是傳達中共中央漢口特別會議的決議，所以和本節所舉的第七種說法，實際上也是同一件事。

※　　　　　　※　　　　　　※

綜合分析比較本節關於「三大政策」何時最早出現的十種說法，以第 5 種「1926 年 10 月說」的論據較充分，較為可信。

其他的九種說法，均有可議之處。

第 1、2、4 種或嫌牽強，或待商榷，或欠說服力。

第 3 種（1924 年 1 月說）雖然共產黨人說得最多，是長期的傳統說法，但已被其自己後來所修正。

第 6 種說法的內容素材和第 5 種有關，都是以黃埔軍校為背景，且具有連續性。

第 7 種（1926 年 12 月的漢口特別會議說）和北伐軍事行動的推展有關，也間接聯繫到第 5、6 種。

第 8、10 所言和第 7 種是同一件事。

而第 9 種（1927 年 1 月 11 日的鮑羅廷說）雖然為國民黨方面的研究所普遍引用，但對比之下，其論據和說服力仍然不如第 5 種。

因此，以第 5 種說法為根據和起點，似可重建一幅較合理的圖像；如按編年順序排列觀察，其脈絡也井然。

1926 年 10 月 3 日出版的《黃埔潮》周刊第 11 期刊載的游步

Nationalism, and Soviet Advisers in China, 1918-1927, New York: Columbia University Press, 1956, p.441.

瀛於同年 8 月 20 日寫成的〈孫文主義與列寧主義之比較觀〉一文，以目前所能掌握的史料來看，可說是最早使用「三政策」一詞統稱「聯俄、聯共、農工」者。而同期《黃埔潮》發表的吳善珍和余洒度的文章，則是最早使用「三大政策」一詞的文獻。

1926 年 11 月 4 日，陳獨秀在上海中共中央會議的報告；11 月 7 日，任卓宣在廣州發表的文章；均明確提及三大政策。

12 月 11 日，周恩來在廣州的《人民周刊》發表文章；接著是 12 月 13 日中共中央漢口特別會議的決議；也都分別提到了三大政策。

1927 年 1 月 3 日，中共上海區委發出〈秘密通訊第七號〉；2 月 10 日，中共北京地方區委（渤海）的〈北京地方國民運動報告〉，兩者都傳達了漢口特別會議的決議。

而鮑羅廷於 1 月 11 日在武昌的公開演說，也明確提到「中山先生的三大政策」。

1927 年 5 月有梁紹文在上海發表的文章，6 月有董必武在漢口的報告，7 月有顧孟餘在武漢國民黨中央的報告等；三者都直接或間接提到了鮑羅廷在武昌的 1 月演說。

準此以觀，至少從 1926 年 8、9 月開始，到 1927 年 1、2 月，連續約半年多，在廣州、上海、武漢等地區，「三大政策」這個詞彙或口號，出現得越來越多、越普遍，也越來越正式；其中尤以 1927 年上半年在武漢為然。

通過以上分析，重建當時的史實圖像，對「三大政策」的起源，可以說有了比較系統和全面的認識；在這個基礎上，或能憑以進一步探討後來共產黨方面的研究何以改變了其傳統說法。

第二節　三大政策是共產黨人概括的

　　根據本章上一節的研究，黃埔軍校學生吳善珍和余洒度發表於 1926 年 10 月 3 日出版的《黃埔潮》周刊第 11 期的文章──〈我們對總理的聯俄聯共政策懷疑嗎？〉以及〈黃埔同學會目前重要的工作〉，可說是目前所知，最早公開將「聯俄」、「聯共」、「（扶助）農工」統稱為「三大政策」的文獻；其說隨即被普遍採用而廣泛流傳。對於上述史實，共產黨方面後來的研究，也通過「三大政策是後人概括的」表述形式，予以承認。

壹、共產黨人修正了傳統觀點

　　中國共產黨人在探討「三大政策」起源的相關研究中，其傳統說法是：1924 年 1 月國民黨在廣州召開一大，發表宣言，重新解釋了三民主義。這就是以三大政策（聯蘇、聯共、扶助農工）為基礎的三民主義，即新三民主義。**❼❸**

　　而這個觀點，不只國民黨強烈質疑和反對；在後來，共產黨人自己也做了修正，認為聯俄、聯共、扶助農工「三大政策」作為一個完整的科學概念，是在國民黨一大之後形成的。**❼❹**王學啟在 1982 年發表的論文可以做為代表；其說稱：

---

❼❸　何幹之，《中國現代革命史》（北京：高等教育出版社，1954），頁 59。另參方曉主編，《中共黨史辨疑錄》（太原：山西教育出版社，1991），頁 125。

❼❹　林家有、周興樑，《孫中山與第一次國共合作》（成都：四川人民出版社，1989），頁 116。

應該把三大政策的制定和「三大政策」這個概念的形成區別
開來。國民黨「一大」確定了三大政策的內容，但是，把三
個政策連在一起形成為一個完整的科學概念或專有名詞，則
不是在國民黨「一大」之時，而是在 1926 年底提出來的。
至於它的廣泛傳播並為人所熟悉和運用，則是 1927 年初以
後的事。在國民黨「一大」的宣言、決議案和會議記錄中，
在孫中山於大會期間所發表的幾次演說中，確實沒有概括地
論述過三大政策，也沒有提出「三大政策」這個專有名詞。
這說明，國民黨「一大」雖有制定「三大政策」這件
「事」，卻還沒有形成「三大政策」這個「詞」，我們通常
所說的「三大政策」這個概念，是我們黨和國民黨領導人嗣
後根據國民黨「一大」的基本精神概括出來的。據文獻資料
證明，直到 1926 年底，我們黨才正式提出和使用「三大革
命政策」這個更完備、更準確的概念。❼❺

　　王學啟的研究——將「事情」的發生和「名詞」的形成、提出
與使用分開看待，是相關探討中比較獨特的處理方式；其說所稱的
「1926 年底」，應該就是指中共中央政治局在 1926 年 12 月 13 日
於漢口召開的特別會議。而王學啟最終卻仍舊堅持主張國民黨一大
有制定三大政策這件事。但證諸本章第一節的分析，此一說法與史

---

❼❺　王學啟，〈三大政策這個概念的產生和作用〉，《黨史資料通訊》，
　　1982，第 15 期；見方曉主編，《中共黨史辨疑錄》（太原：山西教育出
　　版社，1991），頁 126-127。

實不符。

　　不過，其說對於共產黨方面的研究，似也有所影響。例如，黃彥主張：說孫中山在「一大」上確定了這三項政策，應是符合實際的。雖然他本人並未採用「三大政策」的概念進行歸納，但這三項政策的存在乃是當時一個重要的客觀事實，由後人加以概括還是容許的。**❼**

　　另如林家有的研究，也有相同的認識：

> 我們通常說，1924 年 1 月中國國民黨第一次全國代表大會
> 訂出了聯俄、聯共、扶助農工的三大政策。這個提法，從根
> 本上說是正確的，因為國民黨「一大」對聯俄、聯共、扶助
> 農工這三件史實是確認了的。但是孫中山在「一大」上並沒
> 有把這三者概括為「三大政策」予以宣布，這也是事實。在
> 國民黨「一大」宣言、決議和會議記錄中，在孫中山幾次演
> 講中，確實沒有提出「三大政策」這個名詞。大會後，中國
> 共產黨在評論這次大會時，也沒有提到這次大會制定了「三
> 大政策」。所以，說孫中山在國民黨「一大」期間「提出
> 了」或「制定了」三大政策的提法不大確切，但說孫中山在
> 國民黨「一大」期間確定了這三項政策，並在他逝世後由後
> 人明確地概括、歸納成這樣一個完整的概念是合理的、符合

---

❼　黃彥，〈關於國民黨「一大」宣言的幾個問題〉；《孫中山和他的時代》，中卷（北京：中華書局，1989），頁 1238。

實際的。**⑰**

　　然而，作者自己在同一本書的前後十幾頁中，卻至少使用了好幾次的「制定」。**⑱**

　　由此可知，共產黨方面的相關研究，在說到孫中山於國民黨一大「訂出了」、「提出了」、「制定了」甚而「通過了」三大政策的時候，由於缺乏具體史證，故其態度謹慎而有所保留，也相應表現在詞彙使用的斟酌、差異或混亂上；但是，對於主張孫中山在國民黨一大「確定了」三大政策這一點，則又具有普遍的一致性。

　　或許，誠如吳劍杰所言：需要深入研究的，不是尋章摘句去鉤稽孫中山是否使用過「聯俄」、「聯共」、「扶助農工」以及「三大政策」這類詞語的概念，而是他何以會在晚年確立和執行三大政策的思想認識根源，以及三大政策與重新解釋三民主義之間的關係。**⑲**

　　因此，問題取向逐漸明朗。從共產黨人的研究立場看，「三大政策」何時制定？概念如何產生？詞彙如何運用？……等，似乎是一件事，但都非重點；而另一件事，才是重點所在：共產黨人的論述何以非要把「三大政策」和孫中山綁在一起？

---

⑰　林家有、周興樑，《孫中山與第一次國共合作》（成都：四川人民出版社，1989），頁 117-118。

⑱　見林家有、周興樑，《孫中山與第一次國共合作》（成都：四川人民出版社，1989），頁 116、126、130。

⑲　吳劍杰，〈孫中山的三大政策與新三民主義的內在聯繫〉；《武漢大學學報》（哲學社會科學版），1996 年，第三期，頁 89。

貳、肯定孫中山從而肯定自己

　　共產黨人在其歷史解釋中對孫中山推崇備至，說他是「偉大的革命先行者」[80]；但與此同時，也正是通過「先行者」這個稱謂，辯證地留下了伏筆。

　　一方面，先肯定孫中山領導的國民革命是當時的革命正統和歷史主流，但又認為這個革命只是資產階級所領導的舊民主主義革命，是不夠徹底的；另一方面，再強調共產黨人傳承和發展了孫中山以「三大政策」為基礎和主要內容的「新三民主義」，繼而起之領導進行了無產階級的新民主主義革命，並獲得最後的勝利。

　　換言之，共產黨人的論述邏輯是：通過肯定孫中山，從而肯定自己。其中的關鍵性連結，就是「三大政策」。

　　以研究孫中山而著稱的德國學者金德曼認為：

　　　蘇俄企圖在孫中山先生去逝後把中國的革命運動永久而牢靠
　　　地與蘇俄連結在一起，它所運用的戰略即是宣傳「孫中山先
　　　生的三大政策」。陳獨秀及其他中國共產黨人，以及蘇俄在
　　　中國活動的官員，在孫逝後開始使用這個名詞，大力宣傳，
　　　企圖造成一種心理，使人們以為這三個政策與孫中山先生的
　　　三民主義有同樣的理論關係和地位，目前已知的證據可以顯

---

[80]　〈中國共產黨中央委員會關於建國以來黨的若干歷史問題的決議〉，1981年 6 月 27 日中國共產黨第十一屆中央委員會第六次全體會議一致通過。見中共中央文獻研究室編，《十一屆三中全會以來重要文獻選讀》，上冊（北京：人民出版社，1987），頁 294。

示韋慕庭對 1920 年代初期國民黨、共產黨和蘇俄遠東政策
三者之間關係所作分析的正確性。……這的確是為蘇俄在中
國的國家利益辯護的巧妙政策，同時也是促使一般大眾接受
中國共產黨的巧妙設計。**❽**

金德曼所言「巧妙政策」、「巧妙設計」的觀點，源自韋慕庭的研
究；而其對韋慕庭的肯定，和國民黨的主張一致，亦為國民黨方面
的研究者所樂於引用。韋慕庭指出：

> 共產黨攻擊蔣介石領導的團體違反「孫中山先生的三大政
> 策」，這種技倆相當成功。除了國民黨的資料外，多種有關
> 中國革命的著作都接受中共指稱「三大政策」是出自孫中山
> 先生的說法；並且追溯到 1924 年 1 月國民黨第一次全國代
> 表大會時即形成這些政策。1922 年夏初，孫中山先生的確
> 曾決定聯俄、容共（不是與中共聯盟），並且支持工人和農民
> 的利益。但是沒有證據顯示曾稱它們為「三大政策」，或者
> 把它們與當時採取的其他政策分開處理。所謂的「三大政
> 策」這個名詞，是共產黨的一個創造。**❽**

---

❽　金德曼，〈在中國歷史經驗照耀之下孫逸仙的意識型態和其非凡的領導
　　力〉；載中華民國建國史討論集編輯委員會編，《中華民國建國史討論
　　集》，第一冊——辛亥革命史（台北：中華民國建國史討論集編輯委員
　　會，民70），頁53-54。

❽　C. Martin Wilbur and Julie Lien-ying How, ed., *Documents on Communism,
　　Nationalism, and Soviet Adviser in China, 1918-1927*, New York: Columbia
　　University Press, 1956, pp.392-393.

韋慕庭認為，孫中山當年確實曾經決定聯俄、容共（不是與中共聯盟）和支持工農，但未見其將之統稱為「三大政策」。韋慕庭這個發表於 1950 年代中期的觀點，也在王學啟於 1980 年代初期的論述模式中出現——把「確有其事」和「尚無其詞」分開處理；但在其「事」的內容上，則又存在「容共」和「聯共」的不同。而應當指出的是，在共產黨人的相關研究中，似乎一方面謹守著把「事」和「詞」分開處理的方式為其論證邏輯，另一方面卻又繼續堅持「確有其事」。

韋慕庭於發表上述研究 25 年後的另一個場合，在回答「共產黨說國民黨背離了孫總理的遺教，你認為如何？」時說：

> 我認為這是共產黨一貫的宣傳手法。他們說，聯俄、容共、工農聯合是孫中山先生的三大政策。但是，你如果仔細讀歷史，孫中山先生從來沒有說過這些話。孫先生是一個偉大的革命者、思想家，他一生主張有許多層面，包含範圍很廣，共產黨就挑出有利於他們的部份，不斷的宣傳，積非成是，好像真有這麼回事似的，其實這都是宣傳。[83]

雖然韋慕庭說共產黨人創造了「三大政策」；其實都是宣傳。但共產黨人在當時和以後，正是通過「不斷的宣傳」三大政策，強化並

---

[83]　〈韋慕庭博士談中共對民生主義的歪曲〉：原載《聯合報》（台北），民70.8.20.。見中華民國建國史討論集編輯委員會編，《中華民國建國史討論集》，第六冊——附錄（台北：中華民國建國史討論集編輯委員會，民70），頁 100-101。

牢固地連結了和孫中山一脈相傳的關係，從而建構並奠定了其革命行動的正當性和革命事業的正統性。

　　以 1920 年代的情況論，孫中山和他領導的國民黨，固然侷促在南方一隅，處於相對弱勢；但其堅持理想奮鬥不懈的精神和實踐，最終形成了國民革命運動在中國現代史上階段性的主流地位，尤其是孫中山本人無可取代的領袖角色。這一點，共產黨人不但肯定，甚至還多所引伸發揮。

　　林家有和周興樑的研究強調：國民黨一全大會確立的三大革命政策，是孫中山忠實於愛國主義和民主主義的結果，也是以孫中山為首的國民黨革命民主派，在革命的劇變時期，積極尋找出路的重大決策，從而顯示了孫中山的遠見卓識和膽略。所以，孫中山不愧是一個急流勇進的革命家。在時代為他提供出路時，便勇敢地做出聯俄、聯共、扶助農工的決策。它大大地加速了中國革命的節奏，為實現中國由舊民主主義革命向新民主主義革命的過渡，產生了巨大的作用和深遠的影響。❽❹

　　而王學啟也稱譽孫中山是一個偉大的革命家，其思想發展的一個重要特點，就是能夠跟隨時代的潮流不斷前進。他從國際國內革命發展的新局面中，看到了光明和希望，要求蘇俄幫助中國革命，要求共產黨與他合作，要求占全國人口大多數的工農勞動者起來參加革命鬥爭。他所看到的這些光明、希望和提出的要求，逐漸形成了「聯俄」、「容共」（聯共）、「扶助農工」的三大政策思想；

---

❽❹　林家有、周興樑，《孫中山與第一次國共合作》（成都：四川人民出版社，1989），頁 107、111。

這是孫中山一生中最偉大的轉變。[85]

再如吳劍杰的研究也指出：孫中山認為社會主義、共產主義與他所主張的民生主義有許多共同點和相似點，所以說「共產主義是民生主義的好朋友」。而孫中山重新解釋三民主義，是為了適應三大政策的需要，同時也為三大政策的實施提供了思想理論上的依據；因此，三大政策是新三民主義的核心，是新三民主義在當時的歷史階段中最重要的政策體現。[86]

姜義華、吳根樑的研究則更進一步的主張：在作為統一整體的三大政策中，聯共是一個中心環節。「以俄為師」要具體落實到國民黨的改組上，必須依靠聯共；要同廣大工農群眾發生關係，大大推進工農群眾運動，同樣必須依靠聯共。而聯共，則正是孫中山在長期革命實踐的基礎上，為了使中國革命得到新的發展，而作出的一項最為重要的決策。[87]

因此，林家有和周興樑認為，三大政策是相互聯繫的。沒有孫中山的聯俄，也不會有聯共，沒有聯共，當然也就不會有扶助農工政策。沒有三大政策，當然也就談不上有國共合作。[88]

---

[85] 王學啟主編，《中國革命史教程》（杭州：浙江人民出版社，1987），頁114。

[86] 吳劍杰，〈孫中山的三大政策與新三民主義的內在聯繫〉；《武漢大學學報》（哲學社會科學版），1996年，第三期，頁89。

[87] 姜義華、吳根樑，〈孫中山與三大政策的制定〉；中國史學會編，《中國國民黨「一大」60週年紀念論文集》（北京：中國社會科學出版社，1984），頁106。

[88] 林家有、周興樑，《孫中山與第一次國共合作》（成都：四川人民出版社，1989），頁116。

　　不過，共產黨人雖然肯定孫中山能掌握時代脈動、找到正確的新出路，但也同時強調「三大政策」仍有其不足之處，就是沒有解決新民主主義革命中「誰領導誰」——也就是革命領導權的問題。

　　林家有和周興樑明白指出了「三大政策」存在著歷史和階級的局限性。他們認為：中國的新民主主義革命，只能是無產階級通過它的政黨——中國共產黨來領導。孫中山雖然提出了「聯共」、「扶助農工」的主張，但他的「三大政策」並未能科學地反映新民主主義革命的領導權問題。孫中山在與共產黨建立民主聯合戰線的過程中，堅持共產黨員以個人身份參加國民黨，進行「黨內聯合」，這就反映出他以國民黨為中心，由國民黨去號召和發動革命的思想傾向。正由於孫中山沒有感受到新民主主義革命必須由無產階級來領導才能取得徹底的勝利，所以，孫中山「聯共」、「扶助農工」政策，未能真正反映出新民主主義革命時期中國的歷史特點。領導權的問題沒有解決，「聯共」和「扶助農工」的口號，就不可能真正解決中國革命依靠誰、團結誰和打擊誰這個革命成敗攸關的問題。**❽⑨**而「三大政策」所沒有解決的問題，後來在毛澤東發表於 1940 年的〈新民主主義論〉中解決了。

　　1981 年，中共中央的歷史決議說：

> 　　毛澤東同志從中國的歷史狀況和社會狀況出發，深刻研究中
> 國革命的特點和中國革命的規律，發展了馬克思列寧主義關

---

❽⑨　林家有、周興樑，《孫中山與第一次國共合作》（成都：四川人民出版
　　社，1989），頁 131-132。

於無產階級在民主革命中的領導權的思想，創立了無產階級
領導的，工農聯盟為基礎的，人民大眾的，反對帝國主義、
封建主義和官僚資本主義的新民主主義的理論。⑨

這些足以代表共產黨方面研究立場的觀點特別強調，當時新誕生的
中國共產黨，是無產階級的先鋒隊和農民運動的領導者，從而使中
國的民主革命，由資產階級領導的舊民主主義革命，朝向由無產階
級領導的新民主主義革命轉變。這個轉變，一方面使孫中山和資產
階級領導革命的「主角」地位受到威脅；另一方面，由於革命進入
了新民主主義階段，時代鬥爭的真正「主角」——無產階級正在崛
起。⑨因此，從革命發展的辯證歷程看，孫中山當時根據形勢，在
客觀上可以、在主觀上也應該和共產黨合作。

　　長期以來，共產黨人在歷史解釋中一貫要突顯的是，孫中山以
三大政策為槓桿，推動了中國革命從舊民主主義革命向新民主主義
革命的過渡，並在這個轉折的關鍵時期，為中國共產黨的繼起和進
而領導革命，準備好了歷史的舞台。於是，上述攸關革命成敗的領
導權問題，最終獲得解決；答案是：中國的新民主主義革命，只能
是無產階級通過它的政黨——中國共產黨來領導。

---

⑨　〈中國共產黨中央委員會關於建國以來黨的若干歷史問題的決議〉，1981
　　年 6 月 27 日中國共產黨第十一屆中央委員會第六次全體會議一致通過。
　　見中共中央文獻研究室編，《十一屆三中全會以來重要文獻選讀》，上冊
　　（北京：人民出版社，1987），頁 332。

⑨　林家有、周興樑，《孫中山與第一次國共合作》（成都：四川人民出版
　　社，1989），頁 108-109。

1949 年以前，以毛澤東為代表的中國共產黨人，對古典歷史唯物主義最重要的理論修正，可以說是〈新民主主義論〉。它從政治現實的需要和歷史理論的高度，不但明確解釋了中國共產黨及其所領導和代表的無產階級，何以提早登上了歷史舞台，而且還更進一步解釋了在抗戰爆發初期，共產黨人如何在理論上以高舉「新三民主義」的大旗，但在實踐上卻又對國民黨讓步的辯證統一，以爭取成立「抗日民族統一戰線」。

1949 年之後，在毛澤東本人的巨大權威，和毛澤東思想的關鍵影響下，〈新民主主義論〉對於「三大政策」的歷史解釋，遂為中國共產黨人論史之所宗。

在 1920 到 40 年代的國共競逐中，就思想陣地的爭奪和佔領言，共產黨人擁有新民主主義革命的理論配備；國民黨則似乎侷限於三民主義的框架，難以突破和施展。就實際戰線的攻防進退言，共產黨人在三大戰役中取得決定性優勢，奪得了政權；國民黨則退居海島，但並未覆滅。故變局尚有後續發展，國共雙方在歷史解釋的場域中繼續交鋒。

第三節　國共立場的針鋒相對

1925 年孫中山逝世後，隨著 1926 年蔣介石的崛起，國共原本就存在齟齬的關係更趨緊張，加以往後數十年的殊死鬥爭，導致雙方的敵意積漸日深，立場亦更加壁壘分明。

而國共對「三大政策」的各說各話，以歷史解釋而論，不無脈絡可循。

　　國民黨指斥共產黨用三大政策欺騙國民黨人；共產黨方面則宣稱，堅持實行孫中山的三大政策，是對蔣介石和國民黨右派向共產黨進攻的反擊。

　　因此，要理解國共之間的針鋒相對，可以從當時的歷史脈絡和具體背景加以考察。

壹、共產黨用三大政策欺騙國民黨人

　　國民黨方面認為，由於俄共否定三民主義，故需要另外一套革命政策來取代之，所以鮑羅廷及共產黨遂替國民黨製造三大政策，用以欺騙國民黨人及一般軍民。此外，共產黨人常用三大政策作為譴責國民黨不應該反共的藉口；也是一些附共人士投靠中共及蘇俄的護身符。

　　據李雲漢研究，1927 年 3 月武漢三中全會期間，鮑羅廷為了策動反對蔣介石，乃指使發動了「提高黨權」運動。高呼「一切權力集中於黨」，要糾正「黨內的獨裁傾向」。與此同時，共黨又高唱「三大政策」的口號，企圖以之代替三民主義。而俄共因三民主義未強調階級屬性故否定其價值，自然要製造另外一套「革命政策」來替代三民主義的地位，這乃是鮑羅廷提出所謂「三大政策」來欺騙國民黨人的背景。❷張玉法也認為：1927 年 3 月，鮑羅廷為加強國民黨的親共路線，進一步讓國民黨實行共黨的政治綱領，

---

❷　李雲漢，《從容共到清黨》（台北：中國學術著作獎助委員會，民 55 初版；民 76.8.影印二版），頁 552-556。

提出聯俄、聯共、工農三大政策。[93]蔣永敬更強調，鮑羅廷利用國民黨旗幟建立的武漢政權則以汪精衛做中心，為其推行「三大政策」，遂致國父孫中山先生原擬以國民黨為主體而來運用的聯俄容共政策，根本發生了變質的情況。[94]

以上可大致代表國民黨方面的觀點，其論述集中突出了一個重點：鮑羅廷提出「三大政策」，並通過汪精衛加以推行，用來欺騙國民黨人。

蔣永敬指出：1927 年 4 月 6 日，汪精衛在上海與陳獨秀發表聯合宣言，將容共政策變為「聯共政策」；隨即轉赴武漢。此時，汪精衛縱然未能真正阻止國民黨內的反俄、反共、反農工的思潮，但替鮑羅廷及共黨推行所謂「三大政策」——聯俄、聯共、農工，是不成問題的。[95] 4 月 11 日，汪精衛在漢口對歡迎他的民眾演講，說明孫中山指示了「三條革命的路」：

> 我們總理孫先生指示我們，指示給一般民眾的，共有三條革命的路：第一，是聯合世界上革命的民族，共同來反對帝國主義，這就是聯俄政策；第二，是聯合國內的一切革命份子，來反對帝國主義，這就是聯共政策；第三，要把全國最

---

[93]　張玉法，《中國現代史》（台北：東華書局，民 68），頁 403。

[94]　武漢中央政治委員會第 41 次會議速紀錄，孫科之報告，民 16.7.27.；引自蔣永敬，《鮑羅廷與武漢政權》（台北：傳記文學出版社，民 61），頁 1、23。

[95]　蔣永敬，《鮑羅廷與武漢政權》（台北：傳記文學出版社，民 61），頁 81。

> 大多數是最窮苦最受壓迫份子喚起來做革命的領導者，這就
> 是農工政策。……所以要使革命勝利，一定要按這三條大路
> 走，……這三大政策雖名為三個，而實則一貫，決不能取其
> 一而捨其餘。**96**

1927 年 11 月，汪精衛到了廣州，他似乎有點受到 7 月 15 日
武漢方面「分共」的影響，而在中山大學的公開演講中改變了半年
前的說法：

> 兄弟到了武漢，便感覺得三民主義與三大政策並舉是很不妥
> 當的。自從國民黨改組以來，第一、二次全國代表大會都未
> 見過三大政策的名詞，這大概是去年才發生的。**97**

先就時間言，汪精衛在 1927 年 4 月說三大政策的名詞「大概
是去年才發生的」，對照本章第一節的研究可知，與當時的情況基
本吻合。再就內容意涵上看，他先說三大政策「名為三個，實則一
貫」，半年之後又改口說「三民主義與三大政策並舉很不妥當」，
則似乎反映了他在認識上的模糊和立場上的搖擺。

96　〈汪精衛在漢口市民眾歡迎大會講演詞〉，民 16.4.11.漢口《民國日
　　　報》；引自蔣永敬，《鮑羅廷與武漢政權》（台北：傳記文學出版社，民
　　　61），頁 83。

97　汪精衛，〈武漢分共之經過〉，民國 16 年 11 月 5 日在廣州中山大學講；
　　　羅家倫主編，《革命文獻》，第 16 輯（台北：中國國民黨中央委員會黨
　　　史史料編纂委員會，民 42），總頁 2853。

　　至於汪精衛在另一個公開場合的講話中強調：「然而徵之事實，共產黨徒自加入本黨以後，唯一目的即在用種種手段，使本黨漸漸變成共產黨，浸假以三大政策來代替三民主義了。」❽此一說法，則又似乎與當時國共合作的破裂有關。

　　這裡，暫且不論汪精衛本人的認識或立場如何，另有一點必須指出，就是他對漢口民眾演講中所說的「三大政策雖名為三個，而實則一貫，決不能取其一而捨其餘」，在 13 年後，隱約見之於毛澤東發表的〈新民主主義論〉中：

> 　　這種新時期的革命的三民主義，新三民主義或真三民主義，是聯俄、聯共、扶助農工三大政策的三民主義。沒有三大政策，或三大政策缺一，在新時期中，就都是偽三民主義，或半三民主義。
>
> 　　革命的三民主義，新三民主義，或真三民主義，必須是聯俄的三民主義；如果沒有聯俄政策，那就必然是聯帝政策。如不聯共，就要反共。不要農工政策，那就是準備革命失敗，也就是準備自己失敗。❾

毛澤東這些形同典範的詮釋，在半世紀多後，仍然深深的影響著共

---

❽　〈汪精衛在中央縣市政治學校第三分校學員班畢業典禮講話〉：台北，中國國民黨中央黨史委員會藏毛筆件，檔案號碼：484/31。

❾　毛澤東，〈新民主主義論〉，1940.1.；中共中央毛澤東選集出版委員會編，《毛澤東選集》，第二卷（北京：人民出版社，1969 第 10 刷），頁650-652。

產黨方面的相關史論。

有的研究指出：從某種意義上說，聯俄、聯共、扶助農工三大政策，與新的民族、民權、民生三大主義有對應關係，密不可分，決不是「三件個別的事實」。[100]

也有的說：聯俄政策的確立，是孫中山對帝國主義國家幻想破滅的結果；聯共政策的確立，是孫中山一生探索救國拯民真理的必然結果；扶助農工政策，同樣也是孫中山革命思想、革命實踐發展的必然產物。[101]

1991 年出版的共產黨人官方史論，依舊根據上述思想脈絡申論說：孫中山的遺囑要「聯合以世界上以平等待我之民族」，自然首先要聯俄；要「喚起民眾」，自然要聯共和扶助農工。這是孫中山這位偉大的愛國者和革命家在總結自己畢生的政治經驗之後得出的兩條根本結論。[102]

凡此，均可見〈新民主主義論〉影響之一斑；但溯其流變，還是源自國共對三大政策的爭議。由於——以蔣介石為代表的——國民黨當時對汪精衛在現實權力上的邊緣化，和後來在歷史評價上的污名化，導致在貶抑汪精衛的同時，也連帶否定武漢政權、否定鮑羅廷以及三大政策，並群起攻伐而以「欺騙說」名之。

---

[100] 吳劍杰，〈孫中山的三大政策與新三民主義的內在聯繫〉；《武漢大學學報》（哲學社會科學版），1996 年，第三期，頁 89。

[101] 李友仁、郭傳璽主編，《中國國民黨簡史（1894-1949）》（北京：檔案出版社，1988），頁 31-32。

[102] 中共中央黨史研究室著，胡繩主編，《中國共產黨的七十年》（北京：中共黨史出版社，1991），頁 46。

　　另外，國民黨方面的若干史著還進一步強調「三大政策」對共產黨人具有的「護身符」作用；其中以崔書琴的研究較早、也具有代表性：

> 過去，中共黨徒常說只有他們才是三民主義的繼承者；他們提出了一種「革命的三民主義」的說法，以使其有別於「舊有」的三民主義。將聯俄、容共（他們曲解為「聯共」）與農工「三大政策」作為「革命的三民主義」的內容。他們藉口中山先生說過共產主義是民生主義的好朋友，來譴責三民主義的忠實信徒不應該反共。尤其是宋慶齡最常利用前面所引的遺教，為向中共與俄帝投靠辯護。⑩

　　蔣永敬則承續崔書琴的觀點並引伸說：半個多世紀以來，三大政策這一名詞常為共產黨人作為譴責國民黨不應該反共的憑藉；也是附共人士投靠中共及蘇俄的護身符。蔣指出，共產黨認為三大政策是孫中山在 1924 年改組國民黨時所確定的政策，是新的或革命的三民主義的主要內容，亦為實行三民主義的唯一方法，是不容改變的。國民黨人則認為中山先生改組國民黨時，雖有聯俄、容共的措施，以及農工方面的政策，但不能以此三者構成「三大政策」；因為除此三事外，還有許多其他政策和措施；更何況，在國民黨的歷次宣言、決議案以及中山先生的著述中，根本無此「三大政策」

---

⑩　崔書琴，《孫中山與共產主義》（香港：亞洲出版社，民 43；台北：傳記文學出版社，民 73 重印），頁 9-10。

的名詞。而聯俄、容共，只是一時的策略，不能與主義混為一談。過去隨著共產黨的論調，而以「三大政策」作為投靠中共及蘇俄的辯護者，可以宋慶齡和何香凝為代表。她們分別以孫中山先生與廖仲愷先生的「三大政策」的繼承者自居，不斷為「三大政策」作證。**⑭**

　　韋慕庭也認為共產黨人製造「三大政策」的說法，是一種巧妙使用名詞的手段，其目的顯然是要利用孫中山的名望作為武器，批評及恫嚇那些追隨孫中山、但又認為聯俄容共可能有不利影響的國民黨人。共產黨人可以藉此詢問這些國民黨員，他們怎麼敢反對偉大的孫中山先生的政治思想。**⑮**

　　上述以國民黨立場所指稱的「欺騙說」和「護身符說」，在共產黨人的詮釋中，卻成為當時忠於孫中山和擁護三大政策的共產黨員，面對蔣介石進攻所不得不然的反擊。

　　共產黨方面認為，由於「三大政策」的實行，國共合作才得以成立，並推動國民革命的迅猛發展；但國民黨內的頑固右派卻拋棄了孫中山的「三大政策」，導致革命的失敗。**⑯**而共產黨人則在堅

---

⑭　蔣永敬，〈孫中山先生與「三大政策」〉：本文原發表於 1985 年 11 月香港「孫中山先生與中國現代國際學術研討會」；後刊於《珠海學報》，第 15 期（香港，1987），頁 53。其後，再收錄於蔣永敬著，《孫中山與中國革命》（台北：國史館，民 89），頁 219-260。

⑮　C. Martin Wilbur and Julie Lien-ying How, ed., *Documents on Communism, Nationalism, and Soviet Advisers in China, 1918-1927*, New York: Columbia University Press, 1956, p.441.

⑯　林家有、周興樑，《孫中山與第一次國共合作》（成都：四川人民出版社，1989），頁 133。

持力行「三大政策」的過程中，不但繼承了孫中山的革命事業，同時也和以蔣介石為代表的國民黨右派反動勢力，展開了殊死鬥爭。

貳、三大政策是對蔣介石進攻的反擊

　　共產黨方面一項頗具有代表性的觀點指出，三大政策概念的形成和廣泛使用，是有一個過程的，這個過程與共產黨人、國民黨左派，同國民黨右派的鬥爭密切相關。它是為了反擊國民黨右派破壞孫中山的革命政策，分裂國民黨，破壞國共合作，在 1926 年夏秋，由黃埔軍校的共產黨人最早提出的。**⑩**這個觀點，基本源自日本學者狹間直樹的研究，並且強調了當時黃埔軍校的共產黨員是如何在蔣介石的獨裁下奮鬥不懈。

　　1925 年 3 月孫中山逝世後，廣州的權力核心是：胡漢民、廖仲愷、汪精衛三人。胡漢民身為代理大元帥，儼然已經成為國民黨「右派」的主要發言者，是孫中山最有可能的接班人。

　　而廖仲愷及其共產黨內的朋友，面對國民黨內似乎將要出現一個「右派」領導階層的前景，顯得驚恐不安。他們特別關切所謂「三大政策」（聯俄、聯共、扶助農工）的未來前途；因此，他們和胡漢民間的鬥爭——那是決定中國革命方向之爭，超越了一切個人權力得失和野心的考慮。**⑩**

　　共產黨方面認為：國民黨一大後，廖仲愷積極貫徹執行孫中山

⑩　林家有、周興樑，《孫中山與第一次國共合作》（成都：四川人民出版社，1989），頁 122。

⑩　陳福霖，《孫中山廖仲愷與中國革命》（廣州：中山大學出版社，1990），頁 221。

聯俄、聯共、扶助農工的方針政策，熱情地歌頌列寧是打破帝國主義的實行家，是為被壓迫民族奮鬥，為無產階級而奮鬥的革命導師；他無限欽佩中國共產黨人的忠誠和辦事能力，與蘇俄顧問、代表和中國共產黨人共同合作，親密無間。⑩但是，共產黨人對廖仲愷的肯定、推崇和寄予厚望，卻伴隨廖的被刺而化為泡影。

先是 5 月間，國民黨顧問鮑羅廷利用政治委員會的決議，成立國民政府，硬把胡漢民從代理大元帥的位置上拉下來，改由周恩來認為是「一個很好的留聲機」⑩的汪精衛掌權。8 月，廖仲愷被刺，牽涉到胡漢民的堂弟，鮑羅廷藉此把胡漢民「流放」到莫斯科去。至此，汪精衛遂成為國民黨的最高領袖。在上述過程中，蔣介石因為積極擁護孫中山的聯俄容共和扶助工農政策，曾被中共和共產國際視為「紅色將軍」，而全力拉攏和支持。⑪

不過，共產黨人對蔣介石從先前的具有好感，到後來轉變為充滿敵意與仇視，卻是其始料所未及；但多少也聯繫到蔣介石快速而戲劇化的崛起。

1926 年 1 月，國民黨召開二全大會，蔣介石做軍事報告。共產黨人指出，當時大會還繼續堅持反帝反軍閥的主張，堅持聯俄、

---

⑩ 廖仲愷，〈追悼列寧大會演說詞〉；《廖仲愷集》（北京：中華書局，1963）。引自史全生、高維良、朱劍合著，《南京政府的建立》（台北：巴比倫出版社，1992），頁 27。

⑩ 中共中央文獻編輯委員會編，《周恩來選集》，上卷（北京：人民出版社，1981），頁 117。

⑪ 陳永發，《中國共產革命七十年》（台北：聯經出版公司，2001），頁 105。

聯共、扶助農工的三大政策，並對參加西山會議的國民黨老右派分子分別給以黨紀處分。**⑫**

　　2 月，蔣介石被任命為國民革命軍總監（但他辭卻不就）；3 月間，他運用中山艦事件的壓力，逼走汪精衛。4 月 16 日，蔣介石出任國民黨軍事委員會主席；5 月，國民黨二屆二中全會通過整理黨務案。6 月 5 日，蔣出任國民革命軍總司令；6 月 29 日任國民政府委員；7 月 5 日任軍人部長；7 月 6 日任國民黨中央常務委員會主席；乃至 7 月 9 日誓師北伐。短短半年多的時間，蔣介石已經成為國民黨內炙手可熱的新強人。當時就曾有人提醒鮑羅廷說，俄國人「製造了一個他們自己也無法擺脫的魔鬼——袖珍拿破崙——蔣介石」；他的權力過大，將會引起嚴重後果。鮑羅廷未加評論，只是聳了聳肩膀。**⑬**未料一語成讖，從此，蔣介石竟成為共產黨人的夢魘——在當時和以後的主要競爭對手。

　　根據上述背景，或可進一步討論「三大政策」與蔣介石的關聯；而狹間直樹的研究，正是植基於此。他認為「三大政策」這一口號的出現，有其歷史演變的過程，而對於 1926 年 10 月《黃埔潮》第 11 期似乎有些突然地出現三篇大力提倡三大政策的文章，

---

⑫　郭德宏、李玲玉主編，《中共黨史重大事件述評》（北京：中共中央黨校出版社，1999），頁 1。

⑬　陳丕士，《中國召喚我——我參加中國革命的歷程》，頁 96。轉引自丁言模，《鮑羅廷與中國大革命》（銀川：寧夏人民出版社，1993），頁 457。

則應該分析其歷史的必然性。**⑭**

　　狹兼直樹強調：國民黨認為「三大政策」只是共產黨創造出來的，與孫文無關，這完全是將孫文置於自己的立場上來說話。如果要使這一說法成立，那麼，國民黨方面只有給國共合作最重要的階段蒙上一層面紗才能達到目的。另一方面，就共產黨而言，如果因為孫文採取革命政策，改組國民黨，創立國共合作是客觀存在的事實，便在論述這一問題時，認為「三大政策」這個新名詞是在國民黨一大就產生了，這樣就會將歷史發展的複雜過程簡單化，忽視在這一口號形成過程中所凝聚的歷史的創造力量。1926 年春，蔣介石開始向共產黨發起攻勢，為了反攻，共產黨員任卓宣在同年 11月提出了「三大政策」的口號。共產黨員處於蔣介石獨裁下的黃埔軍校及黃埔同學會之中，在黨中央提出關於北伐的混亂方針的狀況下，必須用體現三民主義的詞彙進行共產主義的宣傳，其艱苦的程度可想而知。黃埔的共產黨員們出色地完成了這樣的任務。**⑮**

　　雖然狹間直樹的上述觀點——對比於其他相關研究——較為獨特，但其詮釋，實不無疑義。因為，當時的共產黨人基本上都是以國民黨員的身分而活動，其情其景是否能提供客觀條件，使這些年輕的共產黨人在主觀上有意識而自覺地、且有組織或有計劃地從事宣傳共產主義，甚至以擁護「三大政策」為名去反擊蔣介石的進攻，恐怕尚難定論。更何況，狹間直樹自己在做出上述詮釋的同

---

⑭　狹間直樹，〈「三大政策」與黃埔軍校〉：《歷史研究》，1988 年，第二期，頁 134。

⑮　狹間直樹，〈「三大政策」與黃埔軍校〉：《歷史研究》，1988 年，第二期，頁 143-144。

時，也引證了當時蔣介石的秘書曾擴情的回憶，說黃埔同學會中刊行《黃埔潮》的宣傳科是「蔣介石法西斯獨裁的宣傳工具」[⑯]。因此，如果說黃埔同學會宣傳科是蔣介石的工具，而又把當時黃埔軍校內具有國民黨員身分的共產黨人在《黃埔潮》週刊上發表的文章，說成是共產黨人對蔣介石進攻的反擊，似嫌牽強。

　　不過，狹間直樹的論證，在直接讚揚並肯定共產黨員奮力突破困難處境的同時；也間接地印證了「三大政策」不是孫中山提出，而是由當時的共產黨員所概括的。

　　從共產黨方面的立場看，接受援引狹間直樹的觀點並無困難也極其自然。因為蔣介石後來在 1927 年發動的清黨，證明他早在一年前就已走向革命的對立面，不但拋棄了三大政策，也背叛了孫中山。正是在這種情況下，共產黨人宣稱其堅持、捍衛並執行了三大政策，從而繼承了孫中山的事業並成為革命的正統。

　　但國民黨方面的研究——如同劉鳳翰所指出的：中共廣東革命歷史博物館所編的《黃埔軍校史料》，在「黃埔軍校簡介」第 5 節（國共兩黨鬥爭、中山艦事件及中國國民黨清黨）中，編者以顛倒黑白的筆法，將中共控制之青年軍人聯合會在軍校奪權與破壞革命的種種，說成是「執行孫中山的三大政策，從事各種革命活動。」[⑰]是

---

⑯　狹間直樹，〈「三大政策」與黃埔軍校〉；《歷史研究》，1988 年，第二期，頁 141。

⑰　〈劉鳳翰考評：中共廣東革命歷史博物館編「黃埔軍校史料」〉；國史館編，《中國現代史書評選集（一）—中共書籍—》（台北：國史館，民75），頁 298。廣東革命歷史博物館編（李新、彭明指導）的《黃埔軍校史料》（廣州：廣東人民出版社，1982），全書 588 頁，計 38 萬 2,000

則，此說與狹間直樹及共產黨方面的觀點，形成鮮明對比。

國共之間的針鋒相對，概如上述。但證諸實際，包括雙方和其他的一些相關研究，在「忙於」相互批駁責難之際，也分別出現了若干理論或概念的混淆以及「盲於」史實的論述，故有待進一步釐清。

第四節　若干論述的釐清與商榷

考察各方面學者關於「三大政策」的研究，若干有待釐清或商榷的論述，可分為理論概念的誤用和背離史實的陳述兩個部分。其大致包括了：「容共」與「聯共」的混淆；將「舊三民主義」誤為「舊民主主義」；國民黨內當時是否存在反農工思潮的疑義；三大政策首次出現的時間落差；以及三大政策是孫中山手訂的等等。

壹、「容共」與「聯共」的概念混淆

有些研究在提到「三大政策」的內涵──「聯俄、聯共、扶助農工」時，出現將「容共」與「聯共」這兩個概念混同使用的情形。

最早的例子是伊羅生（Harold R. Isaacs），他認為西山會議派是舊國民黨中最年老，最腐敗保守，因此又是最短視眼的右派分子，

字：除「編輯說明」800字，「黃埔軍校簡介」6,000字，「編後記」300字外，收入史料233件，按性質分為十類，將國民黨與中共滲透資料，作刻意地對等選入。見國史館編，前揭書，頁293。

他們從始就排斥孫文的新三角政策，即聯俄、容共和動員群眾。當 1924 年第一次黨大會通過這一方針時，他們拒絕牠，並立即組織一個反對派，這個反對派公開宣布的目的，就是救護國民黨，因為他們相信國民黨有滅亡之虞。❶❶❽伊羅生所指的「新三角政策」就是共產黨人一貫強調的「三大政策」。但是，對照本章的研究即知，國民黨一大並沒有通過什麼「三大政策」。而且以「聯俄、容共和動員群眾」作為「三大政策」的內涵，則有別於一般通說的「聯俄、聯共和扶助農工」；尤其應當特別指出的是：從共產黨人的立場看，則只能是「聯共」而不是「容共」。

　　1955 年在香港出版的《三十年來的中共》一書記載：民國 13 年 1 月，國民黨實行改組，在廣州召開第一次全國代表大會。聯俄、容共，及扶植農工三大政策，成了大會的主要標題。由孫先生提請大會正式通過容納中共加入中國國民黨。❶❶❾在這裡，文義似有模糊——作者並未明確區分孫中山提請大會正式通過的是三大政策？還是容納中共加入國民黨？根據史實，國民黨一大沒有涉及三大政策的提案；而關於「本黨黨員不得加入他黨」的黨章修正案，其結論是口頭聲明即可，毋需形諸文字。但若將「聯俄、容共，扶植農工」三者並論，稱之為「三大政策」，則「容共」實為「聯共」之誤用或混同，二者應加區別才符合史實。

---

❶❶❽　伊羅生（Harold R. Isaacs）著，劉海生譯，《中國革命的悲劇（*The Tragedy of Chinese Revolution*）》（上海：嚮導書局，1947 年 3 月初版；香港重排本，1973），頁 134。

❶❶❾　古貫郊，《三十年來的中共》（香港：亞洲出版社，1955），頁 21。按：本書主要觀點是質疑胡喬木所撰的《中國共產黨的三十年》。

　　另據桂崇基的研究，「三大政策」這個名詞當時是由鮑羅廷首先喊出來的。最初是「反帝」、「聯蘇」、「農工」，後來改作「聯俄」、「容共」、「農工」。❿但證之顧孟餘在武漢中央的報告：當時鮑羅廷所謂的三大政策，是「反帝、聯俄、農工」；到後來才變成「聯俄、聯共、工農」。❽因此，桂崇基所指三大政策中的「容共」，應是「聯共」之誤。

　　蔣永敬於 1981 年和 1984 年，分別在不同的場合發表了同名論文——〈鮑羅廷與中國國民黨之改組〉。二文均指出：鮑羅廷之協助孫中山改組國民黨，實際上是要藉以執行蘇俄和共產國際對國民黨的政策，其要項有三：一、密切聯絡國民黨，進行反帝的世界革命。二、通過中共黨員及社會主義青年團員之加入，以影響國民黨的政策，其終極目的在取國民黨而代之。三、使國民黨注重農工運動，俾便加入國民黨的共產黨員接近農工群眾，以發展共產黨的勢力。以上三大要項，就是鮑羅廷藉國民黨的改組而要推行的政策。後來，鮑羅廷把它們定名為「三大政策——聯俄、容共、扶助農工」，並由中共人員為之鼓吹宣傳。❽ 1984 年，韋慕庭在台北評

---

❿　桂崇基英文原著，沈世平譯，《中國國民黨與中國共產黨》（台北：台灣中華書局，民 67），頁 59。

❽　李雲漢，《從容共到清黨》（台北：中國學術著作獎助委員會，民 55 初版：民 76.8.影印二版），頁 557-558。

❽　蔣永敬，〈鮑羅廷與中國國民黨之改組〉：中華民國建國史討論集編輯委員會編，《中華民國建國史討論集》，第三冊（台北：中華民國建國史討論集編輯委員會，民 70），頁 68-69、71、75、84-85、88、98。另見中華民國史料研究中心編，《中國國民黨第一次全國代表大會史料專輯》（台北：中華民國史料研究中心，民 73），頁 637。

論前引之蔣文說：「當時鮑羅廷喊出三大政策，我們只聽到他和共產黨在喊，沒有聽到孫中山對這三大政策作過說明，也沒有在演講中提到這個主題。」❷

　　按照上述蔣永敬的詮釋，蘇俄和共產國際賦予鮑羅廷的任務是，藉著協助國民黨改組之便，通過「三大政策」的推動，達到以下目標：聯俄──是為了進行反帝的世界革命；容共──是為了讓共產黨最終取國民黨而代之；扶助農工──則是為了發展共產黨人的勢力。而鮑羅廷把它們定名為「三大政策──聯俄、容共、扶助農工」。

　　蔣永敬在論文中使用了「容共」這個概念，並說這是鮑羅廷定的。雖然，他的註解引據顧孟餘的報告而有「聯（容）共」的字樣，其括弧裡的「容」字，亦似在特別提醒讀者注意：「應當是『容』而不是『聯』。」作者在這之後的其他論文中，也引據崔書琴的觀點而強調「他們曲解為『聯共』」❷。但是，如將「容共」納入「三大政策」的內涵而不用「聯共」，恐怕就需要斟酌了。因為，「容共」和「聯共」作為兩個獨立的概念，其指涉完全不同，有嚴格的區別；要作為「三大政策」的內涵，依共產黨的主張，則只能是「聯共」，而不能是「容共」。

---

❷　1984 年韋慕庭在台北對蔣永敬前文之評論：中華民國史料研究中心編，《中國國民黨第一次全國代表大會史料專輯》（台北：中華民國史料研究中心，民 73），頁 669。

❷　蔣永敬，〈孫中山先生與「三大政策」〉：《珠海學報》，第 15 期（香港，1987），頁 53。另見崔書琴，《孫中山與共產主義》（香港：亞洲出版社，民 43；台北：傳記文學出版社，民 73 重印），頁 10。

　　更何況，也最重要的是，如果以「聯俄、容共、扶助農工」作為「三大政策」的內涵，而且真的是鮑羅廷所定，則面對鮑羅廷所定的「容共」，共產黨人就既無根據也無理由，更無從一貫地堅持說孫中山或國民黨實施的是「聯共」；當然，國民黨就更要說是「容共」，而不承認是什麼「聯共」了。

貳、將「舊三民主義」誤爲「舊民主主義」

　　1991 年在中國大陸出版的《中共黨史辨疑錄》指稱：孫中山先生提出的「聯俄、聯共、扶助農工」三大政策，把舊民主主義發展到新三民主義，是在中國共產黨幫助下對中國革命作出的理論貢獻之一。❿在這裡，「把舊民主主義發展到新三民主義」一語中的「舊民主主義」一詞，和其他共產黨方面研究中所說的「舊三民主義」完全不同，應予釐清。

　　根據新民主主義革命的理論，在資產階級反抗封建專制統治爭取民主權力的民主主義革命的歷史進程中，以歐戰及 1917 年俄國十月革命為分水嶺，前一階段為「舊民主主義革命」，後一階段是「新民主主義革命」，兩者暨分別屬於不同的範疇，也是不同的歷史時期；且有不同的領導者和革命主體。而「新三民主義」則是共產黨人指孫中山在 1924 年國民黨一大所重新解釋的三民主義，其發生在新民主主義革命時期，是相對於「舊三民主義」而言的。因此，這兩組概念均有明確指涉和嚴格區分。如以毛澤東的〈新民主

---

❿　方曉主編，《中共黨史辨疑錄》（太原：山西教育出版社，1991），頁 125。

主義論〉為根據，正確的說法應當是「把舊三民主義發展到新三民主義」，而《中共黨史辨疑錄》中的「把舊民主主義發展到新三民主義」一語，實屬概念使用上的混同，應予釐清。

參、國民黨內是否存在反農工思潮的疑義

　　據馬起華的研究，國民黨一全大會中沒有「三大政策」的說法，也沒有「聯俄、聯共、扶助農工」的名目。可見孫中山並沒有提出包括「聯俄、聯共、扶助農工」在內的「三大政策」。而在一大宣言「國民黨之政綱」中，對外政策沒有提到聯俄，對內政策部分倒是有兩條規定涉及扶助農工，分別是「改良農村組織，增進農人生活」（第 10 條）；以及「制定勞工法，改良勞動者之生活狀況，保障勞工團體，並扶助其發展」（第 11 條）。馬起華指出：這兩條是國民黨的一貫政策，並非共產黨所專利的主張。[126]

　　另外，蔣永敬指出：汪精衛縱然未能真正阻止國民黨內的反俄、反共、反農工的思潮，但替鮑羅廷及共黨推行所謂「三大政策」——聯俄、聯共、農工，是不成問題的。[127]

　　將上述馬起華和蔣永敬的兩種說法併列觀察，似有疑義。一方面是，如果當時國民黨內的確存在「反農工」思潮，則一大宣言「國民黨之政綱」對內政策部分中，卻有兩條涉及扶助農工的規定，應如何解釋？反之，另一方面，如果扶助農工是國民黨的一貫

---

[126]　馬起華，〈評尚明軒著「孫中山傳」〉；國史館編，《中國現代史書評選集（一）—中共書籍—》（台北：國史館，民75），頁22。

[127]　蔣永敬，《鮑羅廷與武漢政權》（台北：傳記文學出版社，民61），頁81。

政策，則其黨內有反農工思潮的說法，即難以成立。

肆、三大政策何時出現的時間誤差

　　李雲漢認為，共產黨徒對於三民主義的最大污衊和曲解，是捏造了所謂「三大政策」，並妄圖以「三大政策」來取代三民主義。事實上，在孫中山的全部言論和國民黨歷次的宣言、決議案中，從來就沒有「三大政策」一詞，而且孫中山在世的時候，共產分子也不敢提出這一偽造的名詞。這一名詞不見於國民黨的文獻，其最早出現，乃在中共上海區秘密通訊第七號，時間在民國 14 年的 12 月。[128]而根據本章第一節之捌的研究，中共上海區秘密通訊第七號發出的時間是 1927 年 1 月 3 日；因此，「民國 14 年（1925 年）12 月」的說法，似有錯誤。

　　另外，宋進的研究指稱：1926 年 1 月之前，中國共產黨人已經把國民黨一大確定的重要政策，用聯俄、聯共、農工政策初步地概括出來。[129]但對照本章第一節壹至伍的分析可知，顯然，在時間點上，這個說法缺乏證據支持，難以成立。

---

[128]　李雲漢，〈共匪對中國國民黨第一次全國代表大會史實的曲解和利用〉；載中國國民黨北區知識青年第五黨部委員會，民國 73 年 7 月 5 日（73）信組一字第 077 號函（手刻鋼版油印原件）之附件（鉛字油印本），頁2。

[129]　宋進，〈新三民主義概念的提出過程考析〉；《中共黨史研究》，1990年，第 5 期，頁 48。

伍、三大政策不是孫中山所手訂的

　　1926 年 8 月 20 日，游步瀛在黃埔軍校寫成〈孫文主義與列寧主義之比較觀〉一文，隨後發表於同年 10 月 3 日出版的《黃埔潮》周刊第 11 期，其文提到為了完成國民革命運動，必須接受「孫文主義和孫中山所手訂的『聯俄』、『聯共』、『農工』三政策。」⓭⓪而游步瀛後來捨棄「三政策」，採取援用了吳善珍「三大政策」的說法，則廣為流傳。但由本章第一節的研究可知，孫中山並沒有手訂「三政策」或「三大政策」；因此，游步瀛在文章中所謂「孫中山所手訂的……」云云，顯然沒有根據。

　　1927 年 4 月初，徐謙（當時擔任國民黨中央執行委員會及國民政府委員臨時聯席會議主席）在武漢公開說：「黨內真正能夠革命的份子是完全遵照總理親手決定之聯俄聯共聯農工三大政策的。」⓭①此一「總理親手決定」說，同樣沒有根據。

　　1980 年代後期──國民黨清黨 60 多年後，中共政協和統戰部門出版的文獻記述說：1927 年 4 月 12 日國民黨清黨；13 日，國民黨上海（特別）市黨部強烈抗議，發表宣言和通電。宣言指出：一年來國民革命之長足發展，為本黨總理所手訂聯俄、聯共、扶助農工三大政策之實效具體表現。14 日，北伐軍東路軍（總指揮白崇禧

⓭⓪　狹間直樹，〈「三大政策」與黃埔軍校〉；《歷史研究》，1988 年，第二期，頁 133。

⓭①　徐謙，民 16.4.2.在歡迎國際工人代表團大會演說詞。見李雲漢，《從容共到清黨》（台北：中國學術著作獎助委員會，民 55 初版，民 76 影印二版），頁 558。

部）查封了林蔭路的國民黨市黨部。至此，共產黨和國民黨左派領導的市黨部，結束了光榮奮鬥的歷史。[132]

凡此，均可見「本黨總理手訂三大政策」這一說法影響之深遠；但卻顯然不符史實。

更有些個別研究說：孫中山在國民黨第一次全國代表大會上曾聲明，作為中國革命的基礎，三民主義和三大政策是不可分割的，也是不容改變的。[133]持上述主張者並未交代其引證來源；實際上也無法註明出處，因為孫中山根本無此聲明。

結　語

國共間長期的殊死鬥爭和共產黨人的最終勝利，其立場和觀點深深影響了相關歷史事件的評價及解釋。而圍繞著對於早期國共關係具有象徵意義的著名口號──「三大政策」的爭議，就帶有這種色彩。

雖然共產黨方面的研究──有數十年之久，口徑一致的說「三大政策」是孫中山在 1924 年 1 月國民黨一全大會時確立的；但歷史畢竟不是多數決！無論堅持多久，也無論在表述的詞彙運用上多

---

[132] 任武雄，〈國共第一次合作在上海的活動〉；載中國人民政治協商會議上海市委員會文史資料委員會、中共上海市委統戰部統戰工作史料徵集組編，《上海文史資料選輯──統戰工作史料專輯（八）》（上海：人民出版社，1989），頁31。

[133] 李友仁、郭傳璽主編，《中國國民黨簡史（1894-1949）》（北京：檔案出版社，1988），頁30。

麼講究，終究還是不能改變或掩蓋真相。

　　史實證明，孫中山本人沒有提出、沒有說過、沒有寫過、沒有使用過，更沒有訂定過「聯俄、聯共、扶助農工」的「三大政策」；而國民黨一全大會既沒有「三大政策」這個議案，當然也就談不到制定、通過、確立等等。

　　不過，「三大政策」從其概念的形成、名詞的出現，進而到廣泛流傳，的確歷經了一個過程。而共產黨人也承認，所謂「三大政策」的概念，確實是經過中國共產黨人的歸納提煉而約定俗成的。⓭「三大政策」正像毛澤東「後來」所使用的那樣，是對於「聯俄、聯共、扶助農工」三項政策的統稱。⓭故而，準確地說，毛澤東的〈新民主主義論〉，才是共產黨人後來論述「三大政策」的主要根據。

　　因此，共產黨人的歷史解釋之所以仍然堅持說孫中山在國民黨一大「確立了」三大政策，原因是，在共產黨看來，其不斷強調的「三大政策」，是「新三民主義」、「真三民主義」或「革命的三民主義」的基礎和主要內容，也是國民黨當時最重要的政策體現；「聯共」則是其中心環節。於是，共產黨人在日後的分析中指出：國民黨這個組織，本來包含一些著豪紳地主、買辦資產階級分子，這些分子反對孫中山的三大政策和新三民主義，成為國民黨右派；而廖仲愷等堅持三大政策和新三民主義的革命民主派，成為國民黨

⓭　吳劍杰，〈孫中山的三大政策與新三民主義的內在聯繫〉；《武漢大學學報》（哲學社會科學版），1996 年，第三期，頁 90。

⓭　狹間直樹，〈「三大政策」與黃埔軍校〉；《歷史研究》，1988 年，第二期，頁 131。

左派；還有一些動搖於左右之間的分子，則是國民黨的中派。⑬這樣，反對還是堅持孫中山的三大政策和新三民主義，就成為區分左派或右派的標準。

而共產黨人則依此標準，明確界定了國民黨的左派，是指擁護孫中山反帝反封建的革命綱領，和聯俄、聯共、扶助農工三大政策的國民黨人；其著名人物有廖仲愷、宋慶齡、鄧演達、何香凝等。⑬以鄧演達和何香凝為代表的國民黨左派，在四一二（指 1927 年 4 月 12 日國民黨的清黨）後宣布退出國民黨，並公開主張，由國民黨左派和共產黨員組織「第三黨」，建立所謂「平民政權」。在共產黨看來，鄧演達等人要走的，是所謂「第三條道路」，所以遭到共產黨人的批評。⑬中國共產黨人宣稱：他們只是用「批判的武器」，批評了鄧演達等；而蔣介石則是用「武器的批判」，槍殺了鄧演達。蔣射向鄧演達的子彈，喚起了中國資產階級民主派的覺醒，使他們中間的大多數人，從對「第三條道路」的幻想中逐步清醒過來。其中，宋慶齡就是最早覺醒起來的、中國資產階級民主派中傑出的代表。⑬共產黨人推崇宋慶齡，說她是孫中山革命事業的堅決捍衛者

---

⑬ 胡華主編，《中國革命史講義》（北京：中國人民大學出版社，1980），頁 115-116。

⑬ 中共中央文獻研究室編，《關於建國以來黨的若干歷史問題的決議注釋本》（北京：人民出版社，1983），頁 106。

⑬ 意指不左即右，沒有中立的餘地，當然也就沒有什麼「第三條道路」；否則階級鬥爭就鬥不起來了。

⑬ 王承璞，〈論第一次國共合作的破裂和中國資產階級的歷史命運〉；《中國現代史》，1991 年，第 11 期，頁 80。另可參閱張玉法，《中華民國史稿》（台北：聯經圖書公司，1998），頁 207-209。

和忠實繼承者；她始終堅持孫中山的三大政策，同國民黨反動派進行了長期不懈的鬥爭。⑭

　　就這樣，共產黨人不但在歷史地位上把自己和國民黨等量齊觀，還在邏輯理則上，把「反共」變成了反對孫中山和背叛革命的代名詞。於是，共產黨人通過「肯定孫中山從而肯定自己」的論證模式，同時在理論和道德的高度上，把以蔣介石為代表的國民黨右派，擠壓到當時的政治和後來的歷史邊緣；而自己則同國民黨內革命的左派合作，繼續捍衛並執行了孫中山的「三大政策」，進而領導了新民主主義革命，最終獲得勝利。

　　但又誠如國民黨方面的研究所主張的：說孫中山提出這「三大政策」，是共產黨說的。由於沒有這「三大政策」，則共產黨所說的「新三民主義」，在邏輯上根本不能成立。⑭而共產黨人如果沒有抓住「新三民主義」這面旗幟，就失去了革命的正當性和正統性，當然也就是國民黨眼中的叛亂團體了。

　　從理論建構發展的角度看，一方面，孫中山沒有提出三大政策固然是事實；但另一方面，後來共產黨人在歷史解釋中，加以詮釋和運用卻也是事實。以辯證探討史實而言，對於同時存在的這兩個層次，似不能忽略。

　　而「三大政策」之所以是國共互爭革命正統的歷史根源，多年來雙方之所以針鋒相對、各有堅持，其義在此。更由於共產黨人強

---

⑭　中共中央文獻研究室編，《關於建國以來黨的若干歷史問題的決議注釋本》（北京：人民出版社，1983），頁106。

⑭　馬起華，〈評尚明軒著「孫中山傳」〉；國史館編，《中國現代史書評選集（一）—中共書籍—》（台北：國史館，民75），頁22。

調三大政策是自己所堅決擁護和執行的「新三民主義」的主要內容，從而使孫中山的三民主義有了「新」、「舊」之分，導致歷史解釋中產生另一個爭議激烈的命題。

第九章
中共何以要強調新三民主義

　　早期國共關係中，和「三大政策」密不可分、且同樣具有爭議性的另一個歷史命題，是雙方對於所謂「新三民主義」的各說各話。

　　共產黨方面的研究認為，「三大政策」的制定與實行，是孫中山革命思想與革命實踐的一大飛躍，把舊三民主義發展為新三民主義的必要前提；❶故大力宣揚。而國民黨方面，則是少談或避談，甚至全般否認。

　　長久以來，孫中山、國民黨和三民主義的整體性與連貫性是眾所週知的，一如毛澤東、共產黨和共產主義；而兩者之間的差異性和排斥性，也是人所共見。

　　但是，在國共各自的理論依據和實際競逐中，似乎又有某些內在的聯繫。追本溯源，一是孫中山公開說過「共產主義是三民主義

---

❶　姜義華、吳根樑，〈孫中山與三大政策的制定〉；中國史學會編，《中國國民黨「一大」60 週年紀念論文集》（北京：中國社會科學出版社，1984），頁 113。

的好朋友」❷，「民生主義就是共產主義」❸所造成的影響；二是
共產黨人極力強調的「國民革命時期，中國共產黨和國民黨曾在新
三民主義的旗幟下團結一致，并肩作戰」❹。而共產黨人在當時和
後來，正是緊緊抓住並高舉「新三民主義」這面旗幟，在理論上也
在實際上，佔領了歷史的主流陣地；相對於此，國民黨方面強烈之
不堪也不甘於被邊緣化，則集其論辯焦點於「新三民主義」的歷史
詮釋。

在共產黨人看來，國民黨一大最大的功蹟，是重新解釋了三民
主義，正式確立了聯俄、聯共、扶助農工的三大政策，……孫中山
的舊三民主義經過重新解釋，成為具有革命內容的新三民主義，是
國共合作的政治基礎和共同綱領。❺故「新三民主義」的基礎和主
要內容是「三大政策」；其核心是「聯共」；而共產黨則是主角，
是繼承孫中山革命大業的正統。

但國民黨方面的研究則認為，繼「三大政策」之後，到抗戰時
期，毛澤東又捏造了一個「新三民主義」的名詞，真是荒謬到極

---

❷　見 1924 年孫中山的民生主義第二講。

❸　詳請參閱崔書琴，《三民主義新論》（台北：台灣商務印書館，民 34 重
　　慶初版；民 35 上海初版；民 36 上海三版；民 63 年修訂台北 11），頁
　　255-262（第 19 章，一、「民生主義與共產主義」的詮釋問題）。

❹　李杰、申時雨，〈兩次國共合作的啟示〉；載中共四川省委黨史研究室組
　　織編寫，何守義等主編，《中共黨史專題論析》（成都：四川人民出版
　　社，1991），頁 109。

❺　唐培吉等，《兩次國共合作史稿》（杭州：浙江人民出版社，1989），頁
　　61。

點。❻德國學者金德曼也指稱，「新三民主義」這個名詞除了中共外沒有人用過。❼

　　國共雙方在歷史解釋上的各說各話，大抵類此。

　　何謂「新三民主義」？怎麼來的？「新三民主義」概念的具體指涉為何？和「舊三民主義」有何不同？

　　從共產黨的立場看——根據毛澤東的〈新民主主義論〉，為什麼主張「新三民主義」既是中國共產黨人和孫中山合作的政治基礎？又是國共兩黨建立革命統一戰線的共同綱領？

　　而國民黨方面則何以反對？

　　雙方各自堅持不同的歷史解釋，到底爭的是什麼？

第一節　新三民主義的藍本說

　　研究者一般認為，共產國際於 1923 年通過的〈11 月決議〉，是孫中山在 1924 年國民黨一大宣言中，重新解釋了三民主義而成為「新三民主義」的藍本。

　　但就時空背景言，以鮑羅廷在廣州發表的議論，對照於蔣介石

---

❻　李雲漢，〈共匪對中國國民黨第一次全國代表大會史實的曲解和利用〉；載中國國民黨北區知識青年第五黨部委員會，民國 73 年 7 月 5 日（73）信組一字第 077 號函（手刻鋼版油印原件）之附件（鉛字油印本），頁3。

❼　金德曼，〈在中國歷史經驗照耀之下孫逸仙的意識型態和其非凡的領導力〉；載中華民國建國史討論集編輯委員會編，《中華民國建國史討論集》，第一冊——辛亥革命史（台北：中央文物供應社、正中書局，民70），頁 63。

在莫斯科向俄國人提交的書面報告，及其與俄共及共產國際主要領
導人的晤談內容等等檢視，則國民黨人試圖賦予三民主義時代意涵
新詮釋的努力，似乎要比〈11月決議〉還早一些。

壹、共產國際的 11 月決議

　　從中共中央──同時也是最具有代表性的觀點看，國民黨一大
宣言是孫中山委託鮑羅廷起草的，由瞿秋白翻譯和汪精衛潤色而
成。它同共產國際執行委員會主席團於 1923 年 11 月通過的《關於
中國民族解放運動和國民黨問題的決議》對三民主義的解釋基本一
致；但出席大會的國民黨右派分子竭力反對這個宣言草案。孫中山
在共產黨人的支持下，頂住了右派的壓力，把宣言草案提交大會討
論通過。從此，舊三民主義發展為新三民主義。❽而其餘站在共產
黨立場方面的論述，如：大會通過了鮑羅廷和共產黨人參加起草的
《國民黨第一次全國代表大會宣言》，接受了我黨提出的反帝反封
建主張，確定了國民黨實行「聯俄、聯共、扶助農工」的三大政
策，重新解釋了三民主義（基本採納了共產國際 11 月決議精神）❾……
等等，亦莫不以中共中央的觀點為準。

　　另外，中國社會科學院近代史研究所研究員李玉貞認為，共產
國際〈十一月決議〉對三民主義的解釋，已經基本進入了國民黨一

---

❽　中共中央黨史研究室著，《中國共產黨歷史》，上卷（北京：人民出版
　　社，1991），頁 98-99。

❾　曹軍，《共產國際和中國革命關係若干問題》（西安：陝西人民出版社，
　　1994），頁 31-32。

大宣言。❿再則，以研究共產國際與中國革命而著稱的德國學者郭恆鈺亦指出，蔣介石在莫斯科參與討論了 1923 年 11 月 28 日共產國際執行委員會主席團通過的〈關於中國民族解放運動和國民黨問題的決議〉❶。這個決議，是蘇俄與國共兩黨關係和蘇俄在中國推行民族革命運動的「經典文獻」；共產國際從俄共的意識型態和策略觀點來詮釋三民主義，用為其後支持包括有中共參加的統一戰線的基本綱領和改組國民黨成為「工農政黨」的理論依據。⓬對共產國際來說，這個決議是蘇俄在意識型態上與孫中山領導的國民黨合作的基本綱領；它主要表現在對三民主義的解釋上。國民黨一大宣言中的「國民黨主義」，就是以此一決議為藍本。⓭

在台灣方面，前中央研究院近代史研究所所長郭廷以也同樣認

---

❿　李玉貞，《孫中山與共產國際》（台北：中央研究院近代史研究所，民 85），頁 337。

❶　第 98 號文件，〈共產國際執行委員會主席團關於中國民族解放運動和國民黨問題的決議〉，1923.11.28，莫斯科。載李玉貞譯，《聯共、共產國際與中國（1920-1925）》，第一卷（台北：東大圖書公司，民 86），頁 280-282。郭恆鈺，《俄共中國革命祕檔（1920-1925）》（台北：東大圖書公司，民 85），頁 77。另見中共中央檔案館編，《中共中央文件選集》，第一冊（1921-1925）（北京：中共中央黨校出版社，1989），頁 589-592。

⓬　郭恆鈺，《俄共中國革命祕檔（1920-1925）》（台北：東大圖書公司，民 85），頁 77、83。

⓭　郭恆鈺，〈蘇俄與國共兩黨關係（1920-1925）〉，原題名為〈解析孫中山先生的聯俄政策〉，刊於《中央日報》（台北），民 83.6.24。見郭恆鈺，《俄共中國革命祕檔（1920-1925）》（台北：東大圖書公司，民 85），頁 2-3。

為，國民黨一大宣言中的國民黨主義，與共產國際的主張大致吻合，亦即日後中共所指的聯俄、聯共、農工三大政策，而以反抗帝國主義為中心。❹

　　根據以上所舉的三方面觀點來看，共產國際 1923 年的〈11 月決議〉是「新三民主義」的藍本說，似為較普遍的認識。

　　1923 年，共產國際對中國革命作出了三個重要的決定，分別是〈1 月指示〉、〈5 月指示〉和〈11 月決議〉；三者一樣，都是為了促進國共合作向中共所發布的指示性文件。不同的是，〈11 月決議〉著重對國民黨的理論基礎——三民主義作新解釋。❺

　　〈一月指示〉的要點是：中國工人階級尚未完全形成為獨立的社會力量，所以共產黨員留在國民黨內是適宜的；但共產黨不能以取消自己獨特的政治面貌為代價，而應當在原有的旗幟下行動。只要國民黨在客觀上實行正確的政策，中國共產黨就應當在民族革命戰線的一切運動中支持它。❻這個決議，是以 1922 年 8 月中共西湖會議決定接受馬林的主張，加入國民黨並已參與了實際工作為背景的。

　　再看〈五月指示〉，這是 1923 年 6 月中共在廣州召開三大的

❹　郭廷以，《近代中國史綱》（香港：中文大學出版社，1980），頁 540。

❺　林家有、周興樑，《孫中山與第一次國共合作》（成都：四川人民出版社，1989），頁 240。

❻　〈共產國際執行委員會關於中國共產黨與國民黨的關係問題的決議〉，1923 年 1 月 12 日；中國社會科學院近代史研究所翻譯室編譯，《共產國際有關中國革命的文獻資料》（1919-1928），第一輯（北京：中國社會科學出版社，1980），頁 76-77。

前夕，共產國際傳達給中共三大的指示性文件。其重點是要求中國
共產黨在中國進行民族革命和建立反帝戰線之際，必須同時進行反
對封建主義殘餘的農民土地革命。全部政策的中心問題是農民問
題；所以共產黨應當力求實現工農聯盟；必須不斷地推動國民黨支
持土地革命。而在孫中山與北洋軍閥內戰的問題上，〈五月指示〉
強調，「我們支持孫中山」；但應當在國民黨內部竭力反對孫中山
與軍閥的軍事勾結。⓱

　　至於〈11 月決議〉，其內容並沒有對國民黨應該實行的對內
對外政策作明確建議；而是從理論角度發揮了共產國際對國民黨主
義的詮釋。林家有認為：俄國人這樣做的目的，不言而喻，是要向
孫中山及其國民黨表明，共產國際同意以重新解釋的三民主義作為
共同綱領，去建立國共合作。⓲而共產國際要落實的這一層用意和
具體任務，則由鮑羅廷負責執行。

　　1923 年下半年，在國民黨正忙於改組準備工作的同時，孫中
山派遣了以蔣介石為首的孫逸仙博士代表團，於 8 月中旬出發赴俄
考察。另一方面，俄共也派出加拉罕使團，於 8 月初啟程到北京商
談；而鮑羅廷則受命以孫中山政治顧問的身分隨團同行，於 10 月
初抵達廣州。鮑羅廷隨即展開協助孫中山改組國民黨，其首要工作

<hr>

⓱　〈共產國際執行委員會給中國共產黨第三次代表大會的指示〉，1923 年 5
　　月；中國社會科學院近代史研究所翻譯室編譯，《共產國際有關中國革命
　　的文獻資料》（1919-1928），第一輯（北京：中國社會科學出版社，
　　1980），頁 78-80。
⓲　林家有、周興樑，《孫中山與第一次國共合作》（成都：四川人民出版
　　社，1989），頁 241。

就是理論上的確認。

貳、鮑羅廷的新思路

有學者認為，鮑羅廷對於國民黨三民主義的詮釋，帶給孫中山前所未有的新感受，從而影響並導致了三民主義的新解釋。

1923 年 8 月 2 日，俄共中央政治局會議通過了斯大林在 7 月 31 日提出的、關於任命鮑羅廷為孫中山政治顧問的建議；並指示鮑羅廷在與孫中山共事時，應遵循中國民族解放運動的利益，而不要熱中於在中國推行共產主義（按：此處可見其延續〈孫越宣言〉的精神所在）。[19]同一天，鮑羅廷與蘇俄新任全權代表加拉罕由莫斯科啟程赴中國；加拉罕銜命同北京政府談判承認蘇俄的問題。9 月初，加拉罕使團抵達北京。[20]而鮑羅廷則先在東北會晤了張作霖，後在北京與上海稍事停留，以熟悉環境和認識蘇聯工作人員與中共黨員。

1923 年 10 月 6 日，鮑羅廷攜帶加拉罕致孫中山的介紹信到達廣州；信的全文如下：

親愛的孫博士：

很長一段時間來，廣州缺少一個我國政府的常駐代表。這一

---

[19] 第 80 號文件，〈俄共（布）中央委員會政治局第 21 次會議記錄〉，1923 年 8 月 2 日，莫斯科。李玉貞譯，《聯共、共產國際與中國（1920-1925）》，第一卷（台北：東大圖書公司，民 86），頁 219。

[20] 李玉貞譯，《聯共、共產國際與中國（1920-1925）》，第一卷（台北：東大圖書公司，民 86），頁 223-224。

點莫斯科深有所感。對米哈伊爾 · 馬爾科維奇 · 鮑羅廷的任命是在這方面採取的一個重要步驟。

鮑羅廷同志是我黨最老的黨員之一，參加俄國革命運動已經多年。您不僅可以將鮑羅廷同志視為政府的代表，而且可以把他當作我的私人代表。您可以同他無所不談，就像對我一樣。他的任何話，您都可予以信任，就像信任我的話一樣。他了解全部情況。此外，在他來南方之前，我們兩人曾經做過一次長談，他會把我的想法，願望和感受傳達給您。

希望鮑羅廷同志到廣州後，情況會比以前（我為以前的情況深感遺憾）進展快些。此致

友好敬意！

您的加拉罕（簽名）㉑

10 月 9 日，孫中山為鮑羅廷舉行洗塵宴會；席間，孫以其本人和與會者的名義，請鮑羅廷詳細談談蘇俄革命的經驗。鮑羅廷隨即著重闡明了在群眾中不斷進行宣傳鼓動的重要性和軍隊中政治工作的必要性，他並強調指出國民黨的主要任務是統一全國，使中國取得獨立，而這正是孫中山多年奮鬥的目標之一。特別值得注意的是，鮑羅廷還以新的思路和政治文化價值觀，第一次重新解釋了三民主義：

㉑　李玉貞譯，《聯共、共產國際與中國（1920-1925）》，第一卷（台北：東大圖書公司，民 86），頁 223。

在蘇俄革命勝利後,我們實現了蘇維埃的民主主義,即最廣
泛意義上的民主主義,千百萬工人農民的民主主義。我們把
蘇維埃看成是國家的一種最民主的形式。當然,你們是根據
中國的實際情況來理解「民主」這個詞的。不管怎樣,我們
已經實現了你們三民主義當中的兩項,即民族主義和民主主
義。我們在蘇俄建立了自由的民族國家和最民主的制度。至
於第三項原則──社會主義,那麼我們已經創造出了有可能
使之實現的政治和經濟條件。[22]

看起來,鮑羅廷似乎逐漸使孫中山感受到前所未有的解釋三民主義
的嶄新思路。[23]

　　這時候,雖然還不能確定鮑羅廷就有全面重新解釋三民主義的
方案,但他已經注意到這個問題攸關國民黨改組至鉅。而從時間先
後來看,鮑羅廷對孫中山的這番議論,是發於 1923 年共產國際作
出〈11 月決議〉之前;其後,他於 12 月 30 日才收到該決議。鮑
羅廷隨即在寫給魏金斯基的信中提到:

　　……也許我並沒有馬上掌握它的基調,但是逐漸地會理解
的。重要的是國民黨改組已經開始了。現在,當工作已經就
緒,國民黨頭面人物的思想中也發生了一定轉變的時候,我

---

[22]　亞·伊·切列潘諾夫,《中國國民革命軍的北伐:一個駐華軍事顧問的札記》（北京:中國社會科學出版社,1981）,頁 35。

[23]　丁言模,《鮑羅廷與中國大革命》（銀川:寧夏人民出版社,1993）,頁69。

們將能夠堅持決議的精神，特別是對他們的三民主義（民族
主義、民權主義、民生主義），對於黨的政治工作和工人階級經
濟組織態度的提法方面。**❷**

因此，說鮑羅廷根據〈11 月決議〉而對於國民黨詮釋三民主義是
有影響的，應可接受。

不過，另一方面，對照蔣介石在同一時期訪俄的情況可以得
知，他在共產國際執行委員會上的發言，「對於國民黨一大宣言基
調的『起音』發揮了重要作用」**❷**。因此或可說，國民黨早在鮑羅
廷來華之前，其對三民主義的理論認識，已經有所發展。

參、蔣介石訪俄時談到的三民主義

1923 年，蔣介石率領的孫逸仙博士考察團於 8 月 16 日從上海
出發，9 月 2 日抵達莫斯科，在停留了將近三個月後，於 11 月 29
日返華。

9 月 7 日，俄共中央書記魯祖塔克會見了考察團；在雙方的晤
談中，魯祖塔克認為國民黨就其本質而言，與俄國共產黨十分相
近。而蔣介石則表示同意並補充說，國民黨一向認為蘇聯共產黨是

---

❷ 第 104 號文件，〈鮑羅廷致魏金斯基的信〉，1924 年 1 月 4 日，上海；
李玉貞譯，《聯共、共產國際與中國（1920-1925）》，第一卷（台北：
東大圖書公司，民 86），頁 219。

❷ 李玉貞，《孫中山與共產國際》（台北：中央研究院近代史研究所，民
85），頁 328。

其胞姐。❷❻

　　9 月 17 日，蔣介石率代表團參觀兵營後，對數百名紅軍戰士講話，強調「我們是到這裡來學習，來同你們聯合的。」蔣介石的講話不時被經久不息的掌聲和樂隊高奏的「國際歌」打斷而停頓。最後，全體與會者歡呼「烏拉」❷❼（Ura）。蔣介石將軍情緒昂揚，幾乎像在喊叫，雙手顫抖著。代表團員們出去的時候，都被抬了起來，輕輕搖晃著，一直抬到汽車旁。❷❽

　　10 月中旬，代表團先行遞交了一份報告給魏金斯基，託其轉致俄共中央；這是一份關於中國國民運動和國民黨內狀況的書面報告。若將代表團於 8 月中旬出發，對照鮑羅廷在 10 月初到達廣州的時間來看，這份報告應當是國民黨人在還沒有鮑羅廷參與的情況下自己所擬就的。報告中分別提及：

　　　　外國帝國主義列強對中國經濟剝削和控制與日俱增；……
　　　　中國的政治就是世界帝國主義和中國軍閥的政治；……
　　　　外國帝國主義列強非常憎惡國民黨，……但是，這個黨以其不可戰勝的精神，依然有能力堅持反對中國軍閥和外國帝國

---

❷❻　第 82 號文件，〈巴蘭諾夫斯基關於國民黨代表團會見魯祖塔克的書面報告〉，1923 年 9 月 7 日，莫斯科。見李玉貞譯，《聯共、共產國際與中國（1920-1925）》，第一卷（台北：東大圖書公司，民 86），頁 232。
❷❼　「烏拉」意指軍隊衝鋒的吶喊；或表示贊美的歡呼聲。
❷❽　第 85 號文件，〈關於國民黨代表團參觀 144 步兵團的書面報告〉，1923 年 9 月 17 日，莫斯科。見李玉貞譯，《聯共、共產國際與中國（1920-1925）》，第一卷（台北：東大圖書公司，民 86），頁 238。

主義者的立場。……

基於近十年的經驗和觀察華盛頓會議的後果，我們知道，我們的國民革命不可能帶有共產主義性質。我們的目標是反對國際帝國主義及其工具——中國軍閥。正是世界資本主義和帝國主義使中國淪為半殖民地的。不推翻世界資本主義和帝國主義，中國就無望贏得真正的獨立。由此而提出我們的任務——推翻世界資本主義。……

鑒於現存的經濟條件，在中國不可能很快實行共產主義，民生主義現在是中國最可取的經濟制度，而且也是走向共產主義的第一步。……

國民黨必須進行改組。……探討我們的政治宣傳口號乃是當前最重要的任務。……㉙

在這個書面報告中，特別著重民族主義的闡釋；而使用「帝國主義」、「外國列強」或「反帝運動」等字樣，不下十餘處。

11 月 13 日，俄共中央革命軍事委員會副主席斯克梁斯基和總司令加米涅夫會見了代表團；蔣介石提到國民黨的政治工作遇到了很大的阻力，因外國帝國主義千方百計對付中國人的革命活動。蔣介石說俄國共產黨只有一個敵人——沙皇政府。中國的情況不同。

㉙　第 87 號文件，〈國民黨代表團關於中國國民運動和黨內狀況的書面報告〉，不晚於 1923 年 10 月 18 日，莫斯科，秘密。見李玉貞譯，《聯共、共產國際與中國（1920-1925）》，第一卷（台北：東大圖書公司，民 86），頁 244-248。

與中國革命黨人為敵的，是全世界各國的帝國主義者。**❸⓿**

　　11 月 26 日，代表團參加了共產國際執行委員會的會議，蔣介石首先報告說，

> 中國的政治經濟形勢，我們已就此問題通過魏金斯基遞交了一份報告。我相信各位已經過目了，……中國革命的政治口號應當是三民主義，即孫中山博士的三民主義：民族主義、民權主義和民生主義。三民主義的解釋已經見於報告中，諸位請看一看。因此這裡沒有必要再行詳細闡述。**❸❶**
>
> 我們認為，第三個主義即民生主義，就是走向共產主義的第一步。我們想，現在對於中國革命事業來說，最好的政策就是使用下列政治口號：「爭取中國獨立」、「人民政府」、「民族主義」、「民權主義」。到第二步，我們才能根據共產主義的原則，有所作為。**❸❷**

---

❸⓿　第 92 號文件，〈巴蘭諾夫斯基關於國民黨代表團會見斯克梁斯基和加米涅夫的書面報告〉，1923 年 11 月 13 日，莫斯科。見李玉貞譯，《聯共、共產國際與中國（1920-1925）》，第一卷（台北：東大圖書公司，民 86），頁 256。

❸❶　第 96 號文件，〈有國民黨代表團參加的共產國際執行委員會會議速記記錄〉，1923 年 11 月 26 日，莫斯科。見李玉貞譯，《聯共、共產國際與中國（1920-1925）》，第一卷（台北：東大圖書公司，民 86），頁 270。

❸❷　第 96 號文件，〈有國民黨代表團參加的共產國際執行委員會會議速記記錄〉，1923 年 11 月 26 日，莫斯科。見李玉貞譯，《聯共、共產國際與中國（1920-1925）》，第一卷（台北：東大圖書公司，民 86），頁 270。

目前中國革命工作的政治口號不應該是共產主義的口號，而應該是「建立獨立的中國」和「人民政府」的口號。只要我們第一階段取得成功，我們就有可能公開宣傳共產主義的原則。如果我們提出類似「爭取中國獨立」和「人民政府」的口號，而不用共產主義的口號，中國革命的成功就要容易得多。其第一個原因是，30 年前孫中山博士開始發動革命時，就是以三民主義為革命的口號。大部分中國人很理解三民主義，如果我們繼續以此為號召，我們就比較容易取得成功。另一個原因是，由於我們長期使用三民主義口號，中國軍閥沒有特別注意我們的宣傳工作。他們不會像對付共產主義的宣傳那樣，對三民主義特別警覺。還有一個原因是，小土地所有者和小資產階級不會反對我們的革命運動，我們還可以把他們看作我們革命力量中的一個因素。❸

我們認為，待過上 3-5 年中國國民革命第一階段結束，我們就會凱歌高奏。只要一勝利，我們就開始第二階段，開始宣傳共產主義的口號。我們認為，到那時，中國人民勢將順利實行共產主義。❸❹

---

❸❸　第 96 號文件，〈有國民黨代表團參加的共產國際執行委員會會議速記記錄〉，1923 年 11 月 26 日，莫斯科。見李玉貞譯，《聯共、共產國際與中國（1920-1925）》，第一卷（台北：東大圖書公司，民 86），頁271。

❸❹　第 96 號文件，〈有國民黨代表團參加的共產國際執行委員會會議速記記錄〉，1923 年 11 月 26 日，莫斯科。見李玉貞譯，《聯共、共產國際與中國（1920-1925）》，第一卷（台北：東大圖書公司，民 86），頁272。

蔣介石報告後，季諾維也夫表示：

> 至於國民黨的三民主義，我們知道，這不是共產主義的口
> 號。而且，我們承認，這些口號反映了國家解放運動的初始
> 階段，但是，應該使這些口號更加具體，更加明確。例如，
> 民族主義，他在許多方面取決於對這個口號的理解，取決於
> 民族主義的內涵。大家都已理解，民族主義意味著一個強大
> 而有力的運動，但與此同時，又不應抬高中國新生的資本家
> 階級，新生的資產階級，不應以中國資產階級的統治取代外
> 國帝國主義者的統治。另一方面，民族主義的正確實施，不
> 應該成為一場讓中國絕大多數人獨立並對中國境內其他民族
> 實施壓迫的運動。民族主義不應確立一部分人民對另一部分
> 人民的領導權，總之，絕對不應該導致讓生息在中境內的任
> 何一個民族受到壓迫的現象。
> 至於民權，我認為，同志們都知道，民權在歐洲已成為一個
> 反動口號，這個口號讓人們不要革命。不過，共產國際認
> 為，中國的運動尚不夠發達，在中國，民權可能成為一個進
> 步的口號。但民權只有在保證群眾，保證勞動群眾有可能捍
> 衛自身權利並推進其事業的情況下，才能成為進步的口號。
> 只有到這樣的程度，民權這個口號在中國的運動中才能成為
> 進步的因素，而不是像在歐洲國家那樣，成為反動的因素。
> 至於民生主義，恐怕不一定有必要過多展開討論這個問題。
> 但是，如果從致力於勞動群眾的解放、解除種田人的苛捐雜
> 稅、取消一些導致民怨沸騰的壓榨這個角度理解民生主義，

那就不會有異議。當然，這不是真正的社會主義，但是如果
這樣做下去，就可能實際上朝著社會主義的方向發展。

最後，我想說，我們都很清楚，孫中山領導的黨若取得勝
利，就將是世界上的大事。他將強烈影響各國工人的鬥爭，
在這層意義上，對於共產國際領導下的全世界革命工人階級
的鬥爭，也將產生影響。共產國際是為自由、解放、獨立而
戰的中國人民的天然朋友和同盟者。因此，眾志成城就能極
大推進各國勞動者的解放事業。㉟

接著季諾維也夫的講話，蔣介石最後說：

我們基本同意季諾維也夫的講話，但我們想強調一點，我們
不是為資產階級的利益而進行革命工作。這就是我們的立
場。現在，我們想讓小資產階級與我們組成反對資本主義和
帝國主義的統一戰線。但是，我們不是為它的利益奮鬥。㊱

1923 年 11 月 27 日，托洛茨基接見孫逸仙博士考察團，他用

㉟　第 96 號文件，〈有國民黨代表團參加的共產國際執行委員會會議速記記
　　錄〉，1923 年 11 月 26 日，莫斯科。見李玉貞譯，《聯共、共產國際與
　　中國（1920-1925）》，第一卷（台北：東大圖書公司，民 86），頁 273-
　　274。

㊱　第 96 號文件，〈有國民黨代表團參加的共產國際執行委員會會議速記記
　　錄〉，1923 年 11 月 26 日，莫斯科。見李玉貞譯，《聯共、共產國際與
　　中國（1920-1925）》，第一卷（台北：東大圖書公司，民 86），頁 274-
　　275。

了45分鐘分析中國形勢。主要論點是：

> 只要孫中山熱中於軍事活動，那他在中國工人、農民、手工
> 業者和小商人的眼中，就和北方軍閥張作霖、吳佩孚沒有什
> 麼兩樣。誰都知道，北方軍閥的靠山是外國人。因此，我們
> 如若給孫中山軍事援助，那麼，中國公眾輿論就會做如下評
> 價：張作霖是日本的走卒、吳佩孚是英美的走卒，而孫中山
> 則是蘇俄的走卒。在那情況下，焉能談得上革命運動的成
> 功。現在應當拿出解放運動的辦法。首先應該做的是，對廣
> 大人民群眾進行長期而頑強的政治教育。這就是說，國民黨
> 應當拿出最大的精力去做宣傳工作。一家好的報紙要比一個
> 壞的師強大得多。在當前條件下，一個嚴肅的政治綱領要比
> 一個沒有戰鬥力的軍更加重要。我們不是說不給軍事援助，
> 但在目前各種軍事力量戰略對比情況下，向孫中山軍隊提供
> 這種援助是不可能的。不過，我們可以開辦學校，來對中國
> 的革命者進行軍事培訓。在這方面，我們會履行革命軍事委
> 員會不久前做出的承諾。……
> 貴黨用於軍事工作的力量不應超出政治工作的二十分之一，
> 或者無論如何也不應超出十分之一。
> 在當前形勢下，國民黨與其有一個組織渙散的軍，還不如在
> 敵人的營壘中爭取到一批擁護他的人。……廣大群眾參加解
> 放運動的政治準備工作完成之後，國民黨就可開始軍事行
> 動，但不是像代表團提交給革命軍事委員會的備忘錄（按：
> 即孫中山的「西北計劃」）中所說，由蒙古出擊，而是在中國本

土與師。**㊲**

　　蔣介石對托洛茨基的講話作了簡短回答說，從事政治活動有一定難度，因為帝國主義者殘酷鎮壓任何形式的革命宣傳。托洛茨基接著說，在當前形勢下進行政治宣傳要看條件；也就是在報刊說一些新聞檢查允許說的話，同時還可以在宣言和傳單中用自己的語詞闡述事物，亦即應該是公開和秘密工作並舉。最後，蔣介石告別時，表示贊成托洛茨基所說的一切，並說國民黨將盡力把俄國同志的意見付諸實施。**㊳**

　　細查以上蔣介石在莫斯科與俄共和共產國際主要領導人的晤談內容，以及他提交給俄共中央的書面報告，大致可以得到下列幾點認識：

　　一、國民黨方面——至少在組織上、至少從蔣介石本人的公開言論「國民黨一向認為蘇聯共產黨是其胞姐」來看，是不排斥俄共與共產國際的；

　　二、國民黨對於共產主義的理念和憧憬也基本認同，甚至把三民主義和共產主義放在同一個理論脈絡中來詮釋；

㊲　第 97 號文件，〈巴蘭諾夫斯基關於國民黨代表團會見托洛茨基的書面報告〉，1923 年 11 月 27 日，莫斯科。見李玉貞譯，《聯共、共產國際與中國（1920-1925）》，第一卷（台北：東大圖書公司，民 86），頁 277-279。

㊳　第 97 號文件，〈巴蘭諾夫斯基關於國民黨代表團會見托洛茨基的書面報告〉，1923 年 11 月 27 日，莫斯科。見李玉貞譯，《聯共、共產國際與中國（1920-1925）》，第一卷（台北：東大圖書公司，民 86），頁 279。

三、在實踐的步驟上，則分為兩步走，先三民主義，後共產主義；而恰恰也正是在這個兩步走的模式上，可以看到後來毛澤東〈新民主主義論〉的雛形；

四、蔣介石在 1923 年 10 月中旬，已先通過魏金斯基就中國的政治經濟形勢向莫斯科當局遞交了一份報告。強調中國革命的政治口號應當是三民主義，即孫中山博士的三民主義：民族主義、民權主義和民生主義。而關於三民主義的解釋，已經見之於報告中。

五、11 月 26 日、27 日連續兩天的會晤，和共產國際執委會於 28 日通過〈11 月決議〉有極密切的思想一致性和連貫性；也就是說俄共和共產國際領導人，一面會見蔣介石，一面研究〈11 月決議〉的草案，以備 28 日的討論。

因此，基於以上的分析，而認為〈11 月決議〉是「新三民主義」的藍本，或者說鮑羅廷的觀點帶給孫中山解釋三民主義的新思路，的確有脈絡可循。

但是，以時間點來衡量，蔣介石向俄國人提交的關於解釋三民主義的報告，實際上比〈11 月決議〉要更早些。這一點，適足以說明國民黨方面當時已經注意到，並且已經對三民主義做為革命的理論綱領和政治宣傳口號，有了自己的解釋，以彰顯其前瞻性、指導性、動員性和號召性的時代意義；也就是說，孫中山並沒有忽略三民主義理論詮釋工作的與時俱進。

第二節　新舊三民主義的比較

孫中山到底有沒有重新解釋三民主義？或者三民主義到底有沒

有新舊之分？共產黨人說有；而國民黨方面則否認。雙方的爭議至少牽涉到兩個重點，一個是時間先後的問題；另一個是內容差異的問題。

壹、根據時間先後檢視

　　共產黨人慣以 1924 年 1 月國民黨通過的一大宣言為「新三民主義」誕生的時間；但國民黨方面則否認，其相關研究中，以李雲漢為代表的說法是：

> 　　共黨在民國十六年高嚷「三大政策」，目的係在以三大政策來代替三民主義。這一陰謀詭計失敗了，曾經沉寂了一段時間。到了抗戰初期，毛澤東又復利用所謂「三大政策」來捏造了一個「新三民主義」的名詞。毛在「新民主主義論」中，說什麼「三大政策的三民主義，革命的三民主義，新三民主義，真三民主義，新民主主義的三民主義。」真是荒謬到極點！❸❾

這是主張毛澤東在 1940 年發表的〈新民主主義論〉中捏造了「新三民主義」；較之共產黨人說的 1924 年，晚了 16 年。

　　而金德曼也根據時間落差和實際情況作了分析對比：

---

❸❾　李雲漢，〈共匪對中國國民黨第一次全國代表大會史實的曲解和利用〉；載中國國民黨北區知識青年第五黨部委員會，民國 73 年 7 月 5 日（73）信組一字第 077 號函（手刻鋼版油印原件）之附件（鉛字油印本），頁3。

　　　毛澤東說「三大政策」包含孫中山所謂之「新三民主義」
（此名詞除了中共外沒有人用過）的精髓。但其中忽略了一個重大
的事實：孫中山生前於 1924 年 1 至 8 月間，親自以演講三
民主義的形式，最後一次發表了他的政治哲學，其中包含了
孫中山對馬克思、歷史唯物主義和階級鬥爭所作的最明確的
批評與駁斥，（按時間來算，最後一次發表三民主義的時間是在國民黨
宣言發布之後。）那麼，1924 年 1 月的國民黨宣言如何能看做
是孫中山最後一次發表的三民主義的「重新闡述」呢？❹

　　回顧孫中山創作三民主義理論的過程可知，最先有 1919 年他
以護法失敗由粵赴滬後，在上海親自撰擬的三民主義，這個本子可
簡稱為「親撰篇」；其原稿於抗戰時曾被日本人掠去，後經郭鎮華
親至日本出資贖回，其墨跡包括在 1948 年由北方雜誌社出版的
《國父墨寶》裡，並有張繼的跋語。考「親撰篇」的內容與後來的
通行本（即 16 講）大旨無殊。1924 年國民黨一大閉幕後，孫中山隨
即開始在廣州演講三民主義，並親筆修改講稿；民族、民權主義各
講六次，曾先後分別印刊單行本發表。等到繼續講過民生主義四講
後，才有整本的三民主義 16 講。這 16 講雖有不同的版本，但另外
還有一份孫中山本人親筆修訂的三民主義講演稿——可簡稱為「手
訂稿」。1925 年初，孫中山在北京協和醫院病重之際，曾對守候

---

❹　　金德曼，〈在中國歷史經驗照耀之下孫逸仙的意識型態和其非凡的領導
　　力〉；載中華民國建國史討論集編輯委員會編，《中華民國建國史討論
　　集》，第一冊——辛亥革命史（台北：中央文物供應社、正中書局，民
　　70），頁 63。

在病榻前的國民黨人透露「有一個三民主義的修訂本，放在廣州辦公書桌的抽屜裡，你們去拿好了。」未幾孫中山過世，而眾人因忙於治喪竟忘其遺言。直到 1938 年，日軍進襲廣州，才由國民黨人在抗戰烽火中，從廣州輾轉曲折的帶到重慶，但未公開，而由國民黨中央黨史會珍存。其後，有學者根據「手訂稿」研究三民主義的論著發表。❹這份「手訂稿」完成的時間，晚於國民黨一大宣言。故而以此對照前引金德曼的主張，也言之成理。

此外，還有的研究認為，孫中山從 1922 年冬起，領導修訂國民黨的綱領、章程，開始作三民主義的新解釋；在 1924 年國民黨第一次全國代表大會通過的宣言中，孫中山根據三大政策的精神，對三民主義作了適合時勢要求的新解釋，標誌著新三民主義的形成。❹以這個觀點，對照上述「親撰篇」與「手訂稿」的時間來看，如果說新三民主義的內容，是以 1924 年 1 月國民黨一大宣言為根據，那麼，舊三民主義的內容根據何在？是 1919 年的「親撰篇」？還是 1924 年 1 月以後的「手訂稿」？

更何況，從 1922 年冬開始，到 1924 年 8 月孫中山講完三民主義 16 講為止的這段期間，歷數國民黨方面涉及到解釋三民主義的文獻，有代表性而且較具體的，可以有 1923 年 1 月 1 日發表的〈中國國民黨宣言〉；同年 10 中旬蔣介石在莫斯科提交給俄國人

---

❹　崔書琴，《三民主義新論》（台北：台灣商務印書館，民 34 重慶初版；民 35 上海初版；民 36 上海三版；民 63 年修訂台北 11），〈三民主義新論補篇〉，頁 1-2。

❹　李友仁、郭傳璽主編，《中國國民黨簡史（1894-1949）》（北京：檔案出版社，1988），頁 28。

的書面報告；11 月 25 日發表的〈中國國民黨改組宣言〉，以及 11月 26 日蔣介石在莫斯科參加共產國際執委會上的發言。因此，根據時間先後檢視，所謂新三民主義和舊三民主義的具體指涉，並不明確。

貳、對照內容差異分析

首先，看 1923 年 1 月 1 日發表的〈中國國民黨宣言〉所解釋的三民主義，其要點大致為：民族、民權、民生三者，歷史之遺留；然民族無平等之結合，民權無確立之制度，民生無均衡之組織，故革命戰爭循環不已。總理孫文乃以三民主義為立國之本原，俾一治而不復亂。據此宗旨，民族主義內以促進全國民族之進化，外以謀世界民族之平等；而現行代議制度已成民權之弩末，欲踐民權之真義，主張實行普選等制度；民生主義則在開發富源之際，宜以歐美為鑒，力謀社會經濟之均等發展（並列舉了七項綱領）。❸

其次，是 1923 年 10 中旬蔣介石在莫斯科提交給俄國人的關於中國革命和國民黨內狀況的書面報告；主要論述的是民族主義。其中有多處提及了「帝國主義」和「外國列強」對中國的危害，以及要從事「反帝運動」等。（按：已如前述）

第三，考察 1923 年 11 月 25 日發表的〈中國國民黨改組宣言〉。其主旨是說，國民黨對於從同盟會、辛亥革命、討袁護法以降 10 數年的成績，自認失敗。故欲起沉痾，必賴有主義、有組

---

❸　蕭繼宗主編，《革命文獻》，第 69 輯——中國國民黨宣言集（台北：中國國民黨中央委員會，民 65），頁 67-71。

織、有訓練之政治團體，依民眾熱望，為之指導奮鬥。否則民眾蠕蠕，惟有陷為軍閥之牛馬與帝國主義之犧牲而已。而國民黨本三民主義奮鬥，久而不能成功，在組織未備、訓練未周。故發為改組之宣言，以始其事。**④**

第四，是國民黨發表改組宣言的第二天——1923 年 11 月 26 日，蔣介石遠在莫斯科參加共產國際執行委員會上的發言。他主要闡述了民生主義和共產主義的關係，兼亦論及國民革命不能使用共產主義口號的原因等。（按：亦已如前述）

第五、則是共產國際於 1923 年 11 月 28 日通過的〈11 月決議〉，其中關於三民主義的部分——尤其是以反帝國主義為核心理念，並貫串於民族、民權和民生主義的相關論述，已經基本進入了國民黨一大宣言；孫中山有選擇地接受了它。但只有一條沒有正式載入宣言，那就是與蘇俄的關係。**⑤**

最後，從共產黨人的觀點看，其比較新舊三民主義認為：新三民主義克服了舊三民主義的根本弱點，以與前不同的嶄新面貌出現。一、在民族主義方面，舊三民主義的民族主義只提反清而沒有正面提出反帝的任務。新三民主義的民族主義則明確指出帝國主義是中國革命的最主要敵人。二、在民權主義方面，舊的民權主義，只是抽象地提倡「自由、平等、博愛」，追求「國民的國家」，實質上是歐美式的資產階級專政。而新三民主義的民權主義，則主張

---

④　蕭繼宗主編，《革命文獻》，第 69 輯——中國國民黨宣言集（台北：中國國民黨中央委員會，民 65），頁 80-81。

⑤　李玉貞，《孫中山與共產國際》（台北：中央研究院近代史研究所，民 85），頁 337。

普遍平等的民權，反對地主資產階級專政；主張按照「民權為一般平民所共有，非少數者所得而私」的原則，建立起「最新式的共和國」，實質上是一個各革命階級聯合專政的國家。三、在民生主義方面，舊的民生主義，只有空洞的「平均地權」，其所提倡的核定地價、增價歸公等，並沒有觸及封建土地所有權，因而也就不能提出一個徹底消滅封建土地所有制的綱領。新三民主義的民生主義，則是反對地主資本家操縱國計民生的民生主義，它提出了平均地權、節制資本的辦法，確定了「耕者有其田」的方針，並謀求改善工人農民的生活；因而提出了消滅封建土地所有制的綱領。總之，由於新三民主義提出了反對帝國主義和耕者有其田的口號，因此，使其有了比較完整的反帝反封建的性質；它是孫中山思想的重大發展，是從舊三民主義者到新三民主義者的質的飛躍。❹

　　共產黨人對於新舊三民主義的比較和詮釋，誠如諾斯（R. North）所言：

　　　　在有關中國近代史的記載上，我們可以看到那些布爾什維克的領導人物，在適宜的環境之下，會怎樣利用那些非屬共產黨的原則來表達純屬共產黨的觀念，而常能贏得非共產黨人士的支持和擁護。……當在戰時和非共產黨團體聯盟期間，中國共產黨員時常把毛澤東的「新民主主義」和孫中山的

❹　李友仁、郭傳璽主編，《中國國民黨簡史（1894-1949）》（北京：檔案出版社，1988），頁 29-30。另關於新舊三民主義內容的列表比較，可參閱周利生，《吳廷康與中國大革命關係研究》（北京：中國社會科學出版社，2004），頁 123-126。

「三民主義」等視同仁，雖然在黨內，共產黨的理論家們把兩者的不同點早加以嚴格地劃分清楚明白了。❹

綜上所論，固然可說國民黨一大宣言汲取了共產國際〈11 月決議〉的精髓，對三民主義做出新解釋；但是，國民黨本身也確實早在〈11 月決議〉之前，在鮑羅廷來華之前，就已經注意到三民主義作為理論以指導革命實踐的重要性。一如孫中山反覆強調俄共「用主義來打仗」；國民黨也要「用三民主義來打仗」。❹

而共產黨人之所以特別一再強調「新三民主義」，主要是說新三民主義和舊三民主義不同。因為舊三民主義反映了舊民主主義革命時期的歷史特點（資產階級領導以建立資產階級專政和資本主義社會為目的），到了新民主主義革命時期它就過時了。新三民主義是新民主主義時期的三民主義。❹

共產黨方面的論點，首先是要突出共產黨人在民主革命時期的兩大任務——反帝、反封建，繼而通過社會主義革命，完成孫中山民生主義的理想。這是一面在理論上稀釋三民主義，批評國民黨抱著過時的舊三民主義不放；另一面則在實踐上彰顯共產黨人是按照新三民主義繼續革命，並試圖取國民黨而代之。凡此等等論述，皆

---

❹ 諾斯（Robert Carver North）著，之聖譯，《莫斯科與中共（*Moscow and Chinese Communists*）》（香港：亞洲出版社，民 45），頁 26。

❹ 李玉貞，《孫中山與共產國際》（台北：中央研究院近代史研究所，民 85），頁 327。

❹ 何幹之，《中國現代革命史》（北京：高等教育出版社，1954），頁 59。

根源於新民主主義革命的理論。

第三節　新三民主義是毛澤東提出的

　　共產黨人並不諱言「新三民主義」作為一個專有名詞或特稱概念，是毛澤東所提出來的。宋進指出，孫中山的新三民主義在史學界幾乎人人皆知，而新三民主義概念的提出過程，卻鮮為人知。孫中山雖然在國民黨一大閉幕詞中說，大會是「重新來解釋三民主義」[50]，但他確實一直沒有明確地把三民主義學說區分為舊三民主義與新三民主義。作出這一科學區分的是以毛澤東為代表的中國共產黨人。[51]

　　毛澤東在 1940 年 1 月發表了〈新民主主義論〉；並且正是在這個理論脈絡中，提出了「新三民主義」的概念。而「新三民主義」則是從屬於新民主主義理論的次級概念。

壹、「新三民主義說」的思想探源

　　以目前文獻所及，按其時間先後，從理論內涵及歷史背景檢視，關於「新三民主義」的思想淵源，至少有四種說法。

---

[50]　孫中山，〈黨員之奮鬥同於軍隊之奮鬥〉，民國 13 年（1924 年）1 月 30 日在廣州中國國民黨第一次全國代表大會致閉幕詞；見中國國民黨中央委員會黨史委員會編訂，《國父全集》，第二冊（台北：中國國民黨中央委員會黨史委員會，民 70），頁 631。

[51]　宋進，〈新三民主義概念的提出過程考析〉；《中共黨史研究》，1990 年，第 5 期，頁 48。

　　一、陳獨秀於 1925 年 12 月在《嚮導》發表的〈什麼是國民黨左右派？〉一文指出：在策略上，左派懂得要實現反對帝國主義與軍閥的國民革命，在國外有聯合蘇俄、在國內有聯合工農階級和共產黨之必要；右派則反對蘇俄，反對共產黨，反對工農階級。左派為了要實行三民主義，便不得不採用聯俄，與共產黨合作，不反對階級鬥爭這些實際需要的政策。❺蔣永敬認為，這是陳獨秀故意將三民主義與「三大政策」混而為一。其後，毛澤東之把「新三民主義」稱為「聯俄、聯共、扶助農工三大革命政策的三民主義。」顯然是拾取陳獨秀的牙慧。❺

　　二、據宋進的研究，「三大政策」的概念，於 1926 年 11 月 4 日首次出現於陳獨秀在中央會議的報告中；同年 12 月 13 日，首次正式出現於中共中央特別會議的決議中。這一概念，為以後毛澤東提出「三大政策的三民主義」即「新三民主義」的概念，區分新、舊三民主義，奠定了紮實的認識基礎。❺陳獨秀在中央會議的報告，提到的是當時黃埔軍校共產黨員的活動概況；而中共中央漢口

❺　詳見陳獨秀，〈什麼是國民黨左右派？〉：1925.12.3.《嚮導週報》，第 137 期。引自中華民國開國文獻編纂委員會、國立政治大學國際關係研究中心編，《中華民國開國五十年文獻──附錄──共匪禍國史料彙編》，第一冊（台北：國立政治大學國際關係研究中心，民 65），頁 55-56。

❺　蔣永敬，〈孫中山先生與「三大政策」〉：《珠海學報》（香港），第 15 期，1987，頁 56。另見蔣永敬，〈論北伐時期的一個口號：「三大政策」〉：《近代中國》（台北），第 66 期，民 77.8.31.，頁 138-139。

❺　宋進，〈新三民主義概念的提出過程考析〉：《中共黨史研究》，1990，第 5 期，頁 48-49。張靜如主編，周一平著，《中共黨史研究七十年》（長沙：湖南出版社，1991），頁 344。

特別會議的決議，則是以贊成或反對三大政策為區分國民黨內左右派的標準。這兩項文獻對毛澤東後來區分新、舊三民主義的影響，可以在〈新民主主義論〉的脈絡中考察。

　　三、鄭學稼則認為，斯大林在 1927 年 4 月 9 日寫給邱貢諾夫（按：或譯「初公諾夫」）的信，對毛澤東後來之區分新舊三民主義有所啟發。信中提到：

> 1912 年列寧所作的對孫中山的批判，當然沒有陳舊而且仍有效力。但這個批判是關於舊的孫中山先生，要知道孫中山不是始終都站在一點上，他是向前發展的，正如世界上一切是發展著的一樣。十月革命以後，特別在 1920-1921 年，列寧對孫中山很尊敬，主要是因為孫中山開始與中國共產黨人接近和合作。在談到列寧與孫中山主義的時後，必須注意到這個情況。這是不是說，孫中山已經是共產主義者？不，不是這樣說。孫中山主義與共產主義（馬克斯主義）之間依舊有著區別。但是，既然中國共產黨人與國民黨人在一個黨內，在國民黨內合作，那麼這是由於孫中山的三民主義——民權、民族、民生——是中國革命發展現階段上共產黨人與孫中山主義者在國民黨內共同工作的完全可接受的基礎。❺❺

---

❺❺　斯大林，〈給初公諾夫的信〉：引自中華民國開國文獻編纂委員會及國立政治大學國際關係研究中心編，《中華民國開國五十年文獻》，附錄——共匪禍國史料彙編，第一冊（台北：中華民國開國文獻編纂委員會、國立政治大學國際關係研究中心，民65），頁37。

鄭學稼強調，斯大林在信中的說法，有意義地指出了孫中山思想有新舊之別；因此後來毛澤東據以發揮，宣傳三民主義有新有舊。❺❻從事物發展的辨證歷程看，思想理論之有舊有新，亦屬客觀環境和條件下的自然。

　　四、根據張國燾的回憶：中共於 1928 年夏天在莫斯科舉行的六大中，首先確定了中國革命的性質、動力和任務。在國共合作破裂以後，中共基本方針究應如何，實在是必須解決的關鍵問題。大會根據布哈林的報告，規定「中國革命現在的階段，乃是資產階級性的民權革命」，這一革命，具有兩大任務：「第一，驅逐帝國主義者，完成中國的真正統一；第二，徹底的平民式推翻地主階級私有土地制度，實行土地革命。」大會認為：「以上兩項任務，雖然沒有走出資產階級生產方法的範圍之外，但須由無產階級領導廣大工農兩大革命動力，反對民族資產階級，用武裝暴動的革命方法，推翻帝國主義的統治和地主軍閥和資產階級的國民黨政權，建立蘇維埃工農民主專政，開闢中國革命向非資本主義（及社會主義）的前途進展。」張國燾認為，上述的這個公式，後來就成為毛澤東所謂「新民主主義」的藍本；❺❼亦即「新三民主義」說的思想根源。

　　前揭四種關於「新三民主義」的思想淵源，在理論或者邏輯上，似乎都有共同的假設作為前提，就是至少毛澤東個別的或全部讀過這些文獻－－陳獨秀 1925 年底在《嚮導》發表的文章；1926

---

❺❻　　鄭學稼，《中共興亡史》，第二卷（台北：中華雜誌社，民 68），頁854-855。

❺❼　　張國燾，《我的回憶》，第三冊（香港：民報月刊出版社，1974），頁788。

年 11 月他在中央會議的報告；1926 年 12 月中共中央漢口特別會議的決議；斯大林在 1927 年 4 月寫給初公諾夫的信；以及 1928 年夏天中共六大的決議。

目前，雖然還沒有看到相關研究或證據，說明上述假設之能否成立——尤其是斯大林寫給初公諾夫的信，毛澤東如何得知？但至少，毛澤東對於中共六大的決議應當是清楚的。而再綜合歸納比較上述四說舉出的共計 5 項文獻來看，毛澤東關於「新三民主義」概念的形貌，可說是已經依稀可辨。

另一方面，以歷史背景言，上述階段——1925 年底到 1928 年夏，是孫中山辭世後蔣介石崛起，國共關係由緊張而破裂，共產革命遭遇重大挫敗的時期。

共產黨人出於對蔣介石發動清黨的措手不及和無比激憤，遂積極尋找革命的新方向；而毛澤東置身其中，思索參考孫中山的救國之道，也是其來有自，不難理解。

毛澤東 1893 年生於湖南的農家；辛亥革命時 18 歲。當他早年開始接觸新觀念、新思想之際，正是辛亥革命勝利、孫中山的思想比較成熟而且威望大大提高的時候。1911 年，毛澤東第一次讀到宋教仁、于右任主編的《民立報》，他瞭解到孫中山及其領導的同盟會，非常贊成「驅除韃虜、恢復中華、創立民國、平均地權」的綱領；當時，他的政治立場仍屬溫和保守。毛澤東在 20 多年後曾經告訴美國記者史諾（Edgar Snow），說他自己在發表生平第一篇政治意見的文章裡，希望能把孫逸仙從日本請回來當新政府的總統，

請康有為任總理，梁啟超為外交部長。❸從毛澤東由崇拜孫中山到接受其政治主張的情況來看，當時對青年毛澤東影響最深的，還是孫中山及其思想。❺

毛澤東後來以共產黨員的身分加入國民黨，並積極投入實際工作，或可說是他服膺孫中山並獻身救國理想的一種表現；因此，其研究三民主義及相關理論也誠屬自然。

而考察毛澤東對「新三民主義」的詮釋與界定，其演變歷程是和整個抗日戰爭時期相聯繫、發展並臻成熟的。

貳、毛澤東如何界定新三民主義

抗戰依始，1937 年 7 月 15 日，中共中央將其為公布國共合作的宣言交付國民黨。這就是後來南京中央通訊社在 9 月 22 日發表的《共赴國難宣言》；又稱《九二二宣言》。該宣言特別突出地強調了中國共產黨人「光明磊落、大公無私、委曲求全」的態度，並鄭重向全國宣布：

　　㈠孫中山先生的三民主義為中國今日之必需，本黨願為其徹
　　　底的實現而奮鬥。

---

❸　詳參 Edgar Snow 原著，陳雲譯，《西行漫記》（*Red Star Over China*），第 4 篇第 2 章，長沙時代；頁 133-134。另見史景遷（Jonathan D. Spence）著，溫洽溢譯，《追尋現代中國》（中）（台北：時報文化出版公司，2001），頁 359。

❺　井樺，〈毛澤東與孫中山的三民主義〉；《中國現代史》，1994 年，第 6 期，頁 159。

　　㈡取消一切推翻國民黨政權的暴動政策，及赤化運動，停止
　　　以暴力沒收地主土地的政策。

　　㈢取消現在的蘇維埃政府，實行民權政治，以期全國政權之
　　　統一。

　　㈣取消紅軍名義及番號，改編為國民革命軍，受國民政府軍
　　　事委員會之統轄，並待命出動，擔任抗日前線之職責。[60]

　　宣言公佈的第二天——9 月 23 日，蔣介石發表談話，承認了
共產黨在全國的合法地位。

　　當時，在由於抗戰爆發導致民族主義和愛國情緒高漲的氛圍
中，在國共關係既緊張又似有所舒緩的微妙情境中，共產黨發表了
上述宣言，可說幾乎是全面棄守其革命立場，甚至等於向國民黨投
降。

　　但是，從另一側面，特別就其實質意義來看，共產黨人在高舉
三民主義大旗的同時，竟得以逆勢操作扭轉困局，進而開啟了突破
封鎖險中求生的契機。

　　緊接著《共赴國難宣言》發表一週後——9 月 29 日，毛澤東
再度撰文，針對當時共產黨人的迫切任務，就宣言的第一項——

---

[60]　宣言的全名是〈中國共產黨中央為公布國共兩黨合作成立的宣言〉；由共
　　　產黨於 7 月 15 日送交國民政府。詳見中共中央統一戰線工作部、中共陝
　　　西省委統一戰線工作部、中國人民解放軍西安政治學院編，郭志民、任濤
　　　主編，《毛澤東論統一戰線》（北京：中國文史出版社，1988），頁 51-
　　　52。另見何沁主編，《中國革命史參考資料》（北京：北京大學出版社，
　　　1992），頁 185-187。

「孫中山先生的三民主義為中國今日之必需，本黨願為其徹底實現而奮鬥。」作了詳細的闡述：

> 中國共產黨在公布國共合作的宣言上說：「孫中山先生的三
> 民主義為中國今日之必需，本黨願為其徹底實現而奮鬥。」
> 若干人們對於共產黨願意實行國民黨的三民主義覺得奇
> 怪，……他們以為共產主義和三民主義是不能并存的。這是
> 一種形式主義的觀察。共產主義是在革命發展的將來階段實
> 行的，共產主義者在現階段并不夢想實行共產主義，而是要
> 實行歷史規定的民族革命主義和民主革命主義，這是共產黨
> 提出抗日民族統一戰線和統一的民主共和國的根本理由。說
> 到三民主義，還在 10 年前兩黨第一次統一戰線時，共產黨
> 和國民黨就已經經過國民黨第一次全國代表大會而共同決定
> 加以實行，……不幸在 1927 年統一戰線破裂，從此產生了
> 國民黨方面 10 年來反對實行三民主義的局面。然而在共產
> 黨方面，10 年來所實行的一切政策，根本上仍然是符合於
> 孫中山先生的三民主義和三大政策的革命精神的。共產黨沒
> 有一天不在反對帝國主義，這就是徹底的民族主義；工農民
> 主專政也不是別的，就是徹底的民權主義；土地革命則是徹
> 底的民生主義。**❻❶**

---

❻❶　毛澤東，〈國共合作成立後的迫切任務〉，1937.9.29.；中共中央毛澤東
　　　選集出版委員會編，《毛澤東選集》，第二卷（北京：人民出版社，
　　　1970），頁 338-339。

　　由以上的引證可知，毛澤東認為國民黨從 1927 年以後就反對實行三民主義。而共產黨所實行的一切政策——所謂「反帝國主義就是民族主義，工農民主專政就是民權主義，土地革命就是民生主義」（按：這裡暫且不論工農民主專政和民權主義，土地革命和民生主義，都是完全不同的概念）；則根本上符合孫中山的三民主義及三大政策的革命精神。

　　毛澤東此文的言下之意在於：孫中山革命的理論根據和具體實踐，到 1927 年分流；國民黨因為蔣介石的悖離孫中山和背叛革命而漸行漸遠，共產黨則始終不渝的信守並繼承了孫中山的革命大業，從而成為時代的主流。這個論點，基本成為後來共產黨人解釋國共早期互動歷史的主要基礎。

　　一年多後——1938 年 10 月，毛澤東在代表中共中央政治局向擴大的六屆六中全會所做的報告裡，又提到了這件事：

　　　（去年）9 月 22 日，我們黨發表了公開宣布以三民主義為基礎與國民黨精誠團結共赴國難的宣言。第二日，國民黨、國民政府與國民革命軍的最高領袖蔣介石先生發表了承認共產黨合法存在並與之團結救國的談話。從此以後，以國共兩黨為基礎的抗日民族統一戰線，就完全建立起來了。㉖

㉖　毛澤東，〈論新階段——抗日民族戰爭與抗日民族統一戰線發展的新階段〉；在 1938 年 10 月 12 日至 14 日舉行的中共擴大的六屆六中全會上的報告。見《毛澤東集》，第六卷——延安期（香港：近代史料供應社，1975 年 10 月），頁 166。按：這個報告的原始篇幅極長，中共於 1949 年

毛澤東並承認，共產黨在統一戰線中做出了讓步：

> 沒有問題，統一戰線以國共兩黨為基礎，而兩黨中又以國民
> 黨為主幹，我們承認這個事實。因此，我們是堅決擁護蔣委
> 員長及其領導下之國民政府與國民黨的，並號召全國一致擁
> 護。⑥③
>
> 長期戰爭需要長期的統一戰線，……這裡就發生各黨之間互
> 助互讓的問題。……統一戰線中有什麼互讓呢？有的。……
> 我們曾經在政治上做過一些讓步，那就是停止沒收土地，改
> 編紅軍，改變蘇區制度，這是一種政治上的讓步，這是為了

後將之列為機密，始終沒有發表；後經大量刪除，再將其中的一小節收錄
於《毛澤東選集》第 2 卷，並改題目為〈中國共產黨在民族戰爭中的地
位〉。中共官方之所以這樣做，其主要原因是，當時共產黨人為了爭取要
和國民黨建立抗日民族統一戰線，故對國民黨、蔣介石乃至國民政府多所
曲從。證諸原報告第 3 節第 18 小節〈國民黨有光明前途〉和第 4 節第 2
小節〈擁護蔣委員長，擁護國民政府〉即知。換言之，當時毛澤東對王明
主張的「一切經過統一戰線」，在基本立場上沒有差別；但後來為了要證
明毛澤東之反對王明是正確的，因此原報告中所說的：「在統一戰線中，
獨立性不能超過統一性」這句話，在收入《毛澤東選集》時刪掉了。〈論
新階段〉的全文，收在竹內實主編，日本株式會社北望社 1971 年在東京
出版的《毛澤東集》中；後來，這個 10 卷本的集子在 1975 年又由香港的
近代史料供應社翻印出版。見 http://www.xinmiao.hk.st/sim/history/
his006.htm（2004/3/10），頁 2。

⑥③ 毛澤東，〈論新階段——抗日民族戰爭與抗日民族統一戰線發展的新階
段〉，1938 年 10 月 12 日至 14 日在中共擴大的六中全會的報告。《毛澤
東集》，第六卷——延安期（香港：近代史料供應社，1975 年 10 月），
頁 222。

> 建立統一戰線團結全民共同對敵的必要步驟。我們的友黨也
> 做了讓步，那就是承認共產黨的合法地位等等。這種為了團
> 結抗日為了長期合作的互讓政策，是很好的，很對的。只有
> 政治上糊塗或別有用心的人，才會說：共產黨投降了國民
> 黨，或國民黨投降了共產黨。❻

尤其重要的是，毛澤東在這個報告中，不但著重解釋了三民主義與
共產主義的關係，還要求一切共產黨員，都應該誠心誠意的實行三
民主義；並好好研究三民主義：

> 三民主義是抗日民族統一戰線與國共合作的政治基礎，但是
> 三民主義與共產主義的關係如何呢？共產黨員對三民主義應
> 取何種態度呢？直至現在還有一些人不清楚，因此有再一次
> 解釋的必要。
> 還在 1936 年 5 月間開的我們黨的臨時性的代表大會上，就
> 通過了如下的關於「堅決實行三民主義」的提綱：
> 「共產黨員是否同意三民主義？我們的答覆是同意
> 的。……」
> 去年 9 月 22 日，我們黨的中央為公布國共合作成立的宣言
> 中，又著重地說到：「孫中山先生的三民主義為中國今日之

---

❻　毛澤東，〈論新階段——抗日民族戰爭與抗日民族統一戰線發展的新階
　　段〉，1938 年 10 月 12 日至 14 日在中共擴大的六中全會的報告。《毛澤
　　東集》，第六卷——延安期（香港：近代史料供應社，1975 年 10 月），
　　頁 229-231。

必需，本黨願為其徹底實現而奮鬥。」

一個共產主義的政黨為什麼採取這種態度呢？很明顯的，民族獨立，民權自由，與民生幸福，正是共產黨在民族民主革命階段所要求實現的總目標，也是全國人民要求實現的總目標，並非某一黨派單獨要求的東西。……在過去，不但在1924 至 27 年國共兩黨第一次合作時期，我們共產黨員曾經堅決實行了三民主義。就在 1927 年兩黨合作不幸破裂之後，我們的一切做法，也沒有違背三民主義。那時，我們堅決地反對帝國主義，這是符合於民族主義的；我們實行了人民代表會議的政治制度，這是符合於民權主義的；我們又實行了耕者有其田的土地制度，這是符合於民生主義的。那時，我們的一切做法，並未超過資產階級民主革命基本範疇的私有財產制。在現在抗戰的階段與戰後徹底完成民主共和國的階段，都是三民主義的階段，都是資產階級民主革命性質的階段。為了徹底完成這個民主階段的任務，一切共產黨員，毫無疑義，應該依照自己的一貫的革命總方針，自己的決議與宣言，同中國國民黨與全國其它黨派，全國廣大人民一道，誠心誠意的實行三民主義。誰要是不忠於三民主義的信奉與實行，誰就是口是心非，表裡不一，誰就不是一個忠實的馬克思主義者。在中國，任何忠實的馬克思主義者，他是同時具有現時實際任務與將來遠大理想兩種責任的。並且應該懂得：只有現時的實際任務獲得盡可能徹底的完成，才能有根據有基礎地發展到將來的遠大理想那個階段去。所謂將來的遠大理想，就是共產主義，這是人類最美滿的社會制

度，孫中山先生也曾經認為必要實行它，才能解決將來的社會問題。所謂現在的實際任務，就是三民主義，這是「求國際地位平等，求政治地位平等，求經濟地位平等」的現階段的基本任務，是國共兩黨與全國人民的共同要求。因此，共產黨員應該如像他們研究共產主義一樣，好好研究三民主義，用馬克思主義的眼光，研究三民主義的理論，研究如何使三民主義具體地見諸實施，研究如何用正確的三民主義思想教育人民大眾，使之由了解而變為積極行動，為打退日本帝國主義，建設三民主義新中國而鬥爭。⑥⑤

就這樣，共產黨人從江西蘇區「長征」到達陝北後，在 1934 年 10 月到 1937 年 9 月的三年之間，把握住抗日戰爭的時機，通過上述毛澤東對三民主義的理論詮釋，對國民黨作出了重大的讓步，其遂得以從非法到合法、從地下到地上、從秘密潛行到公開活動；從瀕臨覆滅到劫後重生；甚至，還擁有了邊區政府以及由原來紅軍改編的國民革命軍武裝部隊。要言之，共產黨人雖然輸了「面子」，但卻贏了「裡子」──其所力爭的抗日民族統一戰線由而建立；共產黨從此站穩了腳跟。

值得注意的是，這時候，毛澤東已經不但把共產黨人實行的政策，等同於三民主義（按：除了反帝就是民族主義這一條沒有改變之外，

---

⑥⑤　毛澤東，〈論新階段──抗日民族戰爭與抗日民族統一戰線發展的新階段〉，1938 年 10 月 12 日至 14 日在中共擴大的六中全會的報告。《毛澤東集》，第六卷──延安期（香港：近代史料供應社，1975 年 10 月），頁 225-227。

民權主義則從一年前的「工農民主專政」改成了「人民代表會議的政治制度」；民生主義則由「土地革命」改為「耕者有其田」）；並且，還將三民主義置於「資產階級民主革命基本範疇」內看待，進而強調抗戰階段與戰後徹底完成民主共和國的階段，都是三民主義的階段，都是「資產階級民主革命性質的階段」。由此，可以看到後來的〈新民主主義論〉已漸具雛型。

　　1939 年冬季，毛澤東在延安和其他幾個人合作編寫了一個課本❻❻；其中，首次明確地把中國民主革命區分為「舊民主主義革命」和「新民主主義革命」，從而首次提出了「舊民主主義的三民主義」和「新民主主義的三民主義」；同時也首次提出了「三大政策的三民主義」概念。

　　　現階段的中國革命究竟是一種什麼性質的革命呢？資產階級
　　　民主主義的革命，還是無產階級社會主義的革命呢？顯然
　　　地，不是後者，而是前者。
　　　但是，現時中國的資產階級民主主義的革命，已不是舊式的
　　　一般的資產階級民主主義的革命，這種革命已經過時了，而
　　　是新式的特殊的資產階級民主主義的革命。這種革命正在中
　　　國和一切殖民地和半殖民地國家發展起來，我們稱這種革命
　　　為新民主主義的革命。

---

❻❻　即毛澤東的〈中國革命和中國共產黨〉，1939.12.；中共中央毛澤東選集
　　出版委員會編，《毛澤東選集》，第二卷（北京：人民出版社，1970），
　　頁 584。

這種新民主主義的革命，和孫中山在 1924 年所主張的三民主義的革命在基本上是一致的。孫中山在這一年發表的《中國國民黨第一次全國代表大會宣言》上說：「近世各國所謂民權制度，往往為資產階級所專有，適成為壓迫平民之工具。若國民黨之民權主義，則為一般平民所共有，非少數人所得而私也。」又說：「凡本國人及外國人之企業，或有獨佔的性質，或規模過大為私人之力所不能辦者，如銀行、鐵道、航空之屬，由國家經營管理之；使私有資本制度不能操縱國民之生計，此則節制資本之要旨也。」孫中山又在其遺囑上指出「必須喚起民眾及聯合世界上以平等待我之民族共同奮鬥」的關於內政外交的根本原則。所有這些，就把適應於舊的國際國內環境的舊民主主義的三民主義，改造成了適應於新的國際國內環境的新民主主義的三民主義。中國共產黨在 1937 年 9 月 22 日發表宣言，聲明「三民主義為中國今日之必需，本黨願為其徹底實現而奮鬥」，就是指的這種三民主義，而不是任何別的三民主義。這種三民主義即是孫中山的三大政策，即聯俄、聯共和扶助農工政策的三民主義。**❻❼**

由以上引證可知，「新民主主義革命」的概念已經成熟。而與此同時，毛澤東另一篇最具有代表性、更重要、也更著名的文章——〈新民主主義論〉，正在醞釀草擬；並隨後發表於 1940 年 1

---

❻❼ 毛澤東，〈中國革命和中國共產黨〉，1939.12.；中共中央毛澤東選集出版委員會編，《毛澤東選集》，第二卷（北京：人民出版社，1970），頁 611。

月在延安創刊的雜誌《中國文化》上。**❻❽**毛澤東在〈新民主主義
論〉中,明確的界定了「新三民主義」:

> 1924 年國民黨改組以前的三民主義,乃是舊範疇的三民主
> 義,乃是過時了的三民主義。如不把它發展到新三民主義,
> 國民黨就不能前進。聰明的孫中山看到了這一點,得了蘇聯
> 和中國共產黨的助力,把三民主義重新作了解釋,遂獲得了
> 新的歷史特點,建立了三民主義同共產主義的統一戰線,建
> 立了第一次國共合作,取得了全國人民的同情,舉行了
> 1924 年至 1927 年的革命。**❻❾**
>
> 我們共產黨人承認「三民主義為抗日民族統一戰線的政治基
> 礎」,承認「三民主義為中國今日之必需,本黨願為其徹底
> 實現而奮鬥」,承認共產主義的最低綱領和三民主義的政治
> 原則基本上相同。但是這種三民主義是什麼三民主義呢?這
> 種三民主義不是任何別的三民主義,乃是孫中山先生在〈中
> 國國民黨第一次全國代表大會宣言〉中所重新解釋的三民主
> 義。**❼❿**

---

❻❽ 毛澤東,〈中國革命和中國共產黨〉,1939.12.;中共中央毛澤東選集出
版委員會編,《毛澤東選集》,第二卷(北京:人民出版社,1970),頁
669。

❻❾ 毛澤東,〈新民主主義論〉,1940.1.;載中共中央毛澤東選集出版委員會
編,《毛澤東選集》,第二卷(北京:人民出版社,1970),頁 654。

❼❿ 毛澤東,〈新民主主義論〉,1940.1.;載中共中央毛澤東選集出版委員會
編,《毛澤東選集》,第二卷(北京:人民出版社,1970),頁 650。

> 這種新時期的革命的三民主義，新三民主義或真三民主義，
> 是聯俄、聯共、扶助農工三大政策的新三民主義。沒有三大
> 政策，或三大政策缺一，在新時期中，就都是偽三民主義，
> 或半三民主義。**❼**

　　當時，正值抗戰中期。表面上，共產黨人不斷宣傳抗日民族統一戰線已經建立，從而強調國共之第二次合作，以抗擊日本侵略；實際上，雙方的摩擦與衝突仍不時發生，其現象除了軍事競爭以外，也包含了對革命理論的研究。以此背景為襯托，毛澤東的一連串觀點由是而逐步形成為完整的體系。

第四節　中共何以要高舉
新三民主義的旗幟

　　中國共產黨人為什麼不斷強調和突出「新三民主義」？最主要的，是要和國民黨爭搶三民主義這面旗幟。

　　從共產黨的立場看，其認為抗日民族統一戰線建立後，三民主義成為抗日民族統一戰線的政治基礎，而共產黨人不但在實踐上執行而且在理論上也捍衛和發展了孫中山革命的三民主義。但是，國民黨頑固派在新形勢下，卻變本加利地打著三民主義的旗號，使之成為反共防共的思想武器，因而迫切需要中共來一個思想上理論上

---

❼　毛澤東，〈新民主主義論〉，1940.1.：載中共中央毛澤東選集出版委員會編，《毛澤東選集》，第二卷（北京：人民出版社，1970），頁650。

的消毒大運動。**⓸**也就是說，中國共產黨人在抗戰時期大力研究三
民主義，是出於思想理論戰線的迫切需要。**⓹**

壹、思想理論戰線上的迫切需要

　　1990 年代初期，中國共產黨人總結自己對孫中山及三民主義
研究的 70 年（1921-1991）歷史，以新中國的成立為界，分為兩部
分；再將 1949 年之前的民主革命時期的研究，概分為四個階段：
㈠ 1921 年中共成立至 1922 年 6 月；㈡ 1922 年 6 月至 1927 年 12
月；㈢ 1928 年 1 月至 1935 年；㈣ 1935 年至 1949 年 10 月。並且
說第四階段的研究，最為豐富多彩；**⓺**而最大的創見，莫過於把三
民主義劃分為兩個時代，提出了三大政策的三民主義即新三民主義
的概念。**⓻**其傑出貢獻主要表現為二：一是區分了新舊三民主義，
表明當時中共所要繼承和發展的，乃是孫中山的新三民主義。二是
辨析了三民主義與共產主義的關係。**⓼**而這兩點，正是〈新民主主
義論〉的部分核心內容。

⓸　張靜如主編，周一平著，《中共黨史研究七十年》（長沙：湖南出版社，
　　1991），頁 345-346。

⓹　宋進，〈再論中國共產黨人在抗戰時期對三民主義的研究〉；《中國現代
　　史》（北京），1991 年，第 12 期，頁 119。

⓺　張靜如主編，周一平著，《中共黨史研究七十年》（長沙：湖南出版社，
　　1991），頁 343-345。

⓻　宋進，〈論中國共產黨人在抗戰時期對三民主義的研究〉；《華東師範大
　　學學報》（哲學社會科學版），1990 年，第 3 期，頁 11。

⓼　張靜如主編，周一平著，《中共黨史研究七十年》（長沙：湖南出版社，
　　1991），頁 345-346。

　　國共在 1927 年分道揚鑣後，共產黨人從 1928 年 1 月到 1936 年 7 月，對三民主義是全部否定的。當時，中共中央認為：「從興中會到現在一涌相傳的，只有籠統、矛盾，自己打自己嘴巴的三民主義」；三民主義已成為「垃圾桶」，是「殺民主義」。**⓱**

　　共產黨人對三民主義的貶損至此，有其原因。這段時期，正是共產黨人從江西蘇區「長征」到達陝北，而國民政府強力「剿共」，必欲滅之而後快的緊張時刻；故雙方針鋒相對。但其後不久，由於「七七」事起，情況改觀。

　　一方面，共產黨人深知自己偏處陝北一隅的客觀形勢極為不利，所以對國民黨採取了重大讓步的策略以換取生存。但是，在另一方面，共產黨人繼續注意到，面對國民黨以三民主義作為反共旗幟的壓力，理論上的研究尤其不容怠忽。因此，也正是在這個時候、這樣的背景下，毛澤東才號召共產黨員好好研究三民主義。這個思想理論戰線上的迫切需要，首先而主要的反映在出版刊物上。

　　當時，以延安為中心的陝甘寧邊區，無論是中共訓練幹部的黨校，還是大後方熱血青年不遠千里、紛至沓來的抗日軍政大學等，都需要教材。在毛澤東等人於 1939 年冬天合寫的課本——後來稱為《中國革命和中國共產黨》——之前，張聞天撰寫的《中國現代革命運動史》於 1938 年在延安出版。共產黨人從史學史的角度推崇說：這本書不僅是中國無產階級第一部有完整體系的中國革命史研究專著，而且是第一本有完整體系、有理論深度、資料豐富的專

⓱　宋進，〈新三民主義概念的提出過程考析〉：《中共黨史研究》，1990年，第 5 期，頁 49。

業教材。它既是理論研究的成果，又採取了教材的形式；專著和教材合一，廣度和深度並舉，是無產階級中國革命史研究的巨大進步，是一個里程碑。集當時無產階級革命史、中共黨史研究之大成的優秀成果。是新民主主義革命時期中國革命史、中共黨史研究的高峰，對於以後的中國革命史、中共黨史研究有極大的影響。**❼⓼**

張聞天在書中對孫中山開創的，以聯俄、聯共、扶助農工為政策，以打倒帝國主義、打到軍閥為鬥爭指南的第一次國共合作，給予了高度的評價，認為是中國革命史上一個不朽的偉業。所以，作為中山先生最忠實的革命信徒以及中國共產黨人，要堅決為中山先生的革命精神而奮鬥到底，求其貫徹。即繼續貫徹實行孫中山國共合作的路線方針政策，推動新時期的國共合作健康發展。**❼⓽**

張聞天當時主持中共中央的工作，是中共抗日民族統一戰線的製定者之一。自然也會有的放矢地拿起中國革命史研究的武器，為宣傳中共的路線方針政策服務。**❽⓿**

共產黨人的研究指出：弄清以上的背景，我們就會由衷地欽佩，這不愧是一部宣傳中共統一戰線路線方針政策的傑出的中國革命史著作。**❽①**

---

❼⓼　張靜如主編，周一平著，《中共黨史研究七十年》（長沙：湖南出版社，1991），頁 151、179。

❼⓽　張靜如主編，周一平著，《中共黨史研究七十年》（長沙：湖南出版社，1991），頁 136。

❽⓿　張靜如主編，周一平著，《中共黨史研究七十年》（長沙：湖南出版社，1991），頁 132-133。

❽①　張靜如主編，周一平著，《中共黨史研究七十年》（長沙：湖南出版社，1991），頁 134。

相對於此，當然，國民黨方面也是要宣傳的；其 1924 年的改組，要改正加強的、也是俄國人一直建議的，就是過去不善於宣傳。一如孫中山本人在三民主義 16 講自序中所言，三民主義就是宣傳之課本⑫；而宣傳也是一種競爭。

共產黨方面的研究指出：從統一戰線需要出發，應避免對國民黨進行激烈批評。歷史研究是階級鬥爭、政治鬥爭的工具，是為現實政治服務的。在抗日民族統一戰線建立的初期，從團結出發，中國共產黨需要與國民黨捐棄前嫌，攜手共進，所以對於國民黨的歷史錯誤，要避免進行激烈的批評。張聞天的著作，反映了抗戰時期共產黨的這一政策。⑬

除了上述的歷史背景外，在實質內容上，亦有可論者。

共產黨方面的研究認為，區分新、舊三民主義，具有重大的價值：

其一、維護和完善了中國共產黨人在抗戰初期有關三民主義的宣言。它向黨內外宣告，中共承認「三民主義為抗日民族統一戰線的政治基礎」，承認「三民主義為中國今日之必需，本黨願為其徹底實現而奮鬥」。這種三民主義，不是孫中山的舊三民主義，更不是國民黨政治集團和汪精衛集團等所宣揚的形形色色的三民主義，而是國民黨一大宣言中重新解釋的新三民主義。

---

⑫ 崔書琴，《三民主義新論》（台北：台灣商務印書館，民 34 年 1 月重慶初版；民 35 上海初版；民 36 上海三版；民 63 年修訂台北 11 版），頁 258。

⑬ 張靜如主編，周一平著，《中共黨史研究七十年》（長沙：湖南出版社，1991），頁 143-144。

　　其二、堅持和發揚了孫中山三民主義的革命性。共產黨人認為新三民主義是三大政策的三民主義。如果在新的歷史階段，在新三民主義已經確立之後，妄圖取締三大政策，那麼「它就是不識時務的反動的東西了」⓼。這就有力地揭露了一切抽去三大政策的假三民主義反動實質，堅持和悍衛了三民主義的靈魂，為黨內外人士指明了認識和行動的正確方向。⓽

　　由於共產黨人大力宣傳新三民主義所產生的客觀效果，在國民黨方面引起了震盪；因此，國民黨也需要在思想理論戰線上來一個「消毒大運動」。

　　抗戰接近尾聲的時候，崔書琴——做為國民黨方面的著名理論家——察覺到問題的嚴重性與嚴肅性；他在 1945 年 1 月於重慶出版的《三民主義新論》一書——第 19 章、民生主義與共產主義——中，仔細處理了孫中山前後三次（1923 年底、1924 年 1 月及 8 月）說過關於「民生主義就是共產主義」一語的來龍去脈，嘗試重建當時的歷史情境。崔書琴強調：

> 孫中山先生說過的這句話，過去由於缺乏一致承認的正確解釋，曾引起過不少思想上和行動上的紛擾。這種紛擾在容共與清黨期間，還不算十分嚴重，但自近年共匪猖獗以來，情形便不同了。很多人以為共黨的所謂新民主主義，即「民生

⓼　語出〈新民主主義論〉；載中共中央毛澤東選集出版委員會編，《毛澤東選集》，第二卷（北京：人民出版社，1970），頁 654。

⓽　宋進，〈再論中國共產黨人在抗戰時期對三民主義的研究〉；《中國現代史》（北京），1991 年，第 12 期，頁 126。

主義就是共產主義」一語中的共產主義。他們因此就發生了
種種謬論。有的說民生主義既是共產主義,在理論上,國共
兩黨便沒有不能合作的理由。有的說,兩種主義既然相同,
國民黨執政多年,民生主義既未怎樣實行,便應給共黨一個
機會去實行「新民主主義」。凡此自然都是嚴重的思想錯
誤。但在另一方面,這一句話還引起了若干初讀三民主義者
的模糊思想。有的問:既然「民生主義就是共產主義」,為
什麼還要反共?如果反共,豈不就是反民生主義?有的則
說:反共只是反對共產黨,而不是反對共產主義;共產主義
並不壞,可惜被共產黨行壞了。此外,甚至還有人讀到這句
話時,根本懷疑這是中山先生的原文,認係被別有用心者所
篡改過的「怪話」,而呈請治安當局「取締」。鑒於這種情
形,可知適當的處理「民生主義就是共產主義」的詮釋問
題,是十分必要的。**86**

雖然,崔書琴在研究結論中指出,孫中山共只說過三次,每次都是
在黨內國共之爭激烈的時候,而他這樣說,也都是為了消除這種嚴
重紛爭。**87**但是,以當時和後來的實際情況言,紛爭未見消除,同
志誤會依舊;又誠如胡漢民所說的,「中國共產黨便拿這句話作他

---

86 崔書琴,《三民主義新論》(台北:台灣商務印書館,民 34 重慶初版;
民 35 上海初版;民 36 上海三版;民 63 年修訂台北 11),頁 255。

87 崔書琴,《三民主義新論》(台北:台灣商務印書館,民 34 重慶初版;
民 35 上海初版;民 36 上海三版;民 63 年修訂台北 11),頁 273。

們的護身符」⑧。而這個護身符，經過毛澤東用〈新民主主義論〉加以精心包裝，發展成為「新三民主義」；進而成為革命正統和歷史主流的標誌。

貳、革命正統和歷史主流的標誌

　　共產黨人認為，從孫中山在 1924 年 1 月重新解釋了三民主義，到 1940 年 1 月毛澤東明確地把三民主義區分為舊三民主義與新三民主義，經歷了整整 16 年。這一區分是共產黨人集體智慧的結晶，而毛澤東是集其大成者。他站在新民主主義理論的高度上，對三民主義作出了科學的分析和論斷。⑧其代表作就是〈新民主主義論〉。

　　毛澤東在古典歷史唯物主義關於劃分世界歷史發展階段的基礎上，結合中國革命的具體實踐情況，提出了以〈新民主主義論〉為代表的修正理論；其核心內容是：

　　一、從世界歷史演變的觀點和革命陣線的角度看：

　　　辛亥革命按其社會性質說來，是資產階級民主主義的革命，
　　　不是無產階級社會主義的革命。然而中國資產階級民主主義
　　　革命，自從 1914 年爆發第一次帝國主義世界大戰和 1917 年

---

⑧　胡漢民，〈三民與 CP〉（革新書店，民 17），頁 6-7。引自崔書琴，
　　《三民主義新論》（台北：台灣商務印書館，民 34 重慶初版；民 35 上海
　　初版；民 36 上海三版；民 63 年修訂台北 11），頁 273。

⑧　宋進，〈再論中國共產黨人在抗戰時期對三民主義的研究〉；《中國現代
　　史》，1991 年，第 12 期，頁 123。

俄國十月革命在地球六分之一的土地上建立了社會主義國家以來，起了一個變化。在這以前，中國資產階級民主主義革命，是屬於舊的世界資產階級民主主義革命的範疇之內的，是屬於舊的世界資產階級民主主義革命的一部分。在這之後，中國資產階級民主主義革命，卻改變為屬於新的資產階級民主主義革命的範疇，而在革命的陣線上說來，則屬於世界無產階級社會主義革命的一部分了。為什麼呢？因為第一次帝國主義世界大戰和第一次勝利的社會主義十月革命，改變了整個世界歷史的方向，劃分了整個世界歷史的時代。❿

二、從中國革命分為兩步走的歷史進程看：

中國革命的歷史進程，必須分為兩步，其第一步是民主主義的革命，其第二步是社會主義的革命，這是性質不同的兩個革命過程。而所謂民主主義，現在已不是舊範疇的民主主義，已不是舊民主主義，而是新範疇的民主主義，而是新民主主義。❾❶

中國革命的歷史特點是分為民主主義和社會主義兩個步驟，而其第一步現在已不是一般的民主主義，而是中國式的、特

---

❿　毛澤東，〈新民主主義論〉，1940.1.；載中共中央毛澤東選集出版委員會編，《毛澤東選集》，第二卷（北京：人民出版社，1970），頁 627-628。

❾❶　毛澤東，〈新民主主義論〉，1940.1.；載中共中央毛澤東選集出版委員會編，《毛澤東選集》，第二卷（北京：人民出版社，1970），頁 626。

殊的、新式的民主主義，而是新民主主義。**⑨**

三、從中國無產階級的覺悟和獨立看：

在 1919 年五四運動以前，中國無產階級還沒有當作一個覺悟了的獨立的階級力量登上政治的舞台，還是當作小資產階級和資產階級的追隨者參加了革命。在五四運動以後，中國無產階級，由於自己的成長和俄國革命的影響，已經迅速地變成了一個覺悟了的獨立的政治力量了。**⑨**

四、從共產黨人的最低綱領和最高綱領看：

誰人不知，關於社會制度的主張，共產黨人是有現在的綱領和將來的綱領，或最低綱領和最高綱領兩部分的。在現在，新民主主義，在將來，社會主義，這是有機構成的兩部分，而為整個共產主義思想體系所指導的。**⑨**

1924 年孫中山重新解釋的三民主義中的革命的民族主義、

---

⑨ 毛澤東，〈新民主主義論〉，1940.1.；載中共中央毛澤東選集出版委員會編，《毛澤東選集》，第二卷（北京：人民出版社，1970），頁 626-627。

⑨ 毛澤東，〈新民主主義論〉，1940.1.；載中共中央毛澤東選集出版委員會編，《毛澤東選集》，第二卷（北京：人民出版社，1970），頁 633。

⑨ 毛澤東，〈新民主主義論〉，1940.1.；載中共中央毛澤東選集出版委員會編，《毛澤東選集》，第二卷（北京：人民出版社，1970），頁 647。

> 民權主義和民生主義這三個政治原則，同共產主義在中國民主革命階段的政綱，基本上是相同的。由於這些相同，並由於三民主義見之實行，就有兩個主義兩個黨的統一戰線。……共產主義於民主革命階段之外，還有一個社會主義革命階段，因此，於最低綱領之外，還有一個最高綱領，即實現社會主義和共產主義社會制度的綱領。三民主義則只有民主革命階段，沒有社會主義革命階段，因此它就只有最低綱領，沒有最高綱領，即沒有建立社會主義和共產主義社會制度的綱領。(95)

以上所舉，由四個部分組成的核心內容，形成了〈新民主主義論〉最關鍵性的命題如下。

第一、從歷史演變的進程看：

1.世界歷史的發展，以歐戰和 1917 年俄國十月革命為界，已經分為兩個階段：其前，是舊世界的資產階級民主主義革命；之後，是新世界的資產階級民主主義革命。

2.中國歷史的發展，以 1911 年啟動的辛亥革命而言，其在十月革命之前是從屬於舊世界的資產階級民主主義革命；之後，則成為新世界的資產階級民主主義革命；亦即新的資產階級民主主義革命。

---

(95) 毛澤東，〈新民主主義論〉，1940.1.；載中共中央毛澤東選集出版委員會編，《毛澤東選集》，第二卷（北京：人民出版社，1970），頁 648-649。

第二、從革命陣線的角度看：

1.以世界範疇而言，十月革命之前，是資產階級的民主主義革命；其後，是無產階級的社會主義革命。

2.以中國而言，辛亥革命——這個新的資產階級民主主義革命民，在十月革命之後即從屬於無產階級社會主義革命的範疇了。

第三、從無產階級的角色看：中國的無產階級在 1919 年五四運動以前，尚未覺悟，是以「追隨者」的角色參加了資產階級民主革命。而在五四以後，中國無產階級已經迅速地變成一個覺悟而獨立的政治力量，登上了歷史舞台；並在自己的先鋒隊——共產黨的領導下，由參加進而主導了資產階級民主革命。因此，中國的無產階級——以成立於 1921 年的共產黨為代表，也從新民主主義革命初期（1917-1919）的「配角」，變成了新民主主義革命後期（1919-1949）的「主角」。

第四、從共產黨人的革命綱領看：共產黨人對社會制度的主張，有現在實行新民主主義的最低綱領和將來實行社會主義的最高綱領。三民主義只有最低綱領，沒有最高綱領；而「新三民主義」則正是共產黨人所主張的最低綱領；所以是國共合作建立統一戰線的共同綱領與政治基礎。

再進一步論，從毛澤東當時（1940 年）在延安發表〈新民主主義論〉的觀點看，辛亥革命尚未結束，或者——以孫中山的話來說——革命尚未成功，這是指革命的目標尚未達成；而其目標，則又以三民主義中民族主義、民權主義和民生主義所揭示的理想藍圖為根據。從而，三民主義和辛亥革命，遂成為不可分割的一個整體；更何況，孫中山領導國民革命，早就以三民主義為號召而舉世皆

知，因此，「三民主義」這面旗幟丟不得。

孫中山逝世後蔣介石繼之，他不但抓住了這面旗幟，並且還用這面旗幟打擊共產黨。共產黨人既然要另立門戶、要另打旗號與之相抗衡，但又因處於相對劣勢，而為當時的客觀環境和條所不容許，怎麼辦？毛澤東以〈新民主主義論〉創造了「新三民主義」這面新的旗幟，回答了這個問題；在理論上也在現實上，突破了共產黨人當時的困境。

1945 年 4 月，中國共產黨在延安召開第七次全國黨員代表大會；毛澤東在代表中共中央對大會的報告中，再一次把新三民主義的概念及其歷史意義，作了淋漓盡致的發揮：

> 1931 年到 1933 年，國民黨政府之所以採取不抵抗政策？主要原因是國民黨在 1927 年破壞了國共兩黨的合作。1924 年孫中山先生接受了中國共產黨建議，召集了有中國共產黨人參加的國民黨第一次全國代表大會，訂出了聯俄、聯共、扶助農工的三大政策，實現了國共兩黨和各界人民的民族統一戰線。但是到了 1927 年春夏之交，這個統一戰線就被國民黨當局的叛賣性的反人民的「清黨」政策和屠殺政策所破壞了。而被國民黨反動分子所拋棄的孫中山先生的革命的三民主義，由中國人民、中國共產黨和其他民主分子繼承下來了。
>
> 抗戰初期，國民黨政府對日作戰比較努力；當時全國人民，我們共產黨人，都對國民黨政府寄予極大的希望，希望它屬行民主改革，將孫中山先生的革命三民主義付諸實施。可

是，這個希望落空了。**⑯**

另一方面，1937年9月22日，中共中央發表宣言，承認「孫中山先生的三民主義為中國今日之必需，本黨願為其徹底實現而奮鬥」，這一宣言，在中國解放區是完全實踐了。**⑰**

有些人懷疑共產黨人承認「三民主義為中國今日之必需，本黨願為其徹底實現而奮鬥」，似乎不是忠誠的。這是由於不了解我們所承認的孫中山先生在 1924 年《中國國民黨第一次全國代表大會宣言》裡所解釋的三民主義的基本原則，同我黨在現階段的綱領即最低綱領裡的若干基本原則，是互相一致的。孫先生的這種三民主義，按其基本性質來說，是一個和以前的舊三民主義相區別的新民主主義的綱領，這當然是「中國今日之必需」，當然「本黨願為其徹底實現而奮鬥」。對於中國共產黨人，為本黨的最低綱領而奮鬥和為孫先生的革命三民主義即新三民主義而奮鬥，在基本上（不是在一切方面）是一件事情，並不是兩件事情。因此，不但在過去和現在已經證明，而且在將來還要證明：中國共產黨人是革命三民主義的最忠誠最徹底的實現者。**⑱**

---

⑯　毛澤東，〈論聯合政府〉，1945.4.24.在中共七大上的政治報告；《毛澤東選集》，第三卷（北京：人民出版社，1970），頁 936-938。

⑰　毛澤東，〈論聯合政府〉，1945.4.24.在中共七大上的政治報告；《毛澤東選集》，第三卷（北京：人民出版社，1970），頁 946。

⑱　毛澤東，〈論聯合政府〉，1945.4.24.在中共七大上的政治報告；《毛澤東選集》，第三卷（北京：人民出版社，1970），頁 938、946、962。

從歷史發展和理論高度言，毛澤東這樣的詮釋，有過度簡單化的傾向；但是，從政治宣傳和社會動員的角度看，則又扼要明白而具有說服力。當然，這種說服力是要和實際情況相聯繫才有效果的；實際情況是：1945 年春天，抗戰勝利前夕，共產黨說自己已經「有了 120 餘萬黨員，領導了擁有近一萬萬人民、近 100 萬軍隊的中國解放區」❾❾。

從〈新民主主義論〉的發表到抗戰結束，乃至於 1949 年的變局，歷經將近 10 年的實踐檢驗，如毛澤東所言：被國民黨反動分子所拋棄的孫中山先生的革命的三民主義，由中國人民、中國共產黨和其他民主分子繼承下來；中國共產黨人是革命三民主義的最忠誠最徹底的實現者。而其中的關鍵，正是在當時及其後影響深遠的〈新民主主義論〉和「新三民主義」說。

參、「新三民主義說」的影響深遠

共產黨方面的研究明確宣稱，「新三民主義」作為一個科學概念，是毛澤東集中全黨的智慧，繼承了中國共產黨人對三民主義的研究成果，和總結歷史的經驗教訓提出來的。從此以後，把孫中山的三民主義區分為舊三民主義和新三民主義，就成為中國共產黨人和海內外其他有識之士研究孫中山及其三民主義學說的主要立論根

---

❾❾　〈中國共產黨中央委員會關於若干歷史問題的決議〉，1945 年 4 月 20 日中國共產黨第六屆中央委員會擴大的第七次全體會議通過；載中共中央書記處編，《六大以來》（上）─黨內秘密文件─（北京：人民出版社，1980），頁 1179。

據。⑩對照〈新民主主義論〉發表後的實際情況來看，此說誠非虛言。

1943 年的春天，周恩來在重慶對共產黨的幹部說：國共合作後，孫中山先生在中國共產黨的幫助下，重新走向革命，成為資產階級民主派的代表。他在 1924 年的國民黨第一次全國代表大會上，接受了我們黨起草的宣言，使三民主義成為革命的三民主義，新三民主義。當時，國民黨不但思想上依靠我們，復活和發展他的三民主義，而且組織上也依靠我們，在各省普遍建立黨部，發展組織。⑩

1950 年在天津出版的華北職工幹部學校教材記載：五四群眾革命運動的興起，特別是俄國十月革命的勝利，才鼓舞了孫中山革命的勇氣。從多年失敗的教訓中，他認識了「中國革命，非以俄國為師不可」，找到了新的革命道路。因而接受了中國共產黨和蘇聯的幫助，改組了國民黨，確定了聯俄、聯共、扶助工農的三大政策，規定了反帝反封建的政綱，把舊三民主義解釋為新三民主義，並決定創立黃埔軍官學校。這樣就形成了國共兩黨的合作。⑩

1954 年出版的《中國現代革命史》說，由於新三民主義主張

---

⑩　宋進，〈新三民主義概念的提出過程考析〉；《中共黨史研究》，1990年，第五期，頁 50。

⑩　周恩來，〈關於 1924 至 26 年黨對國民黨的關係〉；1943 年春在重慶中共中央南方局幹部學習會上所做的報告。何沁主編，《中國革命史參考資料》（北京：北京大學出版社，1992），頁 126。

⑩　王向升、劉毅編，《中國革命基本問題》（天津：知識書店，1950），頁18。編者在 1949 年 7 月 1 日寫的序言中說：這本小冊子編寫的目的，原是在於給我們學校——華北職工幹部學校的同學們作為教材的。

聯蘇、聯共、扶助農工，主張反對帝國主義和封建主義，主張建立各革命階級聯合的民主政權，它和中國共產黨在資產階級民主革命時期的綱領在基本原則上是相同的。新三民主義成了國共兩黨合作的政治基礎。⑩

1980 年代前後，中國大陸出版了許多研究孫中山的專著；尚明軒在《孫中山傳》裡的評述頗具代表性：

> 孫中山先生的一生經歷了中國民主革命的兩個歷史時期──舊民主主義革命和新民主主義革命的初期。在前一時期中，他領導建立資產階級革命團體興中會、同盟會，提出和宣傳資產階級民主革命綱領三民主義，站在鮮明的革命民主派的立場上，同資產階級改良派進行了堅決的鬥爭，成為中國革命民主派的一面旗幟；並且領導和發動了多次武裝起義，推翻滿清王朝，結束兩千多年的封建帝制，建立了資產階級民主共和國「中華民國」。辛亥革命以後，他以堅韌不拔的革命精神，為維護民主政治，又領導了「二次革命」和「護法運動」，進行了討伐北洋軍閥的鬥爭。在後一時期中，他勇敢地汲取歷次失敗的教訓，拋棄某些過時的觀念，歡迎共產國際和中國共產黨對他的幫助，接受中國共產黨所提出的關於中國革命的主張，毅然改組國民黨，採取了「聯俄、聯共、扶助農工」三大政策，把過時的三民主義發展為適合時

---

⑩　何幹之，《中國現代革命史》（北京：高等教育出版社，1954），頁 60。

代要求的新三民主義，同中國共產黨結成了反帝反封建的統
一戰線，實現了第一次國共合作。

新三民主義的各項主義，在基本原則上同中國共產黨的民主
主義綱領一致，符合無產階級領導的新民主主義革命的要
求，因此它能成為中國共產黨和孫中山合作的政治基礎。❿

而邵傳烈在《孫中山》一書中也說：

1924 年 1 月 20 日，體現共產黨和國民黨合作的中國國民黨
第一次全國代表大會在廣州召開……，通過了著名的「中國
國民黨第一次全國代表大會宣言」。這個宣言是由共產黨人
直接參與制訂的。它是國共第一次合作的共同綱領。宣
言……提出了民主革命的新綱領，確定了聯俄、聯共、扶助
農工三大政策。特別重要的是，孫中山在這個宣言中，重新
解釋了他的三民主義，他把舊三民主義發展成為反帝反封建
的新三民主義。⓾

1987 年在杭州出版的《中國革命史教程》指出，國民黨一大
宣言，接受了共產黨提出的反對帝國主義、反對封建主義的政治主
張，重新解釋了三民主義，把舊三民主義發展為新三民主義。新三

---

❿　尚明軒，《孫中山傳》（北京：北京出版社，1981，二版），頁 275、
319-320。

⓾　邵傳烈，《孫中山》（上海：人民出版社，1980），頁 156-162。

民主義的政治原則和共產黨在民主革命階段的綱領基本相同，因此，新三民主義就成了國共兩黨和各個革命階級的統一戰線的政治基礎。**⑩**

　　1988 年在北京出版的《中國國民黨簡史》記載，國民黨一大確立了聯俄、聯共、扶助農工的三大革命政策，標誌著孫中山將舊三民主義發展為新三民主義，新三民主義的政治原則和和共產黨在民主革命階段的綱領基本相同，因此成為國共兩黨建立革命統一戰線的共同綱領。**⑩**

　　1989 年出版的《兩次國共史稿》說，三民主義和聯俄、聯共、扶助農工三大政策結合起來，成為革命的三民主義，與舊三民主義有了根本性的區別。正如毛澤東所指出的：……（按：作者緊接著引述了〈新民主主義論〉）。新三民主義在理論上和綱領上，也沒有逾越資產階級民主主義革命的範疇，與共產黨的最低綱領基本一致。**⑩**

　　1991 年，中共中央黨史研究室繼續確認，新三民主義的政綱同中國共產黨的民主革命綱領，在主要原則方面是一致的，因而成為國共合作的共同綱領。**⑩**

---

⑩　王學啟主編，《中國革命史教程》（杭州：浙江人民出版社，1987），頁117。

⑩　李友仁、郭傳璽主編，《中國國民黨簡史（1894-1949）》（北京：檔案出版社，1988），頁 23-24、26-28。

⑩　唐培吉等，《兩次國共合作史稿》（杭州：浙江人民出版社，1989），頁63。

⑩　中共中央黨史研究室著，《中國共產黨歷史》，上卷（北京：人民出版社，1991），頁 98-99。

　　胡繩主編的《中國共產黨的七十年》也一樣說，國民黨一大的政治綱領同中國共產黨在民主革命階段的政治綱領的若干基本原則是一致的，因而成為第一次國共合作的共同綱領。⑩

　　凡此種種共產黨方面研究的「統一口徑」，不勝枚舉，亦不必盡列；但已適足以說明共產黨人何以不斷強調及宣傳「新三民主義」的原因，也證明了「新三民主義說」之影響深遠。

結　語

　　依現有史料觀之，孫中山是否在國民黨的一大宣言中重新解釋了三民主義？似乎仍然難有定論；但是，共產黨人後來在實際上重新解釋了三民主義，則無疑義。而說國民黨一大宣言中「國民黨的主義」，其解釋和共產國際 1923 年的〈11 月決議〉基本吻合，也受到鮑羅廷的影響，則是有根據的。當時，俄國人對於中國的具體情況，特別是革命條件和革命環境的分析與判斷，也許有時候一如張國燾所言：共產國際的首腦們只知道「中國革命重要」和「革命力量應當集中」這兩條空泛的原則。⑪不過，若無共產國際的指揮，中共能否發展如此之快，也殊令人懷疑。⑫

---

⑩　中共中央黨史研究室著，胡繩主編，《中國共產黨的七十年》（北京：中共黨史出版社，1991），頁 41。

⑪　張國燾，《我的回憶》，第一冊（香港：明報月刊出版社，1971），頁 300。

⑫　陳永發，《中國共產革命七十年》（修訂版），上（台北：聯經出版公司，2001 年 8 月二版），頁 124。

　　而共產黨人何以不斷強調新三民主義？其一、藉此引伸出共產國際和中國共產黨人對孫中山和國民黨的幫助；其二、說明共產黨人先是追隨「革命的先行者」孫中山參加國民革命，並很快的由「配角」變成「主角」；其三、以共產黨人之一貫忠於革命和支持孫中山，來對照於蔣介石後來之背叛革命，且拋棄了孫中山的理想。最後，以孫中山為代表的革命正統和歷史主流，就只能是由共產黨人繼承並最終完成使命。這就是共產黨人在歷史解釋中刻意突顯的關鍵——歷史傳承的「分流」問題。

　　抗戰初期，中國共產黨人為了爭取第二次國共合作，為了爭取建立抗日民族統一戰線的實際需要，遂在理論宣傳上策略性地承認「三民主義為中國今日之必需，本黨願為其徹底實現而奮鬥」。但強調其所承認的、願為之徹底實現而奮鬥的是「新三民主義」；並宣稱新三民主義的理論與實踐，符合中國共產黨人的最低綱領，故成為國共合作的政治基礎。凡此共產黨人所言，皆本於〈新民主主義論〉。

　　以新民主主義革命為核心的史觀，可說是由毛澤東所代表的中國共產黨人，在 1949 年之前逐步發展建構出的最重要、影響最深遠的理論；也是所謂「馬列主義在中國的實驗」或者「馬列主義中國化」在理論上最完備而系統的體現。它根據中國共產主義運動的實際情況，修正了古典歷史唯物主義，把資產階級挑戰封建專制統治的民主主義革命，分成了新舊兩個部分：舊的是由資產階級所領導——以孫中山和國民黨為代表，以建立資產階級專政為目標的階段；而新的資產階級民主主義革命，則是由無產階級——通過中國共產黨——所領導的，以建立各階級聯合專政為目標的革命。

　　繼而，也是最關鍵的，〈新民主主義論〉為中國共產黨人何以不是如同古典歷史唯物主義所說的那樣——在資本主義高度發達的物質條件下、在資產階級專政統治下才發起革命；反而是在 1919 年五四運動之後，迅速成為一個獨立的政治力量，並提早登上中國現代的歷史舞台，作了理論化的處理。與此同時，更把蔣介石及其所代表的國民黨右派，打入了反人民反革命的一邊；在他們既背叛革命、又悖離三民主義之際，中國共產黨人繼承了孫中山的革命事業及其三民主義。於是，革命的正統與偏統、歷史的主流與支流之分，遂由此而確定。

　　可以說，〈新民主主義論〉是在國民革命的實踐過程中逐漸形成的歷史產物。而值得注意也應當指出的是，從 1927 年國共關係破裂，到 1937 年抗戰爆發前的 10 年間，還沒有新民主主義革命的理論。後來，共產黨人以其理論解釋先前的事，固然無可厚非；但以剪裁甚至非事實套進理論，則有待商榷。

　　綜上所論，孫中山有沒有、或者說是不是在 1924 年國民黨一大宣言中重新解釋了三民主義，似乎已不重要；重要的是，中國共產黨人在主觀上認定孫中山重新解釋了三民主義，並將之概括為「新三民主義」，進一步再以「新三民主義」的繼承者、捍衛者、實行者和完成者自居，並且長期而一貫的極力宣傳，從而佔領了革命正統和歷史主流的陣地。

　　換言之，從史實的角度看，一方面，孫中山有沒有重新解釋三民主義，在客觀上尚難定論，可存而不論；另一方面，共產黨人在主觀上認定孫中山重新解釋了三民主義，則是無庸置疑可以確定的。尤有甚者，國民黨遂因此而被共產黨人在歷史解釋上壓縮排擠

到當時乃至後來的歷史邊緣，其處境之不堪與不甘，可以想見；其在史論上的反駁和批判，亦屬必然。這就是國共雙方在關於整個中國現代史演變脈絡中的主要爭點之一，也正是中國共產黨人不斷強調「新三民主義」，要高舉「新三民主義」旗幟的史義所在。

第十章 結 論

　　研究中國現代史上的早期國共關係——無論以國民革命或共產革命的立場去探討，從史事看，錯綜複雜；就史義言，影響深遠。

　　綜觀其歷史演變的「合力」，以活動主體言，有孫中山、國民黨、俄國人、共產國際和中國共產黨。以史局背景言，有歐戰和新俄政權初立時期的發展、中國軍閥割據下的國共互動……。以歷史解釋的理論基礎或意識型態言，則涉及到民族主義、帝國主義、階級鬥爭、馬列主義、三民主義乃至新民主主義等。以立場或視角言，學界一般通說的「聯俄容共」，是以「孫中山／國民黨」為中心的史觀；而共產黨人一貫堅決主張「聯共」，並且不斷宣傳強調的「三大政策」和「新三民主義」，則是「毛澤東／共產黨」史觀的體現。或可說，兩者都是在多所考慮下的「以我為主、對我有利」的史觀。

　　若分別舉其主體和考察相關背景，聯繫其經緯萬端的史事內容，並掌握憑以推定史義的史觀或理論根據，則可聚焦於「俄聯說」、「聯共說」、「三大政策」和「新三民主義」等關節處而集中辯證探討之。

　　作為歷史研究的假設性命題之一，「俄聯說」能否成立，可由

民族主義的矛盾情境所產生的「時間差」、革命的理念與目標以及
爭取外援的策略運用等方面驗證之。其二、「聯共說」與「容共
說」相對,可由整合資源、結納志士、動員訴求、革命主體的爭議
等解析之。其三、所謂「三大政策」和「新三民主義」,則是各本
不同史觀導致歷史解釋分歧的典型;其被視為革命正統的象徵,更
是力爭歷史主流者所必然要高舉的旗幟。

第一節 「俄聯說」成立與否的驗證

有別於眾所週知的「聯俄」,「俄聯說」之可以有意義,檢視
1920 年代初期的客觀形勢與歷史條件,或能得到印證。其史實基
礎大致包括了:

一、孫中山當時固然處境困窘、急需援助,但其對俄國人之不
斷示好,仍謹慎回應,並未立即同意。

二、新俄政權在艱難的奮進中,逐步突破列強封鎖並克服內部
分歧;繼而從戰略高度作出調整,轉變其原先以歐洲為主的世界革
命方向,並試探在華尋求盟友的可能。

三、莫斯科採取外線作戰的策略,繞過與西方強權的正面對
抗,從側面切入,致力於推展東方的民族革命運動,遂有其派赴中
國的使者絡繹於途。

四、孫中山在遍求西方支持而不得的情況下,最終接受了俄國
人的援助……等等。

因此,如果將「俄聯說」的史證憑藉,歸因於俄國人當時有點
「一廂情願」的主動先來聯絡孫中山,但孫中山或對蘇俄使者的提

議合作當面婉拒，或對莫斯科主管當局在信函中的呼籲交好斟酌再三，故而說「俄聯」，似亦言之成理。

其次，若以孫中山之接受俄援，聯繫到當時國共關係瀕臨全面破裂前夕在北京查獲的《蘇聯陰謀文證彙編》，或者是 1960 年代在台出版的《蘇俄征服中國密件》❶等，而反證俄國人其實別有居心；根據事實而審慎地看，似也有跡可循。何以說要審慎，是因為如果從後來的「反共抗俄」立場出發，回頭說俄國人早有陰謀，對華親善是一大騙局；並說孫中山之所以同俄國人和共產黨周旋，是智珠在握、先知先覺、預為防範，甚至訴諸共產政權的邪惡本質等等，也許就得另當別論了。

尤要者，孫中山晚年之與俄國人密切互動，最大的關鍵因素，恐怕是歷史演變過程中的「時間差」。所謂「時間差」，具有兩個範疇的意涵。其一、是當時俄國和中國在各自歷史發展階段上的快慢有別；其二，則是孫中山在革命實踐優先順序上的判斷及選擇。

1920 年代初期，俄國人在艱難的處境中，既迫切需要列強承認和支持，盡速消滅國內的白軍威脅，以鞏固新生政權；但又想通過聯合東方落後國家反對列強，以落實釜底抽薪的外線作戰策略來成就其世界革命。因此，在「既要」和「又想」之間，在「民族利益」和「反帝鬥爭」之間，產生了矛盾。雖然，魚與熊掌難以兼得；但是，矛盾仍有統一的契機，

正如同 1922 年底共產國際四大通過的〈關於東方問題的總提

---

❶　詳參周之鳴編著，《蘇俄征服中國密件——一面國際共黨征服亞洲的鏡子——》（台北：蘇俄問題研究所，1953），頁 35-61。

綱〉所顯示，其千言萬語，拐彎抹角，最後還是歸結到反對帝國主
義以擁護蘇俄；換言之，共產國際在執行莫斯科指令的過程中，其
政策本質由國際主義轉變為民族主義，明白突出了蘇俄利益優先的
主體性。因此，若將反帝鬥爭推論到底，實際上總要讓位給民族利
益。於是，當俄國人在日益突破孤立與封鎖、逐步解決了內部問
題，或者是與各國建立實質關係甚至得到承認，並且同時也覺悟到
在歐洲革命之暫時不可能以後，其「既要」和「又想」之間的矛
盾，遂得以化解，其世界革命的戰略方向亦隨之轉移；從而「反
帝」號召雖然不變，但莫斯科的注意力，已在相當程度上集中於對
華工作。

　　再者，俄國革命的理想主義和同情中國革命相結合，亦對雙方
密切聯繫產生影響。十月革命後，蘇俄國內對中國為了民族獨立的
掙扎甚為同情；故當此巨大鄰國人民遭受艱困恥辱之際，在富於理
想階段之俄國革命期內，頗能激發其猛烈之思緒。況且新俄政府亦
嘗力言反帝宗旨；故中國雖為落後及半殖民地國家，但亦被莫斯科
視為其反帝革命之當然同盟。❷契切林在 1918 年對蘇維埃大會之
報告稱：我們準備放棄一切賠款，我們唯一希望的是這數以億計的

---

❷　戴林（David J. Dallin）著，周肇譯，《俄國侵略遠東史》（台北：國立
　　編譯館，民 41 臺初版，民 65 臺 5 版），頁 183。按：戴林又有譯作「達
　　林」者，但和本書所提到的達林（S.A. Dalin）並非同一人。該達林（戴
　　林）生於俄國，兩度亡命德國，在德獲博士學位；1940 年後流亡到美國
　　並成為公民；任教於耶魯大學，是研究俄國（蘇俄）問題的權威。參秦孝
　　儀主編，《中國現代史辭典——人物部分》（台北：近代中國出版社，民
　　74），頁 472。

人民金錢，用於發展人民群眾的文化，和用於使東方民主國家與俄國的親善。❸以契切林所言聯繫到俄國人之同情中國革命，似亦可為參考。

因此，若以俄國的實際情況對比於孫中山當時的處境，第一個「時間差」出現了。俄國人因為順利而繼續前進；孫中山卻以受阻還原地踏步。前者開始加強國內建設提高生產，並已派遣使者赴華尋求合作對象；後者卻深陷於如何打倒軍閥、統一國家的苦思和無助中。

換個角度，再就孫中山主張「聯合以平等待我之民族共同奮鬥」的立場論之，當時，他暨想運用國際力量共同開發中國，故不便公開反對帝國主義，還多方探尋求助而有聯絡各國之舉；但另一方面，他又要打倒軍閥，自然必須反對在背後支持軍閥的列強，以求民族獨立和國家統一。因此，孫中山在「既想」和「又要」的兩難之間，在他的「開發中國」和「統一中國」之間，第二個「時間差」產生了；也就是在他領導革命的實踐階段，其具體步驟的優先順序問題。

本質上，打倒軍閥和反對列強，固然是一體的兩面；但想要國際共同開發中國，就要先統一中國；要統一就要先打倒軍閥和同時反帝。再加上向西方求助的始終落空，而莫斯科卻不斷主動示好，於是，孫中山根據客觀環境和歷史條件，決意民族獨立和國家統一必須在前，國際共同開發中國可以在後；暫時解決了他在「既想」

---

❸　Allen S. Whiting, *Soviet Policies in China, 1917-1924*. New York: Columbia University Press, pp.28-29.

和「又要」之間的矛盾。

故而,「反對帝國主義」,遂成為當時孫中山和俄國人共同語言的基礎。

第一個時間差,決定了俄國人之主動先來聯絡孫中山。

第二個時間差,說明了孫中山何以最終選擇接受俄援。

而除了「時間差」以外,雙方在當時的反帝革命中,還共有以「反對英國」為核心的平行利益。莫斯科在其民族與國家的利益上,素有和倫敦爭衡的傳統;故蘇俄外交最明顯而堅持之特點,厥為始終同英國敵對;其理由出於實際與思想兩方面。

就實際情況論,俄國人從 19 世紀後期以降向亞洲中部的日益擴張──特別是對中國的軍事及經濟侵略,深為英國所關注;而英俄之勢力範圍在新疆接觸──北面顯然歸俄,南面則歸英。兩國之磨擦,亦於此時逐漸激烈;蓋倫敦恐怕俄國人的發展終將危及印度。再擴大範圍看,蘇俄自巴爾幹半島起,環繞歐亞大陸以至海參崴,處處與英國對峙。而不論俄國在中國、波斯或阿富汗如何,英國亦必有針鋒相對之行動,且常因此導致俄國由勝轉敗;故俄人之忌英實不難想見。繼以思想而言,在共產黨人的觀念中,英國乃資本主義與帝國主義之化身;在俄國,「與帝國主義鬥爭」,實具有先與英國鬥爭之意。英國──是工業資本主義的發源地;是投入數百萬金磅於世界各工場之投資者;印度之征服者;民眾叛亂之殘酷壓迫者;亦是南非波爾戰爭之侵略者;更是剝削殖民地人民而致鉅富之民族;故見恨於人。在共產黨人的素描中,一個典型「英國紳士」,其形象是不道德、冷血、虛偽以及無所顧忌的;並被稱為是歷代海盜與百萬富翁之後裔,故為彼等所厭惡。因此,反省檢視蘇

俄對英國所採取的種種措施，其不僅有現實考慮，還有政治情感的因素在內。❹

　　1923 年初，〈孫越宣言〉發表的當天，越飛從上海寫信給俄共中央，毫不含糊地說他和孫中山的協定，就好像讓英國人痛得哇哇大叫的炸彈；還說其英國對手在近東和歐洲的行為，迫使俄國人在遠東採取報復政策。❺

　　1925 年的五卅慘案，由反日的經濟行動轉變為反英的政治騷亂，乃至擴散為延續 16 個月之久的省港大罷工。由於當時勞工運動風起雲湧，中國共產黨博得之新友人與黨員不下數千人，國民黨亦較前更為革命化。1926 年初，共產國際雜誌檢討世界革命形勢，曾以無限滿意之口吻說，前在中國公共場所，有「狗與華人不准入內」之招貼，今則代之以「狗與英人不准入內」之新招貼矣。鮑羅廷亦云，「我未造成五卅慘案，而五卅慘案，乃為我而造成。」在莫斯科看來，上海抵制英貨之呼籲，一如其反英願望之實現。❻凡此，均可見俄國之與英國爭雄。

　　而孫中山亦視英國為中國敵人中之最主要者；故其對他國之態度常有改變，但對英國卻始終如一。1917 年，孫中山曾評估蘇俄在華之利益範圍，包括外蒙、北滿及新疆，約佔中國整個領土42%；英國勢力則為西藏、四川以及揚子江流域，約佔 28%。另

---

❹　戴林（David J. Dallin）著，周肇譯，《俄國侵略遠東史》（台北：國立編譯館，民 41 臺初版，民 65 臺 5 版），頁 30、206。

❺　詳見本書第四章第四節。

❻　戴林（David J. Dallin）著，周肇譯，《俄國侵略遠東史》（台北：國立編譯館，民 41 臺初版，民 65 臺 5 版），頁 222-223。

法、日兩國各佔 5%。中國所剩餘者，只漢族固有之本部數省而已。在華北與滿洲，日本與俄國為最重要之外來勢力；在華中及華南，英國居於首位。是以華中及華南的國民革命發動之後，即針對英國。❼此所以孫中山在 1921 年底和 1922 年 4 月，分別拒絕馬林與達林關於同蘇俄聯合之建議，實有恐遭英國干涉其北上討伐吳佩孚之顧慮。

尤要者，孫中山之最後決定聯俄，實質上具有為了廢除不平等條約做宣傳的意味。❽當時，他與莫斯科的密切接觸，不僅受到帝國主義列強的反對，也被國內軍政當局質疑。但是，他仍然堅持了和俄國人平等合作的民族主義立場。1924 年 8 月 30 日，孫中山生前最後一次在國民黨中央執行委員會全會上的講話中就說：「三民主義中，民族主義只是手段，民生主義才是革命的最終目的。」❾

因此，孫中山和越飛可說是各取所需，分別在能獲得實質幫助及確保蘇俄利益優先的前提下達成協議。〈孫越宣言〉發表後不久，俄國人實現了對孫中山的承諾；而孫中山的革命事業遂得以再出發。

綜言之，歷史解釋中的「俄聯說」或「聯俄說」，可以建立在

---

❼ 孫逸仙，《中國與日本》（上海：1941），頁 20。詳參戴林（David J. Dallin）著，周肇譯，《俄國侵略遠東史》（台北：國立編譯館，民 41 臺初版，民 65 臺 5 版），頁 151、210。

❽ 李玉貞，《孫中山與共產國際》（台北：中央研究院近代史研究所，民85），頁 505。

❾ 詳見〈附錄〉──18，李玉貞，《孫中山與共產國際》（台北：中央研究院近代史研究所，民85），頁 587。

孫中山和俄國人確有密切互動的史實基礎上；雙方都是為了革命理想和時代使命，並考慮到客觀環境及歷史條件的實際而作出相關決定。因此，以孫中山論，可以是聯俄；以俄國人來說，可以是聯孫。就事論事，中肯言之，實不必在於誰先誰後，誰主動誰被動，甚或誰是誰非。

第二節 「聯共說」是要取國民黨而代之

史家對於早期的國共關係，多各有堅持，且爭議不斷。國民黨一貫的說法是「容共」；而共產黨人則說應當是「聯共」。

前者之稱「容共」，是 1927 年吳稚暉駁汪精衛「聯共說」以後的約定俗成；或可說是國民黨方面的「史法」。由此引伸出的溶共、熔共、鎔共……等 20 餘種說法，亦是孫中山的信徒為保護並突出其領導革命的正統地位，以國民黨為歷史主體的詮釋。

後者之所以主張「聯共」，先是在史源根據上指出孫中山並沒有說過「容共」；或者說是孫中山在 1924 年的國民黨一全大會上，把「容共」改成「聯共」。

但是，史料卻無訛地證明了，無論「容共」或「聯共」，孫中山都沒有說過。

雖然，共產黨方面也承認，「聯共」一詞，的確是共產黨人後來概括的。不過，即便如此，其人還是堅持「聯共說」；而毛澤東在 1940 年發表的〈新民主主義論〉，則是其概括之所宗。

共產黨人一貫認為，孫中山代表國民黨內進步的左派，是反帝、反封建，要革命的；以蔣介石為首的國民黨內頑固右派，則是

帝國主義的代理人和封建統治的化身，是反革命的。共產黨人宣稱，自己從加入國民黨進行首次國共合作伊始，就不遺餘力地積極參與了孫中山領導的民族及民主革命，並幫助了國民黨的改組和建軍等等。但在孫中山逝世後，蔣介石就開始向共產黨人進攻並圖謀奪取黨權軍權；尤其是 1927 年的「四一二政變」，蔣介石更背叛了孫中山，也背叛了革命；於是，偉大的革命先行者孫中山的革命事業，就只有共產黨才是唯一的捍衛者和繼承者。而追本溯源，孫中山晚年所採取的政策，就當然是「聯共」，而不是也不能是「容共」。

故此，共產黨人之依舊堅持說「聯共」，實寓有深意。其不但要彰顯共產黨初生時就與國民黨等量齊觀，還要在後來進一步取國民黨而代之；從而成為革命的正統和歷史的主流。

共產黨人主張的「聯共說」——特別是聯繫到後來 1949 年的勝利，或者可以稱之為歷史解釋中的「金牌理論」——獲得金牌者才有發言權。但歷史真相是否就會因此被掩蓋而湮沒，則仍然取決於史證。

毛澤東在〈新民主主義論〉中詮釋說：

在 1919 年五四運動以前，中國無產階級還沒有當作一個覺悟了的獨立的階級力量登上政治的舞台，還是當作小資產階級和資產階級的追隨者參加了革命。在五四運動以後，中國無產階級，由於自己的成長和俄國革命的影響，已經迅速地

變成了一個覺悟了的獨立的政治力量了。**⓾**

這是從理論上強調中國的無產階級在五四運動以後，不但已經從尚未覺悟的「自在階級」（class in itself），變成了有所覺悟的「自為階級」（class for itself）；而且還從追隨資產階級革命的「配角」，變成一個獨立的政治力量，以「主角」之姿登上了歷史的舞台。其言下之意，共產黨——作為無產階級的先鋒隊，就應運而生，於是也就當仁不讓，以初生之犢和國民黨並駕齊驅地共赴革命了。因此，當然是國民黨「聯共」，而不是什麼「容共」。

但以毛澤東在 1940 年發表的上述詮釋，對比於俄國人在其 17 年前——更接近於五四運動當時——的觀察和認知，事實上完全不同。

1923 年共產國際的〈一月指示〉明確記載：「中國工人階級尚未完全形成為獨立的社會力量，所以共產黨員留在國民黨內是適宜的。」**⓫** 這個指示，是在 1922 年 8 月中共西湖會議決定接受馬林的建議加入國民黨，並已實際參與工作後作出的。而馬林在西湖會議之前月餘——1922 年 7 月，曾在莫斯科向共產國際執行委員會作了詳細的中國情況報告：他說，顯著的社會階級還不存在於中

⓾ 毛澤東，〈新民主主義論〉，1940.1.；載中共中央毛澤東選集出版委員會編，《毛澤東選集》，第二卷（北京：人民出版社，1970），頁 633。

⓫ 〈共產國際執行委員會關於中國共產黨與國民黨的關係問題的決議〉，1923 年 1 月 12 日；中國社會科學院近代史研究所翻譯室編譯，《共產國際有關中國革命的文獻資料》（1919-1928），第一輯（北京：中國社會科學出版社，1980），頁 76-77。

國，這些階級也不能說有政治上的重要性。中國在外力控制下，華北和華中由軍閥統治，唯一開放而有可能出現共產主義運動的，是孫中山的國民黨當權的華南。**⑫**

　　馬林和共產國際都認為，在 1920 年代初期──即五四運動以後不久，中國的無產階級還沒有形成為獨立的社會力量，也沒有政治上的重要性。不過，他們對中國共產黨的影響，當然不能和毛澤東相提並論；故其認知縱有差異，但卻無關緊要。更何況，如果說毛澤東在〈新民主主義論〉中的上述觀點，是對馬克思主義歷史理論的修正；那俄國人在更早的時候，就已經是先知先覺地這麼做了。

　　同樣是在 1922 年 7 月的莫斯科，馬林還進一步向共產國際的領導陳述了自己的「非正統戰略」。他率直地斷言，國民黨並非資產階級的黨，而是一個「各階級的聯盟」──包含領導的知識分子、海外華僑資本家、華南的士兵和工人。這種令人吃驚的詮釋，似乎並未困擾共產國際的領導人；相反的，他們卻將馬林的非正統理論，翻譯轉化為某種更正統的語言──把國民黨劃分為知識階層、自由民主資產階級、小資產階級和工人。就這樣，馬林的「各階級的聯盟」，竟被共產國際的領導們奉為聖典，而馬克思的概念──認為政黨是單一而不可分割的階級利益器官，則被棄之於船外而沒有被濺到一絲水花。**⑬**

---

⑫　Dov Bing, "Sneevliet and the Early Years of the CCP." *The China Quarterly*, No,48. October/December, 1971, p.685.

⑬　Dov Bing, "Sneevliet and the Early Years of the CCP." *The China Quarterly*, No,48. October/December 1971, pp.685-686. 馬林，〈向共產國際執行委員

　　也因此，莫斯科當局通過〈一月指示〉，不僅肯定了中國共產黨人已經加入國民黨的事實，還要求共產黨人繼續留在——當時領導中國民族革命運動的唯一力量——國民黨內。

　　1922 年底共產國際召開四大，列寧在演說中反覆提到：共產國際以前的決議，都是俄國式的。這個缺點，大會應該糾正。他強調：我們都沒瞭解，怎樣使我們俄國的經驗，適用於外國人。決議中所說到的一切，結果都成了死的條文。可是，如果我們不懂得這一點，那我們是不能前進的。列寧固言之諄諄，會眾卻聽之渺渺。四大通過的共產國際新組織規範，仍然完全按照俄共的組織原則——中央集權；其在各國的支部，應無條件聽命於共產國際的領導。❿

　　當時，中國共產黨在二大已通過決議，承認自己是共產國際的支部，再加上迫切需要莫斯科的經費支持，自然必須服從上級。但對於其指示，實際上又深感無所適從，只好「摸著石頭過河」。而馬林，則不只說服了共產國際，還說服了孫中山、年輕的中國共產黨和蘇俄外交人民委員部，都同意採取他的政策——所謂的「斯內夫利特戰略」；其精髓，正是滲透又保持自己的獨立性。因此，共

　　會的報告〉，1922.7.11.：中共中央黨史研究室第一研究部編，《共產國際、聯共（布）與中國革命檔案資料叢書》，第二卷——《共產國際、聯共（布）與中國革命文獻資料選輯（1917-1925）》（北京：北京圖書館出版社，1997），頁 234-236。另可參閱楊奎松，〈中國共產黨對資產階級的認識及其策略〉；詳見 http://www.xslx.com/htm/sxgc/sxsl/2004-05-14-16847.htm (2004/9/8)，頁 3。

❿　詳參鄭學稼，《中共興亡史》，第二卷（台北：學術出版社，民 68），頁 364。

產黨人按照馬林的主張——接受孫中山的條件，以個人身分加入國民黨。

另一方面，就在共產國際召開四大之際——1922 年 11 月，孫中山從上海寫信給在福州的蔣介石，特別以俄國人要共產黨加入國民黨的事實為例，強調當時的要務，是必須先有所憑藉。

> 否則雖如吾國之青年共產黨，與彼主義完全相同矣，亦奚能為？所以彼邦人士，只有勸共產黨之加入國民黨者，職是故也。此可知非先得憑藉不可。**⑮**

1923 年底，孫中山在國民黨內部公文的批示中又指出：

> 中國少年學生自以為是，及一時崇拜俄國革命之過當態度。初欲包攬俄國交際，並圖阻止俄國與吾黨往來，而彼可獨享俄援，而自樹一幟，與吾黨抗衡。乃……俄國革命黨……要彼等參加國民黨與吾等一致動作。又為我曉諭之，謂民族主義，正這時救時之良藥，並非過去之遺物，故彼等亦多覺悟而來參加者。**⑯**

---

⑮ 毛思誠編，《民國十五年以前之蔣介石先生》，上冊（香港：龍門書店，1965），頁 183-184。

⑯ 孫中山批示鄧澤如等檢舉鮑羅廷陰謀報告書，民國 12 年 12 月 3 日；羅家倫主編，《國父年譜》，初稿，下冊（台北：中國國民黨黨史委員會），頁 630。

而共產黨的一大代表陳公博，也早在 1924 年 1 月就認識到：

> 事實上，共產黨解釋他們與國民黨合作的理由是為了獲得暫
> 時的利益，最後他們是要與國民黨分離的。**⑰**

凡此，從馬林主張的「非正統戰略」、共產國際的指示，到孫
中山的信和他對黨內公文的批示，乃至陳公博的理解，均可從史源
根據上回答共產黨人何以要加入國民黨的問題。

但也許造化弄人，又或竟是陳公博一語成讖，國共之終必分
離，從國民黨內因共產派問題而滋生的紛紛擾擾，已可見其端倪。
不管後來國共所說的是「容共」還是「聯共」，在當時，雙方均不
滿意；但也都勉強接受了。不滿在於，其各有堅持的理想和信念，
是油水兩層皮，不可能水乳交溶；勉強接受，則是迫於威權壓制的
政治文化。

國民黨方面，雖然可說是一以孫中山的乾綱獨斷為依歸，誠如
他在 1923 年 12 月對鄧澤如呈文的著名的批示：

> 陳獨秀等之共產黨，既已參加吾黨，自應與吾黨一致動作，
> 如不服從吾黨，我亦必棄之。**⑱**

---

⑰ Ch'en Kung-po, *The Communist Movement in China*, New York: East Asian Institute of Columbia University, 1960, p.101.

⑱ 孫中山批示鄧澤如等檢舉鮑羅廷陰謀報告書，民國 12 年 12 月 3 日；羅家倫主編，《國父年譜》，初稿，下冊（台北：中國國民黨黨史委員會），頁 630。

但是，考察國民黨中央對有些同志強烈質疑共產黨人在國民黨內啟動「黨團作用」的處理──如果從政治鬥爭的角度言，其或者囿於理論素養，或昧於實情；又或許失之忠厚，甚或有點天真。

以「黨團作用」而論，共產國際對中國的政策指示有兩種類型：其一對國共均適用，其二則是對國民黨保密而單獨對共產黨的政策；亦即國共都能接受的文件和專門給中共的指示。[19]從莫斯科的觀點或理論上看，這是「既有聯繫又有區別」的對待國共雙方；但實際上，共產黨人固然可以看到兩種文件，而國民黨人也未必就看不到。因此，所謂「黨團作用」的猜疑，既不是空穴來風，更有國民黨人查獲的共產黨相關密件為證。故而雖然李大釗在國民黨一大上力辯，說共產黨員之加入國民黨，係服從主義，遵守黨章，參加國民革命，絕非想將國民黨化為共產黨；其係以個人資格、非以黨團作用加入國民黨。可是，後來的事實證明，共產黨人之黨團不僅繼續運作，還通過「一分為二、拉此打彼」的模式加以發揮。其人在刻意強調國民黨內各派有別的同時，基於退則自保，進能發展的考慮，採取了鞏固左派、拉攏中派、打擊右派的策略。

孫中山生前雖然親自處理了黨內共產派問題，亦尚能暫保表面之無事；但其辭世以後，則表裡均為之混亂。

中共官方史論提到：革命形勢發展得很快，但一股反動逆流也在迅速滋長。一向堅持國共合作的孫中山逝世後，國民黨內部早就出現的分化，也越來越公開。左、中、右三派圍繞著堅持還是反對

國民黨一大的政治綱領、堅持還是反對孫中山的聯俄、聯共、扶助農工三大政策，展開了日益激烈的鬥爭。❷❶其情其景，好像還真應驗了汪精衛當時的比喻——「他以為共產黨徒如果羼入國民黨，國民黨的生命定要危險，譬如西遊記上說的：孫行者跳入豬精的腹內打觔斗，使金箍棒，豬精如何受得了。」❷❶固不論汪精衛是否有心把共產黨人之神通廣大視如孫行者，或者是無意將國民黨比成豬八戒；但觀之國民黨處理因共產派問題引起的紛爭擾攘，的確大費周章。

　　國民黨當時的領袖們，對共產革命的理論與實踐，對其辯證思維和策略運用，似乎並不全然能準確了解和具體掌握，證諸其中央所發出的三次關於解決黨內共產派問題的訓令可知，預期的客觀效果，竟然是建立在 5 個主觀「相信」的基礎上；至於通過的「整理黨務案」，則誠如鄒魯當時之所言——其效等於零。

　　更關鍵的是，細查國共雙方當時所推銷的救國方案和革命理念，在市場上都有一定的佔有率，也都同樣對五四以來崛起的一代有致命的吸引力。如青年毛澤東就對參加國民黨的工作極為興奮專注。❷❷假設國民黨拒絕或打壓甚至以強力解散共產黨，一如國民黨

---

❷❶　中共中央黨史研究室著，胡繩主編，《中國共產黨的七十年》（北京：中共黨史出版社，1991），頁 50。

❷❶　胡漢民，〈革命與反革命最顯著的一幕〉；中國國民黨黨史會編，《胡漢民先生文集》，第四冊（台北：中國國民黨黨史會，民 67），頁 1307。另見張國燾，《我的回憶》，第一冊（香港：明報月刊出版社，1971），頁 300。

❷❷　見陳永發，《中國共產革命七十年》（上）（台北：聯經出版社，2001年 8 月二版），頁 102。

中央在其對黨員的訓令中再三指出的,共產黨也未必就此消滅,反而可能另有其他以無產階級為基礎的政黨出而與之爭雄。故對於共產黨人,與其「推出去樹之成敵」,不如「納進來結之為友」,以壯大革命聲勢與陣容。就此點而言,亦未嘗不是國民黨的策略運用。故韋慕庭說國共兩黨都學會了統一戰線。尤其是中共,對其日後奪取政權裨益良多。❷❸但國民黨以中央議決的名義,或發出訓令,或者是通過「整理黨務案」,試圖用道德勸說或制度紀律,去約束並化解黨內國共雙方的齟齬,則似乎治絲益棼,更見其亂。

不過,或許也正是因為如此,國民黨內以蔣介石為代表的新興力量,遂開使採取反共的具體措施。而國共之間非一日之寒所形成的敵意,遂日益加劇,終致反目。

因此,史家所以說共產黨人從一開始就視國民黨為敵體,就要滲透顛覆、密謀取代之,則是將早期的國共關係,置於後來雙方殊死鬥爭的脈絡中論斷。證之其事,亦非無據;推求其義,也能理解。

第三節　旗幟之爭:
三大政策和新三民主義

雖然,客觀史實毋容置疑的證明了,孫中山本人或國民黨方

---

❷❸　C. Martin Wilbur and Julie Lien-ying How, ed., *Missionaries of Revolution: Soviet Advisers and Nationalist China, 1920-1927*. Cambridge, MA : Harvard University Press, 1989, p.79, 416.

面，並沒有提出、訂定或通過所謂的「三大政策」。而共產黨人也承認，「三大政策」的概念，確實是經由中國共產黨人的歸納提煉而成。

但是，長期以來，共產黨人卻仍舊堅持說孫中山在國民黨一大「確立了」三大政策。其最關鍵的原因，是共產黨人認為「三大政策」既是以「聯共」為核心；又是「新三民主義」的基礎和主要內容。

相反的，又誠如國民黨方面所主張：由於事實上沒有「三大政策」，因此共產黨人所說的「新三民主義」，在邏輯上就根本不能成立。而共產黨沒有「新三民主義」這面旗幟，就失去了革命的正當性和正統性，當然也就是國民黨眼中的叛亂團體了。

國共對早期彼此關係的歷史解釋，在極大程度上反映出雙方的理論觀點；以及各取所需的實際需要。故論者有謂孫中山及其思想已經被「儀式化」的說法；[24]又或者說共產黨人常對孫中山的理論加以謫貶，而只強調重視他那些較左的措施；例如：僅把孫中山的「三大政策」和他的三民主義——民族、民權、民生——相提並列。[5]

而相對於共產黨人在闡述「新三民主義」時的自圓其說，國民

---

[24]　金德曼，〈在中國歷史經驗照耀之下孫逸仙的意識型態和其非凡的領導力〉；載中華民國建國史討論集編輯委員會編，《中華民國建國史討論集》，第一冊——辛亥革命史（台北：中央文物供應社、正中書局，民70），頁49。

[5]　諾斯（Robert Carver North）著，之聖譯，《莫斯科與中共（*Moscow and Chinese Communists*）》（香港：亞洲出版社，民45），頁72。

黨方面則加以嚴詞駁斥之。如胡漢民就有所謂中共是「掛羊頭，賣狗肉」；俄共在「掛狗頭，賣羊肉」的說法。

前者是指中共的主義不敢告人；其證明就是在假借國民黨和三民主義的名義；冒國民黨的招牌，以接近民眾，取得信任；共產黨沒有東西，冒充他人的黨和主義騙取民眾，原因乃在共產黨另有其不可示人的鬼胎，而視民眾為其鬼胎的工具。因此，胡漢民認為，中共口裏說三民主義，暗地裏卻進行他們的策略，這叫做「掛羊頭，賣狗肉」。❷❻

後者是說俄國革命時，已經暴露出馬克思主義不少的破綻，所以後來不得不拿列寧主義去代替它；而在列寧主義裏早就抄襲了不少三民主義的理論。列寧組織第三國際，加了一點民族主義，故其雖在西方失敗，還能在東方勝利。其實行共產主義的道路不通，退到新經濟政策，足證民生主義的原理適合於世界。但俄共只懂得一點民族主義和抄了一點民生主義，還未能使用和了解民權主義。因此，俄國是掛共產黨的招牌，但是實行了一部分三民主義，這叫做「掛狗頭，賣羊肉」。❷❼

兩相對照之下，國共雙方的歷史解釋，其實也各擅勝場；但彼此心照不宣。

再進而論之，共產黨人何以仍然要不斷強調「三大政策」和繼續高舉「新三民主義」的旗幟，則牽涉到歷史演變過程中的兩個重

---

❷❻　胡漢民，〈三民主義的精神〉；中國國民黨黨史會編，《胡漢民先生文集》，第三冊（台北：中國國民黨黨史會，民 67），頁 50、149。

❷❼　胡漢民，〈三民主義的精神〉；中國國民黨黨史會編，《胡漢民先生文集》，第三冊（台北：中國國民黨黨史會，民 67），頁 49-50。

大轉折——1927 年的國共分道揚鑣和 1937 年開始的抗日戰爭；或者說，「第一次國共合作」的終結和「第二次國共合作」的發端。

對共產黨而言，1927 年是災難的一年。在西方學者看來，當時共產黨人試圖以計謀打擊國民黨盟友，並扭轉國家的走向；結果，卻只能眼看著他們的運動遭到挫敗。❷❽共產黨方面的研究者更認為，「三大政策」的實行，國共合作的成立，推動了國民革命的迅猛發展。但是，由於國民黨右派拋棄了孫中山的「三大政策」，導致革命失敗。❷❾

共產黨人所謂「革命失敗」或者「大革命的失敗」，是指國民黨在 1927 年 4 月的南京清黨，和 7 月的武漢分共，以及國民黨史書所稱的八一（南昌）暴動、兩湖秋收暴動、海陸豐暴動和廣州暴動的連續挫敗，故有中共召開八七緊急會議，批判陳獨秀犯了右傾機會主義投降路線的錯誤，沒有積極爭取領導權，導致革命的失敗……等等。

但是，就國民黨的角度看，卻恰恰相反。

國民黨正是因為有了當局在 1927 年所採取的斷然措施——而不是開開中全會、作什麼決議、發幾個訓令，才徹底清除並且擺脫了「共『纏』黨」的糾纏，從而牢牢地掌握住建立在武裝基礎上的革命領導權。乃至其後才有後北伐之勢如破竹，完成統一全國大業，進而積極建設發展；也就是民國史上「結束軍政、實施訓政、

---

❷❽　史景遷（Jonathan D. Spence）著，溫洽溢譯，《追尋現代中國》（中）（台北：時報文化出版公司，2001），頁 355。

❷❾　林家有、周興樑，《孫中山與第一次國共合作》（成都：四川人民出版社，1989），頁 133。

準備憲政」**⑳**的「黃金十年」**㉛**（Golden Decade）。對國民黨而言，這一段史事，基本是勝利的、成功的（其 1949 年的退守台灣，才是革命失敗）。

國共兩黨在 1927 年結下的血海深仇，直到 10 年後的抗戰爆發，客觀情境才又產生重大變化。而共產黨人對於「三大政策」和「新三民主義」的論述，即與此密切相關。

1936 年 9 月 22 日——恰是南京中央通訊社發表共產黨人《共赴國難宣言》之前一年整，毛澤東在寫給蔡元培的信中說：

> 孫中山先生聯俄、聯共與農工政策，行之於 1925 年至 1927 年之第一次大革命而有效，國共兩黨合作之時期，亦即國民黨最革命之時期。孫先生革命政策之毀棄，內戰因之而連綿不絕，外患乃潰圍決堤滔滔不可收拾矣！**㉜**

1937年8月，毛澤東撰文指出：國民黨方面，在第一次統一戰線時期，因為它實行了孫中山的聯俄、聯共、援助工農的三大政策，

---

⑳　詳參張玉法，《中國現代史》，下冊（台北：東華書局，民 68），頁 451。

㉛　魏德邁（Albert C. Wedemeyer）於 1951 年在美國國會參議院證詞的用語。詳參薛光前主編，《艱苦建國的十年》（台北：正中書局，民 60），頁 24-27。

㉜　毛澤東，〈致蔡元培〉，1936 年 9 月 22 日；載中共中央文獻研究室編，《毛澤東書信選集》（北京：人民出版社；中國人民解放軍出版社重印，1984），頁 66-67。

所以它是革命的、有朝氣的，它是各階級的民主革命的聯盟。❸❸

　　1937 年 9 月 22 日，中國共產黨人為了建立抗日民族統一戰線和爭取第二次國共合作的現實需要，在其〈共赴國難宣言〉中向全國明白表示：承認「三民主義為中國今日之必需，本黨願為其徹底實現而奮鬥」。但隨後，毛澤東即強調——特別是對共產黨的同志解釋，其承認並願意為之徹底實現而奮鬥的，是「新三民主義」。

　　1938 年，張聞天在延安撰寫的《中國現代革命運動史》則認為，國民黨一大宣言樹立了三民主義的新生命，並說「三大政策已成了三民主義的革命靈魂。」❸❹

　　1940 年，遂有毛澤東的〈新民主主義論〉發表。

　　中國共產黨人解釋早期國共關係的基本架構，是以共產黨為歷史主體，而以國民黨為附屬。其理論根據，則大致有歷史唯物主義、辯證唯物主義和階級鬥爭論等等。

　　新民主主義革命論——套一句共產黨人的慣用術語，就「理論聯繫實際」言，可以說是「馬列主義普遍真理同中國革命具體實踐相結合」的體現。

　　在理論上，它解釋了無產階級乃至共產黨何以提早登上了中國革命的歷史舞台；毋庸諱言，其確實補強了古典歷史唯物主義難以完全說明中國共產革命的不足。

　　雖然，以〈新民主主義論〉對照當時中國還沒有資本主義高度

---

❸❸　毛澤東，〈矛盾論〉，1937.8.；載中共中央毛澤東選集出版委員會編，《毛澤東選集》，第一卷（北京：人民出版社，1970），頁 290。

❸❹　張聞天，《中國現代革命運動史》（北京：中國人民大學出版社，1987年再版），頁 178、181。

發達，也還沒有龐大的無產階級隊伍的事實，其詮釋並不相符；和莫斯科方面的觀點也完全不同。但是，伴隨著共產黨人在 1949 年的最終勝利和毛澤東的巨大威望及其崇高的地位，新民主主義革命論，遂成為共產黨人解釋中國共產革命——包括早期國共關係的主要理論依據。其後，幾乎所有共產黨方面的史論，都口徑一致；事實上也很難看到例外。

1949 年夏天——中共建國前夕，毛澤東似有所感地說：「孫中山死去 24 年了，中國革命的理論和實踐，在中國共產黨領導之下，都大大地向前發展了，根本上變換了中國的面目。」❸❺

1956 年 11 月 12 日，孫中山 90 冥誕，毛澤東發表專文，說共產黨人在 1949 年建立了中華人民共和國，孫中山的三民主義理想，在大陸得到了實現。共產黨不但完成了反帝反封建的任務，完成了孫先生沒有完成的民主革命，並且把這個革命發展成為社會主義革命；現代中國人，除了一小撮反動分子外，都是孫先生革命事業的繼承者。❸❻

1980 年代以降，中共即力倡國共第三次合作，兩黨恩仇一笑泯！並呼籲台海兩岸共商中國統一大業。一時之間，中國大陸出現了研究孫中山的熱潮；幾乎所有談到孫中山自 1924 年國民黨改組時起的三民主義，必以「三大政策」為其解釋的根據。

---

❸❺ 毛澤東，〈論人民民主專政〉——紀念中國共產黨二十八周年，1949.6.30.；載中共中央毛澤東選集出版委員會編，《毛澤東選集》，第四卷（北京：人民出版社，1970），頁 1361。

❸❻ 毛澤東，〈紀念孫中山〉，1956.11.12.；載中共中央毛澤東選集出版委員會編，《毛澤東選集》，第五卷（北京：人民出版社，1977），頁 311。

　　另外，用「三大政策」或「新三民主義」為題，來解釋孫中山晚年的思想或其三民主義者，更不勝枚舉。如 1984 年 1 月在廣州舉行的「紀念中國國民黨第一次全國代表大會 60 周年」研討會的多篇論文；1986 年 11 月廣州中山大學舉辦的「孫中山研究國際學術討論會」的百餘篇論文；以及四川人民出版社在同年刊行、由金沖及主編的《孫中山研究論文集》等等。❸❼

　　凡此，皆由於孫中山在歷史上可以說是國、共兩黨的「政治母親」；母親留下的政治遺產──革命法統，令兩黨對母親畢恭畢敬；只能讚，不能批；誰批孫中山，誰就是反動派。❸❽故而共產黨人重提當年，試圖將雙方所共有的歷史淵源，追溯到孫中山的一脈相傳中。

　　綜言之，共產黨人後來之概括並不斷強調「三大政策」，及其高舉象徵革命正統和歷史主流的「新三民主義」旗幟，既是歷史考據問題，又是歷史解釋問題。其影響之深遠而為史家所普遍承認者，殆無疑義。

第四節　後人哀之亦當鑑之

　　如果說，就像陳公博在 1924 年的早有預見：

---

❸❼　詳見蔣永敬，〈論北伐時期的一個口號：「三大政策」〉；《近代中國》，第 66 期（台北：民 77.8.31.），頁 141。

❸❽　汪榮祖，《章太炎研究》（台北：李敖出版社，民 80），頁 81。

> 國共雖然暫時聯合起來，但兩黨的基本立場顯然不同。國民
> 黨代表資產階級，而共產黨則代表無產階級；後者否定人民
> 的財產私有權，而前者肯定；後者抵制國際資本主義，但前
> 者卻接受之；後者承認蒙古、西藏及土耳其斯坦之獨立，前
> 者則否；後者提倡革命特徵之一是國際性的，但前者的革命
> 僅僅是本國的。……共產黨對於國共合作終歸分離一事至為
> 清楚。……國共合作關係的分離，是遲早的事。**㊳**

那麼，早期的國共關係，似乎還真是歷史開的玩笑！

令人深思又或玩味的是，史家筆下所謂的中國國民黨和中國共
產黨、國民黨員與共產黨員，以及兩者的是非對錯、恩怨情仇和得
失成敗，在 1920 年代的廣州、武漢、上海或北京；在 30 到 40 年
代的南京、瑞金，或者是延安、重慶；以及 50 乃至 60 年代以後的
大陸和台灣，雖然都可以、也的確有不同的意涵。但對於孫中山，
則似乎是眾心所繫。

歷史人物之所以被公認為偉大，不必繫於其從來正確、永遠英
明；而繫於其懷抱理想、不改其志，全力以赴、永不氣餒和一以貫
之的奮鬥不懈。唯其結果，則是克竟其事，而未必是克竟全功。故
不以成敗論英雄，也不必為賢者諱。

列寧嘗言：「判斷歷史的功績，不是根據歷史活動家沒有提供
現代所要求的東西，而是根據他們比他們的前輩提供了新的東

㊳　Ch'en Kung-po, *The Communist Movement in China*, New York: East Asian
　　Institute of Columbia University, 1960, pp.100-101.

西。」❹

　　1924 年 1 月——國民黨正在廣州舉行一全大會期間，傳來了列寧逝世的消息；孫中山公開稱頌他是一位「偉人」，並遙祭列寧道：「所冀與君同軌並轍，敵則不樂，民乃大歡。」❹

　　孫中山和列寧，幾乎在同一時期，從革命的理論原則和具體實踐兩方面，耐著性子、苦口婆心地勸喻疏通，以調和化解黨內的紛爭；更不厭其煩地諄諄善誘，說明並教導自己的同志，如何面對實際，做必要的變通隱忍、策略妥協、迂迴讓步等等，繼而通過統一戰線的建立，最後實現目標。

　　但不同的是，孫中山畢竟認為，終其一生，革命都「尚未成功」，故遺訓其同志「仍須努力」。相對於列寧，相對於後來的中國共產革命，歷史造化如此，實令人扼腕唏噓。

　　孫中山不只是中國革命的領袖，也是國際知名、更是共產黨人心目中的革命象徵。由孫中山辭世後俄國人和中國共產黨的唁電，或可窺其形貌。

　　孫中山去逝次日——1925 年 3 月 13 日，俄共中央由斯大林起草的唁電稱：

　　　俄國共產黨中央委員會和你們一起哀悼國民黨的領袖的逝
　　　世，……俄國共產黨中央委員會毫不懷疑，孫中山的偉大事

---

❹　中共中央馬恩列斯著作編譯局編，《列寧全集》，第 2 卷（北京：人民出版社，1963），頁 150。

❹　Dan N. Jacobs, *Borodin: Stalin's Man in China*. Cambridge: Harvard University Press, 1981, p.132.

業是不會和孫中山一同死去的，孫中山的事業將活在中國的
工人和農民的心裡，而使中國人民的敵人發抖。俄國共產黨
中央委員會相信，國民黨一定會在爭取擺脫帝國主義桎梏的
偉大鬥爭中高舉起孫中山的旗幟，……孫中山逝世了——孫
中山的事業萬歲！孫中山的遺訓永垂不朽！

　　　　俄國共產黨中央委員會書記　約·斯大林。❷

　　同日，共產國際執行委員會主席團主席季諾維也夫亦有唁電致
國民黨：說「無論帝國主義者用盡陰謀，中國國民之民族自由獨立
運動終可成功。孫逸仙將永垂不朽」❸。次日，他又在《真理報》
發表專文盛讚孫中山，稱其可算是歷史上，20 世紀東方民族革命
運動最偉大的領袖。各國先進的工人，凡是組織在共產國際裡面
的，一定要紀念孫中山，因為他是被壓迫民族革命運動最光明的代
表之一。❹

　　3 月 14 日，陳獨秀發表〈悼孫中山先生〉；3 月 21 日出版的
《嚮導》「孫中山特刊」，登載了 3 月 15 日中共中央的兩個文件
——〈為孫中山之死告中國民眾〉和〈致唁中國國民黨〉；❺都一
致對孫中山的死表示哀悼，更對他備極推崇。

　　孫中山的逝世，真正可以說是「一人千古；千古一人」。

---

❷　《真理報》，第 60 號，1925.3.14.；見中共中央馬恩列斯著作編譯局編，
　　《斯大林全集》，第七卷（北京：人民出版社，1956），頁 45。

❸　見《嚮導》，第 107 期。

❹　季諾維也夫，〈孫逸仙之死〉；《嚮導》，第 110 期。

❺　見《嚮導》，第 106 期。

歷史固然不是一人所為；榮耀固然不宜一人所享。

毀譽固然不應一人承擔；得失固然不能一人所計。

但歷來，或許不能不承認，史上還是有其「以非常之人，在非常之時，建非常之業，成非常之功」者。

如果說，俄共和中國共產黨，在後來或者對國民黨存有些許敵意，國共之仇甚且不共戴天；那麼，其人在當時和現在之一體推崇孫中山，以及肯定他和國民黨之領導中國革命，對照於當代史局，又意味著什麼？

滅六國者，六國也，非秦也；

族秦者，秦也，非天下也。

嗟乎，使六國各愛其人，則足以拒秦；

秦復愛六國之人，則遞三世可至萬世而為君。誰得而族滅也？

秦人不暇自哀，而後人哀之；

後人哀之而不鑑之，亦使後世而復哀後人也。❹

難道，「後人哀之而不鑑之」，就是歷史悲劇不斷重演、歷史代價不斷付出的原因嗎？

如果，「後人哀之亦以鑑之」，是能免於重蹈覆轍；則歷史和研究歷史，或可更有意義。

---

❹ 杜牧，〈阿房宮賦〉。見王雲五主編：《四部叢刊正編》－037－《樊川文集第一》（台北：台灣商務印書館，民 68 年 11 月台一版），頁 17-18。

徵引及參考書目

一、檔案

第 9 號文件，索科洛夫——斯特拉霍夫關於廣州政府情況的報告，
　　1921 年 4 月 21 日，地點不詳，絕密。

第 12 號文件，契切林致列寧的便箋，1921 年 11 月 6 日，莫斯
　　科。

第 13 號文件，列寧寫給契切林的便條，1921 年 11 月 7 日，莫斯
　　科。

第 15 號文件，契切林致巴意開斯的電報，1921 年 12 月 7 日，莫
　　斯科。

第 18 號文件，威廉斯基——西比利亞科夫致列寧的信，1922 年 3
　　月 15 日，北京，絕密。

第 19 號文件，威廉斯基——西比利亞科夫致列寧信的附錄：〈統
　　治中國的督軍〉，1922 年 3 月 15 日，北京。

第 20 號文件，威廉斯基——西比利亞科夫致拉狄克的信，1922 年
　　4 月 6 日，北京。

第 22 號文件，楊松致加拉罕的電報，1922 年 7 月 10 日，赤塔，
　　絕密。

第 24 號文件，越飛致吳佩孚的信，1922 年 8 月 19 日，北京，極
　　密。

第 25 號文件，越飛致孫中山的信，1922 年 8 月 22 日，北京，絕
　　密。

第 26 號文件，越飛致加拉罕的信，1922 年 8 月 25 日，北京，絕
　　密。

第 27 號文件，孫中山致越飛的信，1922 年 8 月 27 日，上海，莫
　　里愛路，29 號。

第 29 號文件，越飛致加拉罕的電報，1922 年 8 月 30 日，北京，
　　絕密。

第 30 號文件，俄共（布）中央委員會政治局第 24 次會議記錄節
　　錄，1922 年 8 月 31 日。

第 31 號文件，越飛致加拉罕的電報節錄，1922 年 8 月 31 日，北
　　京，絕密。

第 34 號文件，越飛致加拉罕的電報，1922 年 9 月 4 日，北京，絕
　　密。

第 35 號文件，俄共（布）中央委員會政治局第 25 次會議記錄節
　　錄，1922 年 9 月 7 日，莫斯科。

第 39 號文件，格克爾與孫中山的談話（馬林記錄），1922 年 9 月
　　26 日，上海。

第 41 號文件，越飛致契切林的電報節錄，1922 年 10 月 17 日，北
　　京，絕密。

第 54 號文件，1923 年中國共產黨費用預算，1922 年 12 月，莫斯
　　科，絕密。

第 55 號文件，俄共（布）中央委員會政治局第 42 次會議記錄節錄，1923 年 1 月 4 日，莫斯科。

第 58 號文件，托洛茨基致越飛的信，1923 年 1 月 20 日，莫斯科，秘密。

第 59 號文件，魏金斯基致共產國際東方部的信，1923 年 1 月 25 日，赤塔。

第 60 號文件，越飛致俄共（布）、蘇俄政府和共產國際領導人的信摘錄，1923 年 1 月 26 日，上海，絕密。

第 64 號文件，俄共（布）中央委員會第 53 次會議記錄節錄，1923 年 3 月 8 日，莫斯科。

第 80 號文件，俄共（布）中央委員會政治局第 21 次會議記錄，1923 年 8 月 2 日，莫斯科。

第 82 號文件，巴蘭諾夫斯基關於國民黨代表團會見魯祖塔克的書面報告，1923 年 9 月 7 日，莫斯科。

第 85 號文件，關於國民黨代表團參觀 144 步兵團的書面報告，1923 年 9 月 17 日，莫斯科。

第 87 號文件，國民黨代表團關於中國國民運動和黨內狀況的書面報告，不晚於 1923 年 10 月 18 日，莫斯科，秘密。

第 92 號文件，巴蘭諾夫斯基關於國民黨代表團會見斯克梁斯基和加米涅夫的書面報告，1923 年 11 月 13 日，莫斯科。

第 96 號文件，有國民黨代表團參加的共產國際執行委員會會議速記記錄，1923 年 11 月 26 日，莫斯科。

第 97 號文件，巴蘭諾夫斯基關於國民黨代表團會見托洛茨基的書面報告，1923 年 11 月 27 日，莫斯科。

第 98 號文件，共產國際執行委員會主席團關於中國民族解放運動和國民黨問題的決議，1923 年 11 月 28 日，莫斯科。

第 103 號文件，加拉罕致鮑羅廷的信，1923 年 12 月 27 日，北京，絕密。

第 104 號文件，鮑羅廷致魏金斯基的信，1924 年 1 月 4 日，上海。

第 105 號文件，共產國際執行委員會東方部向共產國際執行委員會主席團的報告節錄，1924 年 1 月 15 日，莫斯科，秘密。

第 106 號文件，俄共（布）中央委員會政治局第 64 次會議記錄節錄，1924 年 1 月 24 日。

第 112 號文件，俄共（布）中央委員會政治局第 80 次會議記錄節錄，1924 年 3 月 20 日。

第 113 號文件，俄共（布）中央委員會政治局第 81 次會議記錄節錄，1924 年 3 月 27 日。

第 116 號文件，拉斯科利尼科夫的書面報告，1924 年 6 月 2 日，莫斯科。

第 119 號文件，陳獨秀致魏金斯基的信，1924 年 7 月 13 日，上海，秘密。

第 124 號文件，關於中國國民黨中央執行委員會第二次全體會議討論國共關係問題情況的報告，不早於 1924 年 8 月 30 日，廣州。

第 142 號文件，陳獨秀給共產國際執行委員會的第二號報告，1925 年 3 月 20 日，上海。

第 147 號文件，魏金斯基致加拉罕的信，1925 年 4 月 22 日，莫斯

科。

按：以上從第 9 號文件起至此之檔案，均載李玉貞譯，《聯
共、共產國際與中國（1920-1925）》，第一卷（台北：東
大圖書公司，民 86）。另可對照參閱中共中央黨史研究室
第一研究部編，《共產國際、聯共（布）與中國革命檔案資
料叢書》，第一卷——《聯共（布）、共產國際與中國革命
運動（1920-1925）》（北京：北京圖書館出版社，
1997）。以及郭恆鈺，《俄共中國革命祕檔（1920-
1925）》（台北：東大圖書公司，民 85）。

中國國民黨臨時中央執行委員會第 22 次委員會議記錄，中國國民
黨中央委員會文化傳播委員會黨史館。

汪精衛在中央縣市政治學校第三分校學員班畢業典禮講話，中國國
民黨中央委員會文化傳播委員會黨史館藏毛筆件，檔號：
484/31。

李雲漢，〈共匪對中國國民黨第一次全國代表大會史實的曲解和利
用〉；載中國國民黨北區知識青年第五黨部委員會，民國
73 年 7 月 5 日（73）信組一字第 077 號函（手刻鋼版油印
件）之附件（鉛字油印本）。（按：本件為作者個人所藏）

孫中山在國民黨最後一次中央全會上的講話，1924 年 8 月 30 日，
廣州。按：載李玉貞，《孫中山與共產國際》，〈附錄〉
（台北：中央研究院近代史研究所，民 85）。

黨務會議紀錄及組織專檔（中國國民黨中央委員會文化傳播委員會
黨史館藏）——中國國民黨中央政治會議紀錄，油印件，檔
號：00-1/32。中國國民黨中央執行委員會第二屆常務委員

會第一至第十次會議速記錄，油印件，檔號：2.4/13。

二、史料彙編

中共中央文獻研究室編，《十一屆三中全會以來重要文獻選讀》，
　　　上冊（北京：人民出版社，1987）。

中共中央書記處編，《六大以來》，（上）──黨內秘密文件（北
　　　京：人民出版社，1980）。

中共中央檔案館編，《中共中央文件選集》，第一冊（1921-
　　　1925）（北京：中共中央黨校出版社，1989）。

中共中央黨史研究室第一研究部編，《共產國際、聯共（布）與中
　　　國革命檔案資料叢書》，第一卷──《聯共（布）、共產國
　　　際與中國革命運動（1920-1925）》；第二卷──《共產國
　　　際、聯共（布）與中國革命文獻資料選輯（1917-1925）》
　　　（北京：北京圖書館出版社，1997）。

中共中央黨史研究室編，《中共黨史資料》，第 36 輯（北京：中
　　　共黨史資料出版社，1990）。

中共中央黨史資料徵集委員會編，《中共黨史資料》，第 1 輯（北
　　　京：中共中央黨校出版社，1984）。

中共中央黨校黨史教研室編，《中共黨史資料（1-6）：民主革命
　　　時期》（北京：人民出版社，1979）。

中共廣東省委黨史研究委員會、中共廣東省委黨史資料徵集委員會
　　　編，《第一次國共合作研究資料》（廣州：編者刊行，
　　　1984）。

中國人民政治協商會議上海市委員會文史資料委員會、中共上海市

委統戰部統戰工作史料徵集組編，《上海文史資料選輯——
　　統戰工作史料專輯（八）》（上海：人民出版社，1989）。

中國社會科學院近代史研究所翻譯室編譯，《共產國際有關中國革
　　命的文獻資料》，第一輯（1919-1928）（北京：中國社會
　　科學出版社，1980）。

中國國民黨中央委員會黨史委員會編，《國父全集》，第一冊（台
　　北：中國國民黨中央委員會黨史委員會，民70）。

中國國民黨中央委員會黨史委員會編，《國父全集》，第二冊（台
　　北：中國國民黨中央委員會黨史委員會，民70）。

中國國民黨中央委員會黨史委員會編，《國父全集》，第三冊（台
　　北：中國國民黨中央委員會黨史委員會，民70）。

中國國民黨中央黨史史料編纂委員會編，《黨史史料叢刊》（台
　　北：中國國民黨中央委員會黨史委員會，民81）。

中國第二歷史檔案館編，《中華民國史檔案資料彙編》（南京：江
　　蘇人民出版社，1981）

中華民國史料研究中心編，《中國國民黨第一次全國代表大會史料
　　專輯》，陸、容共與反共問題（台北：中華民國史料研究中
　　心，民73）。

中華民國開國文獻編纂委員會及國立政治大學國際關係研究中心
　　編，《中華民國開國五十年文獻》，附錄——《共匪禍國史
　　料彙編》，第一冊（台北：中華民國開國文獻編纂委員會、
　　國立政治大學國際關係研究中心，民65再版）。

北京首都警察廳調查局編譯委員會編，《蘇聯陰謀文證彙編》，1-
　　10冊（北京：民17）。載沈雲龍主編，《近代中國史料叢

刊三編》，第 41 輯（台北：文海出版社，1988）。

成大歷史系編，《中國現代史參考資料》（台南：成大歷史系，民
　　71）。

何沁主編，《中國革命史參考資料》（北京：北京大學出版社，
　　1992）。

孫武霞、許俊基等編，《共產國際與中國革命資料選輯（1919～
　　1924）》（北京：人民出版社，1985）。

秦孝儀主編，中國國民黨中央委員會黨史委員會編，《革命文
　　獻》，第 79 輯──中國國民黨歷屆歷次中全會重要決議案
　　彙編（一）（台北：中國國民黨中央委員會黨史委員會，民
　　68）。

彭明主編，《中國現代史資料選輯》，第二冊，1924-1927（北
　　京：中國人民大學出版社，1988）。

───，《中國現代史資選輯》，第一、二冊補編（北京：中國人
　　民大學出版社，1991）。

蕭繼宗主編，中國國民黨中央委員會黨史委員會編，《革命文
　　獻》，第 69 輯──中國國民黨宣言集（台北：中國國民黨
　　中央委員會黨史委員會，民 65）。

羅家倫主編，中國國民黨中央委員會黨史史料編纂委員會編，《革
　　命文獻》，第 8、9、16、17、20 輯（台北：中國國民黨中
　　央委員會黨史史料編纂委員會，民 42、44、45）。

三、工具書

中共術語彙解編輯委員會編，《中共術語彙解》（台北：中國出版

公司，民 66）。

中共黨史事件人物錄編寫組編，《中共黨史事件人物錄》（上海：
　　人民出版社，1984）。

中國毛澤東思想理論與實踐研究會理事會編，《毛澤東思想辭典》
　　（北京：中共中央黨校出版社，1991）。

中國現代史辭典編輯委員會編，秦孝儀主編，《中國現代史辭典
　　——人物部分》（台北：近代中國出版社，民 74）。

王雲五主編，《雲五社會科學大辭典》，第三冊——政治學（台
　　北：台灣商務印書館，民 65 三版）。

王雲五主編，《雲五社會科學大辭典》，第四冊——國際關係（台
　　北：台灣商務印書館，民 65 三版）。

王雲五主編，《雲五社會科學大辭典》，第十二冊——歷史學（台
　　北：台灣商務印書館，民 68 五版）。

景杉主編，《中國共產黨大辭典》（北京：中國廣播電視出版社，
　　1991）。

黃丘隆、結構出版群主編，《社會主義辭典》（台北：學問出版
　　社，民 78）。

廖蓋隆主編，《中國共產黨歷史大辭典》——人物分冊，第一卷
　　（北京：中共中央黨校出版社，1987）。

廖蓋隆主編，《中國共產黨歷史大辭典》——新民主主義革命時期
　　（北京：中共中央黨校出版社，1991）。

四、論文、會議報告及專題演講

井樺，〈毛澤東與孫中山的三民主義〉；《中國現代史》，1994

年，第 6 期。

毛澤東，〈論新階段──抗日民族戰爭與抗日民族統一戰線發展的
　　新階段〉，1938 年 10 月 12 日至 14 日在中共擴大的六中全
　　會的報告。竹內實監修，毛澤東資料文獻研究會編，《毛澤
　　東集》第六卷──延安期（東京：日本株式會社北望社，
　　1971；香港：近代史料供應社，1975 年 10 月）。

王承璞，〈論第一次國共合作的破裂和中國資產階級的歷史命
　　運〉；《中國現代史》，1991 年，第 11 期。

王健民譯，杜夫平，〈孫中山先生與達林〉（Dov Bing, "Dr. Sun
　　Yat-sen and S. A. Dalin's Mission to China in the Early
　　Twenties."）；《東亞季刊》，第 5 卷，第 3 期，民 63 年 1
　　月。

王章陵，〈評李新著「中國新民主主義革命史講話」〉；國史館
　　編，《中國現代史書評選集（一）—中共書籍—》（台北：
　　國史館，民 75）。

王學啟，〈三大政策這概念的產生和作用〉；《黨史資料通訊》，
　　1982 年，第 15 期。

史月廷，〈孫中山的聯俄聯共扶助農工三大政策〉；《杭州大學學
　　報》（社哲），1981 年，第 3 期。

田克勤，〈國共兩黨在抗日綱領上的分歧與「三民主義」論戰〉；
　　《中國現代史》，1994，第七期。

任武雄，〈國共第一次合作在上海的活動〉；載中國人民政治協商
　　會議上海市委員會文史資料委員會、中共上海市委統戰部統
　　戰工作史料徵集組編，《上海文史資料選輯──統戰工作史

料專輯（八）》（上海：人民出版社，1989）。

向青，〈中國共產黨創建時期的共產國際和中國革命〉；載朱成甲
　　編，《中共黨史研究論文選》，上冊（長沙：湖南人民出版
　　社，1983）。

向青，〈關於共產國際和中國革命問題〉；《北京大學學報》（哲
　　學社會科學版），1979，第 6 期。

余人龍，〈民國暗殺檔案：廖仲愷胡漢民的生死恩怨〉；載《縱橫
　　週刊》（台北），民 74 年 6 月 22 日。

吳相湘，〈陳炯明與俄共中共關係初探〉；《中國現代史叢刊》，
　　第二冊（台北：正中書局，1960）。

吳劍杰，〈孫中山的三大政策與新三民主義的內在聯繫〉；《武漢
　　大學學報》（哲學社會科學版），1996 年，第 3 期。

呂芳上，〈早期國共關係的新解釋〉；《歷史月刊》，第 20 期
　　（台北），民 78。

宋進，〈論中國共產黨人在抗戰時期對三民主義的研究〉；《華東
　　師範大學學報》（哲學社會科學版），1990 年，第 3 期。

———，〈再論中國共產黨人在抗戰時期對三民主義的研究〉；
　　《中國現代史》，1991 年，第 12 期。

———，〈新三民主義概念的提出過程考析〉；《中共黨史研
　　究》，1990 年，第 5 期。

李玉貞，〈關於蔣介石蘇聯之行的幾個問題〉；《黨史研究資
　　料》，1996 年 6、7 期。

李玉貞譯，〈新發現的孫中山與蘇俄政府間的往來函電〉；《近代
　　史研究》，1988 年，第 2 期。

李杰、申時雨，〈兩次國共合作的啟示〉；載中共四川省委黨史研
　　究室組織編寫，何守義等主編，《中共黨史專題論析》（成
　　都：四川人民出版社，1991）。

李淑，〈共產國際和第一次國共合作〉；《南京師院學報》，1981
　　年，第 1 期。

杜魏華，〈第一次國共合作時期斯內夫利特（馬林）在華紀事〉；
　　中共中央黨史研究室編，《中共黨史資料》，第 36 輯（北
　　京：中共黨史資料出版社，1990）。

金沖及，〈第一次國共合作和大革命〉；《求是》，1991 年，第
　　14 期。

周玉山，〈早期的國共關係〉；張鎮邦等著，《國共關係簡史》
　　（台北：國立政治大學國際關係研究中心，民 72）。

周谷，〈國父全書全集年譜各說各話——孫中山晚年與蘇俄及第三
　　國際史料的探索與重估（一）〉；《傳記文學》，57 卷 5
　　期，民 79 年 11 月。

———，〈馬克思幽靈東來神州瑣記——孫中山晚年與蘇俄及第三
　　國際史料的探索與重估（二）〉；《傳記文學》，57 卷 6
　　期，民 79 年 12 月。

———，〈新俄的笑臉在北中國的活動——孫中山晚年與蘇俄及第
　　三國際史料的探索與重估（三）〉；《傳記文學》，58 卷 1
　　期，民 80 年 1 月。

———，〈加拉罕與中俄協定——孫中山晚年與蘇俄及第三國際史
　　料的探索與重估（四）〉；《傳記文學》，58 卷 2 期，民
　　80 年 2 月。

————，〈孫中山早期與俄國革命黨人的來往——孫中山晚年與蘇俄及第三國際史料的探索與重估（五）〉；《傳記文學》，58 卷 3 期，民 80 年 3 月。

————，〈不符外交慣例的「孫越宣言」——孫中山晚年與蘇俄及第三國際史料的探索與重估〉；《傳記文學》，60 卷 5 期，民 81 年 5 月。

周興樑，〈淺論國民黨「一大」前後左右派鬥爭〉；中山大學學報論叢，《孫中山研究論叢》，第二集，廣州，1984。

林一新，〈五四運動的歷史意義〉；載《中華文化復興月刊》（台北），第十卷，第六期。

林能士，〈試論孫中山聯俄容共的經濟背景〉，《政大歷史學報》，第 11 期，民 83 年 1 月。

社論——〈統一祖國振興中華紀念辛亥革命週年 70〉；《人民日報》，1981.10.9.。

邱捷，〈孫中山「聯俄」過程中的一段插曲——從《孫文越飛宣言》關於中東路的條款談起〉；載胡春惠主編，《近代中國與亞洲討論會論文集》，上冊（香港：1995）。

金德曼，〈在中國歷史經驗照耀之下孫逸仙的意識型態和其非凡的領導力〉；載中華民國建國史討論集編輯委員會編，《中華民國建國史討論集》，第一冊——辛亥革命史（台北：中央文物供應社、正中書局，民 70）。

姜義華、吳根梁，〈孫中山和三大政策的制定〉；中國史學會編，《中國國民黨「一大」60 週年紀念論文集》（北京：中國史學會，1984）。

韋慕庭（Wilbur, C. Martin.）"Sun Yat-sen and Soviet Russia"；民 65
　　年 6 月 15 日，在中華民國史料研究中心第 60 次學術討論會
　　上的專題演講。

───，〈中國國民黨第二次全國代表大會〉；中華民國建國史討
　　論集編輯委員會編，《中華民國建國史討論集》，第三冊
　　──北代統一與訓政建設史（台北：中華民國建國史討論集
　　編輯委員會，民 70）。

───，〈韋慕庭博士談中共對民生主義的歪曲〉；原載《聯合
　　報》（台北），民 70.8.20.。見中華民國建國史討論集編輯
　　委員會編，《中華民國建國史討論集》，第六冊──附錄
　　（台北：中華民國建國史討論集編輯委員會，民 70）。

───，〈孫中山的蘇聯顧問（1920-1925）〉；《中央研究院近
　　代史研究所集刊》，第 16 期，台北，1987 年 6 月。

孫競昊，〈第一次國共合作動因探析〉；《中國現代史》，1996，
　　第 7 期。

桂崇基，〈中山先生為什麼要聯俄容共〉；《傳記文學》，第 32
　　卷，第 2 期，民 67。

狹間直樹，〈關於「三大政策」的幾點考察〉；《孫中山研究國際
　　學術研討會》，廣州（中山大學），1986 年，11 月。

───，〈「三大政策」與黃埔軍校〉；《歷史研究》，1988
　　年，第二期。

───，〈武漢時期國共兩黨關係與孫中山思想──以農民問題和
　　革命領導權、共產黨武裝問題為中心〉；《近代史研究》，
　　1995 年，第 1 期。

秦興洪，〈對孫中山三大政策確立過程的探討〉；《華南師大學報》（社科），1984 年，第 2 期。

馬起華，〈評尚明軒著「孫中山傳」〉；國史館編，《中國現代史書評選集（一）—中共書籍—》（台北：國史館，民75）。

馬馬耶娃著，路遠譯，〈二十年代的共產國際與中國國民黨〉；《中共黨史研究》，1998，第 4 期。

崔書琴，〈聯俄容共的經過與孫越宣言〉；《傳記文學》，第 32 卷，第 2 期，民 67。

張玉昆，〈孫中山在中國國民黨「一大」期間的思想飛躍〉；《中山大學學報》（社會科學版），1998，第二期。

張揚等，〈孫中山先生與三大政策〉；《西北大學校刊》，1956 年，第 6 期。

張磊，〈孫中山與第一次國共合作——紀念辛亥革命 70 週年〉；《長江日報》，1981 年 10 月 19 日。

習五一，〈蘇聯「陰謀」文證《致駐華武官訓令》辨偽〉；《歷史研究》，第 2 期，1985。

許俊基等，〈偉大的轉變——共產國際和孫中山的「三大政策」〉；《錦州師院學報》（社哲），1981 年，第 4 期。

許寶駒，〈先生的三大政策〉；《光明日報》，1956 年 11 月 11 日。

陳永發，〈敬答楊奎松先生〉（本文係作者對楊奎松〈評陳永發《中國共產革命七十年》〉一文的回應）；《近代中國史研究通訊》—27—（台北：中央研究院近代史研究所），1999

年 3 月號。

閔戈，〈孫中山「三大政策」是怎樣提出的〉；《瞭望》（北京），1984 年，第 11 期。

黃季陸，〈中山先生建黨以後革命思想之發展〉，民 71.11.24.在中華民國史料研究中心第 101 次學術討論會上的報告。中華民國史料研究中心編，《中國現代史專題研究報告》，第 11 輯（台北：中華民國史料研究中心，民 73）。

————，〈清黨運動始末及其歷史意義〉，民 66.4.12.在中華民國史料研究中心第 67 次學術討論會上的專題演講。中華民國史料研究中心編，《中國現代史專題研究報告》，第 7 輯（台北：中華民國史料研究中心，民 74）。

黃彥，〈關於國民黨「一大」宣言的幾個問題〉；《孫中山和他的時代》，中卷（北京：中華書局，1989）。

楊天石，〈論第一次國共兩黨的合作與分裂〉；《1920 年代的中國學術研討會論文集》，2001 年 12 月。

楊奎松，〈關於共產國際與中共關係史研究的進展問題〉；見楊奎松個人主頁 http://yangkuisong.vip.sina.com（2003/10/5）。

————，〈共產國際與中國革命關係史研究的現狀與進展〉；《福建論壇》，第 3 期，2002。

————，〈容共還是分共？——1925 年國民黨因容共而走向分裂的歷史考察〉；《近代史研究》，第 4 期，2002。

————，〈孫中山的西北軍事計劃及其夭折——國民黨謀求蘇俄軍事援助的最初嘗試〉；《郭廷以先生九秩誕辰紀念論文集》——中央研究院近代史研究所特刊·2（台北：1994 年 9

月）。

———，〈孫中山與共產黨——基於俄國因素的歷史考察〉；《近
代史研究》，第 3 期，2001。

———，〈莫斯科決定聯合孫中山之經歷〉；《近代中國》（台
北），第 142 期，2001 年 4 月。

———，〈評陳永發《中國共產革命七十年》〉；《近代中國史研
究通訊》—27—（台北：中央研究院近代史研究所），1999
年 3 月號。

楊振亞，〈孫中山在聯俄政策上的曲折論析〉；《南京大學學
報》，1991 年，第 1 期。

———，〈評國共「黨內合作」的形式〉；《中國現代史》，
1993，第 11 期。

楊雲若，〈共產國際和第一次國共合作的形成〉；《黨史通訊》，
1987，第 2 期。

廖偉章，〈孫中山聯俄聯共扶助農工三大政策的形成〉；《中山大
學學報》（社哲），1979 年，第 4 期。

劉永明，〈論孫中山等國民黨人制定「聯共」政策的內因〉；《中
共黨史研究》，1988 年，第 4 期。

劉鳳翰，〈考評中共廣東革命歷史博物館編「黃埔軍校史料」〉；
國史館編，《中國現代史書評選集（一）—中共書籍—》
（台北：國史館，民 75）。

蔣永敬，〈鮑羅廷與中國國民黨之改組〉；中華民國建國史討論集
編輯委員會編，《中華民國建國史討論集》，第三冊——北
代統一與訓政建設史（台北：中華民國建國史討論集編輯委

員會，民 70）。

———，〈鮑羅廷與改組國民黨〉；《歷史月刊》（台北），2000
年 7 月號。

———，〈中山先生與所謂「三大政策」〉；載蔣一安主編，《中
山學術論集》，下冊（台北：正中書局，民 75）。

———，〈孫中山先生與「三大政策」〉；《珠海學報》（香
港），第 15 期，1987。

———，〈早期國共關係的研究〉；60 年來的中國近代史研究編
輯委員會編，《60 年來的中國近代史研究》（台北：中央
研究院近代史研究所，民 77 年 6 月）。

———，〈論北伐時期的一個口號：「三大政策」〉；《近代中
國》（台北），第 66 期，民 77.8.31。

———，〈「三大政策」探源〉；《傳記文學》，54 卷 3 期，民
78 年 3 月。

———，〈關於孫中山先生「三大政策問題」——兩岸學者解釋的
比較〉；《國史館館刊》，復刊 12 期，民 81 年 6 月。

鄭應洽，〈孫中山聯俄聯共扶助農工三大政策的形成〉；《暨南學
報》（社哲），1984 年，第 3 期。

魯振祥，〈孫中山三大政策研究中的幾個問題〉；《北京師大學
報》，1986 年，第 6 期。

蕭萬源，〈「聯俄、聯共、扶助農工」三大政策的產生〉；《社會
科學》（甘肅），1984 年，第 4 期。

五、專書

丁言模，《鮑羅廷與中國大革命》（銀川：寧夏人民出版社，1993年）。

于俊道編著，《中國革命中的共產國際人物》（成都：四川人民出版社，1986）。

中共中央文獻研究室編，《毛澤東書信選集》（北京：中國人民解放軍出版社重印，1984）。

中共中央文獻研究室編，《關於建國以來黨的若干歷史問題的決議注釋本》（北京：人民出版社，1983）。

中共中央文獻編輯委員會編，《周恩來選集》，上卷（北京：人民出版社，1981）。

中共中央文獻編輯委員會編，《鄧小平文選》，第三卷（北京：人民出版社，1993）。

中共中央毛澤東選集出版委員會編，《毛澤東選集》，五卷（北京：人民出版社，第一至四卷 1952-1966；第五卷，1977）。

中共中央台灣工作辦公室、國務院台灣事務辦公室編，《中國台灣問題》（北京：九洲圖書出版社，1998）。

中共中央馬克思、恩格斯、列寧、斯大林著作編譯局研究室譯，《列寧全集》，第二卷（北京：人民出版社，1963）。

中共中央馬恩列斯著作編譯局譯，《斯大林全集》，第 4、7 卷（北京：人民出版社，1956）。

中共中央統一戰線工作部、中共陝西省委統一戰線工作部、中國人

民解放軍西安政治學院編，郭志民、任濤主編，《毛澤東論統一戰線》（北京：中國文史出版社，1988）。

中共中央編譯局國際共運史研究所編，《共產國際大事記（1914-1943）》（哈爾濱：黑龍江人民出版社，1989）。

中共中央黨史研究室第一研究部編，黃修榮主編，《蘇聯、共產國際與中國革命的關係新探》（北京：中共黨史出版社，1995）。

中共中央黨史研究室著，《中國共產黨歷史》，上卷（北京：人民出版社，1991）。

中共中央黨史研究室著，胡繩主編，《中國共產黨的七十年》（北京：中共黨史出版社，1991）。

中共中央黨史研究室編，《中國共產黨歷史大事記（1919.5.-1990.12.）》（北京：人民出版社，1991）。

中共北京市委黨史研究室，《李大釗與第一次國共合作》（北京：北京出版社，1989）。

中國人民大學中共黨史系編，《中國革命史》（北京：中國人民大學出版社，1989）。

中國人民解放軍國防大學黨史黨建政治工作教研室編，《中國共產黨七十年大事簡介》（北京：國防大學出版社，1991）。

中國史學會編，《中國國民黨「一大」六十周年紀念論文集》（北京：中國社會科學出版社，1984）。

中國社會科學院近代史研究所翻譯室，《蘇聯顧問在中國（1923-1927）》（北京：中國社會科學出版社，1980）。

中國社會科學院馬列主義研究所毛澤東思想研究室、近代史研究所

現代史研究室編，李玉貞譯，《馬林與第一次國共合作》（北京：光明日報出版社，1989）。

中國國民黨中央黨史史料編纂委員會編，《國父年表》（台北：中國國民黨中央黨史史料編纂委員會，民41）。

中國國民黨中央黨史會編，羅家倫主編，黃季陸增訂，《國父年譜》（增訂本），上、下冊（台北：中國國民黨中央黨史會，民58）。

中國國民黨黨史會編，《胡漢民先生文集》，第三冊、第四冊（台北：中國國民黨中央黨史會，民67）。

中國現代革命史料叢刊（內部發行），《馬林在中國的有關資料》（北京：人民出版社，1980）。

———，《馬林在中國的有關資料（增訂本）》（北京：中國社會科學出版社，1980）。

中華文化復興運動推行委員會主編，中國近代現代史論集編輯委員會編，《中國近代現代史論集》——31，第二十七編，中共問題（台北：台灣商務印書館，民75）。

中華民國史料研究中心編，《中國現代史專題研究報告》，第11輯（台北：中華民國史料研究中心，民73）。

———，《中國現代史專題研究報告》，第7輯（台北：中華民國史料研究中心，民74）。

中華民國建國史討論集編輯委員會編，《中華民國建國史討論集》，第一冊——辛亥革命史，第三冊——北代統一與訓政建設史。第六冊——附錄（台北：中央文物供應社、正中書局，民70）。

六十年來的中國近代史研究編輯委員會編，《六十年來的中國近代
　　史研究》（台北：中央研究院近代史研究所，民77）。

方曉主編，《中共黨史辨疑錄》（太原：山西教育出版社，
　　1991）。

毛思誠編，《民國十五年以前之蔣介石先生》（民24年初版；香
　　港：龍門書店影印出版，1965；台北：中央文物供應社修訂
　　本，民60）。

王功安、毛磊主編，《國共兩黨關係史》（武漢：武漢出版社，
　　1988）。

王向升、劉毅編，《中國革命基本問題》（天津：知識書店，
　　1950）。

王聿鈞，《中蘇外交的序幕——從優林到越飛》（台北：中央研究
　　院近代史研究所，民52）。

王健民，《中國共產黨史稿》，第一編，上海時期（台北：自印
　　本，民54）。

王啟升譯，《俄共黨史批判》（台北：台灣中華書局，民56）。

王曾才，《西洋現代史》（台北：東華書局，民65）。

王學啟主編，《中國革命史教程》（杭州：浙江人民出版社，
　　1987）。

古貫郊，《三十年來的中共》（香港：亞洲出版社，1955）。

史全生、高維良、朱劍合著，《南京政府的建立》（台北：巴比倫
　　出版社，1992）。

史景遷（Spence, Jonathan D.）著，溫洽溢譯，《追尋現代中國》
　　——中（台北：時報文化出版公司，2001）。

伊斯頓（Easton, Stewart C.）著，李邁先譯，《西洋近世史（*The Western Heritage*）》，三（台北：幼獅書店，民 63）。

伊羅生（Isaacs, Harold R.）著，劉海生譯，《中國革命的悲劇（*The Tragedy of Chinese Revolution*）》（上海：嚮導書局，1947 年 3 月初版；香港東亞叢書，1973 年重排本）。

向青編著，《共產國際和中國革命關係史稿》（北京：北京大學出版社，1988）。

朱成甲編，《中共黨史研究論文選》，上冊（長沙：湖南人民出版社，1983）。

竹內實監修，毛澤東資料文獻研究會編，《毛澤東集》，第六卷——延安時期（東京：日本株式會社北望社，1971；香港：近代史料供應社翻印，1975）。

米夫（Mif），《中國革命》（莫斯科：蘇聯外國工人出版社，1933）。

何守義主編，《中共黨史專題論析》（成都：四川人民出版社，1991）。

何幹之，《中國現代革命史》（北京：高等教育出版社，1954）。

吳民、蕭楓合編，《從「五四」到中華人民共和國的誕生：中國新民主主義革命史年表》（北京：新潮書店，1951）。

吳相湘，《近代史料舉隅》（台北：自由太平洋文化事業公司，民 54）。

———，《孫逸仙先生傳》（台北：遠東圖書公司，民 71）。

呂芳上，《革命之再起：中國國民黨改組前對新思潮的回應（1914-1924）》（台北：中央研究院近代史研究所，民

78）。

呂清培，《聯俄容共析論》（台北：中國書局，民69）。

宋教仁，《我之歷史》（台北：文星書店，民51）。

宋慶齡，《宋慶齡選集》（北京：人民出版社，1966）。

李大釗，《李大釗文集》（北京：人民出版社，1984）。

李友仁、郭傳璽主編，《中國國民黨簡史（1894-1949）》（北
　　京：檔案出版社，1988）。

李玉貞，《孫中山與共產國際》（台北：中央研究院近代史研究
　　所，民85）。

李玉貞譯，《聯共、共產國際與中國（1920-1925）》，第一卷
　　（台北：東大圖書公司，民86）。

李良明主編，《中共黨史知識200題》（廣州：暨南大學出版社，
　　1991）。

李定一，《中國近代史》（台北：台灣中華書局，民73）。

李雲漢，《從容共到清黨》（台北：中國學術著作獎助委員會，民
　　55初版；民76.8.影印二版）。

李新，《中華民國史》（北京：中華書局，1981）。

李劍農，《中國近百年政治史》（台北：台灣商務印書館，民
　　66）。

李邁先，《西洋現代史》（台北：三民書局，民67）。

沈雲龍，《中國共產黨之來源》（台北：文海出版社，民67）。

汪瑞炯、李鍔、趙令揚編，《苦笑錄：陳公博回憶，1925-1936》
　　（香港：香港大學亞洲研究中心，1979）。

汪榮祖，《章太炎研究》（台北：李敖出版社，民80）。

汪榮祖、李敖合著，《蔣介石評傳》（北京：中國友誼出版公司，
　　2000 年 5 月）。

亞・伊・切列潘諾夫，《中國國民革命軍的北伐：一個駐華軍事顧
　　問的札記》（北京：中國社會科學出版社，1981）。

周之鳴編著，《蘇俄征服中國密件──一面國際共黨征服亞洲的鏡子
　　──》（台北：蘇俄問題研究所，1953）。

周利生，《吳廷康與中國大革命關係研究》（北京：中國社會科學
　　出版社，2004）。

周佛海，《三民主義之理論的體系》（上海：新生命書局，
　　1928）。

尚明軒，《孫中山傳》（北京：中華書局，1978；北京出版社，
　　1981，二版）。

林百克（Linebarger, Paul.）原著，徐植仁譯，《孫逸仙傳記》（上
　　海：三民公司，民 15；中國文化服務社，民 30 初版，民 33
　　再版）。

林家有、周興樑，《孫中山與國共第一次合作》（成都：四川人民
　　出版社，1989）。

邵傳烈，《孫中山》（上海：人民出版社，1980）。

胡平生編著，《中國現代史書籍論文資料舉要》，（一）（二）
　　（三）（台北：台灣學生書局，1999、2000）。

胡喬木，《中國共產黨的三十年》（北京：人民出版社，1953）。

胡華主編，《中國革命史講義》，上冊（北京：中國人民大學出版
　　社，1980）。

苗建寅主編，《中國國民黨史》，1894-1988（西安：西安交通大

學出版社，1990）。

唐培吉等，《兩次國共合作史稿》（杭州：浙江人民出版社，
　　1989）。

唐寶林、林茂生，《陳獨秀年譜》（上海：上海人民出版社，
　　1988）。

夏宏根主編，《黨史知識珍聞錄》（北京：解放軍出版社，
　　1988）。

孫中山先生與近代中國學術研討會編輯委員會編，《孫中山先生與
　　近代中國學術討論集》，第三冊——國民革命與對外關係史
　　（台北：孫中山先生與近代中國學術研討會編輯委員會，民
　　74）。

桂崇基英文原著，沈世平譯，《中國國民黨與中國共產黨》（台
　　北：台灣中華書局，民67）。

郝夢筆、段浩然主編，《中國共產黨六十年》（北京：解放軍出版
　　社，1984）。

馬齊彬，《國共兩黨關係史》（北京：中共中央黨校出版社，
　　1994）。

涂子麟，《國父聯俄容共的主旨》（台北：陽明山莊三民主義研究
　　所，民52）。

陳旭麓、郝盛潮主編，《孫中山集外集》（上海：人民出版社，
　　1991）。

國史館編，《中國現代史書評選集（一）—中共書籍—》（台北：
　　國史館，民75）。

國防大學黨史黨建政治工作教研室編，《中國共產黨七十年大事簡

介》（北京：國防大學出版社，1991）。

崔書琴，《三民主義新論》（台北：台灣商務印書館，民 34 重慶初版；民 35 上海初版；民 36 上海三版；民 63 年修訂，台 11 版）。

———，《孫中山與共產主義》（台北：傳記文學出版社，民 73）。

崔書琴等著，《孫中山和共產主義》（台北：文星書店，民 54）。

張玉法，《中國現代史》（台北：東華書局，民 68）。

———，《中華民國史稿》（台北：聯經圖書公司，1998）。

張玉法主編，《中國現代史論集》，第十輯，國共鬥爭（台北：聯經出版公司，民 71）。

張玉法等主編，中國現代自傳叢書，第三輯，周佛海著，《周佛海回憶錄》（台北：龍文出版社，民 82）。

張國燾，《我的回憶》（香港：明報月刊出版社，1971）。

張緒心（Chang, Sidney H.）、高理寧（Gordon, Leonard H. D.）合著，卜大中譯，《孫中山：未完成的革命（*All Under Heaven: Sun Yat-sen and His Revolution*）》（台北：時報文化公司，1993）。

張聞天，《中國現代革命運動史》（延安：1938 年初版；北京：中國人民大學出版社，1987 年再版）。

張靜如、王朝美編，《中共黨史自修講義——新民主主義革命時期》（北京：光明日報出版社，1984）。

張靜如主編，周一平著，《中共黨史研究七十年》（長沙：湖南出

版社，1991）。

張靜如等主編，《中共黨史學史》（北京：中國人民大學出版社，
　　1990）。

張鎮邦等，《國共關係簡史》（台北：政大國際關係研究中心，民
　　72）。

曹軍，《共產國際和中國革命關係若干問題》（西安：陝西人民出
　　版社，1994）。

郭廷以，《近代中國史綱》（香港：中文大學出版社 1980）。

郭恆鈺，《共產國際與中國革命——「第一次國共合作」》（台
　　北：東大圖書公司，民 80）。

———，《俄共中國革命祕檔（1920-1925）》（台北：東大圖書
　　公司，民 85）。

郭華倫，《中共史論》，第一冊（台北：國立政治大學國際關係研
　　究中心、東亞研究所，民 71 四版）。

郭德宏、李玲玉主編，《中共黨史重大事件述評》（北京：中共中
　　央黨校出版社，1999 年 3 月第 2 次印刷）。

郭德宏主編，中共中央黨史研究室第一研究部編，《共產國際、蘇
　　聯與中國革命關係研究評述》（北京：中共黨史出版社，
　　1996）。

陳永發，《中國共產革命七十年》——修訂版（台北：聯經出版公
　　司，2001 年 8 月二版）。

陳啟天，《寄園回憶》（台北：台灣商務印書館，民 54）。

陳福霖，《孫中山廖仲愷與中國革命》（廣州：中山大學出版社，
　　1990）。

費正清（Fairbank, John K.）著，薛絢譯，《費正清論中國：中國新史（*China: A New History*）（台北：正中書局，民83）。

費約翰（Fitzgerald, John.）著，李恭忠、李里峰等譯，《喚醒中國（*Awakening China*）：國民革命中的政治、文化與階級》（北京：生活·讀書·新知三聯書店，2004）。

黃河編寫，《中國共產黨三十五年簡史》（北京：通俗讀物出版社，1957）。

黃修榮，《共產國際和第一次國共合作的形成》（北京：求實出版社，1983）。

黃修榮主編，《蘇聯、共產國際與中國革命的關係新探》（北京：中共黨史出版社，1995）。

楊奎松，《中國共產黨與莫斯科的關係（1920-1960）》（台北：東大圖書公司，民86）。

楊雲若，《共產國際和中國革命關係紀事（1919-1943）》（北京：中國社會科學出版社，1983）。

楊雲若、楊奎松，《共產國際和中國革命》（上海：人民出版社，1988）。

楊粹，《聯俄容共政策的研究》（台北：正中書局，民49）。

賈比才（M. C. Kapitsa）等著，張靜譯，《中國革命與蘇聯顧問，1920-1925》（北京：中國社會科學出版社，1981）。

達林，《中國回憶錄（1921-1927）》（北京：中國社會科學出版社，1981）。

廖蓋隆，《新中國是怎樣誕生的》（上海：海燕書店，1952）。

蓋軍主編，《新編中共黨史簡明教程》（北京：中共中央黨校出版
　　社，1993）。

趙列潘諾夫（Cherepanov）原著，王啟中、呂律譯，《蘇俄在華軍
　　事顧問回憶錄》，第一部（台北：國防部情報局譯印，民
　　64）。

劉世林，《列寧主義策略──理論與實踐》（台北：中央警察大學
　　出版社，民88）。

劉成禺，〈先總理舊德錄〉；《國史館館刊》，創刊號──第 1
　　卷，第 1 期（台北：中華民國史料研究中心，民 58.6.30.影
　　印初版）。

劉健清等主編，《中國國民黨史》（南京：江蘇古籍出版社，
　　1992）。

廣東省社會科學院歷史研究室編，《紀念孫中山先生》（北京：文
　　物出版社，1981）。

───，《孫中山全集》（北京：中華書局，1986）。

潘英，《國民黨與共產黨》（台北：明文書局，民79）。

蔣中正，《蘇俄在中國──中國與俄共三十年經歷紀要》（台北：
　　中央文物供應社，民45出版，民46再版）。

蔣永敬，《鮑羅廷與武漢政權》（台北：中國學術著作獎助委員
　　會，民52初版；傳記文學出版社，民61再版）。

───，《孫中山與中國革命》（台北：國史館，民89）。

鄭學稼，《中共興亡史》，第一卷（台北：中華雜誌社，民
　　67）。

───，《中共興亡史》，第二卷（台北：中華雜誌社，民

68）。

———，《第三國際史》，上冊（台北：台灣商務印書館，民66）。

鄧中夏，《中國職工運動簡史》（北京：人民出版社，1954）。

《鮑羅廷在中國的有關資料》（北京：中國社會科學出版社，1983年6月初版）。

戴林（Dallin, David J.）著，周肇譯，《俄國侵略遠東史》（台北：國立編譯館，民65）。

聯共中央特設委員會編，聯共中央審定（1938），《聯共（布）黨史簡明教程》（莫斯科：外國文書籍出版局印行，1949）。

薛光前主編，《艱苦建國的十年》（台北：正中書局，民60）。

謝信堯，《國父聯俄容共政策研究》（台北：帕米爾書店，民69）。

韓泰華主編，《中國共產黨（1921-1997）：從一大到十五大》，上（北京：北京出版社，1998）。

薩爾威多（Salvadori. Massimo）著，殷海光譯，《共產國際概觀》（*The Rise of Modern Communism*）（台北：桂冠圖書公司殷海光全集之貳，1990；中華文化出版事業委員會，民44）。

鐵岩主編，姚林、侯秀全、李亮等著，《絕密檔案：第一次國共合作內幕》，上、中、下（福州：福建人民出版社，2002）。

六、期刊、報紙、雜誌

《人民日報》（北京）

《中山大學學報》（廣州）

《中央研究院近代史集刊》（台北）

《中共黨史研究》（北京）

《中共黨史資料》（北京）

《中國大陸研究》（台北）

《中國現代史》（北京）

《民國日報》（上海、漢口）

《北京大學學報》（哲學社會科學版、北京）

《北京師大學報》（北京）

《光明日報》（北京）

《求是》（北京）

《東亞季刊》（台北）

《武漢大學學報》（哲學社會科學版、武漢）

《近代中國》（台北）

《近代中國史研究通訊》（台北）

《近代史研究》（北京）

《南京大學學報》（南京）

《政大歷史學報》（台北）

《香港大學學報》（香港）

《珠海學報》（香港）

《華東師範大學學報》（上海）

《華南師大學報》（廣州）

《傳記文學》（台北）

《歷史月刊》（台北）

《歷史研究》（北京）

《瞭望》（北京）

《嚮導》（上海）

《黨史研究》（北京）

《黨史通訊》（北京）

《黨史資料通訊》（北京）

Modern Asian Studies

Modern China

The China Quarterly

七、英文論文與專書

Bing, Dov. *Revolution in China: Sneevlietian Strategy*. Xvii, 247 pages, (Master's Thesis, University of Aukland, N.J., 1968.)

———. "Was There a Sneevlietian Strategy?" *The China Quarterly*, No.54, April / June 1973.

———. "Sneevliet and the Early Years of the CCP." *The China Quarterly*, No.48, October / December 1971.

Bottomore, Tom. Ed. *A Dictionary of Marxist Thought*. Cambridge: Harvard University Press, 1983.

Brandt, Conrad. *Stalin's Failure in China, 1924-1927*. Cambridge: Harvard University Press, 1958.

Ch'en, Kung-po. *The Communist Movement in China*, New York: East Asian Institute of Columbia University, 1960. Octagon Books, Inc., Press, 1966.（An Essay written in 1924 by the author and edited with an introduction by C. Martin Wilbur.）

Chan, F. Gilbert. "Sun Yat-sen and the Chinese Revolution, An Historiographical Survey." in *The Chinese Republican Studies Newsletter*, vol.12, No.2, Feb. 1977.

───. "An Alternative to Kuomintang-Communist Collaboration: Sun Yat-sen and Hong Kong, January-June 1923" *Modern Asian Studies*, Vol.13, Part 1, February 1979.

Chiang, Yung-ching. "Sun Yat-sen's Three Great Policies: A Comparative Analysis of Kuomintang and Communist Interpretations." In Et6 Shinkichu and Harold Z. Schiffrin, ed., *China's Republican Revolution*, Tokyo: University of Tokyo Press, 1994.

Ebenstein, William. *Today's Isms: Communism, Fascism, Capitalism, Socialism*（台北：馬陵出版社，1978）。

Elleman, Bruce A. "Soviet Diplomacy and the First United Front in China." *Modern China*, Vol.21, No.4, October 1995.

Eudin, Xenia Joukoff and North, Robert C. *Soviet Russia and the East, 1920-1927: A Documentary Survey*. Stanford, California: Stanford University Press, 1957).

Fairbank, John K., Feuerwerker, Albert ed., *The Cambridge History of China*, vol.13, New York: Cambridge University Press, 1986.

Fairbank, John K., Reischauer, Edwin O., Craig. Albert, M. *East Asia: The Modern Transformation*. London: George Allen and Unwin LTD., 1965.

Fairbank, John K. Reischauer, Edwin O., *China: Tradition and Transformation*. Taipei: Caves Books. LTD. 1988.

Fitzgerald, John. "The Misconceived Revolution: State and Society in China's Nationalist Revolution, 1923-26." *Association for Asian Studies* 1 Lane Hall, University of Michigan, Ann Arbor, MI May 1990.

Holubnychy, Lydia. *Michael Borodin and the Chinese Revolution, 1923-1925*, Publish for East Asian Institute, Columbia University, by University of Michigan Microfilms International, 1979.

————. "The Comintern and China, 1919-1923." (M. A. Thesis, Columbia University, 1968.)

Hsu, Immanuel C. Y. *The Rise of Modern China*, Hong Kong: Oxford University Press, Third edition. 1983.

Isaacs, Harold. *The Tragedy of Chinese Revolution*, 2nd rev. ed., Stanford: Stanford University Press, 1961.

————. "Notes on a Conversation with H. Sneevliet." Introduction by Harold R. Isaacs, "Documents on Comintern and Chinese Revolution." *The China Quarterly*, No.45, January/March, 1971.

Jacobs, Dan N. *Borodin: Stalin's Man in China*. Cambridge: Harvard University Press, 1981.

Leng, Shao-Chuan and Palmer, Norman D., *Sun Yat-Sen and Communism*. New York: Frederick A. Praeger, Inc., University of Pennsylvania Press, 1960.

Leong, Sow-Theng. *Sino-Soviet Diplomatic Relations, 1917-1926*, Hawaii University Press and The Research Co-operation of The University of Hawaii, Honolulu, 1976.

Liu, F. F., *A Military History of Modern China, 1924-1949*. N.Y.: Princeton University Press, 1956.

Muntjewerf, A. C., "Was There a Sneevlietian Strategy?" *The China Quarterly*, No.53, January / March 1973.

North, Robert. *Moscow and Chinese Communist*. Stanford: Stanford University Press, 1953.

Scalapino, Robert A. "China in Late Leninist Era." *The China Quarterly*, No.136, October / December 1993.

Schiffrin, Harold Z. *Sun Yat-sen: Reluctant Revolution*, Little, Brown and Company, Toronto, Canada, 1980.

Snow, Edgar. *Red Star Over China*, New York: Grove Press, 1968, 1st ed. 1938.

So, Wai-chor. *The Kuomintang Left in the National Revolution, 1924-1931*. Hong Kong: Oxford University Press, 1992.

Swarup, Shanti. *A Study of The Chinese Communist Movement*, London: Oxford University Press, 1966.

T'ang, Te-kang. *The Kuomintang-Communist Relations and the Russian Influence, 1924-1927*. (Master's Thesis, Columbia University, 1952.)

Tang Leang-Li. *The Inner History of the Chinese Revolution*, London: George Routledge & Sons, 1930.

Van Slyke, Lyman. *Enemies and Friends: The United Front in Chinese Communist History*. Stanford: Stanford University Press, 1967.

Whiting, Allen S. *Soviet Policies in China, 1917-1924*. New York: Columbia University Press, 1954.

Wilbur, C. Martin and How, Lien-ying Julie, ed., *Documents on Communism, Nationalism, and Soviet Adviser in China, 1918-1927*. New York: Columbia University Press, 1956.

Wilbur, C. Martin and How, Lien-ying Julie, *Missionaries of Revolution: Soviet Advisers and Nationalist China, 1920- 1927*. Cambridge, M A: Harvard University Press, 1989.

Wilbur, C. Martin, *Sun Yat-sen and Soviet Russia, 1922-1924*. New York: Columbia University Press, 1965.

————. *Sun Yat-sen: Frustrated Patriot*. New York: Columbia University Press, 1976.

————. *The Nationalist Revolution in China, 1923-1928*, New York: Cambridge University Press, 1984.

Wu, Tien-wei. *The Chinese Nationalist and Communist Alliance, 1923-1927*. (Unpublished Ph. D. Dissertation, University of Maryland-College Park, 1965.)

索 引

54, 55, 56, 57, 58, 59, 60, 61, 62,
67, 72, 73, 74, 75, 76, 77, 78, 79,
82, 83, 85, 87, 91, 92, 93, 94, 95,
102, 103, 104, 105, 106, 108, 109,
110, 113, 114, 115, 116, 118, 119,
120, 121, 124, 125, 126, 127, 128,
131, 132, 133, 134, 135, 136, 137,
138, 140, 141, 142, 143, 144, 145,
146, 147, 148, 149, 150, 151, 152,
153, 154, 155, 157, 158, 159, 160,
161, 162, 163, 165, 166, 167, 168,
169, 171, 172, 173, 174, 176, 178,
179, 180, 181, 182, 183, 184, 185,
186, 187, 189, 190, 191, 192, 193,
194, 195, 196, 197, 198, 199, 200,
201, 202, 204, 205, 206, 207, 208,
209, 210, 211, 212, 213, 214, 215,
216, 217, 218, 219, 220, 221, 224,
225, 226, 228, 229, 230, 231, 233,
234, 235, 238, 239, 240, 241, 242,
243, 244, 245, 246, 247, 248, 249,
250, 251, 252, 253, 254, 256, 258,
260, 261, 262, 263, 264, 265, 266,
267, 268, 269, 270, 274, 275, 276,
283, 284, 285, 286, 287, 288, 289,
292, 293, 294, 295, 296, 297, 305,
309, 316, 318, 322, 324, 327, 328,
329, 330, 331, 332, 334, 335, 336,
340, 342, 344, 345, 346, 347, 348,
349, 351, 352, 353, 354, 355, 357,
358, 366, 368, 369, 371, 372, 373,
375, 384, 389, 390, 393, 394, 407,
408, 409, 411, 412, 413, 414, 415,
416, 417, 418, 419, 420, 421, 422,
423, 425, 426, 427, 428, 429, 430,
431, 432, 434, 435, 436, 437, 440,

441, 442, 443, 444, 445, 446, 447,
448, 449, 450, 451, 452, 453, 456,
457, 458, 459, 460, 463, 464, 465,
466, 467, 468, 469, 470, 471, 472,
473, 474, 475, 476, 477, 478, 479,
480, 481, 482, 483, 484, 485, 486,
487, 490, 491, 493, 494, 496, 498,
499, 501, 502, 503, 504, 505, 506,
507, 508, 509, 511, 512, 514, 516,
518, 519, 520, 521, 523, 524, 525,
526, 527, 529, 531, 532, 533, 534,
535, 536, 537, 538, 539, 540, 541,
543, 544, 545, 547, 548, 549, 550,
551, 554, 555, 556, 557, 558, 560,
561, 563, 564, 566, 567, 568, 569,
570, 571, 574, 577, 581, 582, 583,
584, 585, 586, 587, 588, 589, 590,
596, 597, 598, 599, 600, 602

孫科, 234, 237, 238, 250, 253, 265,
339, 340, 347, 379, 435, 453

孫越宣言, 12, 17, 30, 35, 54, 61,
147, 155, 157, 158, 170, 174, 179,
180, 181, 182, 184, 186, 187, 191,
194, 195, 196, 197, 199, 203, 205,
206, 207, 208, 213, 216, 219, 220,
221, 415, 416, 484, 549, 550, 584,
587

孫逸仙, 42, 47, 48, 50, 52, 92, 94,
118, 131, 187, 188, 189, 228, 289,
302, 445, 479, 483, 487, 493, 498,
508, 550, 561, 570, 585, 595, 597

容共, 1, 2, 3, 13, 14, 15, 18, 23, 24,
26, 27, 28, 31, 32, 37, 112, 113,
123, 136, 1⌐0, 158, 202, 223, 224,

十二劃